大连海事大学校企共建特色教材
大连海事大学–海丰国际教材建设基金资助

轮机 （第2版）
维护与检修

主　编 ● 程　东
副主编 ● 付景国
主　审 ● 朱新河

大连海事大学出版社
DALIAN MARITIME UNIVERSITY PRESS

图书在版编目(CIP)数据

轮机维护与检修 / 程东主编. —2 版. — 大连：
大连海事大学出版社，2025. 9. — ISBN 978-7-5632
-4697-7

Ⅰ. U676.4

中国国家版本馆 CIP 数据核字第 20255G1N47 号

大连海事大学出版社出版

地址:大连市黄浦路523号 邮编:116026 电话:0411-84729665(营销部) 84729480(总编室)

http://press.dlmu.edu.cn E-mail:dmupress@ dlmu.edu.cn

大连永盛印业有限公司印装　　　　　　　　大连海事大学出版社发行

2017 年 6 月第 1 版　　　2025 年 9 月第 2 版　　2025 年 9 月第 1 次印刷

幅面尺寸:184 mm×260 mm　　　　　　　　　　　　　印张:20.75

字数:517 千　　　　　　　　　　　　　　　　　　印数:1~2000 册

出版人:余锡荣

责任编辑:沈荣欣　　　　　　　　　　　责任校对:阮琳涵　　衣环宇

封面设计:张爱妮　　　　　　　　　　　版式设计:张爱妮

ISBN 978-7-5632-4697-7　　　　　定价:52.00 元

大连海事大学校企共建特色教材

编　委　会

总前言

航运业是经济社会发展的重要基础产业,在维护国家海洋权益和经济安全、推动对外贸易发展、促进产业转型升级等方面具有重要作用,对我国建设交通强国、海洋强国具有重要意义。大连海事大学作为交通运输部所属的全国重点大学、国家"双一流"建设高校,多年来为我国乃至国际航运业培养了大批高素质航运人才,对航运业的发展起到了重要作用。

进入新时代以来,党中央、国务院及教育主管部门对高等教育的人才培养体系提出了更高要求,对教材工作尤为重视。根据要求,学校大力开展了新工科、新文科等建设及产教融合、科教融合等改革。在教材建设方面,学校修订了教材管理相关制度,建立了校企共建本科教材机制,大力推进校企共建教材工作。其中,航运特色专业的核心课程教材是校企共建的重点,涉及交通运输、海洋工程、物流管理、经济金融、法律等领域。

2021年以来,大连海事大学与海丰国际控股有限公司签订了校企共建教材协议,共同成立了"大连海事大学校企共建特色教材编委会"(简称"编委会"),负责指导、协调校企共建教材相关工作,着力建成一批政治方向正确、满足教学需要、质量水平优秀、航运特色突出、符合国家经济社会发展需求和行业需求的高水平专业核心课程教材。编委会成员主要由大连海事大学校领导和相关领域专家、海丰国际控股有限公司领导和相关行业专家组成。

校企共建特色教材的编写人员经学校二级单位推荐、学校严格审查后确定,均具有丰富的教育教学和教材编写经验,确保了教材的科学性、适用性。公司推荐具有丰富实践经验的行业专家参与共建教材的策划、编写,确保了教材的实践性、前沿性。学校的院、校两级教材工作委员会、党委常委会通过个人审读与会议评审相结合、校内专家与校外专家相结合等不同形式对教材内容进行学术审查和政治审查,确保了教材的学术水平和政治方向。

在校企共建特色教材的编写与出版过程中,海丰国际控股有限公司还向学校提供了经费资助,在此表示感谢。大连海事大学出版社对教材校审、排版等提供了专业的指导与服务,在

1

此表示感谢。同时,感谢各方领导、专家和同仁的大力支持和热情帮助。

　　校企共建特色教材的编写是一项繁重而复杂的工作,鉴于时间、人力等方面的因素,教材内容难免有不妥之处,希望专家不吝指正。同时,希望更多的航运企事业单位、专家学者能参与到此项工作中来,为我国培养高素质航运人才建言献策。

大连海事大学校企共建特色教材编委会

2022 年 12 月 6 日

第2版前言

《轮机维护与检修》作为轮机工程专业的必修课教材,承载着极为关键的使命。在轮机工程领域,它是学生构建专业知识体系、掌握实操技能的基石,更是通往海船轮机员职业道路的重要指引,是《STCW公约》规定的海船轮机员适任证书培训考试的重要内容之一。

本书的主要目标是全面培养学生解决实际问题的综合能力。在轮机零件失效分析方面,引导学生深入理解零件损坏背后的复杂原因;在轮机故障诊断领域,教授他们如何运用科学方法精准定位故障;主推进动力装置检修环节,让学生掌握关键设备的维护与修理技术;轮机维修组织与管理部分,则帮助学生构建系统思维,学会合理安排维修工作流程。通过对这些内容的学习,学生将为未来从事轮机维护与修理工作筑牢根基,无论是基本理论的运用,还是基本方法与工艺的实操,都能做到游刃有余。

本书重点聚焦于船舶机械主要零件。详细阐述零件的损坏形式,深入剖析损坏机理,同时系统介绍检测和修理工艺。内容涵盖现代维修理论,让学生了解船机故障与维修的前沿理念;基本失效理论,包含磨损、腐蚀、疲劳等常见失效形式;基本检验方法,如船机零件的缺陷检验与故障诊断技术。此外,还深入讲解船机零件的修复工艺与修理过程,以及柴油机主要零部件、船舶轴系与螺旋桨的检修,还有船用柴油机的安装与校中。

此次第二版教材,是在第一版的坚实基础上进行精心打磨而成的。为适应不断发展的行业需求和技术革新,我们对部分章节展开了全面修订。在内容上,进一步更新和完善了轮机维护与检修领域的新知识、新技术,确保教材内容的时效性和实用性。例如,在现代维修理论章节,补充了最新的故障诊断技术和维修管理理念;在柴油机主要零部件检修章节,结合新型柴油机的特点,对检修工艺进行了优化和细化。

本书共分九章,第一章由付景国编写,第二章由严志军编写,第三、八、九章由程东编写,第四章由刘志坚编写,第五章由于桂峰、王国有、严志军编写,第六章由付景国、马春生编写,第七

1

章由马春生编写。全书由程东统稿，朱新河主审。

因编者水平有限，书中难免存在不足之处。在此，我们恳请广大读者不吝批评指正，您的宝贵意见将是我们不断进步的动力，助力这本教材在未来持续完善，更好地服务于轮机工程专业的教学与实践。

编者

2024 年 10 月

第 1 版前言

"轮机维护与检修"是轮机工程专业学生必备的专业知识和技能,为《STCW 公约》规定的海船轮机员适任证书培训考试内容之一。学习本科目的主要目的在于培养学生在轮机零件失效、轮机故障诊断、主推进动力装置检修、轮机维修组织与管理等方面的分析问题、解决问题的综合能力,为从事轮机维护与修理工作奠定基础。

本书重点介绍了船舶机械主要零件的损坏形式、损坏机理及其检测和修理工艺。主要内容包括:现代维修理论(船机故障与维修)、基本失效理论(包括磨损、腐蚀、疲劳)、基本检验方法(船机零件的缺陷检验与故障诊断技术)、船机零件的修复工艺与修理过程、柴油机主要零部件(气缸头、气缸套、活塞、活塞环、主要螺栓、曲轴、轴承、精密偶件、增压器等)的检修、船舶轴系与螺旋桨的检修、船用柴油机的安装与校中等。

本书共九章。第一章由付景国编写,第二章由严志军编写,第三、八、九章由程东编写,第四章由朱新河编写,第五章由于桂峰、王国有、严志军编写,第六章由付景国、马春生编写,第七章由马春生编写。全书由程东统稿,潘新祥主审。

由于编者水平有限,书中不足之处在所难免,恳请读者批评指正。

编者
2017 年 3 月

目　录

第一章　故障与维修理论 ……………………………………………………… 1

　第一节　故障理论 ……………………………………………………… 1

　第二节　维修方式 ……………………………………………………… 7

　第三节　船舶维修与保养 …………………………………………… 11

第二章　船机零件的失效 ……………………………………………… 16

　第一节　摩擦与磨损 ………………………………………………… 16

　第二节　腐蚀 ………………………………………………………… 33

　第三节　疲劳破坏 …………………………………………………… 41

第三章　船机零件的缺陷检验与故障诊断技术 ……………………… 48

　第一节　船机零件的缺陷检验 ……………………………………… 48

　第二节　船机设备的状态监测与故障诊断技术 …………………… 62

第四章　船机失效零件的修复方法 …………………………………… 75

　第一节　对船机零件进行修复的意义和前提条件 ………………… 75

　第二节　机械加工修复工艺 ………………………………………… 78

　第三节　电镀修复技术 ……………………………………………… 82

　第四节　热喷涂修复技术 …………………………………………… 90

　第五节　喷熔(或喷焊)修复技术 …………………………………… 95

　第六节　焊补修理 …………………………………………………… 96

　第七节　金属扣合修复工艺 ………………………………………… 99

　第八节　塑性变形修复法 …………………………………………… 102

　第九节　黏结修复技术 ……………………………………………… 104

　　第十节　研磨技术 ……………………………………………………… 109
　　第十一节　其他修复技术 ……………………………………………… 116
　　第十二节　再制造技术 ………………………………………………… 118

第五章　船机维修过程 …………………………………………………… 121
　　第一节　船机设备的拆卸、清洗与装配 ……………………………… 122
　　第二节　修船管理 ……………………………………………………… 133

第六章　柴油机主要零部件的维修与检验 ……………………………… 143
　　第一节　气缸盖的检修 ………………………………………………… 143
　　第二节　气缸套的检修 ………………………………………………… 150
　　第三节　活塞与活塞杆的检修 ………………………………………… 161
　　第四节　活塞环的检修 ………………………………………………… 169
　　第五节　活塞销、十字头销的检修 …………………………………… 179
　　第六节　重要螺栓的检修 ……………………………………………… 181
　　第七节　轴承的维修与检验 …………………………………………… 183
　　第八节　曲轴的维修与检验 …………………………………………… 192
　　第九节　精密偶件的检修 ……………………………………………… 211
　　第十节　废气涡轮增压器的检修 ……………………………………… 217

第七章　轴系的检修和安装 ……………………………………………… 230
　　第一节　概述 …………………………………………………………… 230
　　第二节　轴系的基本组成部件 ………………………………………… 233
　　第三节　轴系检修的内容和过程 ……………………………………… 242
　　第四节　轴系状态的检测和调整 ……………………………………… 253
　　第五节　轴系的安装与轴系校中 ……………………………………… 263

第八章　船用螺旋桨的安装与检修 ……………………………………… 273
　　第一节　船用螺旋桨的结构与工作原理 ……………………………… 273
　　第二节　船用螺旋桨的分类 …………………………………………… 277
　　第三节　船用螺旋桨的技术要求 ……………………………………… 280
　　第四节　船用螺旋桨的拆卸与安装 …………………………………… 283
　　第五节　船用螺旋桨的失效与维修 …………………………………… 285
　　第六节　船用螺旋桨的检验 …………………………………………… 289

第九章　船舶主柴油机的安装与校中 …………………………………… 299
　　第一节　机座的定位与安装 …………………………………………… 299
　　第二节　机架、气缸体和贯穿螺栓的安装 …………………………… 310
　　第三节　活塞运动部件的检验与校中 ………………………………… 314

第一章

故障与维修理论

　　船舶机械在长期的运转过程中,受到内部因素(如使用材料、设计、制造和安装工艺等)和外部因素(如环境、负载等)的影响,船机零件在几何形状、尺寸精度及材料性能方面发生改变,使机械的使用性能和技术状态也不断下降,机械的功能部分或全部丧失,最终导致故障的发生。轮机员在工作时,就必须对发生故障的机械进行故障排除、失效零件更换等检修工作。除此之外,为保证机械保持高效率的运转,轮机员还应做好日常和定期的维护保养工作。因此,提高对故障与维修的认识及维修水平是进行现代轮机管理的基础。本章将对故障理论、维修方式以及现代船舶上常用的维修保养体系做概括介绍。

第一节　故障理论

　　机械故障是指机械系统(零件、组件、部件或整台设备乃至一系列的设备组合)因偏离其设计状态而丧失部分或全部功能的现象。机械故障包括:

　　(1)引起系统立即丧失其功能的破坏性故障;

　　(2)与设备性能降低有关的性能上的故障;

　　(3)设备正常运转时,操作者无意或蓄意使设备脱离正常的运转时的故障。

　　故障不仅是一个状态的问题,而且直接与故障的认识方法有关。一个确实处于故障状态的设备,如果它不是处于工作状态或未经检测,其故障就仍然可以潜伏下来,不被发现。通常见到的主机起动不起来、拉缸、曲轴折断等现象都是故障的表现形式。

一、船机故障分类

船机故障复杂多样,研究时从不同角度将其分类,可以清晰地显示出故障的原因、性质和对船舶营运的影响,有助于轮机员分析、认识故障和排除故障,也便于进行故障统计,为改进船舶机械的设计、制造和良好的维修提供重要的信息资料。不同的分类方法反映了船机故障的不同侧面。以下是常见的故障分类方法。

1. **按故障的技术性原因分类**

（1）磨损性故障

由于运动部件磨损,在某一时刻使其性能参数超过极限值所引起的故障。所谓磨损,是指机械在工作过程中互相接触做相互运动的对偶表面在摩擦作用下发生尺寸、形状和表面质量变化的现象。例如:由于过度磨损使气缸套与活塞的间隙过大而产生敲缸、串气;轴与轴承之间过度磨损导致的轴承间隙过大等故障。

（2）腐蚀性故障

由于化学腐蚀、电化学腐蚀或者物理腐蚀使零件失去原有尺寸精度或者几何形状发生变化而产生的故障。例如:柴油机气缸套和活塞冷却水腔的电化学腐蚀;排气阀的高温化学腐蚀等。

（3）断裂性故障

处在复杂环境下的船机设备因材料性质不均匀、加工工艺处理不当、承受过载或者撞击而导致的故障。例如:地脚螺栓因上紧程度不够而产生的断裂;气缸盖因热应力和机械应力周期作用引起热疲劳、高温疲劳或机械疲劳而产生的裂纹等。

（4）老化性故障

因腐蚀、磨损、疲劳等综合因素作用于船机设备,使其性能老化所引起的故障。例如:机座活动垫块的老化等。

2. **按故障的性质分类**

（1）人为故障

由于管理、操作人员的行为过失或制造和安装不良引起的故障。这是不容忽视的故障,在船上人为故障占总故障的80%以上,人为因素为故障产生的主要原因。例如:在没有开启主机滑油泵的情况下,起动主机,导致的轴瓦烧蚀;轴系校中不良引发的轴系振动、断轴等事故。

（2）自然故障

由于船舶机械工作环境变坏,使用条件恶劣,结构和材料的缺陷造成的故障。可分为正常自然故障和异常自然故障。正常自然故障一般具有规律性,如设备的正常磨损、老化导致的故障;异常自然故障一般具有偶然性,如结构和材料的缺陷引起的故障,如船用柴油机中的热应力问题等。

3. **按故障发生、发展的进程分类**

（1）突发性故障

由于各种不利因素和偶然外界影响的共同作用超出了设备所能承受的限度而突然发生的故障。这类故障一般无明显征兆,无法依靠事前检查或监视预知。例如:螺旋桨桨叶折断、主机自动停车、舵机转舵突然失灵等。

（2）渐发性故障

在长时间的运转过程中,由于设备中某些零件的技术指标逐渐恶化,最终超出允许范围或极限而引发的故障。这类故障的发生与设备零件的磨损、腐蚀、疲劳等密切相关,可通过连续的状态检测来有效地防止故障发生。一般发生在设备零件有效寿命的后期;有规律,可预防;故障发生的概率与设备运转时间有关。例如:柴油机气缸套与活塞环之间的磨损;管路的腐蚀穿孔;密封胶圈因老化漏气、漏油等。

（3）波及性故障或称二次故障

由船机设备的某种故障引发的更大的故障,此类故障无法预测和防止。例如:柴油机连杆螺栓脱落或断裂引起连杆、活塞、气缸套和气缸盖甚至机体的破坏,俗称"连杆蹬腿"。

（4）断续性故障

设备在某一时间呈故障状态,而在另一时间功能又自行恢复的故障,且反复发生。例如:船上电气设备开关接触不良等。

4. 按故障对船舶的营运和影响程度分类

（1）船舶不停航的局部故障

因局部故障导致船机设备功能的部分丧失或船机附属系统设备故障,不需要停航修理,航行中进行故障处理。例如:更换主机某缸的喷油泵;对主机备用滑油泵或淡水泵的拆卸、修理等。

（2）船舶短时间停航的重大事故

由于严重的故障使船机设备的功能丧失,必须停航,争取短时间内船员自修,如采用更换备件等措施排除故障。例如:主机某缸发生较严重的拉缸故障,停机检修或者实施封缸措施,修后继续航行。

有的国家对停航时间规定:货船不超过 6 h;客船不超过 2 h。

（3）船舶长时间停航的全局性故障

异常严重的故障导致船机设备的功能丧失,造成船舶丧失航行的能力,需要进厂进行长时间的维修。例如:主机曲轴断裂;艉轴或者中间轴断裂;船舶搁浅;船体破坏。

除此之外,还可以按船舶机械在使用过程中故障发生的时间分为早期故障、使用期故障（随机故障）和晚期故障（老化期故障）。

二、故障原因

故障原因可以分外因和内因两种,人为因素、工作应力、环境应力和时间是机械产生故障的外因;而故障的内因则是指导致机械故障的物理、化学或机械过程。

1.故障的外因

（1）自然损坏

设备在正常使用过程中,磨损、腐蚀、疲劳等因素使其零部件尺寸、形状和质量发生变化,从而破坏设备原有的工作状态而导致的故障。

（2）使用维护不当

在使用中，未严格按照操作规程进行操作，甚至违章操作；维护不当或缺少维护而造成设备零部件的损坏，引起的船舶故障。例如：在主机备车时，对主机的预润滑不够；未及时检查、添加或更换机油，造成机油数量不符合标准、机油变质；不及时清洗滑油冷却器、空气滤器等，使其流通阻力增大引发故障。只有全面了解船用设备在使用中的要求及各设备零部件的技术状态变化规律，做到正确使用和及时维修，才能有效地预防由此产生的故障。

（3）修理质量不高

船用设备的零部件在维修时，从分解、清洗、检验、维修到装配等各个环节，均有严格的技术标准和要求。如不注重维修质量，则会造成设备工作中出现故障，浪费物力、财力。常见的有：主机气阀间隙过大，敲缸严重；喷油泵针阀的研磨不良等。规范修理原则，改进维修设备，提高维修技能，加强对维修的检查和验收，是提高维修质量的有效途径。

2.故障的内因

内因则主要是指设计、制造方面的缺陷。由于零部件在设计、制造方面存在缺陷，在使用过程中突然或逐渐暴露出来，造成设备的故障。例如主要铸件（气缸盖、气缸体等）存在砂眼、细小裂纹；运动件（连杆、曲轴等）的强度和刚度过小，在加工制造时，未能很好地消除内应力；零部件精度不够等缺陷都会造成机器的故障，这种情况虽然较少，但一旦出现即为较重大事故。

三、故障的征兆

除突发故障外，任何一种故障在发生前均会有不同形式的信息显示，即故障初期的表现形式。在机舱的管理工作中，若轮机员注意观察并及时采取措施，便可以防止故障的发生。故障征兆主要有以下表现：

1.船机性能方面

（1）功能异常。所谓功能异常，是指设备的工作状态突然出现不正常现象，这是比较常见的故障症状。其表现在主机转速突然增加或减少；主机熄火后不能起动等。这种故障症状明显，容易察觉。

（2）温度异常。其表现在油、水温度过高或过低；主机排烟温度过高，单缸温度过高；轴承温度过高等。

（3）压力异常。其表现在燃油、滑油、冷却水压力失常；扫气压力、压缩压力和爆发压力不正常等。

（4）示功图异常。柴油机做功不正常，测试出的示功图图形异常，计算出的气缸功率不符合要求。

2.船机外观显示方面

（1）外观反常。船机运转中油、水、气等跑、冒、滴、漏等现象，排烟异常。正常的燃烧产物主要成分应该是二氧化碳和少量的水蒸气；如果燃烧不正常，废气中就会掺有未完全燃烧的碳粒、一氧化碳等碳氧化物，这时排烟的颜色可能变黑、变蓝或变白。一般情况下，润滑油上窜到气缸时，尾气呈蓝色；燃烧不完全时尾气呈黑色；油中有水时，尾气呈白色。

（2）消耗反常。运转中燃油、滑油和冷却水的消耗量过多，或不仅不消耗反而增加。例如，曲轴箱油位增高。

（3）气味反常。在机舱内嗅到橡胶、绝缘材料的"烧焦味"，或变质滑油的刺激性气味。

（4）声音异常。设备在运转过程中出现非正常声响，这是故障的"报警器"，此时作为船上管理人员应该意识到设备出了问题，应该降速或者停车检查，切不可让设备"带病"作业。例如：主机在运转过程中出现"铛、铛"的异常响声，则有可能敲缸；泵出现"哗啦、哗啦"的响声，则有可能轴套松动；增压器出现刺耳的鸣叫声；另外还有螺旋桨鸣音等。

四、故障模式

故障模式是指妨碍产品完成规定任务的某种可能方式，即产品的故障或失效的表现形式。船舶机械的故障模式有磨损、腐蚀、疲劳破坏等；电器的故障模式有短路、漏电、电路不通等。

了解故障模式的意义在于通过对故障模式进行分析、预测，找出设备潜在的失效模式并分析其造成的影响，对故障模式进行分级与评价，排出相对的优先顺序，选出重要的故障模式，最后找到故障模式预防与改进措施，进而在产品设计时消除这些问题，从而改进产品的质量、可靠性与安全性。此过程也称为故障模式与影响分析。

五、故障规律

图 1-1 所示为常见船机零件的故障率曲线。图中横坐标标示时间，纵坐标标示故障率。故障率是反映系统、机械、零部件在给定工作时间内由完好状态转向故障状态的概率。由于多数零件的故障率曲线具有浴盆形状，故常称其为浴盆曲线。它可分为三个阶段，每一个阶段都与一种基本故障类型相对应。

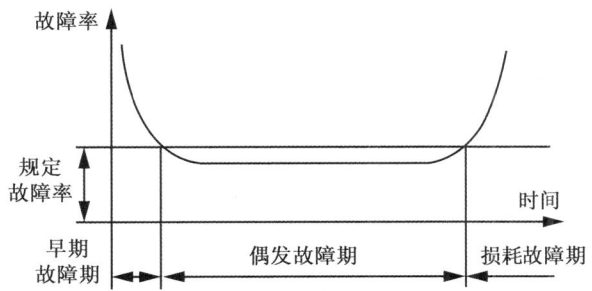

图 1-1 常见船机零件的故障率曲线

1. 早期故障期

早期故障期对于机械产品又叫磨合期，是故障率减小型故障。其特点是在设备使用初期故障率较高，但随着时间的推移，故障率迅速下降。此期间发生的故障主要是由设计、制造上的缺陷所致。通过调试、磨合和更换有缺陷的零件等方法可使故障率很快降低。

2. 偶发故障期

偶发故障期是故障率恒定型故障。在此期间，设备的故障率最低，近于恒定，与使用时间关系不大,处于最佳工作状态。偶发故障期时间较长,是船舶机械的主要使用期,也是进行可靠性评估的时期,这段时间的长短反映了设备有效寿命的长短,在此期间发生的故障多为使用不当及维修不力产生的。因此,要采取各种措施来保持设备在这段时期的正常运行,延长其有效使用寿命。

3. 损耗故障期

损耗故障期是故障率增加型故障,是在船舶机械寿命的后期出现的。在此期间,设备的某些零部件已老化损耗,故障率随时间的延长而迅速上升。此时应当及时修复或更换老化损耗的零部件,使船舶机械故障率降下来,延长其有效寿命。

随着科学技术的发展,大量的新技术、新材料开始应用在船上,特别是电气设备上的电子技术、自动化技术的广泛应用。人们通过研究发现除浴盆曲线之外,还有其他的故障率曲线,大致有以下五种情况,如图 1-2 所示。

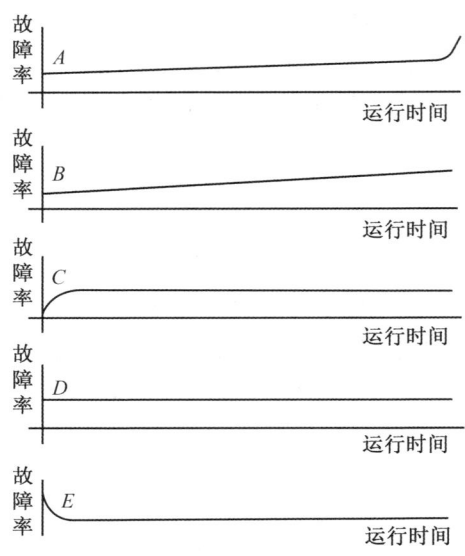

图 1-2　五种故障率曲线图

曲线 A 显示了恒定的或者略增的故障率,有明显的磨损期。曲线 B 显示了缓慢增长的故障率,但没有明显的磨损期。曲线 C 显示了新设备从刚出厂的低故障率,急剧地增长到一个恒定的故障率。航空涡轮发动机、增压器等机械设备具有此种故障规律。曲线 D 显示设备的故障率为恒定值,出现的故障常常是偶然因素造成的。而曲线 E 显示设备开始有高的初期故障率,然后急剧下降到一个恒定的或者是增长极为缓慢的故障率。复杂的电子设备等具有此类故障率。

在实际运行中,设备的故障率应该是图 1-2 所示的五种曲线中的一种或者几种的合成,浴盆曲线则可看作曲线 A、D 和 E 的合成。设备故障率取决于设备的复杂性,设备越复杂,其故障率曲线越是接近于曲线 D 和 E。

第二节　维修方式

维修是对机械和设备维护与修理的统称。维护或称技术保养,是为了保持机械和设备的技术性能正常发挥所采取的技术措施。

一、四种基本维修方式

1.事后维修

事后维修是在设备发生故障后才进行的维修。某些复杂设备虽有故障,但是其许多零部件仍保持良好的基本功能以致无法预测故障的发生;某些设备缺乏适用的检测手段、参数和临界参数;某些设备不具备实施检测的条件,所以只能在故障发生后再进行维修。然而,事后维修也绝非等待故障的发生,而是在故障发生前后均连续不断地进行状态监控,收集和分析设备的使用、维修数据,以便评定和改进设备的可靠性和安全性。事后维修是一种非预防性的维修方式,但仍需进行经常性的检查和保养工作。

事后维修的特点是不具备预防性,且只限于修复故障。

事后维修一般应用在不直接危害使用安全且仍保持基本功能的设备,或采用预防维修不经济的设备。事后维修不应当是一种消极和被动的办法,而应当主动地加以监控。

2. 定时（期）维修

定时(期)维修也叫计划维修,即按照规定的时限对机械、设备进行拆卸检验和维修,以防止故障的发生。定时(期)维修的机械、设备应备有以下的条件:

(1)故障率曲线有明显的磨损故障期,不适用于发生偶然性故障设备;

(2)设备的无故障生存期要足够长,即正常使用期较长,否则无维修的必要;

(3)采用其他任何维修方式均不适宜的设备。

定时(期)维修对防止某些设备、机械或零部件的故障发生有着重要的作用,是现代预防维修中不可缺少的维修方式。但是定时(期)维修的缺点也不容忽视:针对性和准确性不高,有时不仅无效甚至有害;可靠性不是很高和维修工作量大、费用高;存在维修不足或维修过剩的问题。由于所规定的维修时间不一定符合设备的实际情况,当机械设备运转良好、距磨损故障期的出现甚远时进行定时维修不仅无益反而有害,破坏了设备的良好技术状态,检修后的设备精度可能低于检修前,以致故障发生。从对设备的监控角度来看,定时(期)维修对设备的监控是阶段性的、不连续的。

定时(期)维修的依据是浴盆曲线,即当故障率出现上升拐点时进行维修工作。这种维修方式在船舶机械中应用较多。

3. 视情维修

视情维修或称状态维修,是指对机械、设备的维修期不确定,而是通过不断地监控设备的

运转状况和定量分析其状态的资料,按照实际情况来确定维修时间,从而避免故障的发生。采用视情维修的设备应具备的条件:

(1)设备的故障率曲线应具有进展缓慢的磨损故障期,以便监测到故障信息后来得及采取防止故障发生的措施;

(2)具有能够反映设备技术状态的参数、参数标准或标准图谱,以便能准确地诊断设备的故障;

(3)具有视情设计的设备结构,为进行视情维修提供了必要的条件,如设备上安装传感器的孔、口等;

(4)视情维修是以现代化的监控手段和故障诊断技术为基础,需具备先进的原位无损检测装置及与计算机相连的终端显示装置等,以进行保护、预警,防止故障发生。

视情维修对设备不确定维修期,而是根据实际情况确定最佳维修时间,因此维修的针对性强。视情维修的特点是具有预防性,通过设备状态监(检)测,确定设备状态是否正常,从而确定是否需要进行维修工作。由于是在设备功能性故障发生前采取措施,因而可有效地预防故障和充分地利用设备的工作寿命。此外,维修工作量和费用均少。视情维修是理想的预防维修方式。

其缺点是需要以监控手段和故障诊断技术为基础;一般只对渐进性故障有效。

4. 主动维护

主动维护是对导致设备损伤的根源性参数进行修复,从而有效防止失效的发生,延长设备的使用寿命,是继状态维修之后国际上近几年来提出的一种新的设备管理理念。就是从设备设计开始到报废的一个周期内,通过监测和控制故障的诱发因素,使故障苗头没有产生的条件,以达到防止失效发生和发展,进而延长机器的使用寿命,大幅度节约维修费用。

设备维修不是一种独立的维修工作类型,可以是现有维修工作类型中的任何一种或组合,它同样要对装备(故障根源)的状态进行检测或监测,并根据需要采取措施。根据具体对象的不同,维修方式也不尽相同。船舶机械和设备在日常的工作中应推广使用主动维护;在维修方式上重点选用视情维修方式或定时维修方式;对不危及安全的故障,即偶然性故障可采用事后维修方式;对于一些经过精确计算有规定使用寿命的零部件或设备采用定时维修方式,而大多数设备和零部件逐步采用视情维修方式与定时维修方式相结合的方式预防故障。一个复杂的设备的不同项目,可依据具体情况分别选取不同的维修方式;同一项目可采取一种或多种维修方式。例如气缸套、活塞环、轴瓦等机械零件的磨损主要是由于润滑油的润滑性能下降所引起,采用前三种维修方式主要是对机械零件进行维修,而采用主动维护则是监控润滑油的性能,保证其润滑效果,进而避免机械零件的磨损。

二、可靠性与可维修性

1. 可靠性

可靠性理论是研究设备故障的宏观与微观规律,提高设备可靠性的学科,是现代维修科学的重要理论基础。可靠性理论为设计出低故障的机械和设备奠定了基础,并且为确定维修中的最佳维修间隔期、备件数量等提供可靠的依据。目前,故障监测诊断、可靠性设计审查、元件加速寿命试验、威布尔分布的应用、可靠性数理模型和评估、故障树分析和故障形式影响分析的应用、故障数据库的开发、产品环境条件和试验等方面，被国际上认为是较为成熟的可靠性工程领域。

可靠性是反映产品耐用和可靠程度的一种性能。可靠性是指产品在规定的条件下，规定的时间内，完成规定功能的能力。这里的产品可以泛指任何系统、设备和元器件。

可靠性的定量表示有其自己的特点，由于使用场合的不同，很难用一个特征量来完全代表。衡量设备可靠性的指标主要有：

（1）可靠度 $R(t)$ 和不可靠度 $F(t)$

可靠度是指产品在规定条件下和规定时间内，完成规定功能的概率。产品在规定条件下和规定时间内，丧失规定功能的概率，称为不可靠度 $F(t)$。

不可靠度 $F(t)$ 与可靠度 $R(t)$ 的关系式为：

$$F(t)=1-R(t)$$

（2）故障概率密度函数 $f(t)$

故障概率密度函数是反映出产品在单位时间间隔内发生失效或故障的比例或频率。常见的故障概率密度函数有指数型分布、正态型分布和对数正态型分布。

（3）故障率 $\lambda(t)$

故障率是指设备工作到某一时刻 t 时，尚未发生故障的产品在下一个单位时间内发生故障的概率。

（4）寿命特征

产品寿命是指产品工作到规定状态的工作期限，常用平均寿命、使用寿命和可靠寿命等指标表示。平均寿命是指产品的平均故障间隔或平均无故障时间。使用寿命是指产品处于最佳状态的工作时间的长短。可靠寿命是指产品的可靠度下降到规定可靠度时已工作的时间。

2. 可维修性

可维修性是指元件或系统在规定的使用条件下和规定的时间内，按规定的程序和方法实施维修时，保持或恢复能执行规定功能状态的能力。

可维修性好的产品，能在最短的时间、以最低限度的资源(人力与技术水平、备件、维修设备和工具等)和最少的费用，经过维修使产品恢复到良好状态。可维修性既是产品可靠性的必要补充，又是产品维修保养决策的重要依据。维修工作的核心是保证产品的可靠性。

衡量可维修性的定量指标有：

（1）平均修复时间

平均修复时间是指在规定的条件下和规定的时间内，产品在任一规定的维修级别上，修复性维修总时间与在该级别上被修复产品的故障总数之比。

（2）故障检测率(FDR)

故障检测率是指在规定条件下和规定时间内，月规定的方法正确检测到的故障数与该时间内发生的故障总数之比。故障检测率一般为 $90\% \sim 100\%$。

（3）故障隔离率(FIR)

故障隔离率是指在规定条件下和规定时间内，月规定的方法将正确检测到的故障正确隔离到不大于规定的可更换单元的故障数与该时间内检测到的故障数之比。故障隔离率一般为 $80\% \sim 95\%$。

（4）虚警率（FAR）

虚警率是指在规定条件下和规定时间内,发生的虚警数与同一时间内故障指示总数之比。虚警率一般为 1%~5%。

三、先进的维修理念

1.以可靠性为中心的维修

以可靠性为中心的维修(Reliability Centered Maintenance),也称作 RCM。国家军用标准 GJB 1378—1992《装备预防性维修大纲的制订要求与方法》对 RCM 的定义为:按照最少的资源消耗保持装备固有可靠性和安全性的原则,应用逻辑决断的方法确定装备预防性维修要求的过程或方法。

它是目前国际上流行的、用以确定装备预防性维修工作、优化维修制度的一种系统工程方法,也是发达国家军队及工业部门制定军用装备和民用装备预防性维修大纲的首选方法。RCM 作为一种确定预防性维修工作的方法,它要求首先确定装备基本的运行状态、正常运转标准和加速耗损问题以及各组成部件的故障规律和故障模式,然后运用逻辑决断模型来确定维修任务和维修检测间隔。它只是一种基于 FMEA 和逻辑决断图的优化方法,着眼点是针对不同的故障模式选择何种维修最为有效,其本质含义是以最少的资源消耗保持装备固有可靠性和安全性。

2.故障预测与健康管理

故障预测与健康管理(Prognostics and Health Management,PHM),指根据各种先进的传感器采集设备的各种数据信息,融合神经网络、数据挖掘、模糊识别和专家系统等众多推理技术,分析评估设备的健康状态,预测设备故障发生的时间;依据设备的维修性要求和相关的维修理论,结合各种可利用的维修资源信息,制定系列的维修决策方案,采取相应的保障措施,实现系统的视情维修。

它包括两层含义:一是故障预测,即预先诊断部件或系统完成其功能的状态,确定部件正常工作的时间长度;二是健康管理,即根据诊断/预测信息、可用资源和使用需求对维修活动做出适当决策的能力。

PHM 是一种实施以健康为核心的装备综合管理的技术方法和系统。其实现了两个转变:由传统的基于传感器的故障诊断转向基于智能系统的健康状态预测与评估;由事后维修和定期维修转向基于状态的视情维修。

基于 PHM 的船舶维修大纲的优化系统包括 6 个子模块,各子模块之间并没有明显界限,存在数据信息的交叉反馈。各子模块的功能如下:

（1）数据采集模块。采集船舶的状态参数,其数据来源包括船舶自带的机舱监控系统、加装的机舱传感器群以及机内自测试系统(BIT)。其中,机舱传感器群采集各个柴油机和发电机的瞬时转速信号、齿轮箱的振动信号、滑油和燃油的油液信号以及柴油机工作相关的热力参数。

（2）数据处理模块。利用加窗滤波、Gabor 变换、FFT 变换、Hilbert 变换等数学工具,对采集的原始数据信号进行数据分析,并将采集的原始数据和处理的结果导入状态参数数据库进行备份。

（3）状态监测模块。利用故障诊断机理分析的结果,建立故障诊断模型,确定故障的判断依据。然后对设备的状态参数进行数据分析,提取相应的特征参数,同预定的故障阈值进行比较,判断设备的工作状态;如果是故障,则进一步明确其故障位置。

（4）健康评估模块。结合数据库中的历史信息和维护经验,结合状态监测数据和数据分析的结果,分析监测对象故障劣化的趋势,评估其健康状态,判断是否需要进行维修或者保养。

（5）故障预测模块。故障预测能力是 PHM 技术的显著特征之一,综合利用健康评估模块的结果,采用专家系统、支持向量机、模糊算法等智能模型,预测监测对象的故障发展趋势以及未来的健康状态,优化设备的维修周期和维修方式,制定维修大纲。

（6）综合保障模块。综合保障或者健康管理是 PHM 技术的另一显著特征,也是维修大纲优化的核心模块。通过剖析船务公司目前所使用的维修大纲,结合故障预测模块的分析结果,提出设备对应的保障决策和维修决策,优化设备的维修大纲,并通过船岸无线通信系统将维修计划发往对应的船舶,安排具体的维修任务,在被监测系统发生故障之前的适宜时机实施维修保养。

第三节　船舶维修与保养

一、船舶保养体系（CWBT）

现在运营中的船舶,一般都装有船舶维修保养体系,这些保养体系的制作和填写都需要轮机员来执行,因此轮机员必须对它们进行一定的了解。我国在 2009 年 3 月 31 日发布了《船舶维修保养体系检验导则》（以下简称《导则》）,于 2009 年 11 月 1 日实施（GB/T16558—2009）。此标准适用于实施船舶维修保养体系并具有中国船级社船舶机械保养系统附加标志的或拟申请该附加标志的船舶与海上设施,其他船舶与舰船可参照采用。

船舶维修保养体系是以我国传统的船舶维修管理模式为基础,吸收外国先进的管理经验,结合我国具体实际而开发建立的。

维修保养体系规定了船舶维修保养体系所适用的范围,对所用到的术语进行了定义,并明确了 CWBT 的组成以及对管理人员的要求,还有对船舶设备系统进行分类、编码定义等。CWBT 共采用四组代码,其中,前三组表示船舶设备代码,第四组代码供执行人自定义用,中间用"–"连接。CWBT 设备代码结构表示如下:

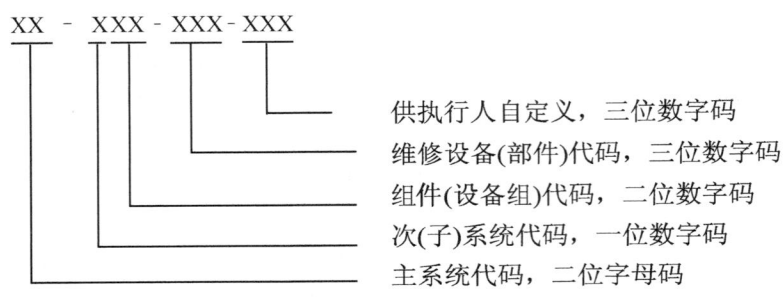

供执行人自定义，三位数字码
维修设备(部件)代码，三位数字码
组件(设备组)代码，二位数字码
次(子)系统代码，一位数字码
主系统代码，二位字母码

示例:主系统为空气系统,子系统为起动空气系统,维修部件为主空压机,自定义为 No.3 号的设备代码表示为:AS-102-152-003,其中维修部件代码和主系统代码可以在 CWBT 代码手册查询,共有 30 个主系统,372 个维修设备代码(详见体系第 2 部分:船舶维修保养体系代码)。

船舶系统用到的维修保养的循环周期必须满足有关规范的实船的保养要求,规定循环保养周期为 5 年。根据多年来的经验以及统计数据,新国标的船舶维修保养等级定为八级,前三级的内容主要是船舶设备日常保养,后面五个等级是计划维修保养等级。根据不同设备的不同状况,维修保养周期可分为两种计时方法:利用设备计数器记录运转小时的定时周期和日历日期的定期周期两种,见表 1-1。对于某台设备的多个保养级别的周期值的数量关系有一定的原则,一般为级别高的周期值是级别低的周期值的整数倍。

表 1-1　船舶设备维修保养周期的分级方法

循环周期	分期代码	定期制	定时制
5 年	A	1 天	1 天
	B	1 周	1 周
	C	1 月	500 运转小时
	D	3 月	1 500 运转小时
	E	6 月	3 000 运转小时
	F	12 月	6 000 运转小时
	G	30 月	15 000 运转小时
	H	60 月	30 000 运转小时

示例:假定一台设备的维修保养周期是由周期为 3 个月的 D 级、6 个月的 E 级和 5 年的 H 级的三级保养组成,那么该设备在 5 年中的工作安排为:DDEDDE, DDEDDE, DDEDDE, DDEDDE, DDEDDEH。

实际上根据船舶情况的不同,实际维修保养工作的完成日期不必严格遵循计划安排,可以偏离一定的时间;但是若发生故障性的维修,实际工作时间偏离计划安排的极限不得超过表 1-2 所示的周期允差极限值,也可以根据《钢质海船入级规范》的规定执行。

为船舶每一设备编制设备卡,卡上包括对该设备进行各级维修保养时的工作、技术要求和维修保养周期的级别等内容。在完成这些设定工作后,采用人工或计算机管理,将到期的检查项目,按照工作卡的形式或计算机指令形式定期(每月)向船员发出设备维修指令,在船员完成工作后,部门长再将这一设备的检修工作按照检修周期排入下一循环。这样各级维修工作计划,一次排成,长期有效,循环操作,环环相扣,各个期间的保养项目一目了然,按照设备的保

表 1-2　维修保养级别周期允差极限

级别	定期制周期允差	定时制周期允差
A	—	—
B	±1 天	—
C	±7 天	±50 运转小时
D	±30 天	±200 运转小时
E	±30 天	±400 运转小时
F	±30 天	±600 运转小时
G	±90 天	±800 运转小时
H	−90 天~0 天	−90 天~0 天

养要求,按时进行,对于重要项目和船检项目还有重点提醒。CWBT 还设计了许多报表和报告模式,在维修工作完成后,各检修记录和完成情况将通过已经编制好的各种专门表格报告公司,这样船东可以完全、准确、及时地掌握情况。如果加上计算机管理,采用计算机备件管理系统与此系统配套,由计算机给出更准确的计划要求和备件管理信息,会使船舶技术管理的水平有一个巨大的提高。

二、CMS 检验

在 20 世纪 70 年代开始全球推行"轮机循环检验(CMS)"制度,将特别检验项目分解到周期内的各个年度进行,充分与航运公司的维修保养体系接轨和配合。此项工作取得良好的效果:一是将对设备的检验"化整为零",及时发现设备的缺陷和隐患;二是将部分项目委托船上轮机长进行,大大节省了修船时间,保养工作更加有针对性。

轮机循环检验(CMS)是应船东申请并经船级社同意,将轮机特别检验的所有项目(包括电气设备)分散在特检周期中,以循环的方式进行,以使轮机及其他装置的每一部分在一个特检周期内至少被检验一次,而且对任一项目的两次检验的间隔期不超过特别检验周期,因此轮机循环检验是轮机特别检验的一种替代方式。实行循环检验的船舶,不能取消和改变其保持船级的其他检验。

对于新造船或特别检验后首次实施循环检验的船舶,验船师将配合船东根据船舶图纸及船舶设备的维修计划,编制轮机循环检验项目单。对于在两次特别检验之间申请实施循环检验的船舶,应合理安排循环检验项目,保证在本周期剩余时间内完成所有特别检验要求的项目。

经船东申请,船级社对一定资历轮机长进行相关培训后,可授权经培训的轮机长进行部分项目的轮机循环检验,并由总部发给该轮机长授权证书。凡持有船级社有效授权证书的轮机长,根据船东要求,可按船级社授权的检查项目进行检验。一般许可轮机长实施检验的 CMS 项目有主推进柴油机、电力推进装置、动力传输系统和轴系、辅助发电机和辅助机械等;有些项目必须是在船级社验船师现场验证的情况下进行的,项目一般包括主推进柴油机的曲轴及其轴承、主燃气轮机、主蒸汽轮机、减速箱、轴系弹性联轴器及离合器、驱动发电机及辅助设备的蒸汽涡轮及其部件、发电机负荷试验及调速器试验、发电机并联操作试验、发电机系统和电站的自动控制和报警、发电机的空气断路器、主机试验及初始起动试验、空气瓶检验、至少 1 台货物冷藏装置的制冷压缩机、机械装置的损坏、修理和改装。而有些项目不在 CMS 检验范围内,例如：螺旋桨轴及其轴承、艉管轴及其轴承、方位螺旋桨装置、喷水推进装置、坞内检验的项目以及一些建造后检验的项目。

三、PMS 检验

计划保养系统（PMS）是指船舶机械（包括电气设备）根据船级社（如 CCS 等）现行规范的有关要求和设备制造厂说明书的规定，由船东制订一套详细的周期性维修保养计划，通过该计划在船上的贯彻和实施，使船舶机械始终保持在良好的技术状态。PMS 可作为轮机特检或轮机循环检验的一种替代方式，其检验项目应能覆盖所替代的特检或循环检验项目。一般来说PMS 检验项目完全覆盖轮机循环检验的项目。

船上主要由轮机长总负责，各部门长配合轮机长完成系统所下发的指令，当船员完成所有应该完成的工作后，由部门长反馈给轮机长，轮机长再把 PMS 实施情况反馈给公司的机务人员，这样公司就可以随时监测到船舶维修保养的实际情况，了解船上的备件库存数量，并根据这些信息为船舶做好服务工作，保证船舶顺利完成任务，提升经济效益。当船上完成一次检修时，系统会自动转入下个检修周期中，这样就可以保证船舶维修不随人员的变动而遗漏或多检，从而形成周期性的维修保养，长期有效。

从实际应用来看，PMS 检验能很好地结合船舶公司的保养体系和船级社的检验要求，这就大大缩短了修船时间，节省了检验费用，提高了船舶管理水平，使船舶航行更安全，营运更有效益。授权轮机长需要参加由 CCS 指定机构的 PMS 培训。参加 PMS 检验的船舶，PMS 检验项目完全由授权轮机长进行，只要授权轮机长确认某检验项目符合船级社的检验标准，验船师不再重复检验。这样船舶可以利用各种机会进行维修保养工作，使船舶营运率提高。实施PMS 检验的船舶到期进行检验时，验船师只需检查 PMS 在船上的执行情况，如果在检查中发现有不符合规定的内容，可要求轮机长配合验船师对相关内容进行特检。

四、ISM 规则

《国际安全管理规则》（《ISM 规则》）是指由国际海事组织大会通过的，并可由该组织予以修正的《国际船舶安全营运和防止污染管理规则》。该规则的目标是保证海上安全，防止人员伤亡，避免对环境，特别是对海洋环境造成损害以及对财产造成损失。

《ISM 规则》主要包括以下内容：

1.实施部分

安全管理体系的基本要求是每个公司应制订、实施及保持包含下列基本要求的安全管理体系：安全和环境保护方针；保障船舶安全营运及环境保护，符合有关国际公约及船旗国政府法规的须知和程序；明确岸上和船上人员的权限和相互间的通信联络方式；按本规则规定报告事故及不合格的程序；应急情况的防备及处理程序；内审及管理评审程序。

公司应建立安全及环境保护方针，保证船、岸双方机构的所有层次都执行和维护该方针。公司文件应规定所有参与安全与防污染管理、执行和验证工作人员的责任、权限和相互关系。公司负责确保提供足够资源和岸基支持，使指定人员能履行其职能。

为确保每艘船舶的安全营运，并提供公司与船上人员间的联系，每个公司应根据情况指定

1 名或多名岸上人员,他(他们)能与最高级管理层直接联系。指定人员的责任和权限应包括对每一艘船舶营运方面的安全及防污染范围内进行监控,在要求时确保提供所需的足够资源和岸基地支持。

安全管理体系应包括确保向公司报告、调查和分析不合格、事故及险情的程序,以便改进安全管理及防污染能力。用于阐述及实施安全管理体系的文件可称为"安全管理手册"。文件应以公司认为最有效的方式予以保存。每一艘船舶应将与该船有关的全部文件存放于船上。

2.发证部分

对每一个符合国际管理规则要求的公司,由主管机关、主管机关认可的机构或在主管机关的要求下,由另一缔约国政府签发不超过 5 年的符合证明。符合证明应在每年周年日的前或后 3 个月内接受由主管机关、主管机关认可的机构或在主管机关的要求下,由另一缔约国政府进行的年度审核。当符合证明未按上述要求接受年度审核,或存在严重不合格证据时,应由主管机关或在主管机关的要求下,由另一签发此证明的缔约国政府撤销。如果符合证明失效,则相关的安全管理证书和/或临时安全管理证书也失效。安全管理证书至少应接受由主管机关、主管机关认可的机构或在主管机关的要求下,由另一缔约国政府进行的中间审核。如果在 5 年的周期内仅进行一次中间审核,它应在第 2 个周年日或第 3 个周年日进行。除此之外,当安全管理证书未按本规则要求接受中间审核,或存在严重不合格证据时,应由主管机关或在主管机关的要求下,由另一签发此证明的缔约国政府撤销。尽管有上述要求,当换证审核在原符合证明或安全管理证书到期日前 3 个月内完成,则新符合证明或安全管理证书的有效期从原符合证明或安全管理证书到期日起不超过 5 年;若换证审核在原符合证明或安全管理证书到期日 3 个月前完成,则新符合证明或安全管理证书的有效期从换证审核的完成日起不超过 5 年。

第二章

船机零件的失效

第一节　摩擦与磨损

　　船舶机械设备中广泛存在着相互运动表面(摩擦副)之间的摩擦现象。摩擦会降低机械效率,增加动力能源消耗,例如四冲程柴油机摩擦功占全部机械功的 10%~20%,二冲程柴油机摩擦功占全部机械功的 15%~25%。摩擦还会导致零件磨损,缩短设备使用寿命。据统计,磨损失效占机械零件失效的 60%~80%。但同时,摩擦也有其有利的一面。许多机械就是利用摩擦原理来传动和工作的,如离合器、制动器、皮带传动、螺纹连接等。有些零件的加工和使用中也利用到磨损的原理,如抛光、磨合等。掌握摩擦学原理不但能帮助人们理解摩擦、磨损现象及其规律,同时还能提供有效的措施对摩擦和磨损进行调控。

　　摩擦学是 20 世纪 60 年代兴起的一门学科,它是研究相对运动表面摩擦、磨损和润滑三者之间相互关联的科学与技术的总称。它研究的对象是材料(零件)的摩擦、磨损与润滑问题。

　　随着摩擦学研究不断拓展,对磨损自修复、薄膜润滑和仿生润滑等特殊摩擦学现象的理论和实验研究也不断深入,出现了纳米摩擦学、生物摩擦学、绿色摩擦学、极端条件摩擦学等新领域。在船舶与海洋工程领域出现了海洋条件下摩擦学,很多诸如如何减小深海条件下零件的磨损、如何降低船舶动力机械的摩擦损耗、如何减小摩擦噪声等摩擦学问题亟待更多的研究人员去解决。

一、零件的摩擦

　　零件的摩擦、磨损和润滑特性和其表面特性密不可分。摩擦表面特性包括表面形貌特性和表面结构特性两个方面。

1.表面形貌特性

实际的零件表面不可能是绝对平整光滑的,因为任何零件都是由某种加工方法制造出来的,它们都会形成不同的表面形貌。表面轮廓一般可分为三个范畴:宏观几何偏差、宏观粗糙度(波纹度)、微观粗糙度,如图 2-1 所示。宏观几何偏差指表面实际宏观轮廓与名义几何形状之间的偏差,如孔的圆度偏差、平面的平行度偏差等;波纹度大体上是周期出现的波峰与波谷的分布,其波长(1~20 mm)比波纹的高度要大得多;粗糙度是在较短的距离内(2~800 μm)出现的凹凸不平,数值为 0.03~400 μm。

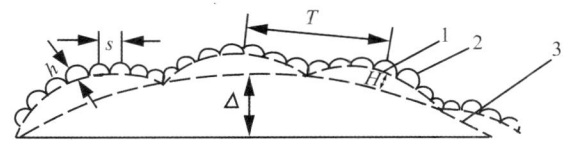

图 2-1 二维表面微观几何形貌

1—波纹度;2—粗糙度;3—宏观几何形状偏差;T—波纹度波距;
s—粗糙度波距;H—波纹度波高;h—粗糙度波高;Δ—形状误差

我国国标 GB/T 1031—2009《产品几何技术规范(GPS) 表面结构 轮廓法 表面粗糙度参数及其数值》和 GB/T 131—2006《产品几何技术规范(GPS)技术产品文件中表面结构的表示法》规定了工程粗糙度相关术语和表示方法。工程上常用粗糙度参数包括轮廓算术平均偏差 Ra 和微观不平度十点高度 Rz 等,一般优先采用 Ra 标注,Ra 表示在取样长度内轮廓偏距绝对值的算术平均值。粗糙度数值越小,表示表面越光滑;反之,则表示表面越粗糙。采用去除材料法加工后零件表面粗糙度标注符号和含义如表 2-1 所示。

表 2-1 常用表面粗糙度等级符号

表面粗糙度等级符号	100	50	25	12.5	6.3	3.2	1.6
	0.8	0.4	0.2	0.1	0.05	0.02	0.01

粗糙度的大小对零件摩擦学性能有显著的影响。根据载荷的大小和材料的性质,摩擦表面之间真实接触面积(A_r)仅为名义接触面积(A_n)的几百分之一到几万分之一。粗糙度过大会造成摩擦力增加、磨损加剧;但粗糙度过小,则可能造成零件之间润滑困难,因而也会使摩擦力上升、磨损加剧。一般摩擦表面之间有一个最佳的粗糙度。

粗糙度的测量方法包括比较法、触针法和光学法等。表面针式扫描仪器(如轮廓仪)仍是目前工程表面测量方面最常用的手段。它可测量二维和三维的表面形貌,缺点是对软材料容易损伤表面,以及针尖半径、针的动态响应、针的侧偏等所造成的失真和误差,但其精度对大多数工程表面的应用是足够的。光学电子仪器包括光学式显微镜、干涉显微镜、透射电镜(TEM)和扫描电镜(SEM)等。在车间生产中,常根据表面粗糙度样板和加工出来的零件表面进行比较,用肉眼观察或手指触摸,来判断零件表面粗糙度的等级。

2.表面结构特性

研究表明,金属表面的结构一般与其基体内的结构不同,这种差异会影响表面的摩擦、磨损及腐蚀等性能。工程中常用材料的表面由外至里依次包括污染层、吸附层、氧化层、变形层等不同结构,如图 2-2 所示。

实际金属的表面是不完整的,晶体的许多缺陷都有可能显露于表面,并诱发一些微裂纹和孔隙。在摩擦过程中这些微裂纹和孔隙变大,并在剪切应力作用下凝聚成为平行于表面的裂纹,进而导致薄瓣状碎屑剥落下来,造成磨损和表面损伤。金属表面因为加工产生的硬化层以及存在的残余内应力也显著影响材料的抗磨性能。固体表面具有一定的表面能,容易吸附如空气中的 O_2、N_2、CO_2 等气体或润滑油的极性基团及其他介质等,从而使金属表面形成各种表面膜,这些表面膜的存在改变了材料表面的接触性质。

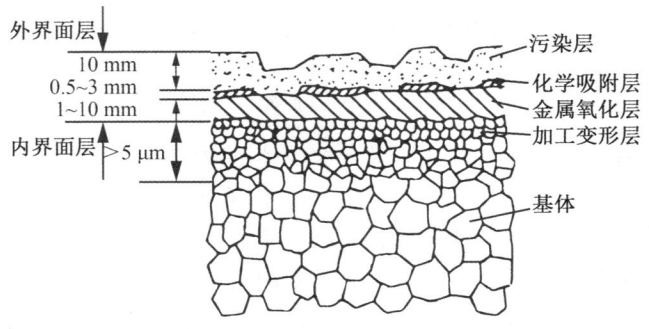

图 2-2　金属表面层结构示意图

二、摩擦现象

两个相互接触的物体(称为摩擦副),在外力作用下发生相对运动或有相对运动趋势时,接触面之间就会产生一种阻碍相对运动的力,即摩擦力,这种现象称为摩擦现象。摩擦在生产与生活中是普遍存在的现象,摩擦具有两面性,既有有利的一面,也有有害的一面。

1.摩擦的分类

按摩擦副的运动状态,摩擦可分为动摩擦和静摩擦。

按摩擦副的运动形式,摩擦可分为滑动摩擦和滚动摩擦。

按摩擦副的润滑状态,摩擦可分为干摩擦、流体摩擦、边界摩擦和混合摩擦。

例如,对于内燃机,在正常情况下曲轴轴承、凸轮轴轴承、连杆轴承都属于流体摩擦。活塞、活塞环与气缸则基本处于边界摩擦状态或混合摩擦状态。摩擦副材料间的摩擦力可以通过各种类型的摩擦实验机实验测得。

影响摩擦因数的因素十分复杂,主要有润滑条件、表面氧化膜、材料性质、载荷、滑动速度、静止接触的持续时间、温度、表面粗糙度等,了解这些因素对摩擦力大小的影响规律是实现摩擦力控制的基础。摩擦时会出现温度效应、结构效应、化学效应、振动效应,以及摩擦噪声、摩擦生电、摩擦发光等效应,对这些摩擦效应的认识,有助于实现摩擦控制和扩展摩擦学应用领域。

2.摩擦产生机理

干摩擦是指干净金属表面间的摩擦。在摩擦起因的基本问题上存在着多种解释或假说,其中有机械理论、分子理论、分子-机械理论、黏附理论以及能量理论等,目前尚未形成统一公认的理论。

针对摩擦起因存在两种学说。机械理论是古典摩擦理论,它是由 Amontons(1699 年,法国)和 C.A.Coulomb(1785 年,法国)等提出的,又称为"凹凸说"(机械理论)。该理论认为产生摩擦力的原因在于接触面上存在凹凸不平,当上表面微凸体越过下表面微凸体时需要克服阻力。另外一种假说分子理论是由 J.T. Desaguliers(1683—1744 年,英国)首创,又称为"分子说"(分子理论)。该理论认为摩擦阻力是两物体摩擦表面之间分子引力场的相互作用的结果。

"分子-机械理论"由 N.B.КРАГЕЛЬСКИИ(1939 年,苏联)提出的,该理论是以摩擦力二重性的概念为基础,即摩擦力不仅取决于克服两个接触面分子之间的相互作用,还取决于因微凸体的犁沟作用而引起的接触体形貌畸变。分子-机械理论与现代黏着理论没有本质区别。

1942 年,Bowden 和 Tabor 对名义接触面积和实际接触面积进行了区分,并阐述了摩擦具有变形过程和黏着过程的双重本质,从而建立了现代黏着理论的基础。在 Bowden 和 Tabor 的黏着理论中摩擦力包括黏着分量和犁沟分量两项。根据现代黏着理论,当接触表面相互压紧时,两个接触面上的微凸体之间产生塑性变形和"冷焊"现象,如图 2-3 所示。如果两物体摩擦表面作相对运动,则需要克服"冷焊"点被剪断的阻力,即摩擦力的黏着分量。两物体摩擦表面之间滑动摩擦因数表达式为

$$\mu = \frac{\tau_c}{\sigma_y} \tag{2-1}$$

式中:τ_c 为接触冷焊点的抗剪切强度;σ_y 为材料的屈服强度。

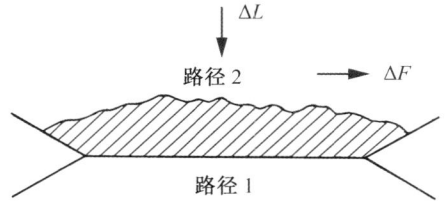

图 2-3　接触表面的"冷焊"与剪切

按照现代黏着理论,对于金属表面存在污染膜及金属覆膜的情况,两物体摩擦表面之间滑动摩擦因数表达式为

$$\mu = \frac{\tau_f}{\sigma_y} \tag{2-2}$$

式中:τ_f 为污染膜或金属覆膜的抗剪切强度。

金属表面存在的吸附膜或反应膜,从减少摩擦的角度来看是有利的。因为在两表面间的氧化膜或其他污染膜所形成的界面层,其临界剪切应力比金属接点的临界剪切应力要小,当滑动时,连接点的面积未来得及明显增长,界面膜就被剪断了,所以摩擦力比没有表面氧化膜或其他吸附膜和化学反应膜时的情况小得多。

根据前述黏着摩擦理论,要降低摩擦,只有减少实际接触面积或降低临界剪切强度,这意

味着只有当摩擦副材料既具有高的硬度,又具有低的临界剪切强度才能满足上述要求。但是,具有高硬度的金属一般也同时具有高的剪切强度。根据摩擦原理,在硬金属表面涂镀一层软金属,如铟、镉、铅、锡基白合金、铅基白合金、铜铅合金、铅青铜、铝锡合金、塑料、二硫化钼等,此时,剪切强度取决于该涂镀层的剪切强度,而摩擦中的变形抗力主要由软金属下方的硬金属基体承受,因此摩擦力减小。

三、零件的磨损

1.磨损的定义和评价指标

物体表面发生相对运动时,由于机械和化学过程的作用,引起摩擦表面物质逐渐损耗或产生残余变形等缺陷,这种现象称为磨损。磨损会使机械零件丧失精度,降低其使用寿命与可靠性,因此通常磨损是不希望出现的。但在某些例外情况下,例如在磨合过程中,磨损也可能是有益的。

由磨损引起的材料损失的量称为磨损量,它的倒数称为耐磨性。磨损评价指标一般包括以下几种:

(1)重量磨损量(失重)或磨损率;

(2)体积磨损量或磨损率;

(3)尺寸减小量或磨损率;

(4)几何形状(直线度、平面度、圆度和圆柱度等)变化量;

(5)磨损产物(磨损下来的磨粒)数量变化。

在标注某摩擦副材料磨损量的同时需要指明其运转持续时间或滑动距离,以及载荷、润滑和温度等条件,以便于和其他的实验结果进行对照分析。摩擦副材料磨损量可以通过各种类型的磨损实验机(如材料万能磨损实验机等)实验测得。重量磨损量通过电子天平测量实验前后试样的重量差获得。体积磨损量和尺寸减小量可以通过千分尺测量实验前后试样的尺寸变化,也可以采用专用光学尺寸测量仪器进行精密测量。磨损造成几何形状变化量可以通过专用的形貌测量仪(如圆度仪等)进行测量。可以对收集的磨粒通过称重或颗粒计数等方法进行测量。

2.磨损的规律(阶段)

机械零件从开始使用直至失效,通常经历以下三个不同的磨损阶段(如图2-4所示)。

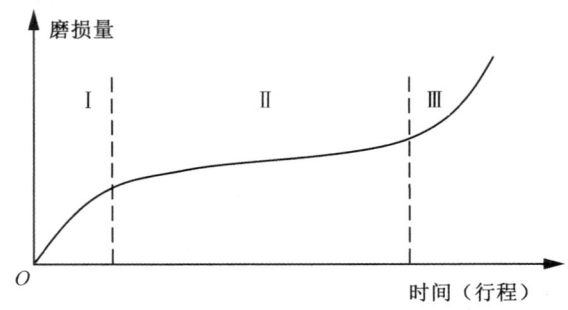

图2-4 磨损阶段

（1）磨合阶段（Ⅰ阶段）

机械加工后摩擦表面存在一些较高的微凸体，微凸体在初始使用阶段因接触而变形和磨平，故此阶段摩擦副磨损率较大。随着磨损的持续进行，微凸体逐渐被磨平，表面摩擦力和磨损率均下降（累积磨损量增加速度减小），表面摩擦磨损逐渐过渡到正常使用的状态，这一过程被称为磨合（跑合）。

（2）稳定磨损阶段（Ⅱ阶段）

表面经过磨合达到稳定粗糙度，磨损率降低至稳定的较小数值，这是摩擦副零件的正常工作期。稳定磨损阶段是摩擦副的正常服役时间（或称为使用寿命期），一般根据设计不同能延续很长时间，例如几年或更长。

（3）急剧磨损阶段（Ⅲ阶段）

经长期使用后，材料表面的疲劳损伤不断累积，磨损导致零件配合尺寸或形貌显著改变，并使摩擦条件急剧恶化，使得振动加剧、冲击加大和温度升高，致使磨损量急剧增加，预示零件将因快速磨损而失效。应该避免零件在急剧磨损阶段工作，需要及时对零件进行更换、调整或者修复。

3.磨损的机理

目前，人们公认的最重要的磨损类型（机理）有四种：黏着磨损、磨料磨损、疲劳磨损和腐蚀磨损，除此之外还有微动磨损和浸蚀磨损这两种特殊的磨损类型。不同磨损类型有不同的磨损特性和外观表现。

（1）黏着磨损

黏着磨损是由于两摩擦物体在法向力和切向力的联合作用下，产生金属与金属的直接接触和塑性变形，从而经历黏着（冷焊）、剪切撕脱和再黏着的循环过程。从微观角度解释其机理是，高接触应力使表面膜被破坏，纯净金属接触部分因分子吸引而产生黏着，运动中界面附近出现剪切撕脱现象并可能伴随一部分分子的转移。油润滑的金属表面在油膜破裂后可能发生黏着，无油表面在表面膜失效后金属可能直接黏着。

黏着磨损使摩擦副表面的几何形状发生变化，按照摩擦表面损伤程度黏着磨损可划分为五类，即轻微磨损、涂抹、擦伤、划伤和咬死。黏着磨损与其他磨损形式的很大不同在于，其他磨损形式一般都需要一些时间来扩展或达到临界破坏值，而严重的黏着磨损则可能发生得非常突然，并主要发生在滑动副或滚动副之间没有润滑剂时，或油膜受到过大负荷或过高温度而被破坏时。严重时，机械系统中运动零件的"咬死"将导致灾难性失效，如轴承抱死、剧烈磨损等。

影响黏着磨损的主要因素有材料性质和工作条件。

①材料性质的影响

脆性材料比塑性材料的抗黏着能力高，塑性材料常常被黏着破坏。互溶性大的材料所组成的摩擦副黏着倾向大，互溶性小的材料所组成的摩擦副黏着倾向小，应避免使用同种金属或类金属组成摩擦副。金属与非金属材料（如细石墨、塑料等）组成的摩擦副，比金属组成的摩擦副黏着倾向小。从金相结构上看，多相金属比单相金属黏着倾向小；金属中化合物相比单相固溶体黏着倾向小；碳化合物含量高的合金黏着倾向小；不连续组织比连续组织的黏着倾向小，故碳钢比单相的奥氏体不锈钢或纯铁的黏着倾向小。

②工作条件的影响

在乏油、边界润滑甚至干摩擦条件下工作的摩擦副比起在有充分润滑条件下工作的摩擦副更容易产生黏着磨损。当载荷超过材料硬度的 1/3 时,磨损急剧增加,严重时咬死。因此,设计中选择的许用压力必须低于材料硬度的 1/3。在压力一定的情况下,黏着磨损随滑动速度的升高而升高,在达到某一极大值后,又随滑动速度的升高而降低。摩擦表面的温度升高,硬度降低,使黏着可能性增大。温度升高,润滑油黏度下降,润滑效果降低,同时润滑油氧化、分解的速度加快。当超过某一极限时,润滑油变质失去润滑作用。

减少黏着磨损的措施有很多,其中对于多数机械而言,搞好润滑是减少黏着磨损最有效、最经济的方法。此外,控制摩擦表面的温度,或对金属表面进行化学处理(硫化、磷化、氮化)也是预防黏着磨损的有效措施。需要注意的是,适当提高表面光洁度可以预防黏着磨损,但对一些特别光滑的表面,因可能得不到充分的润滑,发生黏着磨损的可能性反而增加。

(2)磨料磨损

物体表面与磨料相互摩擦引起表面材料损失的现象叫磨料磨损,又称为磨粒磨损。它是指一个表面与相匹配表面上的硬质物体或硬质颗粒相互作用,通过切削或刮擦,引起材料表面破坏,分离出磨屑或形成划伤的磨损。磨料磨损是机械磨损的一种,非常普遍,危害性很大,据统计约占磨损总数的一半。在工程机械、运输机械中的许多机械零件因工作条件恶劣,与泥沙、矿石、灰渣等直接接触,发生摩擦,产生不同形式的磨料磨损。

磨料磨损的机理是磨料颗粒的机械作用。它在很大程度上与磨料的相对硬度、形状、大小、固定程度以及载荷作用下磨粒与被磨表面的力学性能有关。按摩擦表面所受的应力和冲击的大小,磨料磨损有凿削式、高应力碾碎式及低应力擦伤式三种形式。按摩擦表面的数目,磨粒磨损分为两体磨料磨损和三体磨料磨损。磨料的来源有外界沙尘、切屑侵入、流体带入、表面磨损产物、材料组织的表面硬点及夹杂物等。

影响磨料磨损的主要因素有材料性质和磨料。

①材料性质的影响

一般而言,适当增加材料硬度(比磨料的硬度高约 1.3 倍为最佳)有利于提高耐磨粒磨损能力,因而硬度高的显微组织(如珠光体、马氏体)具有较高的耐磨粒磨损性能,而铁素体的硬度和强度都很低,所以通常耐磨料磨损能力较差。未经热处理的钢,其抗磨粒磨损的性能与它们的自然硬度成正比;经过热处理的钢,其耐磨性也随硬度的增大而增大,但比未经热处理的钢,增加速度要缓慢一些。钢中的碳及碳化物形成元素含量越高,则耐磨性也越大。某些材料如高锰钢在较大冲击负荷下,表面会因加工硬化而使硬度提高,使其具有较高磨粒磨损抗力。

②磨料的影响

为了减少磨粒磨损,金属的硬度 H_m 应比磨粒的硬度 H_a 高约 0.3 倍,即 $H_m = 1.3H_a$ 时为最佳,如继续提高材料的硬度,则效果不显著。一般金属的磨损量随磨粒平均尺寸的增大而增加,到某一临界值后,磨损量便保持不变,即磨损与磨料的尺寸无关。

减少磨粒磨损一般从两方面采取措施:一是防止或减少磨粒进入摩擦表面间;二是增强零件的抗磨粒磨损性能。

(3)疲劳磨损

疲劳磨损是循环接触应力周期性地作用在摩擦表面上,使材料疲劳而引起材料微粒脱落的现象。摩擦表面材料微凸体受循环接触应力作用,产生重复变形,导致裂纹和分离出微片或颗粒,形成了疲劳磨损。

对疲劳磨损机理的解释目前有以下几种:最大剪应力理论、微观点蚀磨损理论、油楔理论以及剥层磨损理论等,以下简要介绍最大剪应力理论。最大剪应力理论认为裂纹是从接触表层下产生的。静弹性接触的赫兹理论表明,最大压应力发生在表面,而最大单向切应力则发生在表面下方一定深度处,如图2-5所示。该处塑性变形最剧烈,在周期载荷作用下的反复变形使材料局部弱化,以致在最大剪应力处首先出现裂纹,并沿最大剪应力方向扩展到表面,最后形成疲劳破坏,以颗粒形式分离出来,并在摩擦表面留下痘斑,称为点蚀;或以鳞片状从表面脱落下来,称为剥落。

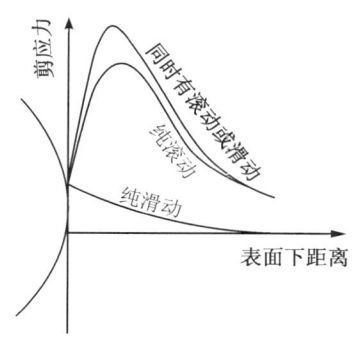

图2-5　剪应力随表面下距离变化的曲线

疲劳磨损通常要经过较长的潜伏期后才出现剥蚀或剥落的磨屑。其过程包括裂纹的逐渐形成和扩展,最后在受摩擦负荷的范围内脱落下一些颗粒状或片状磨屑,结果留下一些麻点和坑穴。通常在潜伏期里磨损还达不到可测出的程度,因而疲劳磨损常常难以被及时发现。表面疲劳现象具有很强的随机性,即使在相同条件下同一批试件得到的疲劳寿命之间相差也可能很大。

很多工程零件如滚动轴承、齿轮副和凸轮副等都能产生疲劳磨损。疲劳磨损是降低滚动轴承使用寿命的主要原因,当滚动轴承由于疲劳磨损出现麻点时,其使用寿命即将终结。齿轮及凸轮-挺杆摩擦副也可能遭受疲劳磨损出现麻点而失效。在流体动力润滑的轴承中油膜能传递交变机械应力,因此疲劳磨损也是其主要失效形式之一。此外,在冲击负荷下也会出现疲劳磨损;表面疲劳还是材料气蚀和流体浸蚀的主要损坏机理。

影响疲劳磨损的主要因素有材料性质和工作条件。

①材料性质的影响

降低表面粗糙度有利于提高接触疲劳寿命,例如对于表面硬度高的轴承、齿轮等往往必须降低表面粗糙度。疲劳裂纹一般在固体有缺陷的地方出现,这些缺陷可能是机械加工时造成的,也可能是材料在冶金过程中形成的,还可能是在金属相之间和晶界处形成的。一般来说,当表层在一定深度范围内存在有利的残余压应力的话,不仅能提高弯曲、扭转疲劳抗力,还能提高接触疲劳抗力。承受接触应力的零件,必须有适当的硬度和硬度分布。例如采用高碳钢淬火或渗碳钢表面渗碳强化,以使表面获得最佳硬度。

②工作条件的影响

在摩擦磨损过程中,表面层发生塑性变形和发热,润滑油的作用等条件对疲劳磨损都会产生重要影响。使用中的应力对疲劳磨损有显著的影响(前面已经有论述),必须确保摩擦副在合理负荷条件下工作。对于润滑条件,润滑油的黏度越高,抗疲劳磨损的能力就越强;油的黏度越低,越易渗入裂纹中,加速裂纹扩展,降低了零件的使用寿命。润滑油中含水量过多(腐蚀作用)对疲劳磨损有较大影响,必须严格控制其含水量。若润滑油中适当加入某些添加剂(如极压添加剂或微纳米固体添加剂),则可在接触表面层形成一层坚固薄膜,从而提高抗疲劳磨损性能。

因此,为了提高材料耐疲劳磨损能力,一般需要避免材料冶金和加工时产生缺陷;通过热处理使材料有适当的硬度和硬度分布;通过精加工或光整工艺降低表面粗糙度,并使表面形成一定的残余压应力;保证装配精度以减小冲击;确保摩擦副在合理的润滑条件和负荷下工作。

(4)腐蚀磨损

腐蚀磨损又常被称为摩擦化学磨损或化学磨损,是在摩擦作用的促进下,摩擦副的一方或双方与中间物质,或与环境介质中的某些成分发生化学或电化学作用而产生磨损的过程。单纯的腐蚀现象不能定义为腐蚀磨损,只有当腐蚀现象与机械磨损过程相结合时,才能形成腐蚀磨损。

腐蚀磨损由于介质的性质、介质作用在摩擦面上的状态以及摩擦材料性质的不同而出现的状况也不一样。常见的腐蚀磨损有以下两大类:

氧化磨损:摩擦表面与空气中的氧气作用形成氧化磨损是最常见的一种腐蚀磨损形式。当生成的氧化膜与基体结合牢固时,它起到保护作用,提高了摩擦副的减磨、耐磨性能。若在摩擦过程中,氧化膜被磨掉,摩擦表面与氧化介质反应速度很快,立即又形成新的氧化膜,然后又被磨掉,这就是氧化磨损。金属氧化磨损的最显著特征是在摩擦表面沿滑动方向呈均细的磨痕,磨损后产生红褐色片状的 Fe_2O_3 或灰黑色丝状的 Fe_3O_4 磨屑。

特殊介质腐蚀磨损:摩擦副与酸、碱、盐等特殊介质发生化学腐蚀作用而造成的磨损称特殊介质腐蚀磨损。特殊介质腐蚀磨损机理与氧化磨损相似,但磨损速度一般较快,摩擦表面遍布点状或丝状磨蚀痕迹,一般比氧化磨损痕迹深。例如发动机中的柴油含有硫时,则燃烧时,将生成 SO_2 或 SO_3,这些硫氧化物和水蒸气反应会生成亚硫酸或硫酸,对气缸套产生强烈腐蚀,在摩擦条件下磨损量显著增加。研究表明,当柴油中含硫量由0%提高到1%时,气缸套磨损增加3倍;含硫量提高到1.3%时,其磨损增加6倍。

事实上,腐蚀磨损的过程与极压添加剂通过生成化学反应膜来防止磨损的过程基本相同,是同一现象的两个方面。二者的差别在于,化学生成物质是保护表面防止磨损,还是促使表面脱落。化学生成物质的形成速度与被磨掉速度之间存在平衡问题,两者相对大小的不同,将产生不同的效果。

为了减小腐蚀磨损,一般从以下方面采取措施:提高摩擦副材料的耐腐蚀能力,例如海水环境下的摩擦副应该选用耐海水腐蚀不锈钢或其他耐腐蚀材料(如非金属材料)。当摩擦副容易进入酸性腐蚀物质时,在润滑介质中加入能中和酸性物质的添加剂,能大大减小摩擦副腐蚀磨损。通过密封等手段,将摩擦副和腐蚀环境进行隔离。

(5)其他磨损形式

除上述四种基本磨损类型外,还有微动磨损和浸蚀磨损两种特殊的磨损形式。

微动磨损:两个接触物体作相对微振幅振动而产生的一种磨损。其发生过程是接触压力使接合面上实际承载的微凸体产生塑性变形而发生黏着。微振幅振动使黏着结点受剪脱落,露出基体金属表面。脱落颗粒和新露出的金属表面与大气中的氧发生反应生成氧化物。氧化颗粒呈红褐色,不易逃逸而留在接合面上起磨粒作用。若振动应力足够大,微动磨损点形成应力源,使疲劳裂纹扩展,最终导致表面完全破坏。由此可见,微动磨损是黏着、腐蚀、磨粒、疲劳磨损复合作用的结果。微动磨损经常发生在相对静止的摩擦副中,如过盈配合的接合面、链传动的链节处,摩擦离合器中摩擦片的接合面和受振动影响的连接螺纹结合面。在微动磨损时将显著地使表面层质量变坏,如表面变粗、表面层内出现微观裂纹等,从而使零件的疲劳强度降低。

浸蚀磨损:固体表面和流动液体或和携带固体粒子的流体相互作用形成的磨损。浸蚀磨损包括气蚀磨损和冲蚀磨损两种形式。有时将气蚀(穴蚀)归为一种腐蚀磨损类型。如果流体夹带尘埃、沙粒、矿物粉末等固体颗粒,以一定的角度和速度冲击固体表面引起的磨损叫冲蚀磨损。例如水泵、水轮机、气力输送管道、火箭尾部喷管等产生的磨损。

最后需要强调的是在实际工作中,我们所接触到的机械磨损通常都是若干种磨损类型同时存在、相互交织、综合作用的结果,只不过因某一两种因素起主导作用,而将其归于某种磨损类型而已。

四、润滑

1.润滑的概念、作用和分类

润滑就是用润滑剂减少承载表面之间的摩擦和磨损或其他形式的表面破坏。润滑剂可以是气体、液体和固体,总之是加入两个相对运动表面之间,能减少其摩擦和磨损的任何物质。

润滑剂的主要作用为控制摩擦、减少磨损、降低温度、防止腐蚀、清洁冲洗、减振降噪等。

润滑按润滑介质分包括气体润滑、液体润滑和固体润滑。

1900—1902 年,德国学者斯特里贝克(Stribeck)曾经对滚动轴承与滑动轴承的摩擦进行试验,探讨运动速度、法向载荷和润滑剂的黏度等参数与摩擦因数之间的关系,并绘制了著名的斯特里贝克(Stribeck)曲线(如图 2-6 所示),斯特里贝克用摩擦系数 μ 作纵坐标,以 $\dfrac{\text{黏度}(\eta)\times\text{速度}(v)}{\text{载荷}(W)}$ 为横坐标来说明几种润滑方式。利用这条曲线可将润滑状态划分为三种主要类型:①流体动压润滑(包括弹性流体润滑);②混合润滑(或称半液膜润滑);③边界润滑(最近 20 年有学者发现在摩擦表面润滑膜厚在 20~30 nm 及以下时,还存在着一种薄膜润滑状态,有兴趣的读者可以阅读相关文献)。

2.边界润滑

机械运动速度很低(例如相对运动速度 0.00 1 m/s),而摩擦表面承受的载荷又很大时,流体润滑油膜遭到破坏,但在接触面上仍然存在着一层极薄的边界润滑膜(约为 0.01 μm),这一薄层油膜和摩擦表面之间具有特殊的结合力,形成"膜",从而在一定程度上继续起保护摩擦表面的作用,这种润滑状态称为边界润滑,所生成的膜叫作边界膜。由于边界膜的厚度很小,不遵从流体动力学定律,且表面之间的摩擦与磨损不取决于润滑剂的黏度,而是取决于摩擦表面性质和边界膜的特性。

边界润滑是一种极为普遍的润滑状态。如:普通滑动轴承、气缸套与活塞、机床拖板与导轨、凸轮与挺杆、齿轮等都可能处于边界润滑状态。即使设计得完全理想的流体动压润滑轴

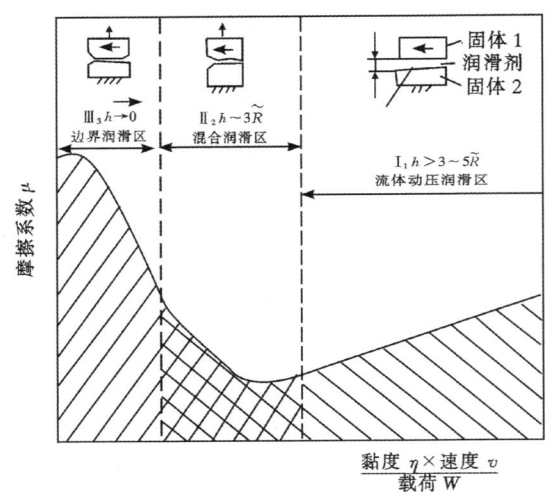

图 2-6　斯特里贝克曲线与润滑类型

承,在起动和停车时,也是边界润滑状态。

按边界膜的结构形式不同,可分为吸附膜(包括物理吸附膜和化学吸附膜)和反应膜两类。吸附膜由润滑剂的极性分子吸附在摩擦表面上形成;反应膜是润滑剂中所含硫、磷、氯等的添加剂与摩擦表面发生化学反应所生成。

当界面存在吸附膜时,由于极性分子定向排列,分子之间的内聚力使吸附膜具有一定承载能力,防止两个摩擦表面直接发生接触。如像两个毛刷子一样相互滑动,起到减摩和润滑的作用,如图 2-7 所示。

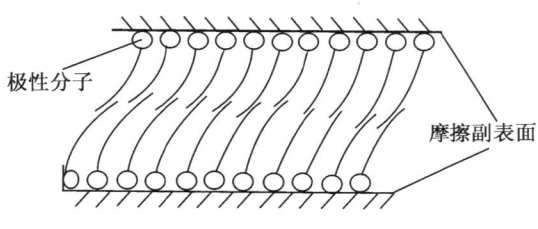

图 2-7　边界润滑模型

当边界膜是化学反应膜时,由于润滑剂中含有 S、P、Cl 等活性原子,在高温条件下发生化学反应,生成 S、P、Cl 等的金属化合物,这些化合物的剪切强度低、热稳定性好、承载能力强,能有效地防止金属直接接触,起到良好的减磨、润滑作用。

边界润滑条件下摩擦副之间的摩擦系数小于干摩擦条件下的摩擦系数,但大于流体动压润滑条件下的摩擦系数。

目前很多要求具有较高承载能力的润滑油(如齿轮油)中通常会加入一些能在摩擦表面形成边界膜的添加剂,如油性剂(形成吸附膜)和极压抗磨添加剂(形成反应膜),达到降低摩擦、防止磨损的目的。

3.流体润滑

流体润滑是指用流体(通常厚度为 $1.5\sim2\ \mu m$)将摩擦表面隔开的润滑方式。根据润滑膜压力的产生方式不同又可分为流体静压润滑和流体动压润滑两种。

流体静压润滑是指由外部将一定压力的流体送入摩擦表面间,靠流体的静压平衡外载荷的润滑形式。例如一些柴油机连杆小端和活塞销之间采用的强制润滑方式,即属于流体静压润滑。

依靠运动副两个滑动表面的形状,在相对运动时产生收敛型油楔,形成具有足够压力的流体膜,从而将两个表面分隔开,这种润滑状态称为流体动压润滑。

形成流体动压润滑的条件(动压润滑的因素)如下:

①具有一定的"内摩擦"的流体,即流体具有一定的黏度;

②两个滑动表面在剪切方向上具有一定的相对运动速度;

③两个滑动表面在相对运动方向上产生收敛型油楔。

流体动压润滑中,两相对运动表面之间形成足够的承载压力,从而将两个表面隔开,降低摩擦与磨损。滑动轴承中连续油膜形成的过程如图2-8所示。

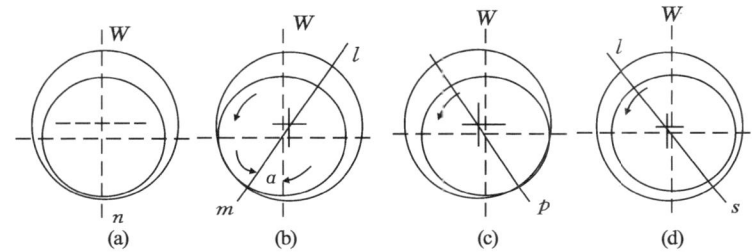

图2-8　滑动轴承中连续油膜形成的过程

(a)轴处于静止状态的位置;(b)轴开始缓慢移动时的位置;

(c)转速增大,但油膜中的压力尚不足以支持负荷时轴的位置;

(d)油膜中压力与轴上负荷平衡,轴和轴承表面完全被油膜隔开的位置

加有负荷的轴承,在静止状态下轴与轴承的表面间在 n 点[见图2-8(a)]发生金属的直接接触。开始转动时,由于表面的摩擦作用,轴爬向轴承的左上方,接触位置移到 m 点[见图2-8(b)]。这时润滑油被旋转的轴携带进两表面间时,由于直线 ml 上方的间隙是收敛型的,随着间隙的缩小,润滑油的压力增大。也就是说在收敛型间隙中,进入的润滑油产生的压力推动轴承向右[见图2-8(c)],这种作用称为"油楔"作用。随着转速的增加,润滑油的压力也增大,当大到一定程度,所产生的压力总和足以支持轴上的负荷时,就使轴和轴承的表面分开,使轴浮在油膜上旋转[见图2-8(d)]。油膜的最小厚度是在轴承的右下方 s 点处。

依据斯特里贝克曲线可见,流体润滑条件下摩擦副之间的摩擦系数受流体黏度、相对运动速度和载荷影响而变化,摩擦系数数值远远小于干摩擦和边界摩擦条件下的摩擦系数。

由于实际摩擦表面不可能是理想光滑,都会存在一定数值的粗糙度,因此在一定条件下边界润滑和流体润滑可能在摩擦副之间同时存在,即存在混合润滑(见斯特里贝克曲线)。同时需要注意的是,无论是流体润滑、混合润滑还是边界润滑状态,在机器工作中实际是经常互相转换的,单独存在的较少,只不过有主次之分。其情况是随油量、油性及油品黏度等条件的变化而转换的。

4.润滑剂的分类和组成

润滑剂或称为润滑材料包括润滑油、润滑脂、水基液、固体润滑剂等。其中润滑油(矿物油和合成油)是轮机工程中最常见的一类润滑材料,润滑油占全部润滑材料的85%。

润滑油一般由基础油和添加剂两部分组成。基础油是润滑油的主要成分,决定着润滑油的基本性质,添加剂则可弥补和改善基础油性能方面的不足,赋予某些新的性能,是润滑油的重要组成部分。

润滑油基础油主要分矿物基础油及合成基础油两大类。矿物基础油由原油提炼而成。合成基础油是用有机合成的方法制得具有特定结构和性能的润滑油。矿物基础油应用广泛,用量很大(约95%以上),但有些应用场合(如绝缘性要求高的场合)则必须使用合成基础油调配的产品。

润滑油中加入少量的化学物质,使油的性能有显著的改善,这些物质称为润滑油添加剂。由于机器和机械设备日新月异,要求润滑油能适应各种恶劣工况,如高温、低温、高负荷和腐蚀性介质等,同时还要有较长的使用期及储存稳定性等。因此,仅靠润滑油本身的性能难以满足这些要求,必须加入各种不同性能的添加剂。添加剂大致可分为两大类:一类是影响润滑油物理性能的添加剂,有黏度指数改进剂、油性剂、增黏剂、降凝剂和抗泡剂等,它们能使润滑油分子变形、吸附、增溶;另一类是在化学性质方面起作用的,有极压抗磨剂、抗氧剂、抗氧抗腐剂、防锈剂和清净分散剂等。

润滑脂是另一常用润滑剂产品。润滑脂兼具液体和固体润滑剂的特点,在常温和静止状态下,润滑脂能黏附在被润滑的表面,当温度升高和在运动状态下,润滑脂就会变软以至成为流体而润滑摩擦表面。当去掉外界的热和机械作用因素,它又会逐渐恢复到可塑性状态并具有黏附性。

润滑脂是由一种(或几种)稠化剂和一种(或几种)润滑液体以及添加剂所组成的具有可塑性的润滑剂。润滑脂中的稠化剂的类型,是决定润滑脂工作性能的主要因素。包括:烃基润滑脂、皂基润滑脂、无机润滑脂和有机润滑脂等。皂基润滑脂占润滑脂的产量90%左右,使用最广泛。最常使用的有钙基、钠基、锂基、钙–钠基、复合钙基等润滑脂。复合铝基、复合锂基润滑脂也占有一定的比例,这两种脂是有发展前景的品种。

5.润滑剂的理化性能指标

对于船舶使用中的润滑油,轮机管理人员常关注的理化性能指标有:黏度、黏度指数、水分、机械杂质、闪点和总碱值等。对于润滑脂的理化性能指标还包括稠度和滴点等。

(1)黏度

黏度表示液体在重力作用下流动时内摩擦力的量度,它代表润滑油黏稠的程度。表示黏度的单位有五种,可分为绝对黏度和条件黏度(相对黏度),其中绝对黏度包括动力黏度和运动黏度,条件黏度包括赛氏黏度、雷氏黏度和恩氏黏度。流体的动力黏度(用符号η表示)单位为$Pa \cdot s$,运动黏度(用符号μ表示)的单位为m^2/s或mm^2/s。运动黏度和动力黏度可以通过公式$\mu = \eta / \rho$(ρ为流体的密度)进行换算。

黏度的测试采用GB/T 265—88的方法。在某一恒定的温度下,测定一定体积的液体在重力下流过一个标定好的玻璃毛细管黏度计的时间。黏度计的毛细管常数与流动时间的乘积,即为该温度下测定液体的运动黏度。在温度为t时的运动黏度用符号μ_t表示。

(2)黏度指数

润滑油的黏度是随温度的变化而变化的,温度升高,黏度变小;温度降低,黏度变大。润滑油的黏度随温度变化而变化的性质叫作黏温特性。衡量黏温特性优劣的指标为黏度指数。黏度指数用符号 VI 表示,它可用来比较 $40 \sim 100\ ℃$ 温度间润滑油的黏度—温度关系。黏度指数高,表示油品的黏度变化较小,说明该油品的黏温特性好。也就是说黏温特性好的油,低温时黏度不太大,高温时黏度不过小。这样既能保证用油机械在低温条件下顺利起动,又能满足高温条件下的润滑要求。

船用机械所用的润滑油对黏度指数都有较高的要求。例如,低温液压油、多级内燃机油和多级齿轮油等要求黏度指数大于 90,有的高达 160 以上,使一些油品可在冬夏季节、南北地区通用。

（3）水分

水分是润滑油的一项重要质量指标,一般用油中水含量的质量百分比表示。测定石油产品中含有水分多少的方法称为重量法。其测定方法有 GB260 石油产品水分测定法等。GB260 方法属蒸馏法,测定时将一定量的试样和无水溶剂混合,在规定的仪器中进行蒸馏,溶剂和水一起蒸出并冷凝在一个接收器中不断分离,由于水的密度比溶剂大,水便沉淀在接收器的下部,溶剂返回蒸馏瓶进行回流。根据试样的用量和蒸馏出水分的体积,计算出试样所含水分的百分数,作为石油产品所含水分的测定结果。

（4）机械杂质

润滑油中的机械杂质是指存在于润滑油中所有不溶于规定溶剂的沉淀状物质或悬浮状物质。润滑油中存在过量机械杂质,能加速机械设备的研磨、拉伤和划痕等磨损。而且易堵塞油路、油嘴和滤油器。特别严重时能破坏润滑油的油膜,导致润滑失效。如果变压器油中有杂质存在会降低击穿电压,影响绝缘强度。

机械杂质测定方法详见 GB/T 511—2010《石油和石油产品及添加剂机械杂质测定法》。其原理是,称取一定量（例如 100 g）的试样油,溶于特定的溶剂（例如 100 mL 汽油）中,用已称重的定量滤纸过滤,最后滤纸用各种溶剂冲洗并在干燥箱烘干以后,留在滤纸上的杂质即为机械杂质。机械杂质测定结果常用质量百分数表示。通常,润滑油基础油的机械杂质都控制在0.005%以下（机械杂质在 0.005%以下被认为是无机械杂质）。

（5）闪点

在规定条件下,加热润滑油所逸出的蒸气和空气组成的混合物与火焰接触发生瞬间闪火时的最低温度,称为闪点,单位为℃。

闪点是油品的一个重要安全指标。石油产品的安全性是根据其闪点的高或低而分类的。闪点（闭口）在 45 ℃以下的产品为易燃品。闪点（闭口）在 45 ℃以上的产品为可燃品。在选用润滑油时,应考虑其使用温度,一般润滑油的闪点,要求比使用温度高 20~30 ℃。一般润滑油闪点范围为 120~340 ℃。也可以按安全规定留 1/2 安全系数,即比实际使用温度高 50%。如内燃机油底壳油温最高不超过 120 ℃,因而规定内燃机油闪点最低 180 ℃。

测定闪点试验方法详见 GB261 石油产品闪点测定法（闭口杯法）和 GB267 石油产品闪点与燃点测定法（开口杯法）等。

（6）总碱值

在柴油机（特别是燃烧含硫量大的重油的大型低速柴油机）等气缸油中必须具有一定的碱值,以中和燃烧过程中不断产生的酸性物质。总碱值用中和 1 g 试样中的全部碱性成分,所需高氯酸的量,以相当的氢氧化钾毫克数来表示,单位为 mgKOH/g。

总碱值试验方法详见 SH/T0251 石油产品总碱值测定法。本标准包括两个方法:A法——指示剂法;B 法——电位差法。A 法（指示剂法）以石油醚-冰醋酸（或乙酸）为溶剂,用

0.1 mol/L 的高氯酸标准溶液进行非水滴定来测定添加剂和石油产品中碱性组分。B法(电位差法)以石油醚-冰醋酸(或乙酸)为溶剂,用电位差法进行非水滴定来测定添加剂和石油产品中碱性组分。

(7)润滑脂的稠度

润滑脂的稠度通常用锥入度(又称针入度)度量。锥入度表示在规定的负荷、时间和温度的条件下,标准针或锥垂直穿入固体或半固体石油产品的深度,以 1/10 mm 表示。锥入度值越大,表示稠度越小;反之,则稠度越大。目前国际上通用的稠度等级是按照美国润滑脂协会(NLGI)的稠度等级,将润滑脂分为九个等级,如表2-2所示。

表2-2　润滑脂的稠度等级

稠度等级 (稠度号)	锥入度范围/0.1 mm (工作60次)	稠度等级 (稠度号)	锥入度范围/0.1 mm (工作60次)
000	445~475	3	220~250
00	400~430	4	175~205
0	355~385	5	130~160
1	310~340	6	85~115
2	265~295	–	–

6.内燃机润滑油的分类和选用

(1)内燃机润滑油的分类

内燃机的润滑油是严格按照质量等级和黏度等级分类的。国际上对内燃机油广泛采用美国SAE(美国汽车工程师学会)黏度分级法和API(美国石油学会)的质量分级方法。我国参照以上内燃机油分级分类法。

根据API分类方法,把内燃机油分为柴油机油和汽油机油两类。其中柴油机润滑油用"C"表示,如 CA、CB、CC、CD、CE、CF、CF-4、CG-4、CH-4 等;汽油机润滑油,用"S"表示,如 SA、SB、SC、SD、SE、SF、SG、SH、SJ 等。随着科技的进步,内燃机润滑油的品质也有一个提高的过程,字母顺序代表机油品质的发展,字母越往后表示品质越高。现在有些质量等级较低的润滑油(如 CA、CB、CC)在船舶上已经被淘汰,不再使用。

按照"SAE"的标准,通常内燃机润滑油的黏度等级分为:SAE 0W、SAE 5W、SAE 10W、SAE 15W、SAE 20W、SAE 25W、SAE 20、SAE 30、SAE 40、SAE 50、SAE 60。"SAE"后面的数字代表机油的黏度等级,数值越大表示黏度越高。注意黏度等级和黏度不是一回事,黏度可以参照对应的黏度等级通过润滑手册查找出来。如果在"SAE"后面的数值中有"W"(W 是英文 Winter 的缩写),如:5W-30、10W-30、10W-40 和 15W-40 等,则表示为多级润滑油。以 10W-30 为例,这种润滑油既具有 10W 油的低温黏度,又具有 30 油的高温黏度,因而具有更宽泛的使用温度范围。

对内燃机润滑油的完整标注应该既包括质量等级也包括黏度等级。例如 SN 30(汽油机油)、CJ 10W-30(多级柴油机油)和 CI-4/SM 15W-40(多级柴油机/汽油机通用油)。

(2)内燃机润滑油的选用

选用润滑油时,既要确定油品的质量等级,也要选择油品的黏度等级。在选用机油时一般应注意以下几点:

①严格按出厂说明书规定的用油等级选油；

②润滑油质量(使用)等级"选高不选低"；

③要根据发动机出厂年代、工作条件苛刻程度选油；

④柴油机油质量等级可按柴油机强化程度选定；

⑤要根据内燃机使用环境的温度范围，结合发动机的工况，选择合适黏度的机油；

⑥不影响正常润滑和密封的情况下，应尽量选用黏度等级较低的机油。

曲轴箱润滑油的黏度一般选用 SAE 30 或 SAE 40 黏度等级，黏度指数对于十字头式发动机系统油常用是 75~85 或更高，对中速机油选用 100 左右或更高。此外，在选择曲轴箱润滑油时应注意抗乳化度要高，还应注意曲轴箱油的氧化安定性要好。

对于船用柴油机润滑油的选用还应注意以下问题。十字头式发动机的曲轴箱润滑油(系统油)只是用来润滑有关轴承，而燃气和燃烧残留物通常不易漏入系统油中，所以一般选用低碱值的润滑油。中速筒形活塞式发动机润滑油在润滑各轴承的同时，还润滑气缸，应选用含有碱性添加剂的中速机油，润滑油的碱值视所用燃油的含硫量而定，常用的是总碱值 25 mgKOH/g 左右的中速机油。

船用气缸油用于低速十字头发动机活塞与气缸之间的润滑。根据低速十字头发动机结构和使用含硫重质燃料特点，在选择气缸油时，首先应考虑根据所用燃油的含硫量，确定所用气缸油的碱值。当使用高含硫量燃油时应选用高碱值气缸油。这不仅可以中和燃烧产物中的酸，而且能有效地保护油膜，减少漏气，并保证气门和活塞的清洁。在确定所用气缸油的碱值时，还应考虑十字头船用发动机的燃油消耗量和润滑油消耗量以及发动机的增压度。

五、磨合

1.磨合的概念和作用

摩擦副在制造或维修完装配后正式使用前，首先要求经过磨合阶段。所谓磨合就是让摩擦副从较低负荷条件逐渐过渡到正常使用工况的过程。

磨合的目的是消除运动副的不良接触，避免由于加工痕迹或安装质量造成的早期过度磨损、刮伤或损坏。一个崭新的加工后摩擦副表面总存在一定的表面粗糙度和比较尖锐的微凸体尖锋，或者是由于加工和装配等工况，接触表面之间的间隙不均匀，从而难以形成稳定的油膜。通过磨合可以消除零件表面部分初始粗糙度、加工痕迹和形状误差，实现均匀接触，在磨合部位形成稳定的润滑油膜，降低后续正常使用中出现黏着磨损的概率；可以获得表面压应力，形成牢固的保护膜，获得较稳定的耐磨表层。

良好磨合的标志是：

(1)表面均匀光洁、无损伤，无明显机械加工痕迹，摩擦副贴合良好；

(2)磨损率、摩擦系数降低至较低水平；

(3)摩擦副温度和润滑压力均稳定在正常范围。

2.实现良好磨合的措施

实现良好磨合的措施有：

(1)选择合理的摩擦副材料和加工质量：不同摩擦副材料的磨合特性不同，硬度过高的摩擦副通常需要更长的时间磨合。可以采用表面涂覆和改性方法提高磨合性,例如采用涂镀和喷钼等工艺。摩擦表面应具有最佳的初始粗糙度,以便在短期内完成磨合过程。粗糙度过大容易造成磨合过程的过度磨损;粗糙度过小也难以快速实现表面的良好贴合。

（2）保证合适的润滑条件:磨合时有条件的应该采用专用的磨合剂,确保磨合过程既能保护表面不会过度磨损,同时又能加快磨合的速度。例如有文献介绍磨合时可以采用较低总碱值的磨合油,或在润滑油中加入纳米添加剂来提高磨合质量和效率。磨合过程中应保证润滑系统润滑压力正常或略高,控制润滑油温度不要太高。

（3）制定科学合理的磨合程序:遵循科学合理的程序,能有效避免磨合期间出现异常磨损,并提高磨合效率。一般磨合过程中采用分级磨合方法,即转速由低至高,负荷由小到大。同时要合理分配各阶段的时间,并使用合适的磨合油。

3.柴油机活塞环-气缸套的磨合

柴油机是船舶的心脏和动力源。柴油机活塞环-气缸套摩擦副的磨合是新柴油机投入使用前进行的关键工序。同时,柴油机修复后（尤其是更换、翻新和调整摩擦副后）的磨合是延长使用寿命的必要措施,也是柴油机大修中不可缺少的工序。本部分以船用柴油机活塞环-气缸套磨合为例对磨合方法进行介绍。

活塞环-气缸套磨合中的注意事项:

（1）控制负荷和转速

在船舶进入试航阶段,其磨合的初始工况的负荷可定为正常负荷的50%左右;某些情况下（发动机清理和气缸活塞组的其他小修）,甚至可达正常负荷的70%;在航行运行过程中,通过分级加载方法（见图2-9）,直到负荷达到正常负荷的100%。对于中速船用主机,在更换气缸套或活塞环后的磨合运转,一般以低于15%的级差分级加载。

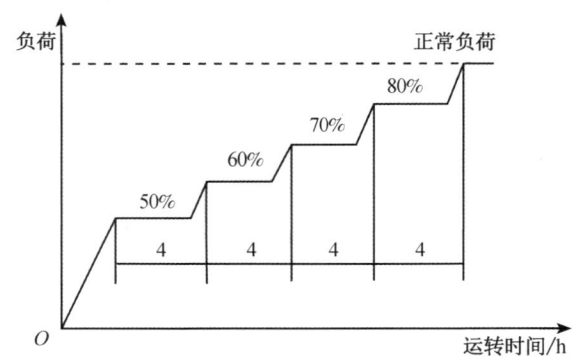

图2-9　某柴油机磨合运转程序

因为作为船舶主机的柴油机,其负荷与转速成三次方关系,所以可用主机的转速大小来控制负荷。当主机转速为额定转速的80%时,对应的主机负荷为正常负荷的50%左右,这样的转速与功率的比例关系与对负荷和转速的控制要求相吻合。为此,对中速柴油机,可从转速为额定转速的80%左右开始执行磨合运转程序。

（2）控制磨合时间

在磨合程序和磨合条件（如摩擦面的材质、硬度、加工状况、润滑冷却情况及磨合的负荷）相同或相近的情况下,磨合效果与两个摩擦面相互滑动频率或次数有关。滑动次数多,表面磨损就多,磨合效果就好。如果磨合时间相同,高速柴油机(1 000 r/min 以上)比低速柴油机(300 r/min 以下)活塞在气缸内滑动的次数要多 3 倍以上,因而前者的活塞、活塞环和气缸套摩擦面的磨损量就多、磨合效果就好。因此,不同转速的柴油机,特别是额定转速相差较大的柴油机,磨合时间是不同的,低速柴油机比高速柴油机的磨合时间要相对长一些。

与新造柴油机出厂前的磨合时间相比较,修理后柴油机磨合时间应该适当增加。国外一些大公司对修理柴油机磨合时间的建议,一般都要求在十几小时以上。

磨合过程中可采用专用磨合油、控制表面精度和粗糙度、表面涂镀等方法提高磨合效率。

(3)磨合质量的检查和控制

磨合运转的持续时间可以通过检查磨合的质量来确定,并据此对磨合程序进行优化,提高磨合效率。船上常用的方法是检查磨损率、摩擦表面状态和摩擦表面的特征等。检查磨损率,船上最实用的方法是"滑油含铁量"法。如果船上没有专用的仪器,则应按照磨合运转程序规定的时间进行停车检查。

根据活塞环和气缸上漏气的痕迹可以确定漏气程度,评价表面的磨合程度。在正常磨合时,活塞环的磨损特性是:活塞环外表面光滑无毛刺,较清洁,无硬化层,活塞环工作面呈鼓形。上部活塞环的磨损比较严重。

对于气缸套,在正常磨合时的磨损特性表现为漏气痕迹、垂直方向上的擦伤痕迹、"白层"表面等浅且均匀。只要显微擦伤尚未遍及较大的面积并没有因此引起摩擦表面大规模的塑性变形,磨合是可以继续的,并视为正常。在此前提下,测量气缸套、活塞的圆度和圆柱度误差;测量活塞环的天地间隙和搭口间隙,并与技术规范要求进行比较,可以确定有无异常磨损。若是检查结果符合要求,说明磨合时间的控制是合理的,可继续下一阶段的磨合。

一台修理合格的柴油机应该容易起动;除了轻微的气门响声及均匀的齿轮啮合声外,不允许有其他异常响声;机油压力和水温正常;不允许有任何漏水、漏油、漏气现象;排气烟色、温度正常;高速、低速运转平稳,怠速正常;外部零件、附件齐全,连接牢固可靠;最重要的是功率、扭矩、耗油率符合标准。

需要注意的是,上述磨合的要求都是对应一般柴油机的磨合要求。通常各柴油机制造厂或修理厂都制定有特定柴油机的磨合规范,规定了磨合的程序和要求,轮机管理人员应该严格依据规范进行柴油机的磨合。

第二节　腐蚀

腐蚀是指材料与周围环境发生化学、电化学和物理等作用而引起的变质和破坏的现象。腐蚀通常是针对金属合金材料而言的,腐蚀会造成金属材料表面因生成金属氧化物而产生颜色变化,表面出现均匀或不均匀的材料损失,严重的会诱发材料破裂或断裂。

金属腐蚀往往会引发事故造成巨大经济损失,耗费大量资源和能源,腐蚀产物或因腐蚀造成的泄漏还可能造成环境污染。据资料介绍,全世界每年生产的钢铁约有十分之一变成铁锈,大约有 30% 的钢铁设备因腐蚀而失效。工业发达国家,每年由于金属腐蚀造成的直接经济损失占国民经济总产值的 2%~4%，我国这方面的损失每年也达上千亿元。此外，腐蚀还会影响设备的安全性、可靠性和工作效能。因此了解腐蚀并采取防护措施是极其重要的。海水含盐量大约 3.5%，pH 值约为 8，是天然良好的电解质，所以很多金属材料在海洋环境下腐蚀严重。钢铁结构遭海洋环境腐蚀问题是一道世界难题，即使发达国家至今也未能解决。

一、腐蚀的评价方法和分类

1.腐蚀的评价方法

根据腐蚀破坏形式的不同、金属腐蚀程度的大小，有各种不同的评价方法。对于全面腐蚀来说，通常用平均腐蚀速度来衡量。腐蚀速度可用失重法（或增重法）、深度法、颜色判别法和电流密度法来表示，工程中一般主要采用前两种形式评定腐蚀速度。

金属材料在腐蚀性环境中抗腐蚀的能力叫作耐蚀性。要注意金属材料的耐蚀性是有条件的，即它们在一些条件（如介质组分、浓度、温度、流速等）下，可能是耐蚀的，而在另外一些条件下，则可能是不耐蚀的。例如，铝在纯水和空气中是耐蚀的，而在碱性溶液、许多酸性溶液及海水中是不耐蚀的。金在许多强腐蚀性环境中（例如在高温下的盐酸、硫酸、硝酸溶液中）是非常耐蚀的；而在盐酸和硝酸的混合溶液中是不耐蚀的。一些黄铜在静海水中是耐蚀的；而在流速快的海水中则不够耐蚀。金属的耐蚀性等级如表 2-3 所示。

表 2-3　金属耐蚀性等级

耐蚀性分类		耐蚀性等级	腐蚀速度/（mm/a）
I	完全耐蚀	1	<0.001
II	很耐蚀	2	0.001~0.005
		3	0.005~0.01
III	耐蚀	4	0.01~0.05
		5	0.05~0.1
IV	较耐蚀	6	0.1~0.5
		7	0.5~1.0
V	欠耐蚀	8	1.0~5.0
		9	5.0~10.0
VI	不耐蚀	10	>10.0

2.腐蚀的分类

（1）按腐蚀机理分类

①化学腐蚀是指金属表面与非电解质直接发生纯化学作用而引起的破坏。

②电化学腐蚀是指金属表面与离子导电的介质（电解质）发生电化学反应而引起的破坏。

③物理腐蚀是指金属由于单纯的物理溶解作用而引起的破坏。熔融金属中的腐蚀就是固态金属与熔融液态金属（如铅、锌、钠、汞等）相接触引起的金属溶解或开裂。

（2）按腐蚀形式分类

①均匀腐蚀。腐蚀作用均匀地分布在整个金属表面上。这类腐蚀造成的损失，相对来说其危害性没有局部腐蚀严重。

②局部腐蚀。腐蚀作用集中在某一特定的区域内，而金属的其余部分却几乎没有发生腐

蚀,这类腐蚀造成的危害较均匀腐蚀严重。局部腐蚀又可分为:电偶腐蚀、缝隙腐蚀、孔蚀、晶间腐蚀、选择性腐蚀、磨损腐蚀、应力腐蚀以及腐蚀疲劳等不同类型。

腐蚀还有其他的分类方法。分类方法和腐蚀类型参见表 2-4。

表 2-4　腐蚀的分类

分类方法	分类
按腐蚀机理	化学腐蚀、电化学腐蚀、物理腐蚀
按腐蚀环境	湿蚀(包括水溶液腐蚀、大气腐蚀、海水腐蚀、土壤腐蚀和化学试剂腐蚀等)、干蚀(包括高温气体腐蚀、硫腐蚀、氢腐蚀、液态金属腐蚀、熔盐腐蚀等)、微生物腐蚀(包括细菌腐蚀、真菌腐蚀、藻类腐蚀等)
按腐蚀形态	均匀腐蚀、局部腐蚀(电偶腐蚀、缝隙腐蚀、孔蚀、晶间腐蚀、选择性腐蚀、磨损腐蚀、应力腐蚀以及腐蚀疲劳等)

二、化学腐蚀的机理

1.化学腐蚀的概念和原理

化学腐蚀是金属与周围干燥的气体介质或不导电的液体介质(如酒精、石油等非电解质)直接起化学反应而被氧化损耗的过程。化学腐蚀原理比较简单,属于一般的氧化还原反应,即 $M-xe^-=M^{x+}$(M 为金属元素)。根据热力学第二定律,产生金属腐蚀的驱动力是腐蚀过程中金属与环境介质组成系统总自由能的降低。

化学腐蚀是氧化剂与还原剂之间直接传递电子,反应中无电流产生。腐蚀产物沉积在金属表面。当裸露的金属表面与干燥的空气或氧气接触时,首先将在表面形成氧分子的物理吸附层,并迅速转化为一层较为稳定的化学吸附膜。随着氧化过程的继续进行,反应物质必须先通过膜层,然后再与基体起反应,氧化速度往往由传质过程所控制。在低温和常温时热扩散不能发生,只可能发生离子的电迁移,此时膜的生长速率较慢。在温度较高时,膜的增长主要依靠热扩散。

化学腐蚀并不普遍,只有在特殊条件下发生,例如,铝合金在空气中的钝化属于化学腐蚀;在内燃机燃烧室中金属在高温气体作用下的腐蚀(如高温氧化)也属于化学腐蚀。另外钢的脱碳与氢脆等也被认为是化学腐蚀。常见化学腐蚀有气体腐蚀、高温腐蚀等。

2.空气中的氧对金属材料的腐蚀

钢铁材料在空气中加热时,铁与空气中的 O_2 发生化学反应。在 570 ℃ 以下时反应生成 Fe_3O_4 和 Fe_2O_3。生成的 Fe_3O_4 是一层蓝黑色或棕褐色的致密薄膜,能在一定程度上阻止 O_2 与 Fe 的继续反应,起了保护膜的作用。在 570 ℃ 以上时,生成以 FeO 为主要成分的氧化皮渣,生成的 FeO 是一种既疏松又极易龟裂的物质,在高温下 O_2 可以继续与 Fe 反应,而使腐蚀向深层发展,会造成严重的氧化腐蚀。铝合金在空气中氧化,会在表面生成致密的氧化层,也能在一定程度上阻止 O_2 与 Al 的继续反应,起到保护膜的作用。

近代有研究认为金属高温氧化中,初始氧化成膜反应是化学反应;但所形成的氧化膜起到电子导电和离子导电介质的作用,此时金属高温氧化反应不再是单纯的化学反应。

3.柴油机燃烧室零件的高温腐蚀

多数船舶的低速柴油主机的燃料采用重柴油和高黏度渣油,这些燃料中含有钒、钠和硫元素。燃油在柴油机气缸内燃烧,在高温高压条件下,各元素与氧等结合生成多种化合物,包括V_2O_4、V_2O_5、Na_2O 和 Na_2SO_4等。这些氧化物的熔点较低,并以灰分的形式附着于燃烧室零件的表面,例如排气阀的盘面、活塞的顶面。在高温氧化和硫化等共同作用下,使零件表面的氧化膜溶解,并使裸露的金属不断腐蚀而形成腐蚀麻点和凹坑。有研究发现,当零件温度在550 ℃ 以上时,高温腐蚀比较严重;另外当钒系化合物的腐蚀和钠系化合物共同作用时腐蚀更为严重,尤其以 12% Na_2O 与 88% V_2O_5的混合物腐蚀力最强。

4.化学腐蚀的防治

防止化学腐蚀的方法有以下几种:

(1)表面层保护。包括钝化(例如发蓝处理、用铝罐运输冷浓硝酸)、电镀(例如镀镍、镀铬、镀锌或镀锡等)和刷隔离层(例如钢铁上刷油漆)等。

(2)选用耐腐蚀材料。例如高温下工作的零件选用耐高温腐蚀的合金(提高 Ni、Cr、Mg 元素含量)等。

(3)控制使用条件。例如通过加强冷却控制零件使用温度,以及控制腐蚀性介质(例如柴油机燃油中的含硫量)。

三、电化学腐蚀的机理

1.电化学腐蚀的概念和原理

大多数工程材料的腐蚀失效是由于电化学腐蚀造成的。电化学腐蚀是金属与电解质溶液发生电化学作用而引起的破坏现象。

电化学腐蚀中金属氧化的过程不同于普通的化学腐蚀。在化学腐蚀过程中,发生氧化反应的物质是直接接触的,电子转移也是直接在氧化剂和还原剂之间直接进行的,即被氧化的金属和被还原的物质之间直接进行电子交换,氧化与还原是不可分的。而在电化学腐蚀过程中,金属的氧化和氧化物质的还原是在不同的区域进行的,电子的转移也是间接的。

电化学腐蚀能够构成原电池,即存在电极反应。当电化学腐蚀发生时,金属表面存在隔离的阴极与阳极,有微小的电流存在于两极之间。例如,锌片和铜片浸在酸溶液中,在两极上发生的电极反应分别为:

金属锌电极(阳极)反应

$$Zn = Zn^{2+} + 2e^- \tag{2-3}$$

金属铜电极(阴极)反应

$$2H^+ + 2e^- = H_2 \tag{2-4}$$

经过测量可知,金属锌的电极电位较低,金属铜的电极电位较高。在金属锌上发生的是氧化反应过程,被称作阳极;金属铜上发生的是还原反应过程,被称为阴极。阳极上金属锌表面的 Zn 原子失去 2 个 e^-以 Zn^{2+}形式进入酸溶液中;失去的 2 个 e^-通过电子导体流向阴极,H^+在阴极上得到 e^-而生成 H 原子,进而复合成 H_2 分子释放出来。在溶液中电荷的传递是通过溶液中的阴、阳离子的迁移完成的,使得电池构成了一个完整的回路(见图 2-10)。电池反应的结果是金属锌被腐蚀。

从上面例子中可看出,腐蚀电池包括如下四个部分:

(1)阳极过程

金属发生溶解,并且以离子形式进入溶液,同时将相应摩尔数量的电子留在金属上。

(2)阴极反应

从阳极过来的电子被阴极表面电解质溶液中能够接受电子的氧化性物质所接受。在溶液中能够接受电子发生还原反应的物质很多,最常见的是溶液中的 H^+。

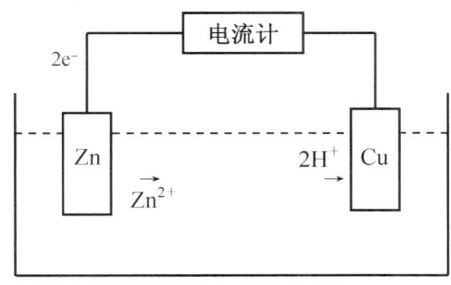

图 2-10 腐蚀电池

(3)电子的传输过程

这个过程需要电子导体(即第一类导体)将阳极积累的电子传输到阴极。除金属外,属于这类导体的还有石墨、过渡元素的碳化物、氮化物、氧化物和硫化物等。

(4)离子的传输过程

这个过程需要离子导体(即第二类导体),阳离子从阳极区向阴极区移动,同时阴离子向阳极区移动。除水溶液中的离子外,属于这类导体的还有解离成离子的熔融盐和碱等。

腐蚀电池这四个部分的同时存在,使得阴极过程和阳极过程可以在不同的区域内进行。这种阳极过程和阴极过程在不同区域分别进行是电化学腐蚀的特征,这个特征是区别电化学腐蚀过程与纯化学腐蚀过程的标志。

2.常见的电化学腐蚀

(1)燃油中硫对金属的低温腐蚀

对于船用柴油机,大都采用含有一定硫元素的燃油。在完全燃烧条件下,硫元素与空气中的 O_2 发生化学反应生成 SO_2,同时约有 $0.5\% \sim 2.6\%$ 的 SO_2 将进一步氧化成为 SO_3。SO_2、SO_3 遇到水蒸气,则结合成 H_2SO_3 和 H_2SO_4,对零件形成强烈腐蚀性作用,其中 SO_3 腐蚀性作用比 SO_2 更强。在低于硫酸露点的情况下冷凝成 H_2SO_4 造成其缸壁的低温腐蚀,这实际上是电化学腐蚀。

(2)电偶腐蚀

船上零件只要能构成异金属接触电池,就会发生电偶腐蚀。这种腐蚀较为普遍,例如离心泵的叶轮与泵轴、冷凝器的碳钢壳体与黄铜管、船体钢板和青铜螺旋桨等构成的腐蚀,即为电偶腐蚀。以船体钢板、青铜螺旋桨和海水(天然强电解质)组成的宏观电池为例,青铜的电极电位较碳钢高,船体钢板的电极电位较低。因此船体钢板作阳极,发生的氧化反应过程,造成船体的腐蚀。

（3）浓差腐蚀

最常见的是氧浓差腐蚀。金属零件与含氧量不同的溶液接触，就会形成氧浓差电池。溶液中含氧浓度越高，电极的电位就越高，该部位成为阴极；与含氧浓度低的溶液接触的电极则成为阳极，阳极被腐蚀。例如柴油机气缸套与气缸体下部密封圈处的缝隙，因冷却水停滞而使氧浓度降低，此处的金属成为阳极，与附近氧浓度高的金属(阴极)形成氧浓差电池，发生氧浓差腐蚀。

当浸入电解质溶液中的金属不同部位与不同温度区域接触时，构成温差电池。例如换热器的高温端腐蚀比低温端更严重。

（4）选择性腐蚀

常见的有黄铜零件的脱锌、灰口铸铁零件表面的石墨化腐蚀等。这种腐蚀通常发生在成分不均匀的部位，例如铸铁材料阀件的内腔在海水的长期腐蚀下，其中铁质成分逐渐被腐蚀掉，仅剩下海绵状的、类似焦炭的疏松多孔物质——石墨。

（5）应力腐蚀

金属零件在一定的拉应力和特定的腐蚀介质的共同作用下所引起的腐蚀，称为应力腐蚀。气缸套和气缸体连接的肩部，以及那些应力集中的部位，如管道和加强筋的圆角等处往往会发生应力腐蚀。应力腐蚀的同时往往还伴随着裂纹的产生。

3.防止腐蚀的方法

（1）正确选择不同材料

在不同环境中，腐蚀的自发性和腐蚀速度都可能有很大差别，所以在特定环境中，要选用能满足使用要求且腐蚀自发性小、腐蚀速度小的材料。例如，不锈钢材料表面因为能够形成 Cr_2O_3 等致密氧化物钝化层，故具有很强的抗腐蚀能力；钛合金在海洋环境中具有优异的耐腐蚀性能，常用作板式冷却器材料。

（2）缓蚀剂法

在腐蚀介质中添加能降低腐蚀速率的物质(称缓蚀剂)的防蚀方法叫作缓蚀剂法。例如在柴油机气缸套冷却水中通常需要加入缓蚀剂以减少腐蚀。缓蚀剂能生成难溶的保护膜覆盖于电极表面，腐蚀性介质很难透过保护膜从而阻滞了电极反应，降低了金属的腐蚀速率。根据化学组成，习惯上将缓蚀剂分为无机缓蚀剂和有机缓蚀剂两大类。

（3）电化学保护法

电化学反应中腐蚀发生在阳极，因此如果通过改变电极电位或在电极间施加反向电流，让被保护电极的电位相对提高变成阴极，就能够达到减小电化学腐蚀的目的。这种保护方法称为阴极保护法。阴极保护法分为两种形式：

①牺牲阳极保护法

牺牲阳极保护法是用电极电位比被保护金属更低的金属或合金作阳极，固定在被保护金属上，形成腐蚀电池，被保护金属作为阴极而得到保护。牺牲阳极一般常用的材料有铝、锌、镁及其合金。此法常用于保护海船外壳，防止海水中的各种金属设备、构件、巨型设备(如储油罐)以及石油管路的腐蚀。

②外加电流保护法

将被保护金属与另一附加电极作为电解池的两个极，使被保护的金属作为阴极，在外加直流电的作用下使阴极得到保护。阳极一般为废钢、石墨、高硅铸铁、磁性氧化铁等。此法主要用于防止土壤、海水及河水中金属设备的腐蚀。

除了上面介绍的阴极保护法，还有一种阳极保护法。阳极保护法是将被保护金属与外加直流电源的正极相连，使之成为阳极。通常情况下阳极的腐蚀会增大，但在一定的电解质溶液中将金属阳极提高至一定电位，金属表面会形成钝化膜并维持钝态，阻碍材料阳极反应过程，使金属的腐蚀速度显著降低。实施阳极保护必须控制电压并注意电流密度，如阳极电位小于钝化电压反而会加速金属腐蚀，过大则有可能使钝化膜被破坏，出现超钝化现象，使金属腐蚀加剧。

（4）形成保护层

①非金属涂层

在金属表面覆盖各种保护层，把被保护金属与腐蚀性介质隔开，是防止金属腐蚀的有效方法。工业上普遍使用的保护层有非金属保护层和金属保护层两大类。

用非金属物质（如油漆、塑料、搪瓷、矿物性油脂等）涂覆在金属表面上形成保护层，称非金属涂层，可达到防蚀的目的。例如船身表面等常涂油漆或喷漆、开式齿轮与外露的销轴常涂矿物性油脂、用塑料（如聚乙烯、聚氯乙烯、聚氨酯等）喷涂金属表面等。

②金属保护层

金属保护层是以一种金属镀在被保护的另一种金属制品表面上所形成的保护镀层。前一种金属常被称为镀层金属。除电镀、化学镀外，还有热浸镀、热喷镀、渗镀、真空镀等镀层形成方法。例如常用的耐腐蚀镀锌板就是在钢铁板材上热镀锌金属镀层形成的。

金属的氧化处理是将钢铁制品加到 $NaOH$ 和 $NaNO_2$ 的混合溶液中，加热处理，其表面即可形成一层厚度约为 $0.5\sim1.5\ \mu m$ 的蓝色氧化膜（主要成分为 Fe_3O_4），以达到钢铁防腐蚀的目的，此过程又被称为发蓝处理（简称发蓝）。精密仪器和光学仪器的部件，如弹簧钢、薄钢片、细钢丝等常用发蓝处理。

金属的磷化处理是将钢铁制品去油、除锈后，放入特定组成的磷酸盐溶液中浸泡，即可在金属表面形成一层不溶于水的磷酸盐薄膜。磷化膜呈暗灰色至黑灰色，厚度一般为 $5\sim20\ \mu m$，在大气中有较好的耐蚀性。

此外，对铝合金、镁合金和钛合金表面阳极氧化或微弧氧化处理也能显著提高合金的耐腐蚀性能。

（5）加强维护和管理

轮机员对船舶中容易腐蚀的零部件加强防腐管理，防止和控制腐蚀。例如定期对冷却水进行处理，适时检查和更换船体和换热器锌块，根据燃油含硫量选用合理碱值的气缸润滑油，零件碱洗后用清水彻底清洗并涂油保护，加强柴油机和艉轴润滑油的定期检测。

四、穴蚀

1.穴蚀的概念和原理

穴蚀又称为气蚀或空泡腐蚀，是金属零件与液体接触并有相对运动时，零件表面出现的一种损坏现象。其特点是在金属零件的某一特定区域内出现麻点或针状孔，严重时表现为蜂窝状的孔穴群。

零件与液体接触并做相对运动，当接触处的局部压力低于液体蒸发压力，将形成气泡。另外,溶解在液体中的气体也会析出形成气泡,一旦气泡运动到高压区,压力大于气泡压力,气泡立即溃灭,瞬间产生极大的冲击力和高温。气泡形成和溃灭的反复作用,使零件表面产生疲劳破坏,出现麻点直至扩展为海绵状空穴,这就是穴蚀现象,如水泵零件、水轮机叶片等都能见到这种腐蚀。船舶螺旋桨叶背边缘处会出现穴蚀,出现蜂窝状凹坑,严重时会使桨叶断裂缺损。

穴蚀是一种较为特殊的腐蚀现象,既有机械运动方面的原因,又与液体的物理、化学性质有关,同时还常伴随电化学腐蚀,从而加速腐蚀过程。此外使用与维护不当,也会加剧穴蚀的破坏作用。

2.柴油机湿式气缸套外壁的穴蚀

柴油机湿式气缸套外壁与冷却液接触的表面被破坏成一些针状的孔洞,这些孔洞逐渐扩大、加深,最后形成深孔或裂纹;孔洞一般很清洁,没有腐蚀生成物。湿式气缸套直接与冷却液接触,不可避免地逐渐被穴蚀。

一般认为,柴油机湿式气缸套穴蚀由气缸套高频振动引起。机械振动引起冷却液压力变化,使冷却液中产生气泡并破裂,从而发生穴蚀。由于冷却液中溶有气体,当气缸高频振动使冷却液的局部压力降到某一临界值时,溶于冷却液中的气体便以气泡的形式分离出来,这些气泡流到高压区,当压力超过气泡压力时便发生溃灭。处于气泡状态的气体重新液化或溶于冷却液中,体积骤然减小,冷却液向气泡中心高速运动而产生水击现象,产生极大的冲击力和高温,并以压力波的形式超声速向四周传播,当作用在气缸套外表面时,产生很大的冲击、挤压和高温。在这种力的反复作用下,气缸套外表面产生疲劳而逐渐脱落,呈麻点状和针状小孔,并随着穴蚀的进行而逐渐扩展。

影响柴油机湿式气缸套外壁穴蚀的因素和防止措施:

(1)使用因素。最易发生穴蚀的冷却液温度是 40~60 ℃,因此使用中要尽量使冷却液保持正常的工作温度(例如 80~85 ℃)。要加用厂家规定的冷却液,不用硬水或含杂质较多的冷却水。实验表明,含有盐类、碱类的硬水比清洁的软水穴蚀速度大几十倍。尽量减少怠速、大负荷和超负荷运转的时间。按规定加用燃油,减轻由燃烧引起的柴油机工作粗暴。

(2)维修因素。按规定更换冷却液,并及时清洗冷却系统,使冷却系统经常保持良好的技术状态。按规定调整供油提前角及燃料系各总成,保持燃料系良好的工作性能,减轻不正常燃烧造成的危害。保持良好的活塞头部与气缸套间隙、曲轴轴承间隙和连杆轴承间隙,以减轻敲缸和振动。安装气缸套、活塞、连杆等机件时,要尽量达到垂直度、平行度的要求,减小活塞对气缸套的不正常冲击。

(3)制造因素。在气缸套外壁涂防穴蚀材料和吸振物质,提高气缸套外表面的硬度;尽量降低外表面的粗糙度;选用抗穴蚀能力强的材料,选用合适的气缸套壁厚,增加其刚度,以避免共振。

3.柴油机滑动轴承的穴蚀

滑动轴承穴蚀的主要原因是,油槽和油孔等结构要素的横断面突然改变引起油流强烈紊乱,在油流紊乱的真空区形成气泡,随后压力升高,气泡溃灭而产生穴蚀。穴蚀一般发生在轴承的高载区,如曲轴主轴承的下轴瓦上。一般轴瓦发生穴蚀时,是先出现凹坑,然后这种凹坑逐步扩大并引起合金层界面的开裂,裂纹沿着界面的平行方向扩展,直到剥落在受载表面层形成穴洞。

影响柴油机滑动轴承穴蚀的因素和防止措施:

（1）润滑油。选用油液要保证油品质量和适宜的黏度;加油时必须注意清洁;对于湿式油底壳要严格按油尺标准加油,控制油液的正常油位有利于降低穴蚀。

（2）使用条件。要防止油温过高。如果出现油路不畅通等故障,应及时排除。合理使用柴油机以避免轴和轴承之间的冲击和振动。

（3）制造或修理。在制造或修理时,按装配的公差下限装配可以减少穴蚀的影响。保持各结合面的正常间隙以减少冲击。选择耐穴蚀性好的轴承材料。

第三节　疲劳破坏

疲劳破坏是机械零部件失效的一种重要形式。据统计,约有 80% 的零部件断裂失效是由疲劳引起的。机械构件由材料疲劳损伤导致的断裂往往没有明显的征兆,因此经常引起巨大的灾难性事故,造成生命财产损失。因此,各先进的工业化国家都非常重视疲劳与断裂的研究。研究机械零部件的疲劳强度和疲劳破坏机理,对提高机械产品的可靠性和使用寿命有着十分重要的意义。

一、疲劳断裂

1.疲劳断裂的基本特征

疲劳断裂是材料(或构件)在交变应力反复作用下发生的断裂。疲劳断裂往往具有以下特征:

（1）零件在交变载荷作用下经过较长时间的使用后发生断裂;

（2）零件承受的应力小于材料的抗拉强度,甚至小于屈服强度;

（3）断裂前往往难以发现先兆,具有突然性;

（4）断口表面有特殊的形貌特征,最后的断裂区为脆性断裂;

（5）断裂的部位、形状和零件的形状、材料表面或内部的缺陷以及应力的种类关系密切。

2.疲劳破坏的分类

（1）为便于分析研究,常按破坏循环次数的高低将疲劳分为两类:

①高周疲劳(高循环疲劳)作用于零件、构件的应力水平较低,破坏循环次数一般高于 $10^4 \sim 10^5$ 次的疲劳,弹簧、传动轴等的疲劳属此类。

②低周疲劳(低循环疲劳)作用于零件、构件的应力水平较高,破坏循环次数一般低于 $10^4 \sim 10^5$ 次的疲劳,如压力容器、燃气轮机零件等的疲劳。

（2）按照零件、构件工作环境和产生疲劳的原因分,有接触疲劳、高温疲劳、热疲劳和腐蚀疲劳。

①接触疲劳是零件在高接触压应力反复作用下产生的疲劳。经多次应力循环后,零件的工作表面局部区域产生小片或小块金属剥落,形成麻点或凹坑。接触疲劳使零件工作时噪声

增加、振幅增大、温度升高、磨损加剧,最后导致零件不能正常工作而失效。在滚动轴承、齿轮等零件中常发生这种现象。

②高温疲劳是在高温环境下承受循环应力时所产生的疲劳。高温是指高于材料0.5倍熔点(单位为K)的温度,此时晶界弱化,有时晶界上产生蠕变空位,导致材料疲劳极限降低,零件疲劳寿命缩短。

③热疲劳是由温度变化引起的热应力循环作用而产生的疲劳。如涡轮机转子、热轧轧辊和热锻模等,常由于热应力的循环变化而产生热疲劳。

④腐蚀疲劳是在腐蚀介质中承受循环应力时所产生的疲劳。腐蚀介质在疲劳过程中能促进裂纹的形成和加快裂纹的扩展。如船用螺旋桨、涡轮机叶片、水轮机转轮等,常产生腐蚀疲劳。

此外,还有微动磨损疲劳和声疲劳等。

3.疲劳破坏的过程

疲劳断口有各种形式,它取决于载荷的类型,即所受应力为弯曲应力、扭转应力还是拉-压应力,同时与应力的大小和应力集中程度有关。典型的疲劳断口由疲劳源、疲劳裂纹扩展区和最终断裂区三部分构成,如图2-11所示。

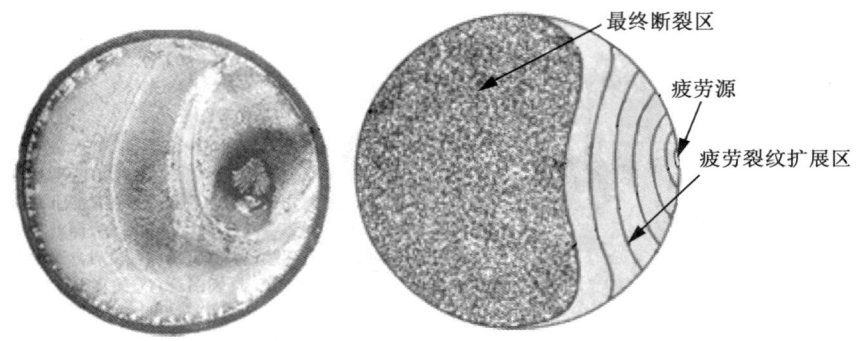

图2-11　疲劳断口

(1)疲劳裂纹的萌生

疲劳源呈眼状小块形貌,大多分布于零件表面,一般有1~2个。疲劳对缺陷十分敏感,疲劳裂纹的萌生一般都形成于零件的表面缺陷部位,所以要注意零件的表面质量,表面越光洁平整,零件的疲劳强度越高。疲劳裂纹在表面萌生,可能有以下几个位置:应力集中处,例如台阶、键槽、油孔、油槽或螺纹等截面变化的部位;对纯金属或单相合金,尤其是单晶体,裂纹多萌生在表面滑移带处,即所谓驻留滑移带的地方。当经受较高的应力/应变幅时,裂纹萌生在晶界处,特别是在高温下更为常见。对一般的工业合金,裂纹多萌生在夹杂物或第二相与基体的界面上。

(2)疲劳裂纹的扩展

裂纹扩展区具有贝壳花样的许多弧线,呈放射状。裂纹扩展分为两个阶段,如图2-12所示。第一阶段是沿着最大切应力的滑移平面,和拉应力方向成45°向前扩展,这时的裂纹在表面原有多处;但大多数显微裂纹较早地就停止扩展,呈非扩展裂纹,只有少数几个可延伸到几十个微米的长度,即2~3个晶粒尺寸的范围。当长度再增加,裂纹便转向和拉应力方向垂直的方向,这就是裂纹传播的第二阶段。在第二阶段通常只有一个裂纹扩展。裂纹从第一阶段向第二阶段转变的快慢,取决于材料和应力幅两个因素。裂纹的第一阶段扩展是由切应力分量控制的,而第二阶段则由拉应力控制。在室温和没有腐蚀介质的情况下,疲劳裂纹通常是穿晶的。第二阶段中可观察到疲劳条纹,这是裂纹扩展的直接证明。

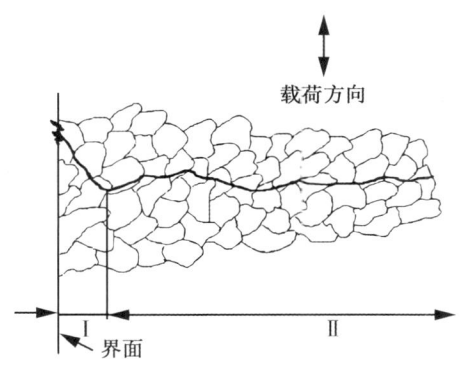

图 2-12 疲劳裂纹的扩展

(3)疲劳断裂

疲劳裂纹扩展到临界尺寸后,零件的实际承载面积缩小,截面上的应力达到或超过材料的断裂强度时,零件便发生瞬时断裂,形成断裂区。疲劳断裂为脆性断裂,由于一般疲劳的应力水平比屈服强度低,所以不论是韧性材料还是脆性材料,在疲劳断裂前均不会发生塑性变形。

若发现最后断裂区所占面积很大,甚至超过断面的一半,说明零件严重过载;若所占面积较小或小于断面一半时,说明零件无过载或过载很小。

根据零件的工作受力情况,通常将弯曲疲劳分为单向弯曲疲劳、双向弯曲疲劳和旋转弯曲疲劳,其表现形式存在明显的不同。通过疲劳断口分析可以确定断面的形状和特征以及 3 个区域的分布和大小,有助于判断零件具体的受力情况和断裂的形式,为正确设计零件和解决相关的工作条件提供有效的保证。不同应力大小以及载荷下疲劳断口状态列于图 2-13。

在相同条件下,高应力状态零件的最后断裂区的面积大于低应力状态零件的最后断裂区的面积;承受单向弯曲的零件仅有 1 个疲劳源,承受双向弯曲的零件有 2 个疲劳源;承受单向弯曲的零件与承受扭转弯曲的零件的最后断裂区的形状不同,后者的疲劳源与最后断裂区的相对位置发生偏转,并由于零件上缺口应力集中的影响较大,使最后断裂面积很小且与零件断面呈同心状。

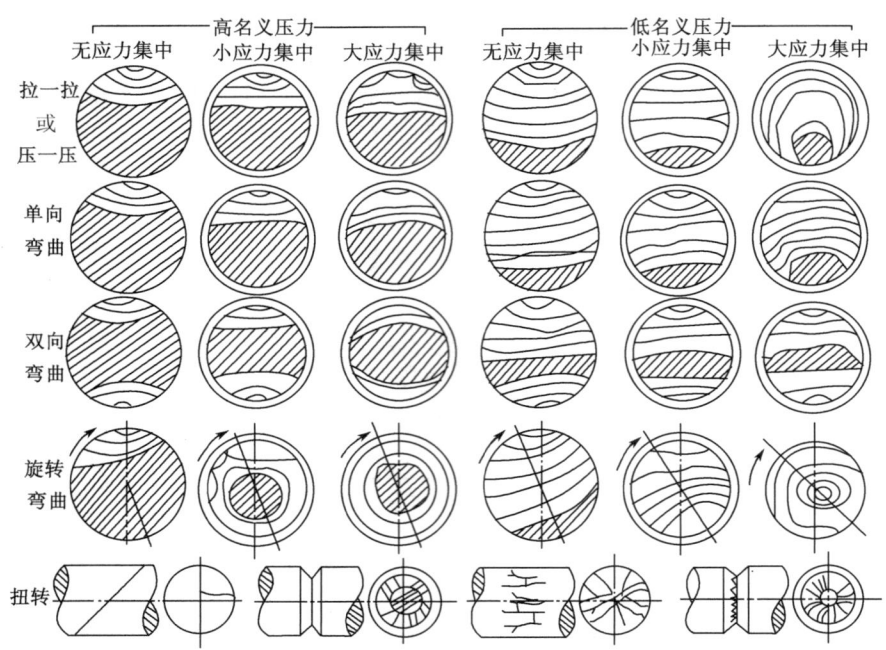

图 2-13　不同应力大小以及载荷下疲劳断口状态

二、疲劳强度

交变应力是指应力的大小、方向或大小和方向同时都随时间周期性改变的应力。这种改变可以是规律性的也可以是不完全规律性的。

可以用图 2-14 所示正弦应力循环图表示零件所受载荷特性。图中各符号代表的意义为：T 表示周期，经历一个应力循环所用的时间；σ_{max}、σ_{min} 分别表示应力循环中的最大和最小应力；$\sigma_m = (\sigma_{max} + \sigma_{min})/2$ 表示平均应力；$\sigma_a = (\sigma_{max} - \sigma_{min})/2$ 表示应力幅值。

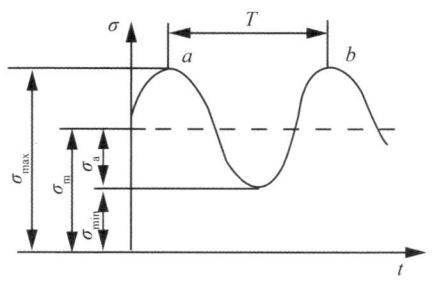

图 2-14　正弦应力循环图

交变应力的循环特征用循环应力比 $r = \sigma_{min} / \sigma_{max}$ 表示。在对称循环时，$r = -1$（$\sigma_m = 0$，$\sigma_a = \sigma_{max}$），其应力用 σ_{-1} 表示。如果 $r \neq -1$，则称为非对称循环。其中对于非对称循环，当 $r = 0$（$\sigma_{min} = 0$）或 $r = -\infty$ 时，称为脉动循环，其应力用 σ_0 表示；如果 $r = 1$，则外载荷为静应力，其应力用 σ_1

表示。

在交变载荷下,若金属承受的最大交变应力 σ_{max} 越大,则至断裂的应力交变次数 N 越少;反之 σ_{max} 越小,则 N 越大。如果将通过试验测得的交变应力 σ_{max} 和对应的至断裂的应力交变(循环)次数 N 绘成图,便得到如图 2-15 所示的曲线,这种曲线称为疲劳曲线(即 σ-N 曲线)。该图表示了特定循环应力和发生疲劳断裂的循环次数 N 之间的关系。通常横轴用对数坐标表示寿命,纵轴用均匀坐标或对数坐标表示最大应力或应力振幅。

从图中可看出,当应力低到某值(对应 σ—N 曲线上的应力值 σ_r)时,材料或构件承受无限次应力循环或应变循环而不发生疲劳断裂,这一应力值称为材料或构件的疲劳极限,通常以 σ_r 表示(r 为循环应力比)。换句话说,疲劳强度或疲劳极限 σ_r 是指一定的材料或构件可以承受无限次应力循环而不发生破坏的最大应力。

对很多有色合金和高硬度合金钢,无论 N 值多大,疲劳曲线也不存在水平部分(见图 2-16)。此时疲劳强度或疲劳极限为设定循环次数 N_0 对应的应力,其中 N_0 称为应力循环基数,它随材料的不同而有不同的数值。通常,对 HBS $\leq$ 350 的碳钢, $N_0 \approx 10^7$;对于有色金属, $N_0 \approx 10^8$。

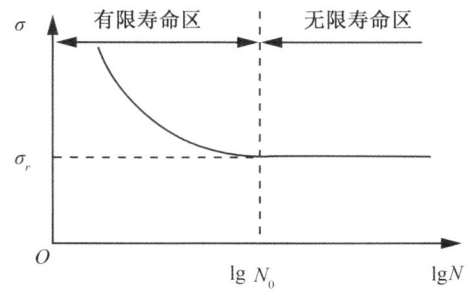

图 2-15　疲劳曲线(即 σ—N 曲线)

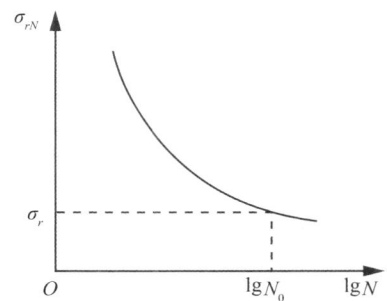

图 2-16　无水平部分的疲劳曲线

有明显水平部分的疲劳曲线可以分为两个区域: $N < N_0$ 的部分称为有限寿命区, $N \geq N_0$ 的部分称为无限寿命区。

交变应力下,应取材料的疲劳极限作为极限应力,同时还应考虑零件的切口和沟槽等截面突变、绝对尺寸和表面状态等影响,为此引入有效应力集中系数 k_σ、尺寸系数 ε_σ 和表面状态系数 β 等来确定实际零件允许的最大工作应力,即许用应力。例如具有"无限寿命"下零件的许用应力用符号 $[\sigma_r]$ 表示

$$[\sigma_r] = \frac{\varepsilon_\sigma \beta \sigma_r}{k_\sigma S} \tag{2-5}$$

式中: S 为安全系数; σ_r 分为 σ_{-1} 和 σ_0,其中 σ_{-1} 为材料的对称循环疲劳极限; σ_0 为材料的脉动循环疲劳极限; ε_σ, β, k_σ 值可在材料力学或有关设计手册中查得。

三、船舶常见的其他疲劳破坏形式

对于船舶机械,除了由交变应力直接引起的疲劳损坏,还有以下两种典型疲劳形式。

1.高温疲劳

高温疲劳是指零件在高于材料的 $0.5\,T_m$(T_m 是用绝对温度 K 表示的熔点)或高于再结晶

温度时受到交变应力的作用所引起的疲劳破坏。生产中有许多机器零件是在高温和交变载荷作用下工作。如汽轮机、燃气轮机的叶轮和叶片,柴油机的排气阀等,容易产生高温疲劳破坏。高温疲劳具有以下特点:

(1)高温疲劳的疲劳曲线无水平部分,疲劳强度随循环周次 N 的增加不断降低。

(2)高温疲劳总伴随蠕变发生,温度越高蠕变所占比例越大,疲劳和蠕变交互作用也越强烈。不同材料显著发生蠕变的温度不同,一般当材料温度超过 $0.3\ T_m$ 时蠕变显著发生,使材料的疲劳强度急剧降低。例如,碳钢温度超过 300~350 ℃,合金钢超过 350~400 ℃时发生显著蠕变。

2.热疲劳

柴油机燃烧室内零件(例如气缸盖)还可能出现一种称为热疲劳的破坏形式,造成零件裂纹甚至断裂。其原因是交变的温度造成材料内部的应力周期变化,当在一定时间范围内该应力大于热疲劳强度时,材料便会产生缺陷直至被破坏。因此需合理选材和制造,在使用过程中要对柴油机在许用范围内合理使用,并及时检查和维护。

四、疲劳破坏的影响因素

防止疲劳破坏的基本思路是增强材料抗疲劳破坏能力、减缓或消除零件上的应力集中,并减小或避免交变和冲击负荷。因此在零件设计、制造和使用过程中应该注意以下方面:

1.在设计方面,减缓应力集中

通常零件上截面尺寸和形状突变的部位容易产生应力集中现象,例如壳体的转角、阶梯轴的轴肩以及曲轴轴颈和曲柄臂结合部位。为了尽可能消除和减缓应力集中,设计构件外形时应避免出现这种突变的结构形式,例如在壳体的转角、阶梯轴的轴肩以及曲轴轴颈和曲柄臂结合部位采用半径足够大的过渡圆角。另外,在结构设计中要注意使得零件内部应力分布合理,确保在容易应力集中部位应力幅值和波动尽量小,尤其避免过大的拉应力。在有些薄弱部位还可以通过选择高疲劳强度材料或设计加强筋等方法提高零件的抗疲劳破坏能力。

一般金属的疲劳强度为抗拉强度的 40%~50%,而某些复合材料可高达 70%~80%。纤维复合材料还具有较好的抗声振疲劳性能,用它制成的某些零件,其疲劳寿命比用金属的提高数倍。

2.在制造方面,提高表面质量

在零件制造过程中,首先要避免或减小材料在制备过程中的缺陷,例如铸造中出现的缩孔和夹渣、焊接中的气孔和裂纹等;其次,采用合理热处理工艺,避免在热加工后在疲劳破坏敏感部位出现过大的残余拉应力;第三,机械加工过程中,严格控制容易出现疲劳破坏表面的粗糙度;第四,可以采用高频淬火、渗碳、氮化等热处理和化学处理,或对表层进行滚压、喷丸等冷加工强化工艺,提高表面疲劳抗力,从而提高零件疲劳强度。

船机零件中的连杆在工作过程中承受拉压交变应力,因此对其非工作表面(杆身)的粗糙度也有严格的限制;曲轴过渡圆角经过滚压或喷丸处理后,其整体抗疲劳强度能提高 20% 以上甚至数倍。

3.在使用方面，保证平稳且不过载，控制环境温度和腐蚀介质

在零件使用过程中,必须确保零件在许可的应力幅值和波动范围内工作,因此要及时消除各种使得零件过载的因素。在船机维护过程中应该特别注意船舶装载货物或海损事件通过船体变形对机器造成的影响;在正常运行中还要及时监控磨损对摩擦副(轴-轴承、活塞环-气缸套)变形的影响,对磨损件及时采用调整、修复或更换措施,防止冲击和波动造成疲劳破坏;避免设备过载运行,例如避开转速禁区;保证减振装置或零件(如柴油机的扭振减振器、弹性联轴器等)正常工作。

曲轴的臂距差需要定期检测,或在船舶装载货物等因素造成船体变形时及时检测,其目的是保证曲轴在工作时各缸主轴颈同轴旋转,避免附加的弯曲应力,防止曲轴弯曲而疲劳断裂。

此外,在有腐蚀性介质的环境中(如海洋海水腐蚀环境),疲劳裂纹扩展的速率会受到不利的影响。因此应避免在腐蚀性介质下工作或选择亢腐蚀能力强的材料。由于高温会显著降低零件的疲劳强度,因此应控制零件的使用温度或选择抗高温能力强的材料。

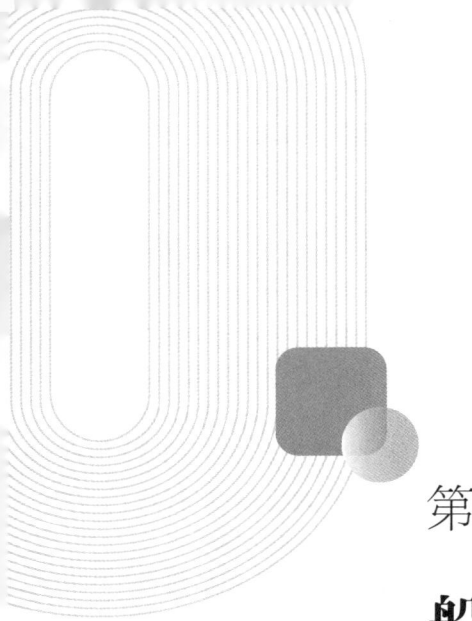

第三章

船机零件的缺陷检验与故障诊断技术

第一节　船机零件的缺陷检验

为了保证船舶动力装置运转的可靠性和船舶航行的安全性,检验贯穿于船舶机械的制造、安装和使用过程中。船舶机械在制造和安装过程中不仅要对零件材料的内部缺陷采用各种先进的无损检验,还要进行设备的安装质量检验,并取得船级证书。船舶机械运转过程中产生的损伤同样危及船舶动力装置的可靠性和船舶航行的安全性,轮机员要在日常的维护保养工作中进行各种检查与测量,有计划地维修以防止故障发生。同时,已取得船级证书的在航船舶为了保持其良好的技术状态要进行各种技术检验。

在船舶条件下轮机员对缺陷零件可进行一般检验;船舶进厂修理时对重要零件的缺陷应进行无损检验。

一、船机零件缺陷的一般检验

1. 观察法

观察法是通过人的眼睛或借助各种放大装置来观察和判断零件表面缺陷的方法。该方法简单、快速,是最常用的检测方法之一;缺点是仅能检查表面缺陷,受表面状况的影响,某些部位有难以接近的问题,当缺陷很小而检查面积很大时有漏检的可能。其准确程度与检验人员的经验有关。常用的辅助工具有放大镜、内窥镜等。

2. 听响法

听响法是根据敲击零件时发出的声音来判断零件有无缺陷的方法。如:声音清脆表示零件完好或零件与其表面上的覆盖层结合良好,无脱壳现象;声音沙哑则表示零件内部或表面有缺陷,或零件与其表面上的覆盖层结合不良,有局部脱壳等。

听响法只能定性地判断零件有无缺陷,不能定量确定缺陷的种类、大小和部位,检验的准确度有赖于检验者的经验。此法简便、灵活,随时可以进行。

3. 触摸法

触摸法是常见的检测方法,因为手上的神经纤维比较敏感,可以检测设备的表面温度、粗糙度、振动及间隙的变化等情况。

应用触摸法时注意防止高温灼伤、低温冻伤、触电及设备运转所带来的伤害。

4. 测量法

测量法是轮机员在船上进行检修和船舶进厂修船时广泛使用的重要检测手段。利用普通或专用量具测量磨损零件的尺寸和配合件的间隙以及评估腐蚀情况来判断零件的使用性能和确定修理方法。

测量法检测精度高,使用方便、灵活,是船上和修船厂不可缺少的检测手段。然而测量精度取决于量具、量仪的精度和轮机员检测技术水平。

5. 液压试验法

液压试验法是检验零部件穿透性缺陷或系统密封性的检验方法,实质上是在模拟使用条件下对承压零件或系统进行检验的一种无损检验方法。

试验用液体可选用水或油,也可用压缩空气,依要求而定。试验压力依零件工作条件而定,通常为正常工作压力的 1.5 倍。

试验前,将待检零件上的孔、洞等堵塞,用专用夹具密封零件形成包括检验部位的封闭空腔,注满液体或气体,按要求加压至规定的压力,保持一定时间后观察零件外表面的渗漏情况或系统的压降,以确定零件能否使用。

该方法的缺点是不能用于检查非穿透性的缺陷,不能用于在线检测,而且过高的压力可能损坏零部件或系统。

二、船机零件无损检验

无损检测技术是一门新兴的综合性应用学科。它是在不损伤被检测对象的条件下,利用材料内部结构异常或存在缺陷所引起的对热、声、光、电、磁等反应的变化,来探测各种工程材料、零部件、结构件等内部和表面缺陷,并对缺陷的类型、性质、数量、形状、位置、尺寸、分布及变化做出判断和评价。

除能用于检测材料或工件内部和表面的缺陷外,无损检测技术还能用于测量工件的几何特征和尺寸,测定材料或工件内部的组成、结构、物理性能和状态等。

无损检测技术能应用于产品设计、材料选择、加工制造、成品检验、维修保养等多个方面,目的在于定量掌握缺陷信息,检测设备(构件)在制造和使用过程中产生的结构不完整及缺陷情况,以便改进制造工艺,提高产品质量,降低生产成本,及时发现故障,保证设备安全、高效、可靠地运行。

目前,在工业上已经广泛应用的常规无损检测技术主要有渗透探伤、磁粉探伤、超声波探伤、涡流检测和射线探伤以及声发射检测。随着无损检测技术与计算机技术、数字图像处理技术、电子测量技术的结合,实时成像技术、层析射线照相技术、数字辐射成像技术等已成为无损检测技术主要的发展方向,无损检测技术的研究和应用呈现出数字化、实时化、大型化和广应用化的发展趋势。

1. 渗透探伤

渗透探伤又称渗透检测,是一种以毛细管作用原理为基础的检查表面开口缺陷的无损探伤方法。

(1)渗透探伤的工作原理

渗透探伤的工作原理如图 3-1 所示。零件表面被施涂含有荧光染料或着色染料的渗透液后,在毛细管作用下,经过一定时间的渗透,渗透液可以渗进表面开口缺陷中;然后清除零件表面多余的渗透液,干燥后在零件表面施涂吸附介质——显像剂;同样,在毛细管作用下,显像剂将吸附缺陷中的渗透液,使渗透液回渗到显像剂中,并且在覆盖膜中扩大;在一定的光源下(黑光和白光),缺陷处的渗透液痕迹被显示(黄绿色或鲜艳红色荧光),从而探测出缺陷的形貌及分布状态。

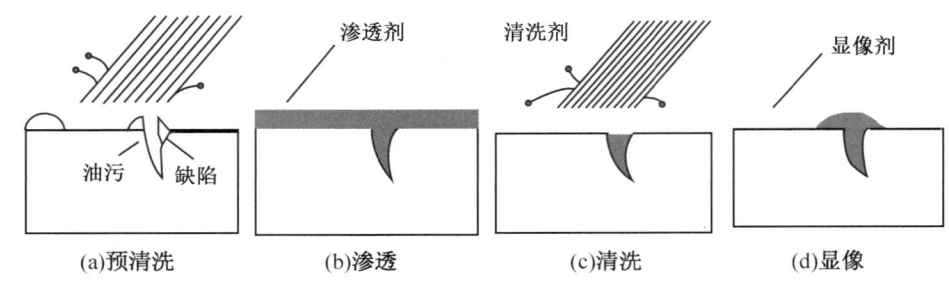

图 3-1 渗透探伤的工作原理

(2)渗透探伤的分类

根据渗透液所含染料成分的不同,常用的渗透探伤方法有如下几种:

①着色渗透探伤法:这种探伤方法使用的渗透液主要是颜色深的着色物质,通常由红色染料及溶解着色剂的溶剂所组成。而显像剂则为含有吸附性强的白色颗粒状的悬浮液组成。通过白色显像剂所吸附的红色渗透剂,显现出对比度明显的色彩图像,能直观地反映出缺陷的部位、形态及数量。

②荧光渗透探伤法:这种探伤方法是使用含有荧光物质的渗透剂,经清洗后保留在缺陷中的渗透液被显像剂吸附出来。用紫外光源照射,使荧光物质产生波长较长的可见光,在暗室中对照射后的工件表面进行观察,通过显现的荧光图像来判断缺陷的大小、位置及形态。

③荧光着色渗透探伤法:荧光着色法兼备荧光和着色两种方法的特点,缺陷图像在白光或日光下能显色,在紫外线下又激发出荧光。

根据渗透液清洗方法不同,渗透探伤分为水洗型、后乳化型和溶剂清洗型三大类。根据不同的显像剂,渗透探伤方法又可分为干式显像、湿式显像两大类。实际探伤时经常是将上述几种不同方法组合应用。例如水洗型、溶剂去除型的渗透剂组合,既可以使用干式显像也可以选用湿式显像。根据检验缺陷是否穿透,渗透探伤分为表面探伤和检漏法两大类。表面探伤主要检验表面缺陷,检漏法主要检验穿透性缺陷。

（3）渗透探伤的操作程序

常用渗透探伤的基本操作包括以下几个环节：

①表面预处理：表面预处理是向被检工件表面涂覆渗透剂前的一项准备工作，其目的是彻底清除工件表面妨碍渗透液渗入缺陷的油脂、涂料、铁锈、氧化皮及污物等附着物。清除污物的方法主要有机械方法、化学方法（酸、碱洗）、溶剂去除方法。

②渗透：渗透液施加方法有浸渍法、刷涂法、喷涂法。

渗透所需时间依渗透液种类、被检工件的材质、缺陷本身的性质以及被检工件和渗透液的温度而定。对水洗型渗透剂，无论是水基的还是自乳化型的，由于渗透性能较差，需要的渗透时间就长一些。对后乳化型和溶剂去除型的渗透剂，因有降低表面张力、增加润湿作用的成分，故有极好的渗透性能，所需时间较短。

一般渗透探伤工艺方法标准规定：在 15~50 ℃ 的温度条件下，施加渗透液的渗透时间一般不少于 10 min，温度越低，放置时间就越长。应力腐蚀裂纹特别细微，需要的渗透时间更长，甚至长达 4 h。

③表面渗透剂的清除：无论采用何种类型的渗透剂，清洗处理都是必不可少的步骤。其目的是去除附着在被检工件表面的多余渗透剂。

④显像：显像是利用显像剂吸附从缺陷中回渗到受检零件表面的渗透液，形成一个肉眼可见的缺陷显像。

⑤后清洗：所谓后清洗，就是检验结束之后，为了防止腐蚀被检工件表面而进行的除去显像剂与残留的渗透液的处理。

（4）渗透探伤的特点

渗透探伤的优点是设备简单、成本低廉、操作较为容易、缺陷显现直观、容易判断、不受材料种类的限制，广泛应用于各种金属材料和非金属材料构件的表面开口缺陷的质量检验。

但渗透探伤不能用于检验多孔性材料，所用试剂有一定的毒性，并对被检工件的表面光洁度有一定要求，这使它的应用范围受到一定的限制。由于渗透探伤只能检测表面开口缺陷，所以，一般应当和其他无损检测方法配合使用才能最终确定缺陷性质。

（5）渗透探伤的安全技术

渗透探伤试验使用的试剂本质是被认为无害的。但是直接将渗透液、清洗剂、显像剂等吸入体内或者是大量吸入上述雾状物的话，就会影响身心健康。特别是在密封容器内或者在室内探伤的时候，由于挥发性气体、毒性气体容易滞留，所以要充分换气。另外，探伤剂附着到皮肤上的时候或多或少会引起皮肤疹斑，为防止这种情况发生，最好使用橡胶手套。

显像剂中使用了很多金属氧化物的细粉末，在做试验的时候，细粉末就会飘散到空气中，因此，要注意加强通风换气。

储存渗透探伤剂的容器应密封。储存地点应尽量挑选冷暗处，并且避免烟火、热风、阳光直射等。压力喷罐严禁在高温处存放，因为在高温时，罐内的压力将增大，有发生自燃甚至爆炸的危险。另外，将罐废弃时，必须在罐上开孔。

在使用油溶性的探伤剂时，像使用普通油类或溶剂一样必须进行预防火灾的管理。

在应用荧光探伤时，所用的黑光是由汞蒸气弧灯的光辐射中过滤出的强紫外辐射线，会产生各种物理、化学及生理性效应。紫外线产生的生理效应与波长有关。波长低于 320 nm 的较短紫外线对人体是有害的；而用于荧光检验的黑光波长一般为 320~400 nm，不会对人体造成严重后果。但当黑光直接或反射到检测人员的眼睛会引起眼球的荧光效应,有时眼睛会被刺伤或产生不舒服感,使检测人员的视力模糊,检测无法进行。长期接触紫外线,会导致检测人员患角膜炎或结膜炎,因此,应当安装黑光屏蔽罩,避免检测人员直接接触紫外线,以保证检测过程中人的舒适感和良好的工作效率。

2. 磁粉探伤

磁粉探伤又称磁力探伤,是一种通过磁粉在缺陷附近漏磁场中的堆积来检测铁磁性材料表面或近表面处缺陷的无损检测方法。磁粉探伤作为检查机械零件内部及表面缺陷的一种常用手段,其原理简单、操作容易,现已广泛应用于机械零件缺陷的检查中。

(1)磁粉探伤原理

磁粉探伤原理是利用铁磁性材料被磁化后,由于不连续的存在,工件表面和近表面的磁力线发生局部畸变而产生漏磁场(即磁感应线离开和进入表面时形成的磁场)。该磁场能够吸附施加在工件表面的磁粉,形成在合适光照下目视可见的磁痕,从而显示出不连续性的位置、形状和大小,如图 3-2 所示。

漏磁场的强度和分布,取决于缺陷的长度、取向、位置(近表层)和被测表面的磁化强度。当缺陷垂直于磁化方向时,灵敏度最高;当缺陷平行于磁化方向时,则无磁粉痕迹显示。磁粉探伤可检出铁磁性材料中裂纹、发纹、白点、折叠、夹杂物等缺陷,且能直观地显示出缺陷的位置、形状、大小和严重程度,检查缺陷的重复性好。

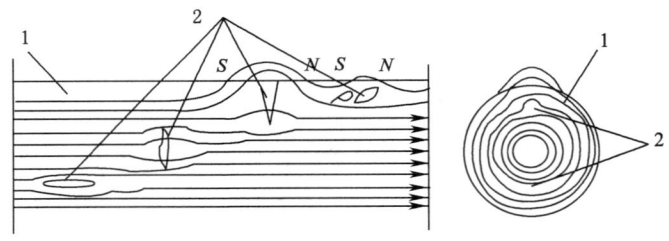

图 3-2 磁粉探伤原理

1—零件;2—缺陷

(2)磁粉探伤程序

①预处理

被检查工件的表面应当清洁、干燥。工件表面有油脂、涂料、锈斑及其他异物附着时,不但会妨碍缺陷对磁粉的吸附,而且在使用磁悬液时这些异物会污染检查液,从而影响检验效果。

工件被磁性金属覆盖层覆盖时不适合用磁粉探伤法探伤。镀铁、镀镍、镀钴及其合金将使工件表面覆盖层具有高的磁导率,被缺陷阻滞而弯曲了的磁力线将透过表面覆盖层,而不易造成漏磁场,致使工件表面层下缺陷不易被检出。

工件被非磁性金属层覆盖时仍可用磁粉探伤法探伤。镀锌、镀锡、镀锑、镀铜等使工件表面覆盖层具有较小的磁导率,不会或很少影响表面缺陷造成的漏磁场,不会影响缺陷的检测。

对于装配件,应分解为单个零件进行探伤。因为装配件的形状,一般较复杂,难以进行恰当的磁化,退磁也困难。分解后的零件,探伤操作方便,而且能观察到所有的探伤面。

检查前,对油孔及其他孔穴等应用软木塞或其他对检测无害的物质封堵,防止磁粉进入。

被检工件表面的颜色相对于磁粉颜色应有最好的对比度,如用黑磁粉检测暗色表面工件对比度很差时,可在表面喷涂一层很薄的白色反差增强剂。

②磁化

磁粉探伤是以工件缺陷处的磁痕堆积来反映缺陷的大小和性质。要使缺陷处的磁痕显示清晰,必须使缺陷处有足够大的漏磁场。因此,为了获得良好的探伤效果,应该对磁粉探伤时的技术参数进行选择,即确定工件磁化时的方向和所需的磁场强度。

③缺陷显示

磁粉探伤中对缺陷的显示方法有多种,有用磁粉显示的,也有不用磁粉显示的。用磁粉显示的称为磁粉探伤,因其显示直观、操作简单,是最常用的方法之一。不用磁粉显示的,习惯上称为漏磁探伤,它常借助于感应线圈、磁敏管、霍尔元件等来反映缺陷。它比磁粉探伤更高效、无污染,易于实现自动化和量化分析,但不如前者直观。

根据施加磁粉介质的种类不同,检测方法可分为湿法和干法;磁粉检测时,施加磁粉可以与通电同时进行,也可以在断电后进行。前者称为连续法,后者称为剩磁法。

磁粉分为荧光磁粉和非荧光磁粉两种。

④磁痕的观察、记录与缺陷评定

缺陷磁痕的显示记录可采用照相、录像和可剥性塑料薄膜等方式,同时应用草图标示。

磁痕图是分析裂纹缺陷的第一手资料,磁痕图的形状和分布情况大体上是裂纹的形状和分布情况的反映。但磁粉检测所形成的磁痕有假磁痕、非相关磁痕和相关磁痕之分。

⑤退磁

退磁可分为交流退磁法和直流退磁法两种。

交流退磁法:将需退磁的工件从通电的磁化线圈中缓慢抽出,直至工件离开线圈 1 m 以上时,再切断电流。或将工件放入通电的磁化线圈内,将线圈中的电流逐渐减小至零或将交流电直接通过工件并同时逐步将电流减小到零。

直流退磁法:将需退磁的工件放入直流电磁场中,不断改变电流方向,并逐渐减小电流至零。

大型工件可使用交流电磁轭进行局部退磁或采用缠绕电缆线圈分段退磁。工件的退磁效果一般可用剩磁检查仪或磁场强度计测定。

(3)磁化方法

①按电流性质分类

磁粉探伤按磁化电流性质分为直流电磁化法和交流电磁化法。

为了获得强磁场和确保安全,选用低压大电流,一般电压在 12 V 以下,电流则因零件大小按经验公式求得。

直流电磁化法:磁场强度大,磁力线在零件截面上分布均匀,适用于表面缺陷或近表层缺陷(6~7 mm)的显示,设备复杂,使用不便,退磁困难,现在应用较少。

交流电磁化法:穿透力小,适用于表面缺陷(集肤效应,1~1.5 mm)。可探测表面以下 2 mm 深度的缺陷,探测灵敏度高,易于退磁,设备简单,电源方便,应用广泛。

②按磁场方向分类

按磁场方向分为纵向磁化、周向磁化和复合磁化。

a.纵向磁化

零件磁化后产生平行零件轴线的磁力线,可以探测与零件轴线垂直或夹角大于或等于45°的缺陷。纵向磁化方法主要有线圈法（见图3-3）、磁轭法（见图3-4）。

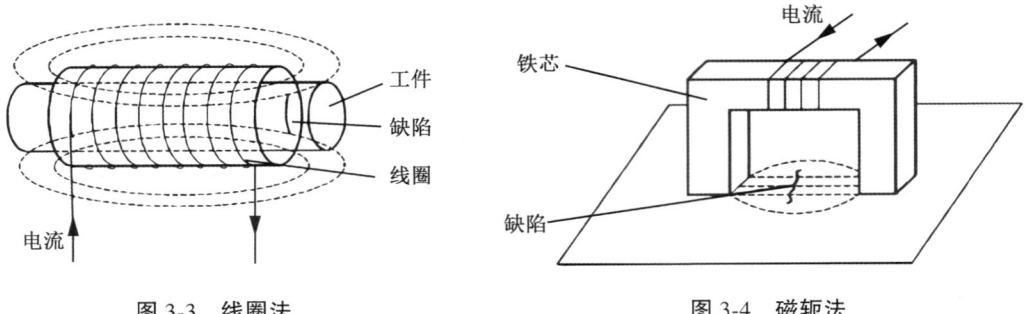

图3-3　线圈法　　　　　　　　　　　　　图3-4　磁轭法

b.周向（横向）磁化

零件直接通电或使穿过零件的心轴通电,使在零件内产生垂直零件轴线的磁力线,可探测轴向缺陷,即平行或近似平行零件轴线的缺陷。

周向磁化方法主要有轴向通电法（见图3-5）、触头法（见图3-6）、中心导体法（芯杆法）（见图3-7）。

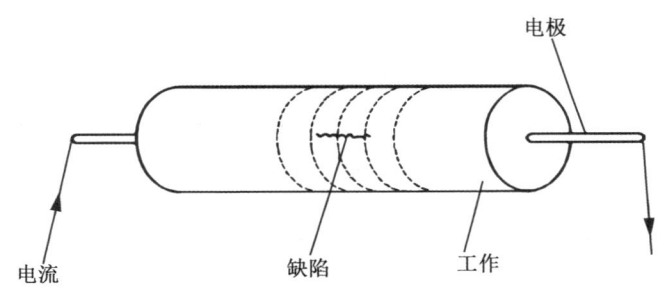

图3-5　轴向通电法

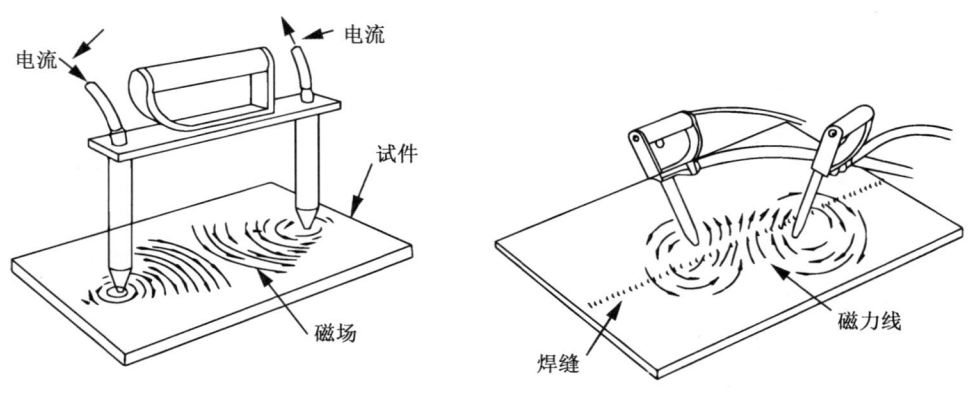

(a) 固定触头间距双触头接触磁化　　　　　(b) 非固定触头间距双触头接触磁化

图3-6　触头法

c.复合磁化

零件上同时产生纵向和周向磁力线,可以探测零件上任意方向上的缺陷。复合磁化法包括交叉磁轭法(见图3-8)和交叉线圈法等多种方法。

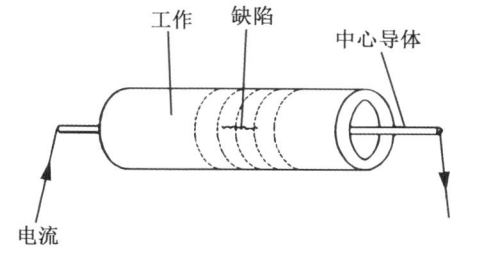

图 3-7 中心导体法

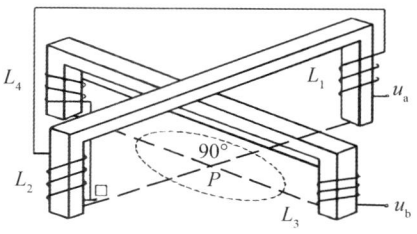

图 3-8 交叉磁轭法

d.旋转磁化

旋转磁化分为平面磁化和空间磁化。平面磁化是采用两个相互交叉的电磁轭,分别接入相位不同的交流电,在磁极所在平面产生旋转磁场,适用于钢板焊缝等的磁粉探伤。空间磁化是采用三组相互交叉的磁化线圈,分别接入相位不同的交流电,在磁化装置包容的区域内形成空间的旋转磁场,适用于复杂形状工件的磁粉探伤。

(4)磁粉探伤特点

磁粉探伤具有下列优点:

● 能直观地显示出缺陷的位置、大小、形状和严重程度,并可大致确定缺陷的性质;

● 具有很高的检测灵敏度,能检测出微米级宽度的缺陷;

● 能检测出铁磁性材料工件表面和近表面的开口与不开口的缺陷;

● 综合使用多种磁化方法,几乎不受工件大小和几何形状的影响,能检测出工件各个方向的缺陷;

● 检查缺陷的重复性好;

● 单个工件检测速度快,工艺简单,成本低,污染轻。

磁粉探伤的局限性如下:

● 只能检测铁磁性材料;

● 只能检测工件表面和近表面缺陷,且仅能显出缺陷的长度和形状,而难以确定其深度;

● 受工件几何形状影响会产生非相关显示;

● 通电法和触头法磁化时,易产生打火烧伤;

● 对剩磁有影响的一些工件,经磁粉探伤后还需要退磁和清洗;

● 试件表面不得有油脂或其他能黏附磁粉的物质。

3. 超声波探伤

声波是指人耳能感受到的一种纵波,其频率范围为 20 Hz ~ 20 kHz。当声波的频率低于 20 Hz 时就称为次声波,高于 20 kHz 则称为超声波。一般把频率在 20 kHz ~ 500 MHz 范围的声波称为超声波。

超声波是由机械振动源在弹性介质中激发的一种机械振动波,其实质是以应力波的形式传递振动能量。超声波的特点是:

(1)可在气体、液体、固体等介质中沿直线传播,具有良好的指向性,且频率越高,方向性

越好;

(2)可传递很强的能量,如频率为 1 MHz 的超声波所传播的能量,相当于振幅相同而频率为 1 000 Hz 的声波的 100 万倍;

(3)在不同介质中传播的速度不同,并且在传播过程中会发生衰减和散射;

(4)在异种介质的界面上将产生反射和折射。

因此,被检测材料的声学特性和内部组织的变化对超声波的传播将会产生一定的影响,通过对超声波受影响程度和状况的探测可以了解物体的尺寸、表面与内部缺陷、组织变化等。超声波探伤是应用最广泛的一种重要的无损检测技术。

(1)超声波探伤的分类

①按原理分类

超声波探伤方法按原理可分为脉冲反射法、穿透法和共振法。

脉冲反射法:超声波探头发射脉冲波到被检试件内,根据反射波的情况来检测试件缺陷的方法,称为脉冲反射法。脉冲反射法包括缺陷回波法、底波高度法和多次底波法。在实际的探伤过程中,脉冲反射式超声波探伤方法应用最为广泛。但由于盲区和分辨力的限制,脉冲反射法只能发现试件内部离探测面一定距离以外的缺陷。

穿透法:穿透法是依据脉冲波或连续波穿透试件之后的能量变化来判断缺陷情况的一种方法。穿透法常采用两个探头,一收一发,分别放置在试件的两侧进行探测。

共振法:若声波(频率可调的连续波)在被检工件内传播,当试件的厚度为超声波的半波长的整数倍时,将引起共振,仪器显示出共振频率。当试件内存在缺陷或工件厚度发生变化时,将改变试件的共振频率,依据试件的共振频率特性,来判断缺陷情况和工件厚度变化情况的方法称为共振法。共振法常用于试件测厚。

②按波形分类

根据采用的波形不同,超声波探伤可分为纵波法、横波法、表面波法、板波法。

纵波法:使用直探头发射纵波进行探伤的方法,称为纵波法。此时波束垂直入射至试件探测面,以不变的波形和方向透入试件,所以又称为垂直入射法(简称垂直法)。垂直法对与探测面平行的缺陷检出效果最佳。而且,在同一介质中传播时,纵波速度大于其他波形的速度,穿透能力强,晶界反射或散射的敏感性较差,所以可探测工件的厚度是所有波形中最大的。

横波法:将纵波通过楔块、水等介质倾斜入射至试件探测面,利用波形转换得到横波进行探伤的方法,称为横波法。由于透入试件的横波束与探测面成锐角,所以又称斜射法。此方法主要用于管材、焊缝的探伤;用于其他试件探伤时,则作为一种有效的辅助手段,用以发现垂直法不易检测出的缺陷。

表面波法:使用表面波进行探伤的方法,称为表面波法。这种方法主要用于表面光滑的试件。表面波波长短,衰减大。同时,它仅沿表面传播,对于表面上的复层、油污、不光洁等反应敏感,并大量地衰减。利用此特点可通过手沾油在声束传播方向上进行触摸并观察缺陷回波高度的变化,对缺陷定位。

板波法:使用板波进行探伤的方法,称为板波法。主要用于薄板、薄壁管等形状简单的试件探伤。探伤时板波充塞于整个试件,可以发现内部和表面的缺陷。

③按探头数目分类

根据探头数目的不同,超声波探伤可分为单探头法、双探头法和多探头法。

单探头法:使用一个探头兼作发射和接收超声波的探伤方法称为单探头法,单探头法最常用。

双探头法:使用两个探头(一个发射、一个接收)进行探伤的方法称为双探头法,主要用于发现单探头难以检出的缺陷。

多探头法:使用两个以上的探头成对地组合在一起进行探伤的方法,称为多探头法。

(2)脉冲反射式超声波探伤的原理

超声波在两种不同声阻抗的介质的交界面上将会发生反射,反射回来的能量的大小与交界面两边介质声阻抗的差异和交界面的取向、大小有关。脉冲反射式超声波探伤仪就是根据这个原理设计的,其工作原理如图 3-9 所示。

脉冲发生器发出的电脉冲激励探头晶体产生超声脉冲波。该超声波以一定的速度向零件内部传播,若在声路(超声波的传播路径)上遇到缺陷(异质)时,将会在界面上产生反射,其余的波则继续传播至零件底面后反射。入射波 T、缺陷回波 F 和底面回波 B 由探头接收转换成高频脉冲电信号输入接收放大电路,经过处理后在显示屏上显示出与回波声压大小成正比的回波波形(图形)。由入射波、缺陷回波和底面回波在时间基线上的位置可求出缺陷部位。依缺陷波的幅度可以判断缺陷的大小,具体方法有当量法、定量法等。对于缺陷的性质则主要依缺陷波的形状和变化,结合零件的冶金、焊接或毛坯铸、锻工艺特点以及参照缺陷图谱和探伤人员的经验来判断。

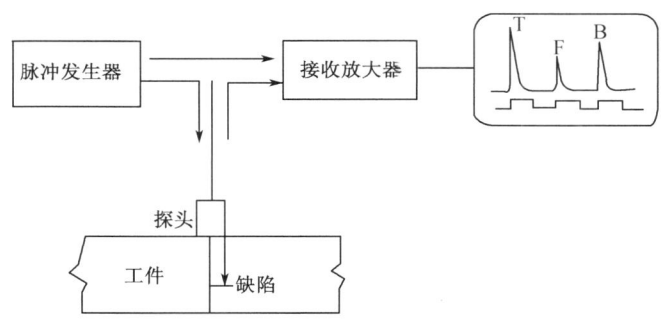

图 3-9　脉冲反射式超声波探伤仪的基本原理

(3)超声波探伤设备

脉冲超声波探伤的主要电子设备包括超声波探伤仪(包括一个电压电源用于激发换能器和一个显示装置用于分析接收超声波的脉冲)、换能器(探头)和试块。图 3-10 所示为超声波探伤基本装置系统的典型框图。

①超声波探伤仪:超声波探伤仪的作用是产生电振荡并加于换能器(探头)上,激励探头发射超声波,同时将探头送回的电信号进行放大,通过一定方式显示出来,从而得到被探工件内部有无缺陷及缺陷位置和大小等信息。目前,探伤中广泛使用的超声波探伤仪都是 A 型显示脉冲反射式探伤仪。

②探头:超声波换能器俗称探头,主要由压电晶片构成,是产生和接收超声波的装置。主要有压电式、电磁式等。超声波探伤中主要利用压电式换能器,即电声–声电换能器。

③探头接触方式:超声探头与被检工件之间存在空气时,超声波将被反射而无法进入被检工件,因此在它们之间需要使用耦合介质,视耦合方式的不同,可以分为两种:直接接触法和浸

液法(见图 3-11)。

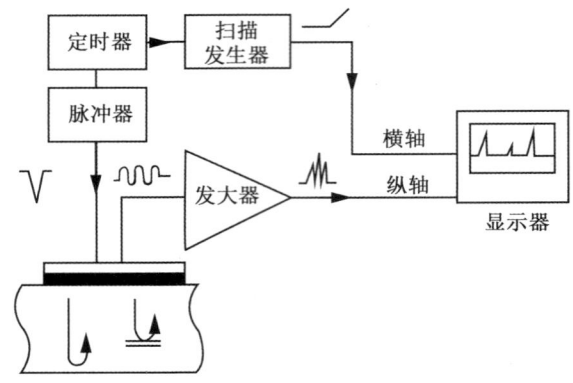

图 3-10 超声波探伤的基本装置的典型框图

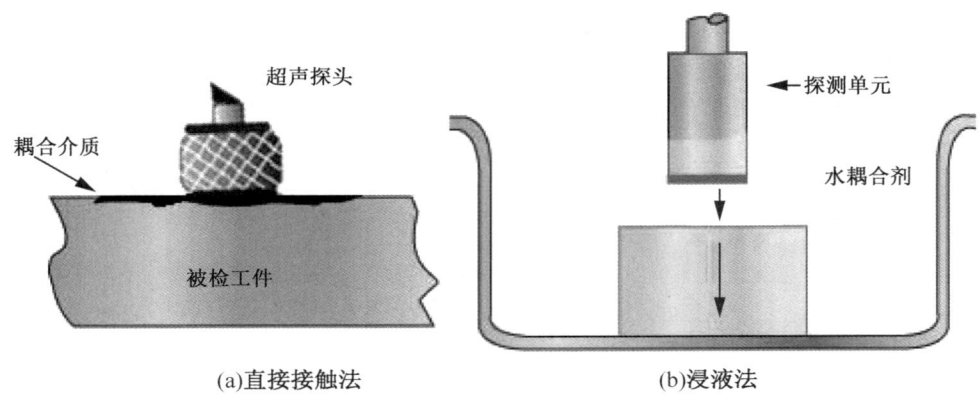

(a)直接接触法   (b)浸液法

图 3-11 探头接触方式

(4)超声波探伤的主要特性

优点:

- 适用的材料广(金属与非金属均可);
- 穿透能力强,可显示内部缺陷,探测深度可达数米(厚度 5~3 000 mm);
- 可在构件的一侧实现检测;
- 灵敏度高,可发现与直径约十分之几毫米的空气隙反射能力相当的反射体;
- 在确定内部反射体的位向、大小、形状及性质等方面较为准确;
- 适合于自动化与计算机处理与显示;
- 操作安全、快速、便捷,对人体无害;
- 设备轻便,既可以用于实验室,也可以用于工程现场。

缺点:

- 对探伤人员的素质要求高;
- 对粗糙、形状不规则、小、薄或非均质材料难以检查;
- 对所发现的缺陷做十分准确的定性、定量表征仍有困难;

· 仪器较为昂贵。

随着电子技术和软件技术的进一步发展,人工智能、自适应技术、机器人技术、信息融合技术、计算机辅助设计/计算机辅助制造(CAD/CAM)等技术与无损检测技术有机结合,可以实现超声自动检测、缺陷的自动定性与定量、超声成像技术、缺陷的特征提取与分类、材料的无损评价等,以图像显示和自动检测为主的数字式探伤仪将会在工业中得到更为广泛的应用。

4. 涡流检测

涡流检测是以电磁感应为基础的检测方法。其工作原理是:当交流电通入线圈时,若所用的电压及频率不变,则通过线圈的电流也将不变。检测线圈靠近被检工件时,由于线圈磁场的作用,工件会感生出涡流(如图 3-12 所示)。涡流同时产生与原磁场方向相反的磁场,部分抵消原磁场,导致检测线圈电阻和电感变化。测定它的变化,就可以测得涡流的变化,从而得到工件的信息。涡流的大小既取决于激励条件,如线圈的形状和尺寸、交变电流的频率、线圈与工件的相对位置等,也取决于与工件有关的一些参量,如工件材料的电导率、铁磁体工件的磁导率、工件的冶金变量(化学成分、热处理状态等)、工件表面和近表面处缺陷的有无及工件的形状和尺寸等。

因此,在一些参量保持不变的情况下,通过对激励线圈阻抗变化的测量,或通过对另一附加的可感受磁场变化的专用检测线圈电参量变化的测量,就可对另一些参量做出检测。

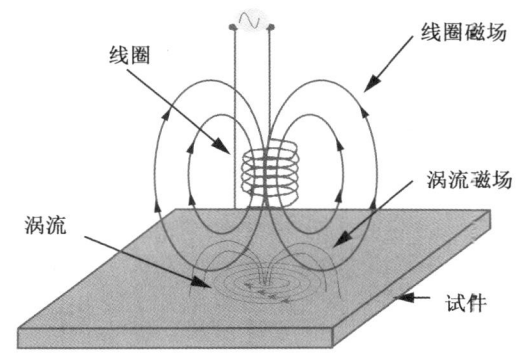

图 3-12　涡流探伤基本原理

涡流检测的优点:

(1)检测时,线圈不需要接触工件,也无须耦合介质,所以检测速度快;

(2)对工件表面或近表面的缺陷,有很高的检出灵敏度,且在一定的范围内具有良好的线性指示,可用作质量管理与控制;

(3)可用于电导率测量、膜层厚度测量及金属薄板厚度测量;

(4)可在高温状态、工件的狭窄区域、深孔壁(包括管壁)进行检测;

(5)检测信号为电信号,可进行数字化处理,便于存储、再现及进行数据比较和处理。

涡流检测的缺点:

(1)只适用于导电材料;

(2)由于涡流具有趋肤效应,因此涡流检测只能检测表面和近表面的缺陷,不便用于形状复杂的构件;

(3)检测结果不直观,判断缺陷性质、大小、形状较难。

5. 射线探伤

射线探伤是利用射线(X射线、γ射线或其他高能射线)在穿透被检物各部分时强度衰减的不同,检测被检物中缺陷的一种无损检测方法。

X射线、γ射线均为不可见光,是一种波长很短的电磁波。其主要特性有:

①人眼不可见,以光速直线传播。

②不受电场和磁场的影响,其本质是不带电的。

③能穿透一般可见光所不能透过的物质。其穿透能力的强弱,与X射线的波长以及被穿透物质的密度和厚度有关。X射线波长越短,穿透力就越大;被穿透物质的密度越低,厚度越薄,则X射线越易穿透。

④能被物质的原子吸收和散射,从而在穿透物质的过程中发生衰减现象。

⑤能使某些物质起光化学作用,使胶片感光,使某些物质发生荧光作用。

⑥对生物细胞起作用(生物效应),伤害及杀死有生命的细胞。

(1)射线探伤的工作原理

X射线探伤原理如图3-13所示。当射线穿透被检验的金属时,由于原子对射线的吸收与散射作用,射线的强度受到削弱,材料厚度越大,强度减弱越多。如果在X射线、γ射线穿透途中,遇到材料内部的各种缺陷,如气孔、夹渣、裂缝等,由于这些缺陷对射线的衰减作用比毗邻的致密金属要小得多,从而使照相底片或荧光屏上呈现不同黑度的影像,由此即可判别缺陷的性质、大小和分布状态等。

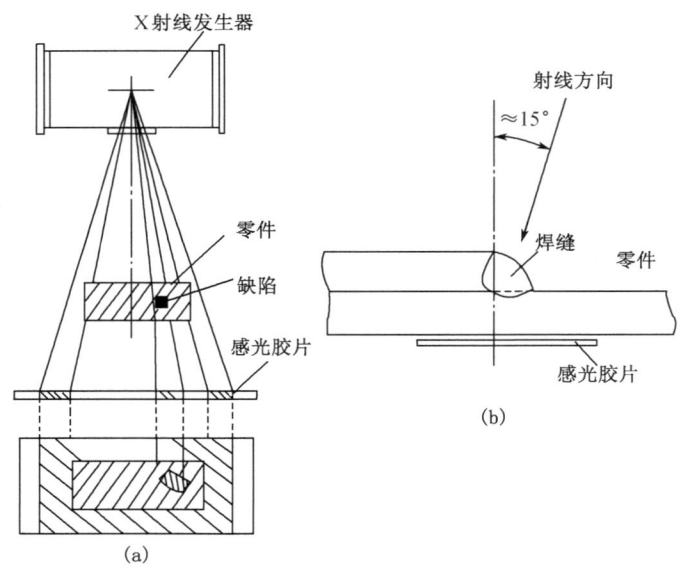

图 3-13　X射线探伤示意图

(2)射线探伤的特点

射线探伤的主要优点是:适用于所有材料;底片可永久保存;可较直观地展示内部缺陷的大小、形状和位置等。

在应用中,射线检测技术存在的主要问题是:检测成本高;射线照相检测技术对裂纹类缺陷有方向性限制,对垂直于射线方向的裂纹发现较为困难;缺陷的深度很难辨别;厚件的曝光时间长,需要零件的两面都能操作。另外,射线对人体有害,需要采取适当的防护措施。

针对常规射线检测技术存在的一些问题,近年来出现了一系列新技术、新设备,如射线实时成像检测技术、射线层析检测技术(又称工业 CT 技术)、缺陷自动识别与评定技术等,在相当程度上克服了常规射线检测技术的弱点,并为射线检测技术引入了重要的新特点,这些特点为射线检测技术的应用开辟了重要的新领域。例如,工业 CT 技术(工业用计算机断层成像技术)就是在射线检测的基础上发展起来的,能对工件进行断层扫描,并进行数字处理,给出真实反映工件内部结构的断层二维图像,再经图像处理,给出三维立体透析图像,从而直观地反映出工件内部的结构、有无缺陷及损伤缺陷的准确位置。

6. 声发射检测

广义而言,声发射是指材料局部因能量的快速释放而发出瞬态弹性波的现象。声发射是一种常见的物理现象,与材料中的局部不稳定状态有关,它是材料中局部能量再分布的结果。大多数材料变形和断裂时有声发射发生。在机械工程领域,声发射源的种类很多,例如:固体表面的接触、冲击、摩擦,液体或气体的流动、泄漏、扰动,材料或结构温度、压力的变化,裂纹的形成与扩展,弹塑性变形、位错的移动,材料的腐蚀,等等。这种声发射波能反映出材料的一些性质,蕴含着大量的结构或材料的缺陷信息。

声发射信号的频率范围很宽,从几赫兹的次声频、20 Hz ~ 20 kHz 的声频到数兆赫的超声频;声发射信号幅度的变化范围也很大,从 10^{-13} m 的微观位错运动到 1 m 量级的地震波。如果释放的应变能足够大,就产生可以听得见的声音;但许多材料的声发射信号强度很弱,人耳不能直接听见,需要借助灵敏的电子仪器才能检测出来。

用仪器探测、记录、分析声发射信号和进行声发射源的定位和识别的技术称为声发射技术,人们将声发射仪器形象地称为材料或结构的"听诊器"。

(1)声发射检测技术的步骤

①声发射信号检测:声发射检测就是利用声发射源产生的弹性应力波传播到材料表面,使材料表面产生微小的表面位移,布置在构件表面的声发射传感器会将材料的机械振动转换为电信号,然后放大、处理、记录和分析声发射信号。

该系统包括声发射传感器、放大模块、数据采集模块、数据显示与处理系统等几部分。

②信号处理:信号处理的目的是通过数学手段提取原始信号中的特征参数和信息,可分为时域分析、频域分析、时频域分析。例如,在时域分析中,针对突发型声发射信号,可以提取计数、幅度、能量、上升时间、持续时间等参数;在频域分析中,可以通过傅里叶变换提取信号的频域分布特征;在时频域分析中,可通过短时傅里叶变换、连续小波变换、希尔伯特−黄变换等得到信号的时频域分布特征。

③声发射源的定位与聚类分析:

在声发射源定位方法中,时差定位是用得最多的,即根据信号到达各传感器的时间差和波形的传播速度进行定位。该方法可以实现一维定位、二维定位、三维定位、球面定位、柱面定位、罐体底部定位等。然后根据定位结果进行聚类分析,以准确定位声发射源。

④声发射源的模式识别:

可以根据信号的特征信息,采用数据融合、深度学习等技术进行声发射源的模式识别。

(2)声发射检测技术的典型特点

①简单:设备安装、使用简单,对环境要求低;属于非介入式监测,传感器只需贴在设备的外表面,无须改造,不影响设备工作过程,适于在线、实时监测。

②精密:信号信噪比高,灵敏度高,能够排除环境噪声干扰,从而监测微弱的特征信息;

③能检测早期故障:该技术克服了传统监测手段的缺陷,能够及时发现故障的早期信息,通过处理,将故障消除在萌芽状态,减少非计划停机和重大故障。

因此,声发射检测技术是一种灵敏度高、非介入式、在线、实时、动态的监测手段,也是设备实现智能化监控与诊断的基础。

(3)声发射检测技术的应用

①无损检测:用于检测材料缺陷,例如确定缺陷是否存在及具体的位置和类型。

②结构安全监测:用于金属压力容器、管路、桥梁等的安全监测。

③材料研究:如材料特性表征、损伤机理及损伤过程研究等。

④过程监测与控制:如焊接过程监测,磨损、润滑状态监测,应力监测,燃烧过程、磨合过程的监测等。

因此,声发射技术作为一种新的、有效的手段,在石油化工、电力、材料工程、航空航天、交通运输等领域具有广泛的应用。

7. 无损探伤的综合应用

无损探伤的综合应用是在充分了解各种无损探伤方法的前提下,根据零件检测部位、检测质量的要求和经济性进行全面分析,合理地将各种方法配合使用,准确、可靠和经济地进行检验。具体是:

(1)以磁粉探伤和渗透探伤检测表面缺陷;

(2)以涡流、磁粉探伤检测近表层缺陷;

(3)以超声波探伤检测内部缺陷,找出疑点;

(4)用射线探伤对内部疑点进行透视检查。

第二节　船机设备的状态监测与故障诊断技术

一、状态监测和故障诊断的概念及应用

状态监测与故障诊断是诊断技术的两个组成部分,有联系但又不相同。状态监测主要是对设备的技术状态进行初步识别,故障诊断则是对该状态的进一步分析识别和判断。实际上,没有监测就没有诊断,诊断是目的,监测是手段;监测是诊断的基础和前提,诊断是监测的最终结果。有时为了方便将两者统称为设备故障诊断。

1. 状态监测

状态监测是采用各种检测、测量、监视、分析和判别方法,结合系统的运行历史和现状,考

虑环境因素,对设备运行状态进行综合评估,判断其所处状态(正常、异常和故障)及状态变化规律,为制定设备维护策略和进行维修等工作提供基础信息。

2. 故障诊断

故障诊断的任务是根据状态监测所获得的信息,结合已知的结构特性和参数以及环境条件,同时结合该设备的运行历史(包括运行记录和曾发生过的故障及维修记录等),对设备可能要发生的或已经发生的故障进行预报、分析和判断,确定故障的性质、类别、程度、原因、部位,指出故障发生和发展的趋势及其后果,提出控制故障继续发展和消除故障的调整、维修、治理的对策措施,并加以实施,最终使设备复原到正常状态。

故障诊断技术是一门正在不断发展和完善的技术,从最原始、最简单地靠人的感官来诊断,一直到现代化的计算机自动诊断系统。一个完整的故障诊断过程一般由以下几个基本环节组成。

(1)确立运行状态监测的内容

其主要包括确立监测参数、监测部位及监测方式等方面的内容,这主要取决于故障形式,同时也要考虑被监测对象的结构、工作环境等因素以及现有的测试设备条件,这是整个诊断工作的基础。

(2)建立测试系统

根据步骤(1)的要求选取传感器及其配套设施,组成测试系统,用以收集故障诊断所需的信息。在建造测试系统时,不仅要注意有用信号的获取(灵敏度和精度等性能),同时还要考虑测试系统的环境适应性以及如何在测试阶段进行降噪除噪等,以便简化后续的信号分析处理过程。正确、有效的信号取得是正确诊断的先决条件。

(3)信号采集及信息提取

信号采集包括直接观察和参数测定。直接观察是根据决策人的知识和经验对机械设备的运行状态做出判断的方法,它是现场经常使用的方法;参数测定是通过对一些表征设备状态的参数进行测定取得故障诊断所需的信息,主要参数有振动、声音、光、温度、压力、电参数、表面形貌、污染物和润滑情况等。

特征提取是故障诊断过程的关键环节之一,直接关系到后续诊断的识别,其主要目的是从有限的信号中获得尽可能多的关于被诊断对象状态的有用信息,这是机械故障诊断的核心。如振动分析中进行特征提取的方法主要有:时域分析法、频域分析法和时序分析法等;油液检测中通过磨粒形貌、成分、粒度大小等分析来进行特征提取。

(4)状态监测、判断及预报

在有效的状态特征提取后进行状态识别是诊断工作的最后一个环节,也就是机械故障诊断的最终目的。它们都有各自的判别准则。这一步的工作关键是构造或选定判据,确定划分设备状态的各有关参量的阈值等内容,以此判定被诊断对象的运行状态,并对其未来发展趋势进行预测。

近年来,故障诊断技术有了新的发展,出现了新的发展方向,这些新的发展方向可归纳为以下几方面:

(1)基于远程网络的设备异地监测与诊断技术

随着计算机技术和通信技术的发展,出现了设备远程故障诊断系统,可以利用网络协议将数据快速、准确地传送,其优点是可以通过传输介质实现在线、实时和异地的监测与诊断,并能够实现资源共享。

(2)基于虚拟仪器的监测与诊断仪器及系统

虚拟仪器技术用于设备监测与诊断仪器及系统是一个新的发展方向。虚拟仪器(Virtual Instrument)是计算机同仪器技术深层次结合产生的全新概念的系统,在系统上能够实现复杂机电系统状态监测和诊断方法的应用集成。目前国际上有代表性的是美国 NI 公司的技术,该公司提供了 LabVIEW,LabWindows/CVI 等仪器开发系统。

(3)自动在线监测与诊断

该方式能够实现自动在线监测设备的工作状态,及时进行故障预报,而且能够实现在线数据处理和分析判断。由于能根据专家经验和有关准则进行智能化的比较和判断,该方式不需要人为更换测点,不仅不需要专门的测试人员,也不需要专业技术人员参与分析和判断。

二、柴油机性能参数分析法及应用

1. 定义

性能参数分析法是把被监测对象性能的变化同引起其变化的原因联系起来的监测方法。具体方法是:测定机械设备的各项性能参数值(如温度、压力、油耗等),将这些参数进行处理,然后同基准参数值进行比较,得到结论(如偏高、偏低、过高、过低等),从而可以看出机械在性能方面存在的问题,并进行分析判断其故障部位及发展趋势。

性能参数分析法是柴油机中广泛应用的监测方法。其优点是:简单易行,无须添置复杂的设备,柴油机上配备的仪表往往就是监测仪器。缺点是:对一些柴油机早期故障不敏感,有时故障发展到一定的程度才会导致性能参数的变化。如柴油机气缸套–活塞环的磨损故障,只有当这对摩擦副的磨损达到一定程度时才会引起柴油机性能参数的变化。

2. 性能参数分析法的比较方法

对标比较:将测得的数据与标准值进行比较,如厂家说明书提供的数据。

纵向比较:将本次测得的数据与以往的数据进行比较,如比较几次检修工作中对同一参数的检测结果。

横向比较:将测得数据与周围同种设备的性能指标进行比较,如:将柴油机某缸的排气温度与其他缸的排气温度进行比较。

3. 采用柴油机性能参数分析法应注意的问题

(1)选择的监测参数应与要监测的柴油机故障之间具有较高的灵敏度和较好的对应性;

(2)选择的监测参数最好能借助于柴油机上现有的仪表就可测得或添置较少的测量仪器即可测得;

(3)监测参数应具有足够的信息量,并具有典型意义;

(4)要注意柴油机监测数据的积累、加工处理等,从中归纳出有规律的东西。

4. 船舶柴油机性能参数分析法的应用

柴油机性能参数分析法的一般步骤为:测量→记录→分析,具体应用时有以下几种方法:

(1)由操作人员记运行日记,这种方法最原始,目前在船上仍在应用;轮机主机日志是船舶上记载船舶主要动力装置的主要记录文件,记录了船舶主机以往的状态以及轮机员所做的维修保养工作。

（2）半自动化系统：仪表测量或遥测，并自动显示；

（3）自动化系统（或专家系统）：自动进行测量、记录、分析处理、打印输出、自动报警和进行干预等。近年来建造的附加 AUT-0 标志的船舶机舱中就大量采用了性能（趋势）参数监测。其中，中国船级社的检验规范中对附加 AUT-0（由驾驶台对推进机械进行遥控，机器处所集中控制站周期无人值班）标志的船舶进行规定。

中国船级社发布了《智能船舶规范》。该规范体系由智能航行、智能船体、智能机舱、智能能效管理、智能货物管理和智能集成平台六大功能组成；智能化程度上，分别从船舶数据感知、分析、评估、诊断、预测、决策支持、自主响应实施等方面，对不同的智能功能提出了相应的要求。

三、振动与噪声监测

工程中的振动十分复杂，按振动产生的原因，可分为自由振动、受迫振动和自激振动；按振动位移的特征，可分为直线振动和扭转振动；按振动的规律，可分为简谐振动、非简谐振动和随机振动。

噪声是振动在空气中的传播，从本质上讲噪声与振动具有相同的规律，振动分析方法通常同样可以适用于噪声诊断分析。

1. 测振系统及其分类

测振系统通常由能够感知振动参量并将其转换成适当物理量的传感器、信号处理和放大装置、分析设备和显示设备以及数据处理设备组成，它们组成了一个完整的测试系统，如图 3-14 所示。

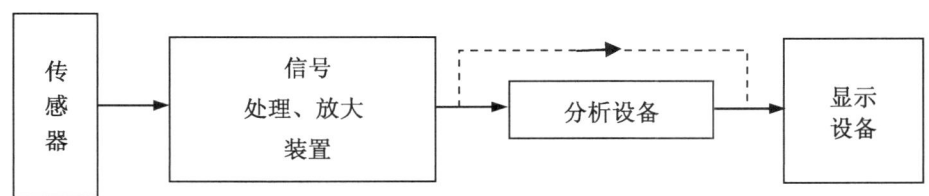

图 3-14　测振系统框图

常用的测振系统有：电子测振系统、光学测振系统以及机械测振系统，其中，机械测振系统的使用日益减少。根据所测振动参量和频率范围的不同，习惯上常将测振传感器分为振动位移传感器、振动速度传感器和振动加速度传感器三大类。

（1）电子测振系统

将被测的振动量通过传感器转换成电量或电参量，经电测系统放大、处理、信号变换（如由微积分电路变换位移、速度和加速度）等，将振动量显示或记录下来，或通过分析、计算、实时处理等，把衡量振级参数的时间历程、频率谱等，以数字或图形的方式记录和绘制出来，使人一目了然。

电子测振系统由于其灵敏度高、频率范围和动态线性范围宽，便于分析和控制，是目前应用最广泛的测振系统。但该系统易受电磁场的干扰。

在电测系统中常采用的传感器有:压电式传感器、电磁式传感器、电感式传感器和电容式传感器等,尤以压电式传感器应用最广。各自典型的频率范围大致如下:0~10 kHz(电涡流位移传感器)、1~2 kHz(磁电式速度传感器)、0~50 kHz(压电加速度传感器)。

(2)光学测振系统

利用读数显微镜、光杠杆和光干涉原理、激光多普勒效应等,记录并放大振动量或拍摄反映振动全貌的振型,如激光全息照片。这种测振系统的特点是:不受电磁场的干扰,测量精度高,适用于对质量小及不易安装传感器的振动体进行非接触精密测量。此外,它还用于对传感器、测振仪的标定或校验。

2. 振动信号分析方法

描述某一振动信号的主要参量为频率、振幅和相位,称为振动信号的三要素。对测得的振动信号可以进行进一步的特征提取分析。振动信号分析处理和诊断方法主要有如下几种:

(1)时域幅值分析方法:应用于时域幅值分析的参数有均值、均方根值、最大值、最小值和绝对平均值等。这些参数计算简单,对故障诊断有一定的作用。但它们会因工作条件(负载、转速)的改变而变化,所以又存在对故障不是十分敏感、不好区分的缺点。因此,人们又引入了无量纲的幅域参数,如波形指标、峰值指标、脉冲指标、裕度指标以及峭度指标等。这些参数对故障有足够的灵敏度,对信号的幅值、频率变化不敏感,而只取决于概率密度函数的形状,在故障诊断中有广泛的应用。

(2)频域分析方法:时域分析只能反映信号的幅值随时间的变化情况,除单频率分量的简谐波外,很难明确揭示信号的频率组成和各频率分量的大小。信号频谱分析代表了信号在不同频率分量成分的大小,能够提供比时域信号波形更直观、丰富的信息。频域分析的基础是频谱分析,即分析动态信号的幅值、相位、功率和能量随频率的变化关系。频谱分析主要包括功率谱密度函数分析、细化谱分析、倒频谱分析、冲击响应谱分析、最大熵谱分析以及全息谱分析等。因为故障在发生、发展时都会引起频率结构的变化,所以频域分析是机械故障诊断中用得最广泛的信号处理方法之一。

(3)振动信号的相关分析方法:相关分析主要是应用相关系数与相关函数来实现,即通过相关函数来研究两个信号之间的相关性和依赖性。不同的信号具有不同的相关函数。

(4)振动信号的时序分析法:时序法是对有序的观测数据进行统计学处理与分析的一种数学方法;是数据的统计处理与系统分析相结合的一种方法。一方面可以对系统进行动态分析,另一方面还可对系统的未来状态和趋势进行预报和控制。时序分析的手段就是建立时序模型。机械故障诊断的时序模型法,就是在机器的运行过程中,首先选定恰当的诊断参数,然后建立一个时序模型,通过时序模型的相应判据以诊断机器状态的变化。这种方法在相当多的场合下能可靠地判断机器是属于正常或异常状态。

(5)振动信号的特征分析法:特征分析主要是依据旋转机械的转速在变化时或在某一稳定值时,机器的各重要部位振动量值大小来进行特征描述。其目的是把众多的特征分量(频率)从复杂的信息中识别出来,研究和分析其变化特征,从而判别机器运行状态是否正常。

四、油液监测技术的种类、原理和应用

在机械设备中,大约有 80% 的零件都是因磨损而失效的。为了减少零件的摩擦和磨损,目前主要采用在摩擦副表面加润滑剂的方法。从零件上脱落下的磨损微粒被润滑剂带走,这些磨损微粒携带了机械失效和故障的重要信息。实践表明,在不同的运行阶段,润滑剂的衰败程度不同,产生的磨损微粒也具有不同的特征,这些特征可以用磨粒的数量、尺寸、分布、形貌、成分等表示,因此,形成了油液监测技术。这种分析方法的原理类似于医学诊断中的验血和验尿等化验工作,已经成为一种有前途的不解体诊断技术。

油液监测技术就是通过采集机械设备的在用润滑剂样品,利用各种分析手段,检测油样的性能或油样中所携带的磨粒,获得油样的性能或其中所含磨粒的尺寸、形貌、浓度和成分等信息,从而定性或定量地评价被监测对象的磨损状态,并预测其发展趋势的技术。

油液监测技术的分析步骤为:取样→样品制备→获得监测数据→形成诊断结论。

目前,油液检测技术主要包括:铁谱分析技术、光谱分析技术、理化指标分析技术和颗粒计数技术等。这些油样分析技术所提供的信息不尽相同,因而各有其应用场合,在实际应用中,常常将以上油样检测技术互相结合加以应用。目前,油液监测技术在船用柴油机监测、艉轴-艉管装置等的磨损监测中得到了广泛的应用。

1. 油液理化指标检测技术

由于机械设备受到工作频率、作业条件、环境干扰等因素的影响,随着其运转台时的延长,润滑油的性能逐渐下降甚至衰败。润滑油的质量指标可以衡量润滑油能否起到润滑、冷却、防护和密封作用,不同的机械设备需要不同质量指标的油品。润滑剂的性能与机械设备的磨损状态、设备的使用寿命有着密切的关系,润滑剂性能的劣化必然会导致机械设备磨损状态的恶化,因此,对润滑剂进行理化性能指标的检测,就可以达到对磨损状态间接监测的目的,可以防止因润滑不良而导致的失效。

润滑油的理化性能指标主要有:黏度、黏度指数、闪点、水分、机械杂质、总酸值、总碱值等。可根据实际情况,选择其中几个进行监测,从而达到对机械设备润滑状态监测的目的。这些指标都有相应的国标检测方法。

油品理化检测方法分为定量和定性两类。

定量方法通常按国家或行业颁布的标准进行,检验结果精确、可比性好,但需要专用仪器、一定的费用和技术水平。

定性方法通常分为综合测定和单项检验,这类方法易于掌握,获得结果快,便于现场使用,但需要积累经验,才能正确判断。滤纸斑点试验和润滑油污染指数测定是油品理化性能检测的常用定性分析方法。

(1)滤纸斑点试验

内燃机油中加有清净分散剂,以抑制油中微粒的积累和维持零件表面的清净。氧化作用和外来杂质的污染,会使在用润滑油中清净分散剂的含量逐渐下降,进而导致油中沉淀物增加,加剧零件的磨损。滤纸斑点试验利用滴在滤纸上扩散成的斑点图像,来测定润滑油含有清净分散剂的情况,以判断润滑油的清净分散能力。滤纸斑点试验根据 GBT 8030—1987《润滑油现场检验法》规定进行。

（2）润滑油污染指数测定

当设备的在用润滑油中含有诸如氧化物、油泥、积碳、水分、沉淀物、金属磨粒和燃油等污染物时，在用润滑油的物理或化学性能会发生变化，尤其会引起在用润滑油电导率的变化。物质的介电常数是物质与真空相比传递电能的能力，对于润滑油来说，这个值取决于基础油、添加剂以及杂质的情况。因此，通过测定在用润滑油的介电常数，将其与同牌号的新油的介电常数相比较，便可综合地反映在用润滑油的污染程度和质量。润滑油介电常数的测量采用快速油质分析仪进行。

2. 铁谱技术

铁谱分析是利用铁谱仪从润滑油样(脂)试样中分离和检测出磨屑和碎屑，从而分析和判断机器运动副表面的磨损类型、磨损程度和磨损部位的技术。铁谱仪是铁谱分析的关键设备，根据其工作方式的不同，铁谱仪可分为直读式铁谱仪、分析式铁谱仪和旋转式铁谱仪。

（1）铁谱定量分析技术

铁谱定量分析主要是通过直读式铁谱仪完成的。直读式铁谱仪的结构和工作原理如图3-15 所示。油样在虹吸作用下流入沉积管，在沉积管的下部有一高强度、高梯度磁场，油样中的铁磁性颗粒受重力、浮力以及磁力三者的综合作用，在随着油样流过沉积管的过程中，将会在沉积管内有规律地沉积下来，其沉积规律如图3-16 所示。

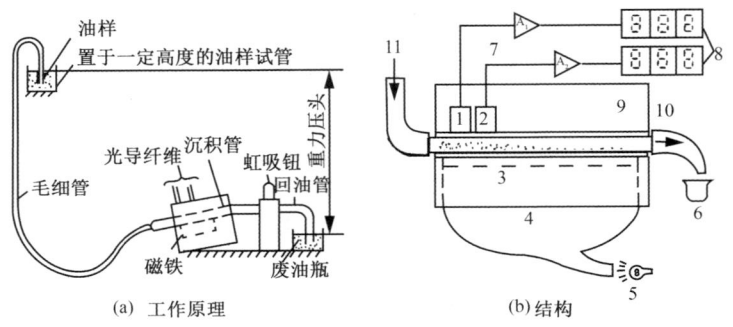

图 3-15　直读式铁谱仪的结构和工作原理图

1,2—光密度探测器；3—磁铁；4—光导纤维；5—光源；
6—接油杯；7—放大电路；8—数显装置；9—压块；10—沉积管；11—毛细管

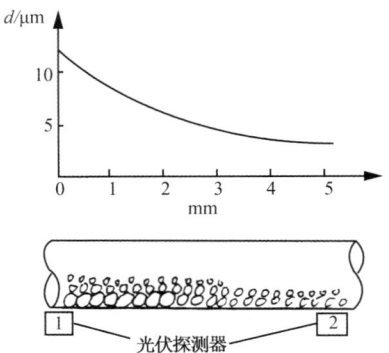

图 3-16　磨屑在沉积管内的沉积规律

其中的大颗粒沉积在入口处,而较小的颗粒则离入口处较远。传统的直读式铁谱仪在沉积管的入口处和离入口处 5 mm 的地方各装有一个光密度探测器,分别作为大颗粒(D_L)和小颗粒(D_S)的光密度读数监测装置。

对于直读铁谱仪,由于 D_L 反映了大颗粒的数量,而 D_S 则反映了小颗粒的数量,故有人直接用 D_L 和 D_S 作为铁谱定量指标,还有人用 D_L+D_S、D_L-D_S、$D_L(D_L-D_S)$、$(D_L-D_S)/D_S$ 等作为定量指标。较为常用的定量指标是 $I_S=(D_L+D_S)(D_L-D_S)$,称为磨损烈度,因为 I_S 既反映出了总的磨损浓度(D_L+D_S),又表征了大颗粒与小颗粒的浓度差(D_L-D_S)。

(2)铁谱定性分析技术

铁谱的定性分析主要是通过分析式铁谱仪完成的。分析式铁谱仪一般是指由制谱仪和双色显微镜(铁谱显微镜)组成的成套测试系统。定性分析式铁谱的分析由制谱、观测和分析三个过程组成。

制谱仪结构和工作原理:制谱仪的结构如图 3-17 所示。油样中的铁磁性颗粒随油样沿基片往下流的过程中,由于受重力、浮力以及磁力的综合作用而有规律地沉积在基片(铁谱片)上,又由于磁力线与油液流动方向垂直,所以磨屑在基片上排列成与流动方向垂直的链状谱,如图 3-18 所示。

当试管中的油样全部被抽出后,经固化和清洗后再小心地将玻璃基片从制谱仪上取出,至此即完成了谱片的制作过程。

制作好的谱片可拿到双色显微镜或扫描电子显微镜(SEM)上进行形貌和成分的观察,还可将光密度读数器与双色显微镜相连,进行光密度测量,以判断磨损程度。通常铁谱显微镜还配备数码摄影或摄像装置,可以对特定谱片区域进行拍照,将图片存储在数码摄影或摄像装置上或传输至与之相连接的计算机硬盘中,供进一步的分析和处理。在反射光路上,还可以选配偏振光分析用的起偏片和检偏片,以区分无机非金属晶体和金属颗粒。

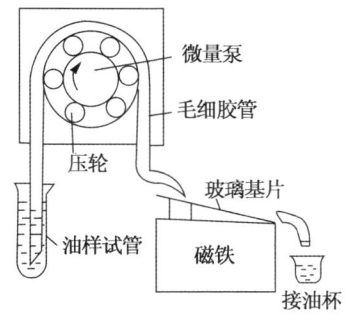

图 3-17　制谱仪的结构

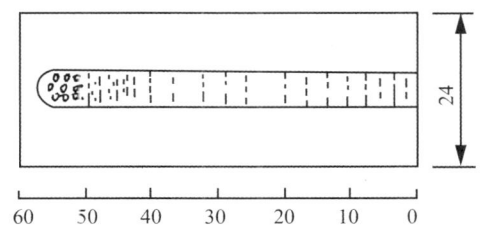

图 3-18　磨屑在基片上的沉积规律

将铁谱片放在双色显微镜载物台上,在不同颜色的透射光、反射光下,观察铁谱片上磨损和其他沉积物的形貌、尺寸、颜色、分布等信息。

与直读式铁谱仪相比,分析式铁谱仪不仅能提供关于磨损程度的信息,而且通过对磨屑形貌及其成分的观察,还能提供关于磨损发生机理及发生部位的信息。铁谱分析可以获得的监测信息内容包括:

(1)磨粒的浓度和颗粒的大小:它反映了机器磨损的严重程度;

(2)磨粒的大小和形貌:它反映了磨粒产生的原因和机理,如由轻微磨损产生、由疲劳磨

损产生;

（3）磨粒的成分：它反映了磨粒产生的部位,即发生磨损的零件。

3. 光谱分析技术

润滑油中含有大量的各种微粒,这些微粒包括零部件的磨损碎屑、润滑系统本身的异常产物、外来污染物等。而油中的各磨损元素的浓度与零部件的磨损状态有关,光谱油料分析是通过测定润滑油中磨粒的组成成分和元素的含量,来评定被监测对象的磨损状态的方法。它用 10^{-6}(ppm)表示相对浓度的测量结果。根据光谱分析结果可以判断与这些元素相对应的各零部件的磨损状态和与润滑系统有关的故障。光谱分析的实质是根据油液中元素的种类及含量,反推出磨损零件及磨损的程度。即根据元素的种类可推断出磨损零件;根据元素的含量可以推断出零件的磨损程度。

光谱分析判断标准的确定可以采用元素的浓度值的高低,来反映磨损程度的大小;也可以用元素浓度值的变化趋势,作为判断故障的依据。通过对机械开展监测分析工作,根据大量实验数据,经统计分析、对照验证,定出各种元素浓度的最大允许值,作为判断有无异常磨损的依据。表 3-1 是中国船级社 1996 年颁布的《螺旋桨轴状态监控系统指南》中确定的标准。

表 3-1　中国船级社 1996 年颁布的《螺旋桨轴状态监控系统指南》中确定的标准

Cu	Fe	Sn	Ni	Cr	Sb	Si	Na	Pb
最大	最大	最大	最大	最大	最大	最大	最大	最大
50ppm	30ppm	10ppm	10ppm	10ppm	10ppm	40ppm	50ppm	40ppm

油样光谱分析包括原子吸收光谱分析和原子发射光谱分析两大类。其测量原理是:各种原子和分子都具有自己的特定波长的谱线,利用油样中所含金属元素原子的光学电子在原子内能级间跃迁产生的特征谱线来检测该种元素的存在与否,而特征谱线的强度则与该种金属元素的含量多少有关。

4. 颗粒计数技术

颗粒计数技术是评定油液内固体颗粒(包括金属磨损微粒)污染程度的一项重要技术。它的原理是把油样内的颗粒进行粒度测量,并按预选的粒度范围进行计数,从而得到有关颗粒粒度分布方面的重要信息。目前,污染度检测使用最广泛的颗粒计数法主要有两种,即遮光型颗粒计数法和阻塞型颗粒计数法。

颗粒计数技术的特点在于它不仅能记录油液中固体微粒的数量,而且能给出每个微粒的尺寸大小,因此该技术在判断油液的污染程度方面是很有效的。但是,该技术不能分辨被记录的微粒种类,分不清这些微粒是磨屑还是外部侵入的固体污染颗粒,所以该技术在反映机器的磨损工况方面还存在局限性。

油液污染物等级评判目前主流应用分别是 ISO 4406:2021 和 NAS 1638 两大标准。ISO 4406:1999 规定的污染度等级,根据颗粒浓度的大小共分为 30 个等级(见表 3-2),颗粒浓度越大,等级代码越大,污染越严重。

表 3-2　ISO 4406:2021 污染度等级代码

ISO Code	颗粒数（个/mL）	
	最小值	最大值
>28	2 500 000	—
28	1 300 000	2 500 000
27	640 000	1 300 000
26	320 000	640 000
25	160 000	320 000
24	80 000	160 000
23	40 000	80 000
22	20 000	40 000
21	10 000	20 000
20	5 000	10 000
19	2 500	5 000
18	1 300	2 500
17	640	1 300
16	320	640
15	160	320
14	80	160
13	40	80
12	20	40
11	10	20
10	5	10
9	2.5	5
8	1.3	2.5
7	0.64	1.3
6	0.32	0.64
5	0.16	0.32
4	0.08	0.16
3	0.04	0.08
2	0.02	0.04
1	0.01	0.02
0	0.00	0.01

该标准用两个数码代表油液污染度等级。前面的数码代表每毫升油液中尺寸大于 5 μm

的颗粒数等级,后面的数码代表每毫升油液中尺寸大于 15 μm 的颗粒数等级,两个数码之间用一斜线分隔。例如污染度等级 18/13 表示油液中大于 5 μm 的颗粒数的等级为 18,每毫升颗粒数为 1 300~2 500;大于 15 μm 的颗粒数的等级为 13,每毫升颗粒数为 40~80。ISO 标准之所以用颗粒大于 5 μm、15 μm 的两个含量作为指标,是因为大于 5 μm 的颗粒代表因杂质污染而将会产生的堵塞故障,能对流体的淤积状况进行准确评估;而尺寸大于 15 μm 的颗粒则代表磨损状况。

五、温度测量技术

船用设备的温度异常一般是机械故障的发生特征。在故障诊断中,监测机械温度的作用与医学诊断中量体温的作用是极为相似的。许多受损零件,其温度的升高总是先于故障的出现,当零件温度超过其额定工作温度,且发生急剧变化时,则预示着故障的存在和恶化。因此,监测零件的工作温度,根据测定值是否超过温升极限值可判断其所处的技术状态。

温度监测是故障诊断中最早进入实用阶段的一项技术,它有接触式测温和非接触式测温两种方法。

1.接触式测温

通过测温元件与被测对象的良好热接触,利用热传导和对流方式,使测温元件与被测对象达到热平衡,从而用测温元件显示的温度,作为被测对象的温度指示。接触式测温的准确度高、可测量任何部位的温度、便于多点和集中测量和自动控制。测量误差范围在 1% 左右。对运动体、小目标或热容小的对象,测量误差大,响应速度慢。

接触式测温的方法与仪器:

(1)液体膨胀式温度计

水银密封式温度计:测温范围为 −50~350 ℃,特殊温度计可测到 650 ℃。

有机液体温度计:测温范围为 −200~200 ℃,精度比水银温度计高。

(2)压力式温度计

利用封闭温包中的物质受热后体积膨胀或压力变化,推动传动机构,带动指针在刻度盘上显示温度值。

液体压力温度计:测温范围为 −30~600 ℃。

蒸气压力温度计:测温范围为 −20~350 ℃。

(3)电阻温度计

利用金属或半导体材料的电阻与温度之间存在的一定函数关系这一特性,再利用一定的测量电路,在显示器上显示出温度值。

铂电阻温度计:测温范围为 −260~1 000 ℃,价格贵。

热敏电阻温度计:测温范围为 −50~350 ℃,响应快,价格一般。

(4)热电偶温度计

由两种不同的导体(或半导体)A、B 组成的测温元件称为热电偶,其接点 1 放置在被测温度为 t 的介质中。由热电效应出现电动势(热电势)$E_{AB}(t, t_0)$,A′ 和 B′ 为补偿导线,是用来将热电偶的冷端 2 和 3 延伸到远离热端 1 的冷端恒温器处,以避免当热端温度变化时,对冷端温度造成影响。

按电极材料可分为贵金属热电偶(如铂铑合金)和廉金属热电偶(如铜镍、镍铬合金等)。目前主要用于 500 ℃ 以上的高温温度传感器,其测温原理如图 3-19 所示。

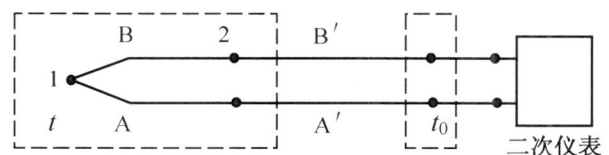

图 3-19　热电偶测温的基本原理

1—工作端(或测量端);2—参考端(温度恒定)

热电偶测温的实质是将热能转换成电能。

(5)示温涂料法

利用某些物质的颜色随温度变化而变化的特性来测量温度,示温涂料法是测量大面积表面温度的简便方法。

2. 非接触式测温

在自然界中,任何高于绝对零度(−273.15 ℃)的物体都会因自身的分子运动不断地产生红外辐射;辐射能量的大小及其波长与物体表面的温度有着密切的关系,即温度不同,辐射的波长组成不同,辐射能的大小也不同。这样就可以利用红外检测手段来监测设备的温度,借此来监控设备的运转状况。

物体温度越高,辐射的电磁波波长越短。反之,温度越低,辐射的电磁波波长越长。一般常用的红外热成像仪工作在 8~14 μm 的波段。

红外测温设备主要由光学系统和红外探测器两部分组成。

光学系统由透镜组成,用于收集处于视场内的红外辐射功率,再把它聚集到探测器的响应平面上;红外镜头与普通光学镜头原理类似,但用的材料是对红外波吸收较小的锗晶体、硅晶体和硫化物玻璃等。

红外探测器是红外测温的敏感器件。它是把入射的红外辐射能转变成相应的电信号。该信号经过放大器和信号处理电路按照仪器内部的算法和目标发射率校正后转变为被测目标的温度值。

红外探测器有多种技术实现方案,包括非制冷型红外焦平面阵列探测器和制冷型红外探测器等。

目前,红外测温的仪器主要有两大类:红外热像仪和红外点温仪。

红外热像仪是在不接触检测目标的情况下,接收物体表面的红外辐射信号,该信号转变成电信号后,再经电子系统处理传至显示屏上,得到与景物表面温度热分布相应的"实时热图像"的仪器。它实际上将景物的不可见热图像转变为可见的图像,使人类的视觉范围扩大到了红外谱段,多用于精密诊断和大范围的检测。

红外点温仪是以黑体辐射定律为依据,通过对被测目标红外辐射能量的测量,经黑体标定,来确定被测目标的温度,在温度的非接触测量手段中最轻便、最直观、最价廉,多用于对小面积进行简易诊断。

红外测温技术的优点是:

(1)非接触式测温,不需要接触到被测温度场的内部或表面,因此,不会干扰被测温度场的状态,测温仪本身也不受温度场的损伤。可以实现对一些高温、高电压、高风险等设备的测量。

(2)测量范围广:一般情况下可测量范围为−50~3 000 ℃。

(3)测温速度快、灵敏(0.01~0.1 ℃),精度高,可进行微小温度场的温度测量和温度分布测量,以及运动物体的温度测量。

(4)以可见的方式实时显示物体的温度分布。

红外测温技术的缺点是:

(1)只限于测量物体外部温度,不方便测量物体内部和存在障碍物时的温度。

(2)测量环境、物体的辐射率、物体与红外热像仪的距离等对测量结果有一定的影响。

红外热成像系统在电力、冶金、安全、军事、医疗、石油化工及交通运输等行业获得了普遍的应用。

第四章

船机失效零件的修复方法

第一节　对船机零件进行修复的意义和前提条件

　　船机零件发生磨损、腐蚀和裂纹等损坏而失效时,其中大部分零件可以采用各种修复工艺使之恢复原有功能重新投入使用。不仅延长了零部件的使用寿命,而且节约了修理费用和时间,提高了船舶机械的营运效益。在修船工作中轮机员需要对各种常用修复工艺、最佳修复工艺的选择和修复质量均应了解,才能确保有效和经济地进行零件修复。本章主要介绍目前国内外先进的、常用的修复工艺。

一、对船机零件进行修复的意义

　　船机零件在使用过程中会产生不同形式和不同程度的损坏。对损坏的船机零件进行修复,不仅可恢复零件的使用功能、延长使用寿命,而且可节约修船费用、提高经济效益。尤其是在没有备件或条件不允许更换备件的情况下,修复零件或现场修复零件对于提高船机设备的可靠性,保证航行安全和提高船舶的营运效益具有十分重要的意义。归纳起来零件修复具有以下几点重要意义:
　　(1)恢复损坏零件的使用功能,延长使用寿命,在缺少备件的情况下应急之需;
　　(2)减少备件量,减少新零件的购置,从而减少闲置资金,有利于生产;
　　(3)促进零件修复工艺和技术的提高。
　　对损坏的船机零件进行修复一般应具备以下几个前提条件:
　　(1)有合适的修复工艺并具备相应的技术条件,在规定的时间内能够修复损坏的零件;
　　(2)零件修复后能够保证足够的强度、刚度和使用安全,恢复(或基本恢复)原有的技术性能;

（3）零件修复后一般要能使用一个修理间隔期,曲轴、艉轴、艉轴铜套等零部件,修复后应能使用到下一次船舶进坞;

（4）在满足上述条件的前提下,如果修复费用不超过新件的制造费用或购买费用的2/3,一般就认为修复零件比制造或购买新零件合算,值得对零件进行修复。

二、常用船机摩擦副零件磨损后的修复原则和标准

船舶机械中有许多相互配合的零件,磨损是其常见的失效形式。如果这些磨损件很贵重（例如:船舶柴油机曲轴、气缸盖、活塞等）,且又有合适的修复工艺;或者磨损件本应该报废,但无备件替换,在这些情况下就应该对磨损件进行修复。

经过使用后,两个相互配合的零件由于磨损,其尺寸、形状和配合间隙等都会发生变化。这些零件被修复后并不一定要求其尺寸、形状和配合间隙都恢复原样。一般要求修复后配合件的形状和配合间隙要恢复到原设计的要求,但尺寸不一定非要恢复到原设计尺寸。因此,相互配合零件磨损后的修复原则有以下两个:

（1）改变尺寸法:改变配合件的原设计配合尺寸,恢复配合件原设计配合间隙值,从而恢复其工作性能。后面讲述的修理尺寸法、尺寸选配法的修复工艺就是基于这个原则。

（2）恢复尺寸法:恢复配合件的原设计配合尺寸,恢复配合件原设计配合间隙值,从而恢复其工作性能。后面讲述的喷焊、电镀、堆焊等修复工艺就是基于这个原则。

对具体的摩擦副零件而言,这两个原则有时候都可以应用。例如:曲轴的磨损修复既可以采用磨削轴颈恢复形状（尺寸减小）,然后根据新的轴颈尺寸配新瓦,即俗称的"减法"来修复;也可以采用先磨削轴颈恢复形状（尺寸减小）,然后再用电镀法恢复轴颈尺寸的方法来修复,即所谓的"恢复尺寸法"。

船机零件常用的磨损极限标准依据主要有:

（1）设备的使用和保养说明书;

（2）船舶所入船级社的检验规程;

（3）相关的国家标准和行业规范;

（4）修、造船企业制订的企业标准等。

三、船机零件修复工艺的选择

1.修复工艺的种类

船机零件修复工艺有许多种类,常用的修复工艺及具体方法如表4-1所示。

表4-1　常用的修复工艺及具体方法

序号	修复工艺	具体方法
1	机械加工	修理尺寸法、恢复尺寸法、尺寸选配法、局部更换法、附加零件法等
2	电镀	有槽电镀（镀铬、镀铁）、电刷镀等
3	热喷涂	喷涂、喷焊（氧炔焰、等离子）等

续表

序号	修复工艺	具体方法
4	堆焊	手工电弧焊、气焊、氩弧焊、埋弧焊、钎焊等
5	研磨	粗研、半精研、精研等
6	手工加工	锉、铲、刮拂、打磨、抛光等
7	成套换修法	成套换修法

2.修复工艺的选择

船舶进厂修理时,根据零件损坏形式合理选择修复工艺是提高修船质量、降低修船费用、加速修船进度、缩短修船时间的有效措施。应根据零件修理的要求和修复工艺的特点全面考虑修复工艺。但是船机零件的修复工艺有许多种,且各有不同的特点和适用性,而需要修复的船机零件的材料、结构、尺寸和修复要求又各不相同,因此,要想科学、合理地选择修复工艺,必须考虑以下几个主要因素:

(1)修复工艺与待修复零件材料的适应性

每一种修复工艺对零件的材料都有一定的适用范围,因此,在修理之前,首先应搞清楚待修零件的材料,然后根据零件的材料选用合适的修复工艺。表 4-2 为常用修复工艺对零件材料的适应性。

(2)修复工艺能够达到的安全修补层的厚度

零件磨损层的厚度不同,修复时所需要的修补层厚度也不同,而每一种修复工艺所能达到的安全修补层厚度也各不相同,因此,应根据待修零件所需要的修补层厚度来选择修复工艺。表 4-3 为几种常用修复工艺的单层安全修补层厚度。

表 4-2　常用修复工艺对零件材料的适应性

序号	修复工艺	低碳钢	中碳钢	高碳钢	结构钢合金	灰口铸铁	不锈钢	铜合金	铝合金
1	镀铬	+	+	+	+	+	−	+	×
2	镀铁	+	+	+	+	+	−	×	×
3	气焊	+	+	−	+	+	×	+	−
4	手工电弧焊	+	+	−	+	−	+	×	×
5	钨极氩弧焊	+	+	−	+	−	+	+	+
6	埋弧焊	+	+	×	+	×	+	×	×
7	CO_2气体保护焊	+	+	×	+	×	×	×	×
8	氧-乙炔钎焊	+	+	+	+	+	+	+	−
9	热喷涂	+	+	−	+	+	+	+	+

注:"+"表示修理效果良好;"−"表示修理效果一般;"×"表示不可使用或一般不使用。

表 4-3 几种常用修复工艺的单层安全修补层厚度

修复工艺	镀铬	镀铁	气焊	手工电弧堆焊	埋弧焊	钎焊	热喷涂	镶套
单层修补层厚度/mm	0.01~0.50	0.1~2.0	0.3~7.0	0.7~4.0	1.0~4.0	0.2~4.0	0.05~4.0	>2.0

（3）零件的结构和尺寸对修复工艺是否有限制

实际零件的结构和尺寸各种各样，某些修复工艺受零件的结构和尺寸限制而无法采用。例如，孔径太小的零件无法进行喷涂，太薄的铸铁零件不能采用金属扣合工艺修复。

（4）修复工艺是否会引起零件变形或改变零件材料的组织与性能

如果采用某种修复工艺修复零件时，零件的温度基本上保持在室温或升高不多的情况下，一般不会引起零件变形和改变零件材料的组织与性能。但有些修复工艺（如喷焊、堆焊工艺）会使零件的整体或局部处于高温，这样就会使零件材料的组织和性能发生变化，并引起零件变形。因此，不允许变形的零件不能采用气焊、手工电弧焊、喷焊等普通的焊接工艺进行修复，除非采用特殊的无变形焊接工艺。

（5）修复工艺是否能保证零件的各种强度和刚度要求

所选的修复工艺应该能保证零件的各种强度和刚度要求。如果有几种工艺都可满足前面的各项要求，那就应该从中选用能获得较高的零件强度、修补层强度、修补层与零件的结合强度的修复工艺。例如，曲轴的主轴颈磨损失效但自身强度还足够的情况下，采用电弧喷涂或低温镀铁（含合金镀铁）工艺都可满足前面的各项要求，但从修补层与零件的结合强度和修补层的自身强度来说，低温镀铁远高于电弧喷涂，所以对曲轴轴颈的磨损应该优先选用低温镀铁工艺进行修复。

第二节　机械加工修复工艺

机械加工修复工艺主要是通过机械加工（有时需要辅助采用镶套等方法）对损坏的船机零件进行修复的工艺。机械加工修复工艺适用于修复因磨损等而失效的船机零件。常用的机械加工修复工艺有：修理尺寸法、恢复尺寸法、尺寸选配法、局部更换法、附加零件法等。

一、修理尺寸法

修理尺寸法是将已经损坏的两个配合件中较贵重或较难制造的那个零件进行机械加工，在保证其强度和刚度的前提下，消除其工作表面的损伤和几何形状误差，使其恢复正确的几何形状并获得新的基本尺寸（即修理尺寸），按照该修理尺寸去制造或购买与之相配合的另一个零件（原有的旧零件报废掉），使二者恢复原设计的配合间隙值。

例如：曲轴主轴颈和与之相配合的轴瓦都发生了磨损超差，在保证主轴颈强度的前提下，采用曲轴磨床磨削主轴颈，消除其工作表面的损伤和几何形状误差，主轴颈恢复了标准形状，但直径变小了;然后按磨削后的主轴颈直径(即修理尺寸)制造或购买加厚的主轴瓦,使二者恢复原设计的轴承间隙。

修理尺寸法采用的是前面所述"相互配合零件磨损后的两项修复原则"中的第一项原则,即"改变零件尺寸,恢复形状和恢复间隙"的原则。此法广泛应用于曲轴轴颈与轴瓦、气缸套与活塞等相互配合零件的修理。

由于采用修理尺寸法修复零件时,要对零件进行机加工,零件的强度和刚度会下降,因此,应对被修零件进行强度校核,如果机加工后零件的强度和刚度达不到要求,则不能采用修理尺寸法进行修理。

"修理尺寸"的确定有两种方法:

1.按"最小加工量"确定"修理尺寸"

"最小加工量"是指为了消除表面损伤和几何形状误差所需从零件上加工掉的最小尺寸,

修理尺寸=被修理零件的实际尺寸-(或+)最小加工量

在上面的公式中,对于轴类零件:取"-";对于孔类零件:取"+"。

这种确定修理尺寸的方法具有以下特点:被修理零件无"过量加工损耗",因此,零件保留下来的强度和刚度较大,但缺点是经修理后的零件尺寸凌乱、失去了互换性,订购、制造与之相配合的零件困难,只适用于单件修理,此种方法在实际工作中应用较少。

2.按"分级修理的尺寸级别"确定"修理尺寸"

此种方法是在消除零件表面损伤和几何形状误差的基础上,将零件按预先规定的分级修理的尺寸级别进行加工,从而获得修理尺寸。

一般来讲,零件按规定好的分级修理尺寸进行加工,对零件进行的加工余量可能不是最小的加工余量。配合件之一可以按相应的分级修理尺寸预先制造好,直接选用,无须单件制造。

例如:一根曲轴,全新时,主轴颈的直径 $D=300$ mm,工作一定时间后,磨损超差。规定:第一次整圆修理尺寸为:299.75 mm;第二次整圆修理尺寸为:299.50 mm;第三次整圆修理尺寸为:299.25 mm……(分级尺寸一般为等差数列)。

按"分级修理的尺寸级别"确定了较贵重或较难制造的那个零件(如曲轴)的修理尺寸后,与之相配合的另一个零件(如轴瓦)也应按规定的分级修理尺寸制造。例如:曲轴轴瓦按分级修理的规定制作("加厚瓦"),每隔0.25 mm(直径差)为一个加厚级别,根据轴颈的"修理尺寸"选用。

按"分级修理级别"确定"修理尺寸"的特点是:容易订购与之相配合的零件,此种方法既适合于单件修理,也适合于批量修理,修理所需的时间较短,在实际工作中应用较多。适用于曲轴轴颈、气缸套、活塞等零件的修理。但此种方法的缺点是被修理零件有过量加工损耗(加工量可能不是所需的最小加工量),零件的强度和刚度有一定损失。

二、恢复尺寸法

恢复尺寸法是对已损坏的两个配合件中较贵重或较难制造的那个零件进行机械加工,在保证其强度和刚度的前提下,消除其工作表面的损伤和几何形状误差,然后采用镀铁、镀铬、电刷镀、堆焊、喷焊等工艺增大零件的尺寸,最后再进行机械加工使其恢复原设计的尺寸和形状。

与之相配合的零件应按照原设计尺寸去制造或购买,使二者恢复原设计的配合间隙值。

例如,曲轴主轴颈和与之相配合的轴瓦都发生了磨损超差损坏,在保证主轴颈强度的前提下,采用曲轴磨床磨削主轴颈,消除其工作表面的损伤和几何形状误差,然后采用镀铁工艺增大主轴颈的尺寸,最后再磨削主轴颈使其恢复原设计尺寸和形状,制造或购买符合原标准尺寸的主轴瓦与之相配合,使二者恢复原设计的配合间隙值。

恢复尺寸法符合前面所述"相互配合零件磨损后的两项修复原则"中的第二项修复原则,即"恢复零件尺寸,恢复形状和恢复间隙"的原则。此种方法既适合于单件修理,也适合于批量修理。

三、尺寸选配法

尺寸选配法是收集许多套相同型号(或相同规格)、尺寸超差的(孔/轴类)配合件,分别进行机械加工,消除配合表面的损伤和几何形状误差后,再按原设计要求的配合间隙值重新组合配对,组成若干套具有不同基本尺寸,但配合间隙符合原设计要求的配合件,使零件得以修复。

"尺寸选配法"常用于修理那些原始基本尺寸各不相同、磨损量又极小的精密配合件,例如:精密偶件(喷油泵的柱塞−套筒、喷油器的针阀−阀座)的修理。相同规格柴油机的精密偶件原始基本尺寸一般相差 $0.01 \sim 0.03$ mm,而磨损量极限值仅为 $0.002 \sim 0.004$ mm,在经过机械加工后,才有可能按原设计要求的配合间隙值重新配合成对。而对于一般的普通配合件,尺寸选配法是不适用的。因为相同规格的普通配合件原始尺寸相差不大,使用后磨损量又较大,经过机械加工后,配合件中所有孔类零件都变大了,所有的轴类零件都变小了,因此,不论收集多少配合件,都无法组成符合原设计配合间隙的配合件。

尺寸选配法也是符合前面所述"相互配合零件磨损后的两项修复原则"中的第一项修复原则,即"改变零件尺寸,恢复形状和恢复间隙"的原则。

此种方法的特点是:简单、方便、经济、快捷;收集的被修理件越多,越容易配合成对,且只能使一部分被修理件重新投入使用;修理后,各对配合件具有不同的基本尺寸,不可互换。

四、局部更换法

局部更换法是指当贵重的、尺寸较大的零件只是局部损坏时,在保证强度的前提下,通过机械加工,除去损坏部位的部分材料,然后制作一个与机械加工部位缺失材料部分的形状和尺寸完全相同的新部件,并采用适当的方法(如焊接或其他方法)将其与零件的余留部分结合在一起。

例如:铸钢活塞的顶部被烧蚀或出现了严重的裂纹,先将整个顶部割除,然后将割除的部分用同样的材料制造一个新顶,用焊接法将其与剩余部分连接在一起,焊接后进行必要的加工,达到使用要求,如图4-1所示。

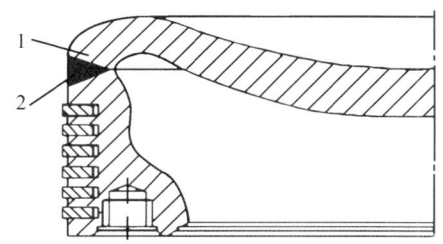

图 4-1　活塞顶的局部更换

1—新活塞顶;2—焊缝

五、附加零件法

附加零件法是当零件局部磨损后(如艉轴工作轴颈),如果在损坏部位额外装配一个零件不会影响零件的正常工作,则可在损坏处另附加一个零件,并采用适当的方法将其固定(如采用过盈配合套合一钢套),使零件恢复原有功能的方法。

衬套与被修理件的配合须为过盈配合;钢衬套的厚度一般为 2~2.5 mm,铸铁衬套厚度一般为 4~5 mm,以保证足够的刚度,且材料要尽量相同。

例如:气缸盖上的气阀阀杆的导孔磨损严重或有穿透性裂纹时,如果没有气缸盖备件,可以通过镗削加工将导孔扩大,制作一个铸铁衬套,其外径与扩大了的导孔相吻合,其内孔与阀杆直径相吻合,在底面加一个紫铜垫片(起密封作用),圆周面涂上胶黏剂,将衬套过盈镶嵌进去。这样衬套的外圆柱面可密封住裂纹,衬套内孔能与气阀阀杆形成良好的配合,气缸盖可恢复使用性能。修复后的零件如图 4-2 所示。

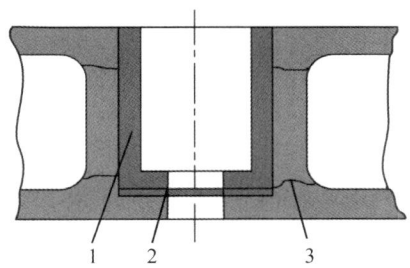

图 4-2　气缸盖阀孔裂纹镶套修理

1—衬套;2—紫铜垫片;3—裂纹

六、成套换修

为了缩短修理周期,将损坏零件(或组件)连同整台机械一起拆下,换上完好的同型号机械。换下的机械经修理后可作为备件。这种修理方法适用于同类机型较多的船舶的修理。

例如:高压油泵中的精密偶件损坏后,将整台高压油泵更换,换下的油泵待精密偶件修复(或换新)后作为备件使用。

第三节　电镀修复技术

电镀工艺是利用电解原理在金属或非金属零件表面上镀覆一层金属或合金的工艺过程。它是一种修复工艺,也是一种强化工艺。可以修复磨损严重的零件使之恢复原设计尺寸和改善零件工作表面的性能,如提高耐磨性、耐蚀性等。电镀工艺广泛应用于修船,如:柴油机曲轴镀铁、活塞环槽和气缸套镀铬等。近年来随着电刷镀(即无槽电镀)的推广应用,进一步扩大了电镀工艺在修船领域中的应用。在船机零件的修复工作中,常采用镀铬和镀铁来修复或强化零件工作表面。

一、电镀工艺

电镀分为有槽电镀和无槽电镀(电刷镀)。有槽电镀是以被镀零件作为阴极,欲镀金属作为阳极,并使阳极的形状符合零件待镀表面的形状。电镀槽一般采用不溶金属或非金属,如铅、铅锑合金、塑料等。电解液是所镀金属离子的盐溶液。

电镀使用直流电源。电镀时,阳极金属失去电子变为离子溶于电解液中,即发生氧化反应;阴极附近的离子获得电子而沉积在零件表面,即发生还原反应。根据电镀质量、镀层厚度等的不同,电镀时所选用的电流密度、电解液的温度、电镀时间等工艺参数不同。同时,待镀物体的几何形状和轮廓会影响沉积层的厚度。一般来说,具有尖锐边角特征的物体,其外角处的沉积层往往较厚,而凹陷区域的沉积层则较薄。造成这种沉积层厚度差异的原因是,直流电流在尖锐边缘处更为密集,而在较难触及的凹陷区域则较少,即电流分布是不均匀的。严格控制电镀工艺参数是获得优良镀层的关键。目前船机零件常选用镀铬和镀铁来修复或强化零件工作表面。

具体的电镀工艺有许多种,每一种工艺都有其特点,而各种电镀工艺共有的基本特点是:

(1)由于正常电镀时最高温度都不会超过 70 ℃,因此,电镀不会改变零件基体材料的组织和性能,一般不会造成零件基体变形或产生裂纹。

(2)电镀虽然可以增大零件的尺寸,但一般不能增加零件的承载能力(镀层不参与强度计算),而且有时还会降低零件的疲劳强度。

(3)电镀液都有不同程度的毒性,对人体和环境有一定危害。

二、镀铬

镀铬时,零件作为阴极,采用铅锑合金作阳极,用铬酐(CrO_3)和硫酸(H_2SO_4)制成电解液盛于电镀槽中进行电镀。

1.镀铬工艺的基本步骤

(1)镀前准备工作:首先对零件被镀表面进行机械加工,消除表面损伤并使其具有正确的几何形状;清除被镀表面的油污和铁锈,以提高镀层与零件表面的结合强度,这是决定镀铬质量的重要环节;将不需要镀铬的表面包扎上绝缘材料。

（2）配制、调整电镀液。

（3）镀铬:采用规范的操作方法和合适的工艺参数进行镀铬。

镀铬液的配方及工艺条件如表4-4所示。

表 4-4　镀铬液的配方及工艺条件

溶液组成及操作条件		防护装饰性镀铬	镀硬铬
质量浓度/(g/L)	铬酐	250~400	240
	硫酸	2.5~4.0	1.2
	氟硅酸	—	2.25
操作条件	温度/℃	50~55	50~60
	电流密度/(A·dm⁻²)	15~30	15~60

（4）电镀后的除氢处理:对于重要的零件,尤其是对氢脆敏感的零件材料,镀铬后应进行除氢热处理,消除镀层的内应力,提高镀层与零件表面的结合强度,并防止零件产生氢脆断裂。除氢热处理一般是将镀铬件加热到 200 ℃左右,保温 2~3 h。

（5）镀铬表面的机械加工:镀铬表面一般宜采用磨削加工来达到要求的尺寸精度和形状精度,如果采用车削、铣削或刨削很容易造成镀铬层剥落。

2.镀铬工艺的主要特点

（1）镀铬是在低温 55~65 ℃范围内进行的,对零件材料的组织和性能（包括热处理状态）无任何影响,不会产生变形、开裂等缺陷。

（2）镀铬层与零件基体金属的结合强度高,甚至超过本身晶间结合强度,这与零件镀前准备工作质量密切相关。

（3）镀铬层的硬度和强度高;铬层的硬度一般可达 HV400~1 200,加热到 300~500℃时铬层硬度几乎不变。铬层的强度随其厚度变化,镀层越薄强度越高,镀层厚度为 0.1 mm 时,$\sigma_b = 500~600$ MPa,当铬层厚度增至 0.5 mm 时,$\sigma_b = 160~300$ MPa。镀铬过程中晶体组织转化和氢气渗入使铬层产生很大内应力,导致镀层脆性增加,且脆性随厚度增加而增大。因此,铬层的允许厚度一般为 0.1~0.25 mm,一般控制在 0.5 mm 以内。

（4）镀铬层具有很高的化学稳定性,在大气中能够长时间保持光泽。

（5）铬层的硬度高,摩擦系数小,具有较高的耐磨性,可使零件的耐磨性提高 2~50 倍。

（6）铬的沉积速度较慢,生产效率低而成本高。镀铬过程中有大量气体逸出,带出铬酸,危害人体皮肤、眼睛和呼吸道,所以镀铬车间必须通风良好。

3. 耐磨镀铬层的种类

耐磨镀铬层是用于提高零件表面耐磨性,延长使用寿命和用于修复磨损、腐蚀的零件;按铬层结构分为两种:

（1）硬质镀铬层

铬层硬度高,耐磨性好,具有一定的韧性。硬质镀铬层由于镀层本身储存润滑油能力差,所以适用于润滑条件较好、承受负荷不大的零件表面。新造零件镀层厚度一般控制在 0.15~

0.25 mm 之间；修复零件镀层厚度一般不超过 0.5 mm。硬质镀铬广泛应用于修船中，如：修复柴油机、压缩机的曲轴和高压油泵柱塞等。一般仅对配合件之一镀铬。

（2）松孔镀铬层

铬层表面呈网状沟纹或多孔状，能够储存润滑油。当零件工作时，如果供油不足，润滑油会从零件表面镀层孔隙中流出分布在工作表面，从而改善润滑条件，降低零件的磨损。

松孔镀铬层的耐磨性取决于网纹的密度、深度和宽度。网纹的形成方法有：机械松孔法，即预先在被镀表面上用机械方法（如铣削、喷丸或滚压）形成小孔或凹坑，然后再镀铬；周期换向松孔法，在镀铬过程中每镀 15 min 后将阴、阳极进行短时间交换，实施阴极处理后再继续镀铬。

松孔镀铬层适用于润滑不良、承受较大负荷的零件。一般用来提高这种工作条件下零件的耐磨性。柴油机气缸套松孔镀铬层厚度一般为 0.15~0.25 mm，活塞环一般为 0.10~0.15 mm。表 4-5 和表 4-6 分别为柴油机气缸套和活塞环松孔镀铬层厚度选择。

表 4-5 柴油机气缸套松孔镀铬层厚度选择

气缸直径/mm	铬层总厚度/mm	
	柴油机转速>500 r/min	柴油机转速≤500 r/min
≤100	<0.30	—
100~200	0.30~0.40	0.35~0.45
200~300	0.40~0.50	0.45~0.55
300~400	0.50~0.60	0.55~0.65
400~500	—	0.65~0.75
500~600	—	0.75~0.85

注：铬层总厚度为气缸直径方向上铬层厚度之和。

表 4-6 柴油机活塞环松孔镀铬层厚度选择

活塞环直径/mm	单面铬层厚度/mm	铬层径向偏差/mm
45~90	0.10~0.14	≤0.04
90~185	0.14~0.18	≤0.04
185~350	0.18~0.25	≤0.04

三、镀铁

镀铁层的化学成分相当于工业纯铁，但由于其具有特殊的金相组织和结构，其硬度和耐磨性却远远高于工业纯铁，并优于低碳钢。镀铁普遍用于修复因磨损而失效的各种轴类零件，例如：曲轴、直轴、活塞杆等。

根据电解液的不同，镀铁主要分为氯化亚铁镀铁和硫酸亚铁镀铁。根据镀铁时电解液温度的高低，镀铁又可分为高温镀铁和低温镀铁。高温镀铁时电解液的温度为 65~105 ℃，低温镀铁时电解液的温度为 25~55 ℃。过去镀铁都采用直流高温（90 ℃以上），获得的镀铁层内应力小、韧性好、与基体结合强度高，但硬度低、耐磨性差，不宜作为修复层使用。当镀液温度低于 50 ℃时,镀层晶粒细小、硬度高,但由于含氢量高、内应力大,使得镀层脆性大,容易剥落。目前生产中广泛采用的是工艺上进行了许多改进的(不对称交流–直流)氯化亚铁溶液低温镀铁工艺。

采用氯化亚铁水溶液作为电解液,以工业纯铁或低碳钢板作阳极,零件作阴极。一般工业用正弦波交流电,它由两个大小相等、方向相反的半波组成。电镀时采用此种交流电,一个半波使零件呈阴极极性沉积镀层,另一半波则使零件呈阳极极性把镀层(甚至基体)电解除掉,因此,对称交流电不能进行电镀(不形成电镀层)。不对称交流电是使两个半波不等,较大半波进行电镀获得镀层,较小半波电解镀层,沉积的镀层总比电解掉得多。所以,在开始镀前 10~20 min 内,采用不对称交流电起镀,可以使镀层晶粒细小均匀、表面较平滑、内应力较相同电流密度下的直流电镀层小,结合强度也较直流电镀层高得多(结合强度可达 450 MPa),镀层不易脱落。起镀时应满足 $J_{有效}$ 和 β 为一定值的条件。

正、负半波电流密度之差,称为有效电流密度 $J_{有效}$,即

$$J_{有效} = J_{正} - J_{负}$$

式中:$J_{正}$——正半波电流密度,A/dm^2;

$J_{负}$——负半波电流密度,A/dm^2。

正、负半波电流密度之比称为不对称比 β,即

$$\beta = \frac{J_{正}}{J_{负}}$$

当 $\beta=1$ 时,为对称交流;当 $\beta=\infty$ 时,为直流;$1<\beta<\infty$ 时,为不对称交流。

采用不对称交流电镀铁,在正半波时,发生 Fe 的沉积;在负半波时,镀件变成阳极,一部分铁和渗入或即将渗入镀层的氢发生反应而溶解。

$$Fe-2e^- \rightarrow Fe^{2+}$$

$$2H-2e^- \rightarrow 2H^+$$

由于正半波电流大于负半波电流,故沉积的铁会越来越多,当 $J_{正}$ 不变,在 $1<\beta\leqslant1.3$ 时,获得较小内应力的镀层;随着 β 的增加,镀层硬度不断增加,当 β 达 6~8 时,镀层的内应力和硬度均增大;当 $\beta>8$ 时,镀层的硬度不再增加。

在电镀起镀时,一般让 $\beta=1.3$,采用正半波电流密度 $J_{正}=8\sim10\ A/dm^2$、负半波电流密度 $J_{负}=7\sim9\ A/dm^2$。起镀温度 35~40 ℃,时间 5~10 min。

过渡镀:固定正半波电流,逐步降低负半波电流,使 β 值缓慢增大,使应力与硬度均匀增加,以防内应力骤然增加造成镀层内脱层,4~5 min 内增至 8~10 后,停留 2~3 min,即可转入直流电镀。整个过渡阶段控制在 10~15 min。

过渡镀后,在不断电的情况下把交流电转为直流电进行电镀。电流密度一般为 $J_{值}=20\sim30\ A/dm^2$。最后进行热处理和机械加工等镀后处理。

1.低温镀铁工艺的基本操作步骤

(1)镀前准备工作和配制、调整电镀液:镀铁的镀前准备工作与镀铬相似,需要除油、除锈,镀前零件表面的处理质量是决定镀铁质量的重要环节。低温镀铁液的配方及规范如表4-7所示。

表 4-7　低温镀铁液的配方及规范

电解液的主要成分及规范	镀层硬度(HRC)		
	30~35	50~52	60~62
$FeCl_2 \cdot 4H_2O$/(g/L)	400~460	400~460	250
$MnCl_2 \cdot 4H_2O$/(g/L)	60	60	—
HCl/(g/L)	2	1.5	1.5~2
$NiCl_2 \cdot 6H_2O$/(g/L)	—	—	50
Na_2HPO_2/(g/L)	—	—	1.5~2
温度(℃)	80~85	65~80	65~80
电流密度(A/dm²)	10~15	10~40	20~30

(2)阳极刻蚀处理或对称交流电活化处理:阳极刻蚀处理是零件镀铁前的一道工序,即在阳极刻蚀槽中装入含30%的稀硫酸电解液(温度:25~30 ℃),以铅板作阴极、零件作阳极,通以直流电,采用电解的方法除去零件表面的氧化膜,并粗化表面以提高镀层的结合力,同时形成钝化膜,保护干净的零件表面不易被氧化。阳极刻蚀处理效果的好坏直接影响到镀铁层的结合强度。由于阳极刻蚀处理后要立即冲洗掉零件表面的残酸,这不仅污染环境,而且如果残酸冲洗不净带入镀铁槽中还会降低镀铁质量。这层钝化膜在后来的镀铁起镀时要在镀铁槽中被除掉(具体操作时是把经过预处理的工件放入镀铁液中,先不通电,静放 0.5~5 min,使工件预热,溶解钝化膜)。

进入 20 世纪 80 年代后,为了克服阳极刻蚀处理的缺点和简化工艺,董玉华先生研究出了一种无阳极刻蚀的镀铁工艺(简称"无刻蚀镀铁工艺"),并成功地应用于机械零件如曲轴、轴类以及平面类零件的修复,镀层与基体结合牢固,镀铁层的结合强度可达 360 MPa 以上。在各种铁基材料(包括碳素钢、铸铁、铸钢、合金钢)上施镀,均能取得稳定可靠的镀层。

无刻蚀镀铁工艺是以 Fe^{2+} 为主,在经过电化学活化处理呈现微融活化态的钢铁零件表面上沉积,形成金属键结合与微晶结构的高强度的镀铁层。

无刻蚀镀铁工艺过程是:零件在镀前的表面活化处理是采用盐酸水浸洗的方法,腐蚀除去零件待镀表面的氧化膜,中和去除碱性水膜,形成酸性水膜。然后将零件放入电镀槽中,先进行对称交流电活化处理,再进行不对称交流电起镀和过渡镀。与刻蚀镀铁相比较,无刻蚀镀铁工艺省去了镀前的硫酸阳极刻蚀处理,减少了工序,简化了工艺,节省了设备和降低了污染,从而保证了镀铁的质量,降低了成本。无刻蚀镀铁的镀层结合强度高、耐磨性更好,质量稳定可靠,成品率高。这标志着国内的镀铁技术已发展到稳定可靠的实用阶段,使镀铁工艺有了新的发展。

(3)镀铁:采用规范的操作方法和合适的工艺参数进行不对称交流电起镀、不对称交流电过渡镀和直流镀铁。

(4)镀铁后的机械加工:由于镀铁层的硬度较高,因此,镀铁后的机械加工一般采用磨削加工来达到要求的尺寸精度和形状精度。

2.低温镀铁工艺的主要特点

(1)具备前面所述的电镀工艺基本特点。

（2）镀铁层的硬度高,耐磨性好,但低于硬质镀铬层的硬度和耐磨性,镀铁层的硬度一般在 HRC 50~58 之间。

（3）镀铁层与基体的结合强度高,可达 200 MPa 以上,高于镀铬层的结合强度。

（4）镀铁的沉积速度快,生产率高;镀厚能力强,单层镀层厚度可达 2 mm。

（5）镀铁层不耐腐蚀,不能用作防腐蚀镀层,但可用作镀锌层、镀铬层的底层,或用作修复性镀层。

（6）电解液容易配制,工艺简单,生产成本低。

（7）有害气体少,对环境污染小。

四、电刷镀

1.电刷镀技术

电刷镀又称快速电镀、涂镀,是特种电镀之一,属于无槽电镀工艺。它始于 20 世纪 50 年代美国的一种修复电镀废品的镀覆技术,20 世纪 70 年代被广泛用于飞机、船舶、机车、电子、机械、化工等行业的修补。

电刷镀也是基于电解原理在零件工作表面上快速沉积金属形成镀层的工艺。刷镀不需电镀槽,只需将零件与直流电源的负极相接,镀笔与正极相接。刷镀时,将蘸满电镀液的镀笔在零件表面上移动,即用镀笔涂刷零件工作表面,在电场作用下,电镀液中的金属离子向零件表面迁移,并从表面获得电子后沉积其上形成镀层。所以,电刷镀是一种设备和工艺大为简化的电镀,其装置示意图如图 4-3 所示。

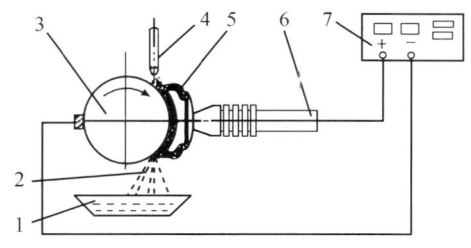

图 4-3　电刷镀装置示意图

1—集液器;2—刷镀液;3—零件;4—输液管;5—镀笔阳极和包套;6—镀笔绝缘手柄;7—电刷镀电源

2.电刷镀设备

电刷镀设备主要由专用直流电源、镀笔及供液、集液装置组成。

（1）专用直流电源

电刷镀专用直流电源不同于其他种类电镀使用的电源,由整流电路、正负极性转换装置、过载保护电路及安培计(或镀层厚度计)等几部分组成。

最近的研究表明:采用脉冲电源电刷镀比单纯用直流电源的镀层有更好的致密性。

（2）镀笔

镀笔是电刷镀的重要工具,主要由阳极、绝缘手柄和散热装置组成,根据需要电刷镀的零件大小与尺寸的不同,可以选用不同类型的镀笔。

阳极需用脱脂棉花和针织套进行包裹,以储存刷镀用的溶液(包括电镀液、酸洗液及脱脂

87

液），防止阳极与被镀件直接接触，过滤阳极表面所溶下的石墨粒子。

（3）供液、集液装置

刷镀时，根据被镀零件的大小，可以采用不同的方式给镀笔供液，如蘸取式、浇淋式和泵液式，关键是要连续供液，以保证金属离子的电沉积能正常进行。流淌下来的镀液一般采用塑料桶、塑料盘等容器收集，以供循环使用。

3.电刷镀溶液

电刷镀所用的溶液品种很多，根据其作用可分为四大类：预处理溶液、电刷镀溶液、钝化液和退镀液。

（1）预处理溶液

预处理溶液包括电净液和活化液。电净液的作用是用电化学方法去除被镀零件表面的油污和杂质，电净液一般为无色透明的碱性溶液。活化液的作用是用化学腐蚀和电解腐蚀的方法，去除被镀零件表面的氧化膜和锈斑，使其露出金属本身组织，为镀层与基体金属的结合创造条件，活化液一般为无色透明的酸性溶液。

（2）电刷镀溶液

电刷镀使用的金属镀液很多，根据获得镀层的化学成分可分为三类：单金属镀液、合金镀液和复合金属镀液。

与有槽电镀溶液相比，电刷镀溶液具有以下特点：金属离子含量高、导电性好；大多数溶液是金属络合物水溶液；镀液在工作过程中性能稳定，金属离子浓度和溶液的 pH 值变化不大；镀液的分散能力和覆盖能力较好；镀液无毒、不燃、无爆、腐蚀性小；添加剂种类少、用量少；镀液由专业厂生产，可长期存放。

（3）钝化液和退镀液

钝化液用于在铝、锌、铬等金属表面生成能提高金属表面耐蚀性的钝态氧化膜的溶液。常用的有铬酸盐、硫酸盐及磷酸盐等的溶液。

退镀液用于退除镀件表面不合格镀层、多余镀层的溶液。退镀一般是采用电化学的方法进行，在反向电流（镀件接正极）下操作。退镀液的品种较多，成分较为复杂，主要由不同的酸类、碱类、盐类、金属缓蚀剂、缓冲剂和氧化剂等组成。使用时应注意防止退镀液对基体的过度腐蚀。

4.电刷镀工艺

电刷镀一般工艺过程主要包括镀前预处理、镀件刷镀和刷镀后处理三大部分，每个部分又包含几道工序。在操作过程中，每道工序完毕后需立即将镀件冲洗干净。

（1）镀前预处理

①电净处理

电净处理就是槽镀工艺中的电解脱脂。刷镀中对任何基体金属都用同样的脱脂溶液，只是不同的基体金属所要求的电压和脱脂时间不一样。电净处理时一般采用正向电流（镀件接负极），对有色金属和对氢脆特别敏感的超高强度钢，采用反向电流（镀件接正极）。一般电压为 $8 \sim 12$ V、相对运动速度为 $0.5 \sim 3$ m/s，时间为 1 min。电净后的表面应无油迹，对水润湿良好，不挂水珠。

②活化处理

活化处理用以去除镀件在脱脂后可能形成的氧化膜并使镀件表面受到轻微刻蚀而呈现出金属的结晶组织,确保金属离子能在新鲜的基体表面上还原并与基体牢固结合,形成结合强度良好的镀层。活化时,一般采用阳极活化(镀笔接负极、镀件接正极),一般电压为 8~12 V。活化后用水冲洗。

(2)镀件刷镀

①打底层

由于一些镀层不能直接沉积在钢铁上(或结合强度太低),故对一些特殊镀种在刷镀前先刷镀一层打底层作为过渡层,厚度一般为 0.01~0.02 mm。常用的打底层刷镀液主要有:特殊镍或钴镀液、碱铜镀液、低氢脆镉镀液等。

②刷镀尺寸镀层和工作镀层

由于单一镀层过厚会产生裂纹或自然脱落,所以,一般单一镀层不能超过 0.03~0.05 mm 的安全厚度,快速镀镍(或铜)不能超过 0.3~0.5 mm 的安全厚度。如果待刷镀零件的磨损量较大,则需要先刷镀"尺寸镀层"来增大尺寸,甚至用不同的镀层交替叠加,最后才镀一层满足表面工作要求的工作镀层。由于工作镀层是最终的工作层,它要满足工作要求(机械性能要求、物理化学性能要求等)。需要根据镀层的性能要求选择合适的刷镀液。例如:用于耐磨的表面,工作镀层可以选择镍、镍-钴和钴-钨合金镀液;用于耐蚀的表面,可以选择镍、锌等刷镀液。一般工作电压为 6~15 V,相对运动速度为 0.1~0.3 m/s,刷镀层的沉积速度为 1~10 μm/min。

(3)刷镀后处理

刷镀结束后要立即进行镀后处理,采取必要的保护方法(如烘干、打磨、抛光等)清除镀件表面的残留物(如水迹、残留镀液痕迹等)。

5.电刷镀工艺特点

(1)具备前面所述的各种电镀工艺所共有的基本特点。

(2)设备简单,不需镀槽。电刷镀取消了电镀槽,扩大了应用范围,取消了对零件尺寸的限制,大小件均可镀,尤其是难拆卸和难运输的大型零件可原地刷镀修复。

(3)简化了电镀工艺。零件上不需镀的部位不需包扎绝缘,节省材料和辅助工时。

(4)镀层与零件表面结合强度高。由于电刷镀镀层是在电、化学和机械(镀笔与零件表面摩擦)的共同作用下沉积在彻底清洁的零件表面上,因此结合强度高。

(5)镀层厚度可以精确控制,并可实施均匀或不均匀镀层的电镀,即在同一零件上刷镀出不同厚度的镀层。镀后一般不需加工,可直接使用。

(6)镀层沉积速度快,生产率高。电镀液的离子浓度高,电刷镀时零件与镀笔相对运动均有利于镀层的沉积,比有槽电镀的沉积速度快 5 倍以上。

(7)电镀液温度低,对零件无影响,不会产生变形和裂纹等。一般电刷镀液的温度约为 50 ℃。

(8)污染小,操作方便,工艺灵活,适用材料广泛。常用的金属材料均可采用此项技术修复。

6. 电刷镀的应用

目前我国修船业已普遍采用电刷镀修复船机零件。可修复磨损、腐蚀和机械加工超差的零件,例如修复活塞杆、增压器转子轴、电机转子轴、水泵轴和艉轴衬套等。某船厂采用电刷镀修复因加工不慎超差 0.18 mm 的直径为 720~800 mm、长 5 m 的艉轴铜衬套,仅用半天时间完成,不仅节省工时、材料和费用,而且挽救了零件,保证船舶如期下水。

第四节　热喷涂修复技术

热喷涂(简称喷涂)工艺是利用某种热源(如气体、液体燃料、电弧、等离子弧、激光等)将丝状或粉末状的喷涂材料(如金属、合金、金属陶瓷、氧化物、碳化物、塑料以及它们的复合材料等)加热至熔化或半熔化状态,同时利用高速气流使喷涂材料雾化,然后喷射、沉积到经过预处理的零件表面,堆积而形成具有特殊性能的表面涂层的方法。热喷涂工艺既是一种表面强化工艺,也是一种修复工艺。作为强化工艺,其可以根据工作需要在零件表面喷涂各种不同材料,使之分别具有耐磨、耐腐蚀、抗高温氧化等性能。作为修复工艺,其可以修复磨损、腐蚀等损伤零件的表面,恢复其原有尺寸,延长零件使用寿命。

一、热喷涂原理

1.热喷涂层的形成过程

在热喷涂层的形成过程中,喷涂材料要经历四个阶段:①加热、熔化阶段;②雾化、加速阶段;③飞行阶段;④撞击、变形、凝固、堆积阶段。在前三个阶段形成的无数熔化(半熔化)的微小熔滴在最后一个阶段猛烈地撞击到零件表面,在撞击的瞬间,熔滴在微观上凸凹不平的零件表面产生变形并迅速凝固,呈扁平状薄片堆积在零件表面,有一小部分喷涂材料在撞击后产生反弹而散失。随着喷涂的进行,无数扁平状薄片相互重叠地堆积在一起,形成了涂层。由于在喷涂过程中,熔化(半熔化)的微小熔滴在高温下要与周围的气体产生氧化反应,因此,每个扁平状薄片都有表面氧化物;同时喷涂层中还会存在部分孔隙(孔隙率一般在 4%～20%之间)。因此,喷涂层的结构是由无数个有表面氧化物的扁平状薄片相互重叠堆积而成的、夹杂着部分孔隙的层片状结构。

2.喷涂层结合机理

涂层的结合包括涂层与零件基体表面的结合和涂层内部的结合。涂层与基体表面的结合强度称为结合力;涂层内部的结合强度称为内聚力。涂层与基体的结合机理主要有以下三种:

(1)机械结合

喷涂时,高速飞行的喷涂材料熔滴撞击在经过粗化处理的零件表面后产生变形、凝固和收缩,与微观凸凹不平的基体材料形成镶嵌、填补、钉扎、咬合等作用,形成机械结合。机械结合的结合强度主要取决于熔滴的运动速度和零件表面的粗糙程度,熔滴的运动速度越快,表面越粗糙,机械结合的结合强度越大。

（2）物理-化学结合

它是由范德华力（涂层与基材紧密接触所产生的分子间的吸引力）和化学键力（涂层与基材之间的原子距离达到原子晶格常数的数值时，所形成的化学键结合力）所产生的结合。

（3）冶金结合

冶金结合只可能存在于若干个极小的显微区域。

目前人们普遍认为，无论采用何种喷涂方法所获得的喷涂层，可能是以上三种结合机理同时存在，但都是以机械结合机理为主。由于机械结合的结合强度主要取决于熔滴的运动速度，因此，喷涂层的结合强度也主要取决于熔滴的运动速度。在实际喷涂工作中，人们总是想方设法提高喷涂气流和熔滴的速度，就是为了提高喷涂层的结合强度和致密度。

二、热喷涂工艺的基本操作过程

具体的热喷涂工艺有许多种，但其基本工艺操作过程都大致相同。

1.零件表面的预处理

（1）对零件表面进行凹切

对零件表面进行凹切的目的是消除表面损伤和几何形状误差并容纳喷涂层，凹切的深度为最小涂层厚度。如原来有喷涂层，必须全部加工掉。

（2）清洁

除去表面油污、锈蚀、漆皮等。

（3）粗化

基体表面的粗化是增强喷涂层与零件表面的结合强度的主要方法。常用的粗化方法有：喷砂法（喷砂表面粗化完成后，工件表面要保持清洁，并在 2 h 内转入喷涂工序）；机械加工法（对轴、套类零件表面可采用挑扣、拉毛、开槽、车螺纹或滚花等简便切削加工的方法使零件表面变粗糙）；化学腐蚀法（对基体表面进行化学腐蚀，形成粗糙的表面）；电弧法（又称电火花拉毛法。将直径比较细的镍丝或铝丝作为电极，在电弧作用下，电极材料与基体表面局部熔合，产生粗糙的表面，适用于硬度高的基体表面的粗化）。

（4）与喷涂部位相邻的非喷涂表面进行隔离保护

在喷砂和喷涂前，必须对基体的非喷涂表面进行保护。

2.基体表面预热

基体表面预热的目的是除去零件表面的潮气，涂层与基体表面的温差会使涂层产生收缩应力，通过对表面预热，可以降低涂层的收缩应力，防止涂层产生裂纹。一般预热温度为 200～300 ℃。

3.喷过渡层

为了增加喷涂层与零件基体的结合强度和保护零件表面在喷涂时不产生氧化，需要在喷涂工作层前，先喷涂一层打底的涂层，称作过渡层。过渡层与零件基体的结合强度较高、膨胀系数介于零件基体和表面工作涂层之间。常用的过渡层材料有：镍包铝、铝包镍、镍铬合金、镍铬铝合金。有时此工序可以被省略。

4.喷工作层

根据零件表面的工况要求,选用合适的喷涂材料形成喷涂工作层。

5.喷涂后的热处理

热喷涂后,工件因温升不高,一般可直接空冷。对于细长、薄壁等零件,为了防止变形,可采取缓冷或低温退火方法。同时缓冷或低温退火也有助于防止喷涂层出现裂纹或剥落。

6.喷涂层的封孔处理

由于喷涂层存在一定的孔隙,因此,在某些情况下,尤其是耐腐蚀涂层,应采用封孔剂(如乙烯树脂、酚醛树脂、煤焦油环氧树脂、铝硅树脂等)对喷涂层进行封孔处理,以防止腐蚀介质渗入。

7.喷涂后的机械加工

喷涂层车削容易剥落,最好采用磨削加工。在某些情况下,也可不加工而直接使用。

三、热喷涂工艺的主要特点

(1)适合热喷涂的零件基体材料范围广。几乎各种金属或非金属材料都可以进行喷涂。

(2)可供热喷涂的材料范围广。热喷涂材料可以是金属,也可以是非金属,如:金属、金属合金、陶瓷、金属-陶瓷、塑料、有机树脂以及它们的复合材料均可作为喷涂材料。可以把金属和塑料或陶瓷结合在一起形成复合涂层,获得良好的机械性能。喷涂材料的形态可以有:粉末、丝材、棒材。喷涂层的厚度可调范围大,厚度可从几十微米到几毫米,加工量少。

(3)与堆焊、喷熔工艺相比,采用喷涂工艺,零件受热温度低(不超过250 ℃),热应力小,零件变形小,不会改变工件表面的金相组织。

(4)与堆焊、喷熔工艺相比,喷涂层与零件表面的结合强度低,一般为5~50 MPa,抗冲击能力差。

(5)热喷涂的生产效率一般比电镀和堆焊高。有些喷涂工艺可达50 kg/h以上。

(6)喷涂层中夹杂着部分孔隙,可存油,有利于润滑,但不利于防腐蚀。

(7)与电镀工艺相比,热喷涂对环境的污染很小,有些喷涂层的性能又不次于或优于电镀层,因此,在很多场合下,可以用热喷涂工艺取代电镀工艺。

四、常用的热喷涂种类

热喷涂工艺有许多种,其主要区别在于热源不同和喷涂材料的形态不同。按照热喷涂的热源不同主要分为:氧炔焰喷涂、高速火焰喷涂(使用气体燃料或液体燃料)、电弧喷涂、等离子喷涂(超声速喷涂)、电子束喷涂、激光喷涂和爆炸喷涂等。下面介绍几种常用的热喷涂种类:

1.氧炔焰喷涂

利用氧炔焰作热源,用专用喷枪把加热到熔化或近熔化状态的合金粉末喷到经过预先处理的零件表面上形成要求涂层,如图4-4所示。

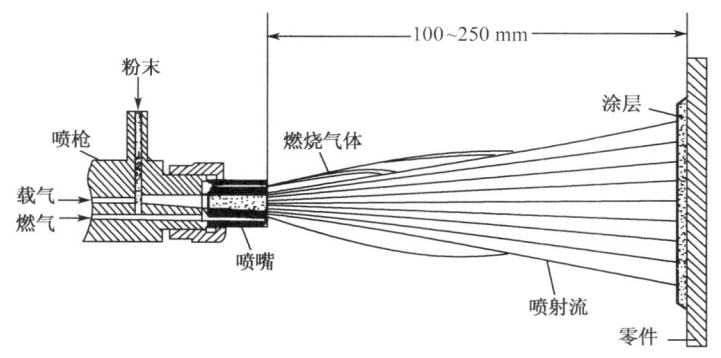

图 4-4　火焰粉末喷涂原理示意图

喷涂时热源是氧气和乙炔为 1∶1 的中性焰,温度可达 3 100 ℃,压缩空气的压力为 0.45 MPa。火焰粉末喷涂的设备主要有气源、喷枪和辅助设备等。火焰粉末喷涂的喷枪如图 4-5 所示。其结构简单,适用于喷涂和喷熔,操作灵活、方便。

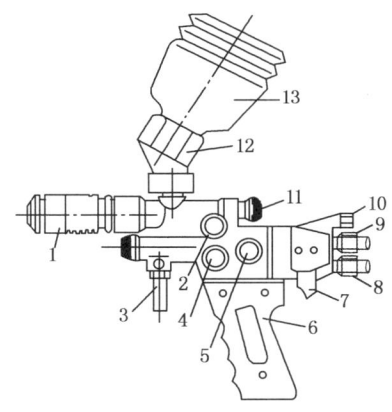

图 4-5　火焰热喷涂喷枪示意图

1—喷嘴;2—送粉气体控制阀;3—支柱;4—乙炔开关;5—氧气开关;6—手柄;7—气体速闭安全阀;
8—乙炔进口;9—氧气进口;10—补充送粉进口气体;11—粉末流量控制阀;12—可调方位粉斗座;13—粉斗

喷枪将氧气和乙炔混合并点燃后,在喷嘴出口处喷出一束具有一定喷射速度的、环状的燃烧火焰,温度可达 3 100 ℃。引入喷枪的氧气分出一条支路作为“送粉气”流经粉末通道,粉罐中的喷涂粉末依靠燃烧火焰气流和“送粉气”产生的“虹吸”作用被抽吸出来,从喷嘴中心喷出并进入燃烧火焰中。喷涂粉末被加热成熔化或半熔化状态,被燃烧火焰气流雾化并加速,以一定速度喷射到工件表面形成涂层。喷枪上配有备用的压缩空气进口,可以接入压缩空气来提高喷涂材料的飞行速度,从而提高涂层的结合强度和致密度。

与其他喷涂工艺相比,氧炔焰喷涂的突出特点是:

①设备非常简单,应用方便。

②由于一般不使用压缩空气增加气流速度,因此,喷涂层与零件的结合强度在所有喷涂工艺中几乎是最低的(10~30 MPa);喷涂层的孔隙率是最高的(5%~20%);涂层的抗冲击能力很差。

③由于热源温度低,加热时间短,因此不能喷涂熔点高的材料(如 Al_2O_3 等)。

氧炔焰喷涂可用于修复承受载荷较小且不受冲击载荷的磨损、腐蚀零件和过盈配合松动的零件。

2.高速火焰喷涂

高速火焰喷涂在国内又称作"超声速火焰喷涂"，它的英文原名为 HVOF（High Velocity Oxygen Fuel Spraying），是一项较新的热喷涂技术。它是以氧气与气体燃料（如乙炔、丙烷、氢气等）或液体燃料（如柴油、煤油等）产生的火焰作热源，以粉末为喷涂材料的喷涂方法。由于喷涂时焰流速度和喷涂粒子的速度非常快，接近或超过声速，因此，得到了"高速火焰喷涂"或"超声速火焰喷涂"的称谓。

与其他喷涂工艺相比，高速火焰喷涂的突出特点是：

①焰流速度及喷涂粒子速度较高，涂层致密，结合强度高。一般高速火焰喷涂涂层的孔隙率<2%，结合强度>70 MPa。

②喷涂粒子与周围大气接触的时间短，焰流温度比电弧、等离子喷涂温度低，减轻了涂层材料的氧化、分解和脱碳，非常适合于喷涂碳化物材料。

③由于喷涂枪管较长，喷涂粒子在火焰中停留时间较长，加热均匀、充分。

④高速火焰喷涂在喷涂金属碳化物、金属合金材料方面具有明显的优势，可以逐步取代等离子喷涂和其他喷涂工艺。又由于其对环境污染小，在国外已基本替代了硬质镀铬工艺。

高速火焰喷涂适合于喷涂涂层质量要求高、价格比较昂贵的重要零件。

3.电弧喷涂

电弧喷涂的热源为电弧，喷涂材料为金属或合金丝材。将金属或合金丝材制成两个放电电极，由电动机变速驱动，在喷枪口相交产生短路而引发电弧，受热熔化，借助压缩空气雾化成微粒，并高速喷向经预处理的工件表面，进而形成涂层。喷涂材料一般为不锈钢丝（1Cr13、2Cr13、1Cr17 等）、高碳钢丝（85 优质碳素结构钢丝、T8A 碳素工具钢丝等）、合金工具钢丝、铝丝（纯度应大于 99.7%）和锌丝等。

与火焰喷涂工艺相比，电弧喷涂的突出特点是：

①电弧喷涂的生产效率高，非常适合于大面积喷涂。如：喷锌丝时工作效率可达 30~40 kg/h。

②由于采用压缩空气流雾化加速，因此，电弧喷涂可获得较高的结合强度，为 28 ~ 41 MPa，比粉末火焰喷涂高，比超声速喷涂和爆炸喷涂低。

③操作简单。

电弧喷涂多用于喷涂大型钢结构（如桥梁）等使用的锌或铝防腐蚀涂层、大型锅炉受热面的耐热、抗氧化涂层和简单机械零件的修复。

4.等离子喷涂

等离子喷涂采用等离子弧作热源，将喷涂材料加热到熔融或高塑性状态，在高速等离子焰流引导下高速撞击工作表面，并沉积在经过粗糙处理的工件表面形成很薄的涂层。喷涂材料为粉末。等离子弧是一种伴随等离子体的压缩电弧。等离子体是指气体被部分电离或全部电离后，形成一种正离子与电子数量相等而整体呈电中性的、可以导电的气态物质。等离子体可以看作被电离了的"气体"。等离子体的这种正离子与电子数量相等、整体呈电中性、可以导电的状态被称作是继固态、液态和气态之后的物质的第四态——等离子态。

与其他喷涂工艺相比，等离子喷涂的突出特点是：

①由于等离子弧热源的能量集中、温度高，因此，可以喷涂别的喷涂方法无法喷涂的高熔点材料，如 ZrO_2、Al_2O_3、Cr_2O_3 等；但由于温度高，会造成喷涂材料中的某些元素有一定烧损。

②等离子喷涂设备控制精度高，可以喷涂高质量的精细涂层。

③采用特殊设计的喷枪，等离子喷涂可以喷涂较小的内孔，譬如，小尺寸气缸内孔。等离子喷涂现已成为热喷涂技术中最重要、应用最广泛的喷涂工艺。

第五节　喷熔（或喷焊）修复技术

喷熔（或称喷焊）工艺是将喷涂工艺与喷涂层重熔工艺复合起来的工艺，即喷熔工艺是先喷涂后重熔的复合工艺。

由于喷涂层与零件基体的结合主要是依靠机械结合的机理，因此，结合强度低，涂层容易剥落。为了提高喷涂层的结合强度，可以对已形成的喷涂层进行重熔，改变涂层与基体的结合机理和强度。

喷涂层的重熔是指利用某种热源对刚刚形成的喷涂层立即重新加热，一般温度在 1 000～1 150 ℃，使喷涂层重新熔化，但零件基体一般不熔化，形成与零件基体冶金结合的喷熔层。经过重熔后的喷熔层基本上消除了喷涂层中的气孔和氧化物夹渣，使原先结合不牢、疏松的层片状结构的喷涂层变成了结合牢固、致密的喷熔层。

需要指出的是：喷涂层是以机械结合机理为主，它的结合强度主要取决于喷涂时气流速度，因此，喷涂工艺特别追求提高喷涂气流的速度。而喷熔层与基体的结合原理是靠重熔使喷熔层与母材合金元素相互扩散，形成牢固的冶金结合，并不是靠提高气流速度来提高结合强度，因此，喷熔时的喷涂不必过分追求很高的喷涂气流速度。

喷熔工艺的主要特点是：

①喷熔工艺零件温度高，热应力大，容易产生变形或裂纹。故喷熔后应采取缓慢冷却措施或进行消除应力退火处理。

②喷熔层与零件表面为扩散型冶金结合，结合强度高，为 300～700 MPa，结合强度是一般喷涂结合强度的 10 倍，抗冲击能力强。

③喷熔层连续致密，孔隙很少，耐腐蚀性优于喷涂层，但储油和润滑性能不如喷涂层。

喷熔工艺适用于要求表面覆层结合强度高、耐腐蚀性好和抗冲击能力强且对变形要求不严的零件。

根据重熔时所使用的热源不同，喷熔工艺可分为氧炔焰喷熔、等离子喷熔和高频（或中频）感应加热喷熔。最常用、最简单的是氧炔焰喷熔工艺。常用的喷熔粉末分为镍基、钴基和铁基粉末。

氧炔焰喷熔又叫氧炔焰喷焊。它是利用氧炔焰作热源，先把熔点较低的自熔合金粉末喷涂到经过预处理的零件表面上，形成喷涂层；再用氧炔焰使喷涂层重新熔化，但零件基体不熔化（这是与堆焊修复工艺的主要差别，堆焊时基体发生了熔化），使喷涂层钎焊在零件基体表面，并与之形成冶金结合的喷熔层。

氧炔焰金属粉末喷熔的工艺流程是:表面预加工→预热和预保护→喷粉和重熔→喷熔后处理。

(1)表面预加工:除去待喷表面的氧化层、污染层和其他表面层等,预加工表面层的粗糙度可以适当高些。

(2)预热和预保护:喷前预热是为了去除水汽、改善喷熔层与基体的结合强度。碳钢的预热温度为 250 ℃,淬火倾向大的钢材预热温度为 300 ℃ 左右。为了防止待喷部位发生氧化,可以在待喷表面先喷 0.1 mm 的合金(含 B、Si 元素)粉末作保护层。

(3)喷粉和重熔:有一步法和二步法。一步法是边喷边熔化法,适用于小面积或大厚度修复面的喷熔;二步法是将喷粉和熔化分开进行(即喷完粉再熔化),适用于大面积或回转件的喷熔。

(4)喷熔后处理:一步工件喷熔后,可放入石棉灰中缓冷,要求高的零件可放入 700~800 ℃ 的炉中随炉冷却。

第六节　焊补修理

焊补工艺是船机零件常用的修理方法之一(特别适用于船上轮机员进行的应急修理),其对于零件的裂纹、断裂、严重磨损、腐蚀和烧蚀等损坏的修理有其独特的作用。

焊补分为焊接和堆焊。可采用手工电弧焊或气焊等方法实施焊补。

焊补工艺的特点:成本低、工时少、效率高,堆焊层与零件基体结合强度高,但焊补时零件温度高,易产生变形和裂纹。因此,为了保证质量,应对焊补工艺严格要求,焊前需要预热,焊后需要退火。焊补工艺在船上主要用于应急修理。

一、焊接

焊接是通过加热或加压,或同时加热加压的方法,使两个金属件连接达到原子间的冶金结合,形成永久性连接的一种工艺。焊接方法依施加能量不同分为熔焊和压焊两大类:

熔焊是用加热使金属熔化的方法进行焊接。随加热的热源不同分为:气焊、电弧焊、电渣焊、等离子弧焊、电子束焊、激光焊等。

压焊是用加压或同时加热、加压的方法进行焊接。依加压形式的不同有:接触焊、摩擦焊、超声波焊、爆炸焊等。修船厂通常选用气焊和电弧焊修理损坏的零件。例如应急焊接修理螺旋桨桨叶裂纹等。

二、堆焊

堆焊是用熔化焊条的方法在零件磨损或腐蚀的表面上熔敷一层或多层金属的操作。堆焊一般采用熔焊。堆焊工艺适用于修补零件大面积磨损、腐蚀破坏或补偿较大的尺寸以恢复零件原有尺寸,也可以用于新零件的预保护。它是焊接领域的一个分支,是一种熔焊工艺。堆焊的物理本质和冶金过程的焊接相同。原则上所有的熔焊方法都可以用于堆焊。但由于堆焊的作用与一般起连接作用的焊接完全不同,因此,堆焊还具有自身的特性,这些特性是:

(1)堆焊是为了表面改性,因此,堆焊材料与基体往往差别很大,因而具有异种金属焊接的特点。

(2)与修复的零件相比,堆焊层是很薄的一层,因此,堆焊层对整体强度的影响较小,不像焊接(缝)对强度的影响那么大。堆焊层一般只承受表面耐磨作用。

(3)堆焊层要求尽可能低的稀释率,以便保证堆焊层自身的高性能。堆焊用于强化某些表面时,希望堆焊层尽可能平整均匀。

进行堆焊时,一般都希望焊缝的熔深较浅,堆焊层的成分被母材稀释的程度较低。这是因为:①一般堆焊焊材都是耐磨、耐腐蚀、耐高温的高性能贵重材料,而母材的性能较差,如果熔深大,母材就会过多地稀释焊材,使得堆焊层的耐磨、耐腐蚀、耐高温的性能明显降低。②堆焊不是为了连接,堆焊层与基体是冶金结合,即使熔深浅,其结合强度也足以保证堆焊层在使用中不会脱落。③当零件母材的可焊性较差时,浅熔深和低稀释率会减少堆焊层的裂纹。

根据需要的焊层厚度选择焊接工艺。如果需要 0.01~0.30 mm 厚的薄焊层,应选用电火花堆焊;如果需要较薄的焊层,应优先考虑钨极氩弧焊、气焊;如果需要 2 mm 以上较厚的焊层,应优先考虑手工电弧焊、CO_2 气体保护焊、埋弧焊。

在实践中应综合考虑各方面的因素,来选择合适的堆焊方法。堆焊的基本工艺过程:

(1)清除待焊部位的油污、锈迹,露出金属光泽。必要时采用无损探伤检查堆焊部位是否有裂纹。如果有裂纹,应该除去裂纹,钻出止裂孔,并开出坡口。

(2)根据零件的母材和对堆焊层性能的要求选择合适的堆焊方法和焊材。

(3)根据零件的母材、焊材、堆焊层性能和环境温度等条件决定是否预热,确定预热的方法及温度。

(4)采用科学、合理的堆焊顺序进行堆焊,以减少堆焊裂纹和变形。在进行较大面积的堆焊时,为了使被焊零件受热均匀,减小热应力和热变形,常采用“分段退焊法”“逐层分段退焊法”等。

(5)堆焊后应采取措施尽可能使焊层缓冷。有时要根据零件的母材、焊材、焊层的性能和环境温度等情况,决定是否需要进行焊后消除应力退火。

(6)机械加工(如按照图纸要求对堆焊层进行车削或磨削加工等)。

船机零件磨损等失效后常采用“堆焊翻修”,也叫“堆焊翻新修理”。它是先通过机械加工消除船机零件的表面损伤,然后利用堆焊工艺恢复零件的尺寸,最后进行热处理和精加工。堆焊翻修不仅可以使零件恢复使用性能,还可根据需要,采用具有特殊性能的堆焊材料,使翻修后的零件在性能、质量和使用寿命上都超过原来的新品。堆焊翻新修理可用于钢、铸铁、铜、铝等材料的贵重零件,例如:船用主、副柴油机的活塞、活塞杆、气缸盖、排气阀、阀座等,船用螺旋桨也可进行局部翻新或整体翻新。

三、实例:钢质活塞的堆焊修复

将烧蚀、腐蚀、磨损超差、龟裂、裂纹或因事故损伤的活塞头经过超声波或磁粉无损检验后,通过机加工方法消去缺陷、疲劳层及损伤部位,采用与母材物化性能相当的焊接材料,使用埋弧焊等焊接方式恢复标准尺寸,保证焊接质量和熔敷金属层的机械性能,活塞头经过堆焊及去应力退火后,进行精加工,达到完全符合新品设计要求的加工尺寸和精度。其主要工序如下:

1. 钢质活塞清洁预检

首先进行喷砂清洁。清洁过程中对没有损伤的部位加以保护处理(例如,套管式冷却活塞头的冷却管孔、定位销孔及重要的配合表面)。

预检:检查活塞各部位外表及内在的损伤及缺陷,活塞顶部烧蚀裂纹,环槽的磨损、裂纹情况,重要的配合面、孔位的变形及磨损,冷却腔的腐蚀裂纹,密封孔径的腐蚀状况,起吊孔(槽)的裂纹、烧蚀,对外观不明显的缺陷部位采用着色探伤,填写检验报告单,绘制草图加以说明缺陷的部位,为制定翻新修复工艺做准备。

根据工艺要求,去除预检过程中发现的裂纹、烧蚀、腐蚀等缺陷。车除活塞顶部的热疲劳产生的裂纹、烧蚀层及环槽的裂纹缺陷,复杂的内外表面裂纹采用手工磨削等方法加以去除。去除裂纹的部位砂轮修磨平滑,着色探伤检验,确保无裂纹缺陷存在。对螺栓孔、冷却管孔的缺陷采用钻削方法彻底去除。对于内腔、内顶筋部的裂纹,焊前进行人工磨削清除裂纹,并按工艺要求修成相应的坡口,经探伤检验确无裂纹等缺陷后施焊。

2. 选材和堆焊

选用自动埋弧焊机、优质焊丝焊剂(高强度低合金焊丝),严格按照工艺要求进行选材和堆焊,保证其化学成分和机械性能满足要求。

3. 工件焊后热处理

热处理是工件翻新过程中很重要的工序。要严格按热处理工艺规范要求制定热处理操作工艺及退火温度。对翻新焊接部件实施消除应力退火,彻底清除翻新件的焊接应力及残存应力。退火温度一般为 620~640 ℃。

4. 机加工

对堆焊层进行粗磨(或车削)加工出环槽,最后对环槽等进行精磨。

5. 钢质活塞的环槽电镀

钢质活塞的环槽是活塞的薄弱部位,为了提高环槽工作面在高温、高压燃气恶劣工况下的耐磨、耐腐蚀能力,满足使用寿命要求,对环槽电镀硬铬(环槽滚镀),新品活塞镀层标准为 0.25~0.50 mm,而翻新产品环槽镀铬层应达 0.5 mm,从而能够满足修复要求,获得耐高温、耐磨、耐腐蚀的镀层。

钢质活塞堆焊翻新修复工艺适用于缸径 350~1 000 mm、环槽宽度 8 mm 以上的各种船用柴油机钢质活塞的翻新修复。

第七节 金属扣合修复工艺

一、概述

金属扣合工艺是利用高强度合金材料制成连接件,通过材料的塑性变形把零件的裂纹或断裂处连接起来,使之恢复使用性能的一种修理方法。金属扣合工艺对零件的裂纹和断裂修理具有较好的效果和较高的经济效益,目前,金属扣合工艺作为修理裂纹和断裂的方法被广泛应用于修船工作中,尤其对于难焊补的铸钢件和铸铁零件,以及不允许有变形的零件,金属扣合工艺是一种最佳修理方法。例如:船用主、副柴油机的机座、机架、气缸体,各种机械的壳体和螺旋桨等的裂纹修复均可采用。近年来,金属扣合工艺与胶黏剂配合使用不仅增大了连接强度,而且有利于提高密封性。

1. 金属扣合工艺的特点

(1)金属扣合工艺是在常温下完成修理,零件不变形,也不破坏其原有的形状、尺寸及位置精度;

(2)修理质量可靠,能够保证零件要求的强度、密封性等;

(3)工艺简单,操作方便、灵活、快速,生产效率高,成本低;

(4)不需特殊设备,可原地(现场)修理。

2. 扣合键的材料

扣合键作为金属扣合工艺的连接件,其材料一般要求具有强度高、塑性和韧性好、冷加工硬化性能好的特点。材料冷加工塑性变形后产生了加工硬化,强度大大提高。受热零件使用的扣合键材料膨胀系数应略低于或与零件材料的膨胀系数相同,一般选用镍铬不锈钢:1Crl8Ni9、1Crl8Ni9Ti 等,冷变形后强度可提高 50%;也可选用普通低碳钢(10、15、20 钢)等,冷变形后强度可提高 10%~20%。高温零件可选用含镍量高并与零件材料膨胀系数相近的高温镍基合金(Ni36、Ni42 等),此种材料膨胀系数与铸铁相近,或选用 10、15、20 钢等。

二、金属扣合工艺的种类

1. 强固扣合法

强固扣合法也称波浪键扣合法。它是在零件上沿垂直于裂纹方向加工出一定形状和尺寸的波形槽,将与波形槽相吻合的扣合键(波浪键)镶嵌其中,键与槽间有 0.1 mm 的间隙,常温下铆击波浪键,使其产生塑性变形而充满波形槽腔。利用波浪键与波形槽的相互啮合而将零件上的裂纹拉紧形成牢固的整体。波浪键和波形槽如图 4-6 所示。此法适用于修理壁厚为8~45 mm、有一定强度要求的零件。

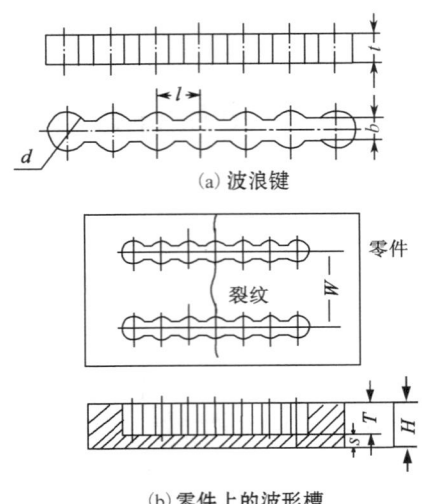

图 4-6　波浪键和波形槽的形状和尺寸

（1）波浪键和槽的形状和尺寸

波浪键的尺寸有凸缘直径 d、宽度 b、间距 l、厚度 t。通常将 d、b、l 制成标准尺寸，根据零件壁厚和受力情况确定凸缘数、波浪键数和零件裂纹上的波形槽间距等。

波浪键的尺寸：b 是基本尺寸，一般取 3~6 mm，其他尺寸依公式计算：

$$d = (1.4~1.6)b$$
$$l = (2.0~2.2)b$$
$$t = (1.0~1.2)b$$

波浪键的凸缘数一般取 5、7、9 个。凸缘数越多，波形槽各凹处断面上的应力越小，并使最大应力远离裂纹。但凸缘数过多，使镶嵌波浪键工作量增加，难度加大。在位置允许的情况下，尽可能选用有 7 个或 9 个凸缘的波浪键。

波形槽的尺寸：波形槽的形状。尺寸与波浪键一致，只需使二者配合间隙保持 0.1~0.2 mm，槽深（T）依零件壁厚 H 而定，一般 $T = (0.65~0.75)H$，并依槽深放入一层或两层波浪键。零件裂纹上两波形槽的间距 W 可依经验法或计算公式确定。

承受载荷不大的普通铸铁零件，波形槽间距可为宽度 b 的 5~6 倍，即 $W = (5~6)b$。

承受较大载荷的高强度铸铁件，可依波浪键和零件材料的强度计算波形槽的间距 W。

$$W = \frac{b(H-S)}{H}\left(\frac{\sigma_R}{\sigma_b}+1\right)$$

式中：

S——零件上开波形槽后剩余壁厚，mm；

H——零件壁厚，mm；

b——波浪键宽度，mm；

σ_R——波浪键材料铆击后的抗拉强度，1Crl8Ni9 的抗拉强度为 900 MPa；

σ_b——零件材料的抗拉强度，MPa。

（2）波浪键扣合工艺

① 在零件裂纹两端钻止裂孔；

② 设计并在零件裂纹处画出波形槽位置线；

③ 利用专用钻模板和工具加工出波形槽；

④ 将波浪键嵌入波形槽中（可预先在槽内涂抹胶黏剂），铆击波浪键使之充满槽腔。

2. 强密扣合法

强密扣合法或称波浪键–密封螺丝法，是在上述强固扣合法的基础上，再沿裂纹钻孔攻丝，旋入涂有胶黏剂的密封螺钉。钻削第二个孔要切入已装好的密封螺钉，使密封螺钉间有 0.5~1.5 mm 的重叠。全部裂纹上装满密封螺钉后用砂轮打磨平整，如图 4-7 所示。

在裂纹上可装密封螺钉或密封圆柱销。前者用于承受低压的裂纹零件，后者用于承受高压的裂纹零件。密封螺钉可选用 M3~M8；圆柱销直径可选用 3~8 mm，长度与波浪键厚度 t 相同。密封螺钉和圆柱销的材料与波浪键材料相同。

强密扣合法不仅满足了零件的强度要求，而且满足了零件的密封性要求，可应用于柴油机机体、气缸套、气缸盖等的修理。

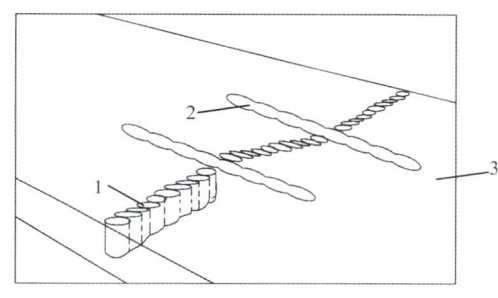

图 4-7　强密扣合法

1—密封螺钉；2—波浪键；3—零件

3. 加强扣合法

加强扣合法是在机件上垂直于裂纹方向加工出一定形状和尺寸的键槽，嵌入与之相应形状和尺寸的高强度合金钢块，再于钢块与零件界面处镶入圆柱销，要求圆柱销分别在钢块和零件上各占一半，从而使加强块与零件牢固结合，如图 4-8 所示。

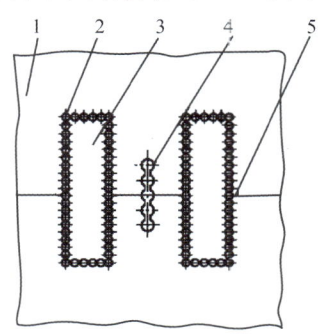

图 4-8　加强扣合法

1—机件；2—短圆柱销；3—砖形加强块；4—波浪键；5—裂纹

加强扣合法主要用于承受高载荷、壁厚超过 45 mm 的机件。加强扣合键(或称加强块)的形状各异,有矩形、十字形、X 形等,可依机件和裂纹情况选用。

4. 热扣合法

热扣合法是利用金属材料热胀冷缩的特性修复零件裂纹的方法。将一定形状的扣合键加热至一定温度后嵌入零件裂纹处的相应形状、尺寸的键槽中,当扣合键冷却收缩后将零件裂纹拉紧而成一体,如图 4-9 所示。

扣合键的形状、尺寸依零件裂纹部位的形状和安装的可能性设计成不同的形式,例如圆环形、工字形等。

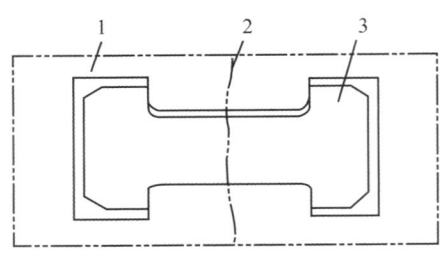

图 4-9　热扣合法
1—零件;2—裂纹;3—工字形扣合键

第八节　塑性变形修复法

塑性变形修复法是利用金属或合金的塑性变形的性能,使零件在一定外力作用下改变或恢复零件的几何形状和尺寸而不被破坏的修理方法。塑性变形修复法实质上是一般的压力加工方法,多用于变形零件的矫直。

零件在长期的使用过程中,由于受到机械碰撞或机械应力的作用而引起变形。例如:船舶螺旋桨桨叶打在缆绳或礁石上而使桨叶弯曲变形;柴油机曲轴或连杆在机械应力的作用下会发生弯曲变形。零件产生的变形只要得到合理的校正仍然可以继续使用。因此,生产中常采用机械矫直法、加热矫直法、加热-机械矫直法等进行修复,根据零件的变形程度选用。

一、机械矫直法

属于完全的物理方法矫直,一般用螺旋压力机、油压机或螺旋千斤顶等进行施压矫直。

1.工艺方法:测量弯曲最高点、做出标记→轴两端用 V 形铁支起(轴下垫铜、铝等软料)→在变形最大处凸面加压,保压 1.5~2 min→变形最大处凹面垫铜板后用手锤敲击铜板 3 下→泄压并测量→循环施压至要求。

2.适用范围:适用于硬度低于 HRC35 和直径/长度比值较小、弯曲变形不大的小型轴类零件。一般用螺旋压力机、油压机或螺旋千斤顶等进行施压矫直。这种方法也可矫正变形不大的螺旋桨桨叶。

例如机械矫直小型曲轴:将曲轴两端或接近弯曲部位的两个主轴颈搁于两个支点上(一般采用 V 形铁),并将弯曲的凸面朝上,在需要加压的轴颈上垫以铜皮或铅皮,用压力机或螺旋压具对其进行加压。加压时要分段,缓慢使其产生塑性变形,在加压时的反向弯曲量要比原弯曲量大 10~15 倍(通过放置在轴颈加压面反面的百分表观察反向弯曲量的大小),并保持静载荷 1~2 min 后卸载。如此施压数次可使曲轴矫直,如图 4-10 所示。

此法矫直后的零件内存有残余应力,采用低温退火也难以完全消除,会在以后的使用中再度弯曲变形。由于矫直后轴上截面变化处(如过渡圆角)塑性变形较大,产生残余应力较大,会降低曲轴的疲劳强度。

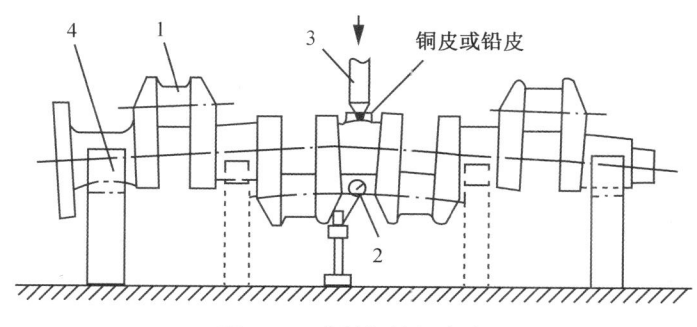

图 4-10　曲轴机械矫直法

1—曲轴;2—百分表;3—压力扎压杆;4—V 形铁

二、加热矫直法

这种方法是利用金属材料的热胀冷缩的特性矫正变形零件。在轴的弯曲凸面进行局部快速均匀加热,因受热膨胀,使轴的两端向下弯曲,即轴的弯曲变形增大。当冷却时,受热部分收缩产生相反方向弯曲变形,从而达到矫正变形的目的。此法适用弯曲变形较大的零件,并且对操作技术水平和经验要求较高。

通常采用氧炔焰对变形凸出部位的一点或几点快速加热,并急剧冷却,加热区金属收缩产生收缩矫直。机械零部件一次加热不能恢复时可重复进行几次,直到变形消除。加热温度以不超过材料相变温度为宜,一般为 200~700 ℃。

工艺方法:找出弯曲最大处凸点,确定加热区→安零件直径确定火焰喷嘴→均匀变形和扭曲采用条状加热;变形严重加热区多用蛇状加热;加工精度高的细长轴用点状加热→快速冷却→检测→重复加热矫直至要求。

火焰矫直的关键是弯曲的位置及方向必须找正确,加热火焰也要和弯曲的方向一致,否则会出现扭曲或更多的弯曲。在轴弯曲部位用湿石棉布包扎,凸出部位开一个长方孔,用 0.5~1 mm 气焊枪,调节氧压至 0.05 MPa,乙炔压力 0.02~0.03 MPa,火焰白心离表面 2~3 mm,对准开孔处加热。当温度达 500~600 ℃时放到空气中冷却或浇水冷却,使弯曲部位产生反向变形。矫直后对加热区低温退火,以消除应力。

例如加热矫直曲轴(如图 4-11 所示):将曲轴弯曲的凸面朝上,在最大弯曲变形的轴颈位置约 1/6~1/3 的圆周上采用氧炔焰或喷灯沿轴颈轴向的全长迅速均匀加热,加热温度在

250~550 ℃之间。无论是轴向或是周向都是从最大弯曲位置开始加热,然后自最大弯曲处向两端或两侧减温加热。为了检查加热过程中曲轴弯曲情况,可以在曲轴适当的位置放一个百分表进行监测。加热后立即用石棉布缠住保温,经0.5~1 h后,让其缓慢冷却到室温,再次检测弯曲度变化情况。一般要经数次加热才能矫直。

此法适用弯曲变形较大的零件,并且对操作技术水平和经验要求较高。

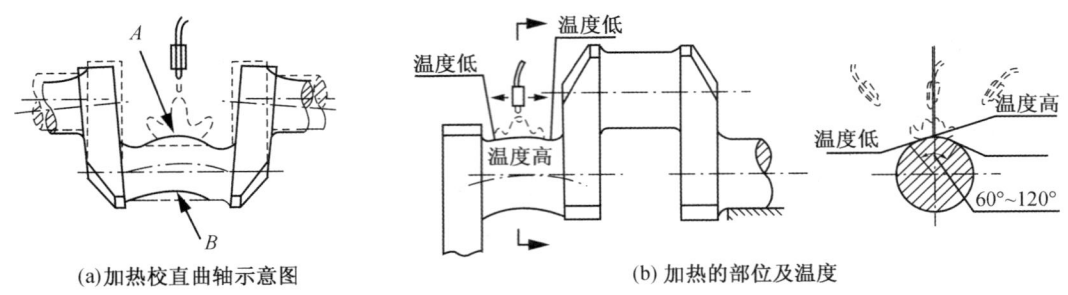

(a)加热校直曲轴示意图　　　　　　　　　　(b)加热的部位及温度

图 4-11　曲轴加热矫直法

三、加热-机械矫直法

此法为加热法与机械矫直法的联合应用,适用于弯曲变形较大的零件。一般先用机械矫直法使零件产生一定的反向弯曲变形,再用加热法矫直。

例如:当螺旋桨桨叶弯曲变形较大时,采用加热和千斤顶施力可使桨叶弯曲变形得以矫正复原。

第九节　黏结修复技术

一、概述

利用胶黏剂对表面的物理吸附力和胶黏剂固化后对表面的机械连接力的作用,将两个物体牢固地黏结在一起,或对断裂件、磨损件等进行修复,使其恢复使用性能的方法,称为黏结修复技术。黏结修复技术近年发展迅速,在机械、石油化工、船舶等部门的设备维修中得到了广泛的应用。用胶黏剂修复损坏的船机零件成功地解决了某些用其他方法无法修复的零件的维修问题,使之恢复使用。此外,利用胶黏剂还可进行装配工作和使零件保持密封性要求,从而使修造船工作中的某些配装工艺大大简化,生产率明显提高。

该技术的优点是:

(1)不削弱基体的强度,不产生应力集中;

(2)可赋予黏结面耐腐蚀、绝缘、密封、导电、防振等性能;

（3）黏结温度低，不会引起基体热变形及组织变化，不易产生裂纹，因此适合于修复铸铁件、有色金属件、极薄（小）件和细长件；

（4）不受材质限制，可用于金属、非金属和异种材料的黏结；

（5）工艺简单、操作方便、成本低，便于现场修复。

该技术的缺点是：

（1）耐热性能和抗老化性较差。一般胶黏剂只能在 150 ℃以下长期工作，只有耐高温胶黏剂可达 300 ℃左右；

（2）抗冲击性能差。多数胶黏剂凝固后脆性较大。

二、胶黏剂的分类和性能

常用的黏结方法有热熔黏结法、溶剂黏结法和胶黏结法。前两种方法主要用于塑料的黏结，而胶黏结法可以黏结各种材料，如金属与金属的黏结、金属与非金属的黏结、非金属与非金属的黏结等。

胶黏剂按物性属类可分为有机胶黏剂和无机胶黏剂。有机胶黏剂又可分为天然胶黏剂和合成胶黏剂。目前合成胶黏剂约占胶黏剂总量的 80%，按其用途又可分为结构胶黏剂、非结构胶黏剂、特种胶黏剂和无机胶黏剂。

1.常用的胶黏剂分类

（1）结构胶黏剂

这类胶黏剂具有较高的黏结强度，黏结面能承受较大的负荷，适用于较大零件的修复。常用的品种有：环氧树脂、聚氨酯、丙烯酸和有机硅树脂等。

（2）非结构胶黏剂

这类胶黏剂不能承受较大的负荷，适用于较小零件的修复或定位。常用的品种有动物胶、植物胶、苯酚甲醛和聚酰胺等。

（3）特种胶黏剂

这类胶黏剂能满足某些特殊功能的要求，如厌氧胶黏剂、热熔胶黏剂、光敏胶黏剂、耐高温胶黏剂、导电胶黏剂、导磁胶黏剂和吸油性胶黏剂等。

（4）无机胶黏剂

无机胶黏剂主要由无机化合物（如硅酸盐、硼酸盐、磷酸盐及金属氢氧化物等）为基料制成的胶黏剂。具有较好的黏结性能和较高的耐热性能。机修中常用的有磷酸盐类和硅酸盐类无机胶黏剂。以磷酸铝-氧化铜无机胶黏剂为例，其主要成分为 H_3PO_4、CuO、$Al(OH)_3$。

2.无机胶黏剂的性能特点

（1）适用的温度范围广。无机胶黏剂的工作温度在-183～950 ℃之间，可在 500 ℃以下长期工作，故被称为高温黏结剂。

（2）固化前流动性好；

（3）通常是水溶性的物质，毒性小、无公害、不燃烧；

（4）耐油、耐辐射和耐老化；

（5）组成简单、使用方便，可室温固化，价格低廉。

缺点：脆性大，不耐冲击；耐酸、碱腐蚀性差，耐水性也较差。

适用范围：氧化铜无机胶黏剂特别适用于受力不大、不需拆卸的紧固连接和用于修补高温下工作的零件，可代替焊接、铆接及过盈配合连接等方法。例如：船用柴油机气缸体与气缸套配合面的密封；机舱内各种管子的腐蚀、泄漏以及增压器废气涡轮端壳体腐蚀的应急修理。

三、胶黏剂的选用方法

选用胶黏剂应注意以下几个方面：

（1）了解黏结件的种类、性质、需要黏结的面积、线膨胀系数及表面状态等。

（2）了解黏结剂的黏度、黏结强度、使用温度、收缩率、线膨胀系数、耐蚀性、耐老化等性能。

（3）确定黏结的目的及用途。因为黏结兼具有连接、密封、定位、填充、防腐等多种功能，但各种胶黏剂大多是某一方面的功能突出，或黏结强度高或密封效果好或室温固化快等，因此，要择优选取。若目的是连接，则选用黏结强度高的胶黏剂；若目的是密封，则选用密封胶；如需导电，则选用导电胶。

（4）考虑黏结件的受力情况，选用胶黏剂。受力较大的黏结要选用结构胶黏剂；受力不大的场合选用通用胶黏剂；长期受力的黏结件选用热固性胶黏剂，以防蠕变破坏；作用力频率小或静载荷，可选用刚性黏结剂，如环氧胶；作用力频率高或冲击载荷，选用韧性胶黏剂，如酚醛–丁腈胶、改性环氧胶；受力比较复杂的黏结件，选用由综合强度及性能好的弹性体和热固树脂组成的胶黏剂，如环氧–丁腈胶等。

（5）根据黏结件的使用环境和用途选用胶黏剂。常见的环境因素有温度、介质、辐射、户外老化等。耐高温、耐老化好的胶黏剂有：有机硅、聚酰亚胺、酚醛–环氧、无机胶等；耐冷热循环工作条件的胶黏剂有：硅橡胶胶黏剂、环氧–酚醛胶、聚酰亚胺胶等；耐水耐湿热、抗老化性能好的胶黏剂有：酚醛–丁腈胶；户外使用的胶黏剂，一般抗老化性能好。对于大型设备和热敏元件，须用室温固化胶黏剂；导电接头要用导电胶。

（6）综合分析黏结的工艺性和经济性。

四、黏结工艺

（1）选用胶黏剂：根据修复工件的损坏程度、部位、材料性能、受载情况、工作环境等确定黏结方案，选用胶黏剂。

（2）黏结接头设计：黏结接头的力学特点是抗拉及抗剪强度高，抗弯曲、抗冲击及抗扯离强度低，抗剥离强度低。因此，应尽量使接头承受或大部分承受正拉力或剪切力，避免承受剥离力和扯离力。若无法避免，要采取局部加强或其他补救措施，如端部加宽、加固，端部包边或加铆加螺钉等。尽量增大黏结面积，以提高接头承载能力，如采用 V 形斜接、台阶对接、凹型对接等；对搭接头，宜宽不宜长。

（3）表面处理：表面处理的目的是获得清洁、干燥、粗糙且有一定活性的表面，以实现牢固的黏结。对普通工件，表面先用棉纱等擦拭，再用汽油等有机溶剂进行脱脂去油，然后进行除锈及氧化物处理，并使表面粗糙化（金属表面以 $Ra3.2 \sim 12.5\ \mu m$ 为宜），再用溶剂擦拭除油后即可进行黏结。如果要求黏结强度很高、耐久性好，或黏结铝、铜、不锈钢等，表面不经活化处理将影响黏结质量。因此，对这类黏结在进行完上述表面处理步骤之后，应接着进行表面活化处理。可用酸蚀法、阳极刻蚀法等，处理完毕后用清水冲洗并干燥。

（4）胶黏剂配制：对单液型液体胶在使用时应摇均匀；对多组分胶黏剂的配制，一定要严格按规定的条件、配方、配比及调制程序进行，配胶器皿须清洁干燥，否则将影响黏结质量。

（5）涂胶：预处理好的表面应立即涂胶，以防再次氧化。胶黏剂有多种形态，如粉状、薄膜、糊状及液状等，因此涂胶的方法也有所不同。如对热熔胶可用热熔胶枪；对粉状胶可喷撒；胶接面积大可用喷涂法；对液态、糊状及膏状胶可刷胶、注胶、喷胶、浸胶、刮胶等，其中以刷胶最为常用。涂胶时应特别注意要涂遍整个黏合面，且厚度均匀，中间可稍厚些，同时应注意涂胶时勿在胶中留有气泡，否则会形成应力集中而降低强度。胶层厚度在 0.05～0.2 mm 范围内为宜。

（6）晾置：对含溶剂的胶黏剂在涂胶后必须晾置一定时间，以挥发溶剂，否则固化后胶层结构松散，有气孔，从而削弱黏结强度。不同类型的胶黏剂、不同种类的溶剂，晾置的温度和时间也不同。如橡胶型胶黏剂在室温下晾置即可，酚醛－缩醛胶室温晾置后还要在 60～70 ℃ 的温度下烘干，聚氨酯胶需晾置 15 min 左右。

对无溶剂的胶黏剂在涂胶以后，虽可以立即进行胶合，但在室温下稍晾置为好，以利于排除空气、流匀胶层、增加黏性。

晾置环境应湿度低、无尘埃、空气流通。但晾置切忌过度，以免失去黏性。将涂胶后经晾置的黏结表面，对正合拢、压实排除空气，实施胶接。

（7）固化：固化即通过一定作用使涂于黏接面上的胶黏剂变为固体，并具有一定强度。固化工艺三个重要的参数是：温度、压力、时间。不同的胶黏剂固化条件各不相同。需加热固化的胶黏剂其温升和冷却应均匀缓慢，以减少应力及变形；对室温固化的胶黏剂若适当提高固化温度，可缩短固化时间，提高黏结强度；固化时施加一定的压力有利于胶黏剂的扩散渗透和黏结面的紧密接触，并有利于排除气体，从而得到理想的黏结强度。

（8）加工：黏结件固化后，可通过机械加工或钳工修整达到使用要求。机械加工时应控制切削力和切削温度，钳工修整时严禁使用剥离力，以防黏合面开裂。

五、黏结技术在船机上的应用

1.在安装中的应用

①用于螺旋桨与艉轴的装配与连接：当螺旋桨直径小于 4.5 m 时，允许同时采用键连接与环氧树脂胶黏剂胶合装配，此时对桨毂锥孔与轴锥体的接触要求、键与桨毂键槽的配合要求可适当降低；当螺旋桨直径小于 1.5 m 时，允许采用无键环氧树脂胶黏剂胶合装配（见图 4-12）。这种装配方法可减少配合面大量的拂刮量，简化装配工作，适用于沿海和内河的中小船。

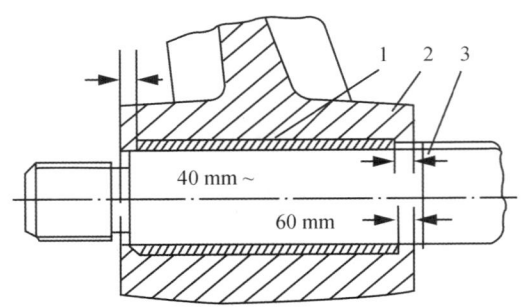

图 4-12　螺旋桨-艉轴无键环氧树脂胶黏剂胶合装配图
1—环氧树脂胶黏剂;2—螺旋桨;3—艉轴

②艉轴与艉轴铜套的黏结:采用黏结剂胶合的方法可以避免过盈连接,简化安装工艺。

③机座垫片:主机机座在机舱中定位后,在机座与底座之间各要求安装一定厚度的铸铁垫块,并在工艺上要求垫块上、下平面分别与机座下平面和底座(或固定垫块)上平面紧密贴合,色油检查时要求沾点在 25 mm×25 mm 的面积上不少于 2~3 点。所以,刮研垫块劳动强度高、工作量大、耗时多、效率低。为了改进机座安装工作,采用胶黏剂进行机座安装或采用塑料垫块代替铸铁垫块。

目前,采用塑料垫块代替铸铁垫片已日益广泛,图 4-13 为采用环氧树脂胶黏剂安装机座垫块。使铸铁垫块的厚度较要求尺寸少 0.5~1.0 mm,不需研刮垫块,只需要在垫块上、下表面和地脚螺栓孔涂以环氧树脂胶黏剂安装垫块和固定机座,不仅节省金属材料,更主要的是简化了机座安装工艺,减轻了劳动强度,提高了安装效率。

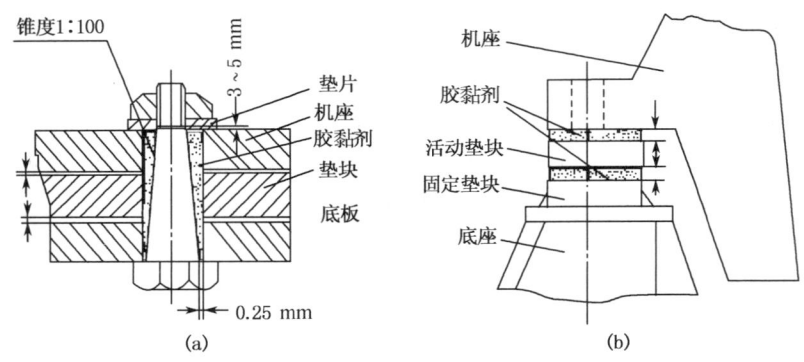

图 4-13　环氧树脂胶黏剂安装机座垫块

④用作密封垫片

自 20 世纪 60 年代起国外开始使用高分子液态密封胶代替传统的固体垫片作为连接件的密封材料。液态密封胶在常温下呈黏稠液态,涂在零件结合面上形成一层具有黏性、黏弹性的可剥性薄膜,其可填充结合面的不平,达到完全吻合,黏附于结合面,因弹性好而耐压。所以液体垫片具有良好的密封性。液态密封胶用于各类泵、齿轮箱、空气压缩机等的法兰平面和结合面的密封;用于柴油机气缸套与气缸体、道门与机架结合面;用于高压油管、水管和蒸汽管的接头和振动较大的锁紧螺母的防松上。

2.在船机修理中的应用

① 修复微动磨损的轴与孔:对采用过盈配合的轴与孔,由于在使用过程中存在微动磨损,会造成轴与孔的配合松动而影响使用性能。采用胶黏剂修理,在配合面间防止了空气的进入,可避免微动磨损的产生,修理效果好,工艺简单、成本低。例如:采用厌氧胶修理船用发电机轴与滚动轴承的配合松动、离心泵的泵轴与叶轮的配合松动等。

② 腐蚀件的修理:由于电化学腐蚀会造成柴油机气缸套(冷却水侧)、气缸体的腐蚀,各类舱室和隔舱壁的腐蚀;由于穴蚀造成螺旋桨桨叶损坏、柴油机气缸套外表面的损坏等,均可在腐蚀面积虽大,但深度较小并且尚未危及零件强度的情况下采用胶黏剂进行修理。船用柴油机废气涡轮增压器涡轮壳体(特别是排气壳的底部)由于燃烧含硫量较高的重油而产生低温(酸)腐蚀,局部最小厚度超过设计壁厚的50%或破损时,可以采用无机黏结剂修补,1.5倍工作的水压试验合格后可继续使用。

③ 裂纹的修理:柴油机机体和船舶管系的裂纹、漏洞等,油柜和水柜的裂纹或焊缝开裂等均可采用胶黏剂进行修补。图4-14为远洋船空压机机体恶性碎裂黏结修复图,采用环氧树脂结构胶黏剂加玻璃纤维布取得了良好的修复效果。

损坏处　30 mm×150 mm

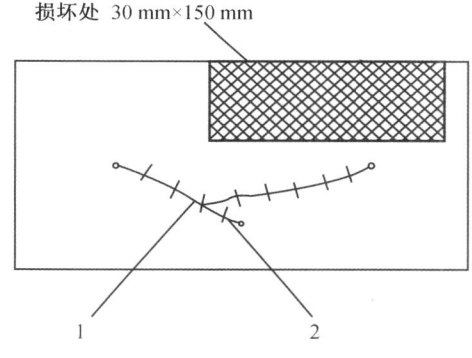

图 4-14　空压机机体恶性碎裂黏结修复图
1—裂纹;2—扣合键

第十节　研磨技术

研磨是精密和超精密零件的制造和修理时进行精加工的主要方法之一,一般是在机床精加工之后的最终精加工工序。研磨加工可使零件获得极高的尺寸精度、几何形状和位置精度,最高的表面粗糙度等级以及提高配合精度。零件的内圆表面、外圆表面、平面、圆锥面、斜面、螺纹面、齿轮的齿面及其他特殊形状的表面均可以采用此种方法进行加工。船舶主、副柴油机燃油系统中的三对精密偶件:柱塞-套筒偶件;针阀-针阀体偶件;出油阀-出油阀座偶件的内、外圆表面;圆锥面;平面在制造时都需要采用研磨进行精加工,使之达到一定的密封性能。当这些偶件因磨损出现密封不良的现象就需采用研磨技术进行修复,使配合面恢复密封性能。

研磨技术在轮机管理工作中是克服精密设备短缺,延长零件寿命,节省修理费用和保证船舶正常航行的有效工艺,因此,轮机人员应该掌握研磨技术。

一、研磨技术概述

研磨是在零件和与其相配合的研磨工具(或是与其相配合的另一个零件)之间加入研磨剂,在一定的压力下进行无强制的相对滑动或滚动的情况下,进行微切削和研磨液的化学作用,在零件表面生成易被磨削的氧化膜,从而加速研磨过程。研磨加工是机械、化学联合作用下完成的精密加工。

研磨分为手工研磨和机械研磨两种。手工研磨时,要使工件表面各处都受到均匀的切削,应合理选择运动轨迹,这对提高研磨效率、工件表面质量和研具的耐用度都有直接的影响。

1.影响研磨质量的主要因素

（1）零件与研磨工具的相对运动

零件与研磨工具不受外力的强制引导,尽量保证零件研磨表面上各点的研磨行程基本相等,以免引起零件的偏磨;运动方向周期变换,以使研磨剂均匀分布在零件表面上并加工出纵横交叉的切削痕,以达到均匀切削。

（2）研磨压力

在适当的压力范围内,研磨效率随压力增加而提高。研磨表面的压力要均匀,否则会导致偏磨。研磨压力取决于零件材料、研磨工具材料和外界压力等因素,一般通过试验确定。常用的压力范围为 0.05~0.3 MPa,粗研宜用 0.1~0.2 MPa,精研宜用 0.01~0.1 MPa。研磨压力过大,研磨剂磨粒会被压碎,切削作用减小,表面划痕加深,研磨质量降低;研磨压力过小,则研磨效率大大降低。

（3）研磨速度

研磨速度影响研磨效率;在一定条件下,研磨速度的增加将使研磨效率提高。但如果速度过高,产生的热量较多,会引起零件变形、表面加工痕迹过于明显等质量问题。研磨速度取决于零件加工精度、材质、重量、硬度、研磨面积等。一般研磨速度在 10~150 m/min,精密零件研磨速度不应超过 30 m/min。一般手工粗研往复次数为 30~60 次/分,精研为 20~40 次/分。

（4）研磨时间

在研磨初期,因研磨剂磨粒锋利,微切削作用强,零件研磨表面的几何形状误差和粗糙度较快得以纠正。随着研磨时间延长,磨粒钝化,微切削作用下降,不仅加工精度不能提高,反而因热量增加质量下降。一般精研时间为 1~3 min,超过 3 min 研磨效果不好。所以,粗研时为了提高效率宜选用较粗的研磨剂、较高的压力和较低的速度进行研磨,且要及时添加研磨剂,以期较快地消除几何形状误差和切削掉较多的加工余量;精研时选用较细的研磨剂、较小的压力和较高的速度进行研磨,以获得精确的形状、尺寸和最高的粗糙度等级。

2.研磨剂

研磨剂是研磨和抛光加工时对零件表面进行微切削加工的材料,是在研磨粉中加入油溶性或水溶性辅助材料制成的。

研磨剂由磨料、分散剂（又称研磨液）和辅助材料混合而成。研磨剂中的磨料起切削作用,常用的磨料有刚玉、碳化硅、碳化硼和人造金刚石等。分散剂(研磨液)的作用是使磨料均匀分散在研磨剂中,并有稀释、润滑和冷却等作用。常用的分散剂有煤油、机油、甘油、酒精和水等。辅助材料主要是混合脂,常用硬脂酸、脂肪酸、环氧乙烷、三乙醇胺、石蜡、油酸和十六醇中的几种材料配成,在研磨过程中起乳化、润滑和吸附的作用,并促使零件表面产生化学反应,生成易脱落的氧化膜或硫化膜,以提高加工效率。此外,辅助材料中还有着色剂、防腐剂和芳香剂等。

（1）磨料

常用的磨料有以 Al_2O_3 为主要成分的各种刚玉、SiC 和 Cr_2O_3 等,其种类及用途如表 4-8 所示。

表 4-8　常用磨料的种类及用途

名称	代号	主要化学成分	颜色	硬度和强度	用途	
					加工方法	工件材料
棕刚玉	A	$92.5\% \sim 97\%$ Al_2O_3	棕褐、灰褐、暗红	具有较高的硬度,韧性高,承受力大,锋利	粗研	各种碳钢、合金钢、铸铁、硬青铜
白刚玉	WA	$97\% \sim 98.5\%$ Al_2O_3	白色	比棕刚玉硬,但韧性稍低,锋利,切割性好	粗研和精研	淬硬钢、高速钢、铸铁
黑碳化硅	C	$97\% \sim 98.5\%$ SiC	黑色(半透明),深蓝	比白刚玉硬,性脆,锋利	粗研	青铜、黄铜、铸铁、大理石、玻璃等非金属材料
绿碳化硅	GC	$94\% \sim 99\%$ SiC	绿色(半透明)	比黑碳化硅硬,但次于人造金刚石和碳化硼,性脆,锋利	粗研和精研	淬硬钢、硬质合金、硬铬、金刚石、硬度高的非金属材料
铬刚玉	PA	$97.5\% \sim 98\%$ Al_2O_3	玫瑰红色	比白刚玉韧性好	粗研和精研	淬硬钢、工具钢、合金钢的韧性大的材料
立方碳化硅	SC	$87\% \sim 92\%$ SiC	黄绿色	强度大、棱角锋利	精研	轴承钢、淬硬钢
碳化硼	BC	$85\% \sim 95\%$ B_4C	灰色至黑色	比绿碳化硅硬而脆,但次于人造金刚石,颗粒能自行修磨保持锋利,高温易氧化	粗研和精研	硬质合金、硬铬、宝石、淬硬钢
人造金刚石	JR	—	灰色至黄白色	硬度仅次于天然金刚石,强度也稍低,自锐性较好	粗研和精研	硬质合金、光学玻璃

续表

名称	代号	主要化学成分	颜色	硬度和强度	用途	
					加工方法	工件材料
氧化铬	—	Cr_2O_3	深绿色	质软,极细抛光剂	粗研和抛光	铜、青铜、淬硬钢、铸铁
氧化铁	—	Fe_2O_3(或 FeO,Fe_3O_4)	红色,暗红	比氧化铬软,极细抛光剂	抛光	淬硬钢、玻璃、水晶、铜
氧化镁	—	—	白色	质软	抛光	淬硬钢、玻璃、水晶、铜
氧化铈	—	—	土黄色	质软	抛光	淬硬钢、玻璃、水晶、铜

磨粒的粒度是指磨料颗粒的尺寸大小,粒度号根据 1 平方英寸筛网能通过磨粒的数目而定。例如:粒度号 100 表示 1 平方英寸筛网能通过 100 颗磨粒。按磨料的颗粒尺寸范围和粒度号分为磨粒、磨粉、微粉和超微粉四种,如表 4-9 所示。研磨加工仅使用粒度号为 100 以上的磨料,称为研磨粉。研磨加工常用磨粒粒度号和所能达到的表面粗糙度分别如表 4-10、表 4-11 所示。

表 4-9 磨料粒度号及对应的磨粒公称尺寸

种类	粒度号	基本颗粒尺寸/μm
磨粒	12	2 000~1 600
	14	1 600~1 250
	16	1 250~1 000
	20	1 000~800
	24	800~630
	30	630~500
	36	500~400
	46	400~315
	60	315~250
	70	250~200
	80	200~160
磨粉	100	160~125
	120	125~100
	150	100~80
	180	80~63
	240	63~50
	280	50~40

种类	粒度号	基本颗粒尺寸/μm
微粉	W63	63～50
	W50	50～40
	W40	40～28
	W28	28～20
	W20	20～14
	W14	14～10
	W10	10～7
	W7	7～5
	W5	5～3.5
超微粉	W3.5	3.5～2.5
	W2.5	2.5～1.5
	W1.5	1.5～1.0
	W1.0	1.0～0.5
	W0.5	0.5 及更细

表 4-10　常用磨料粒度范围

加工方法	粒度	应用
粗研磨	100～240	一般零件的研磨
精研磨	240～W14	
粗研磨	W14～W10	精密零件、量具、
半精研	W7～W5	刀具的精密研磨
精研磨	W5 以下	

表 4-11　常用磨料加工能达到的表面粗糙度

加工方法	磨料粒度		能达到的表面粗糙度 $Ra/\mu m$
粗研磨	磨粉	240～280	0.20
		280～W40	
半精研磨	微粉	W28～W20	0.10
		W20～W14	0.05
		W14～W10	0.025
精研磨		W7	0.012
		W5	0.006

　　磨粒的研磨性能与其粒度、硬度和强度有关。磨粒的硬度是指磨粒表面抵抗局部塑性变形的能力。研磨加工就是利用磨粒与零件材料的硬度差来实现的,所以磨粒硬度越高,切削能力越强,研磨性能越好;磨粒的强度是磨粒承受外力不被压碎的能力。磨粒强度越高,切削力越强,寿命越长,研磨性也越好。以金刚石的研磨能力为准(设为 1),其他磨粒的研磨能力如表 4-12 所示。

表 4-12　常用磨料的相对研磨能力

碳化硼	绿碳化硅	棕刚玉	黑碳化硅	白刚玉
0.50	0.28	0.10	0.26	0.12

（2）研磨膏

研磨膏分为油溶性和水溶性两大类。油溶性研磨膏使用时需用煤油或其他油类研磨液稀释。油溶性研磨膏可使加工表面获得较高粗糙度等级和精确尺寸;水溶性研磨膏使用时需用水、甘油等研磨液稀释,研磨后需用水、酒精等将零件洗涤干净。

研磨膏是一种重要的表面光整加工材料,除船用外,广泛用于仪表、仪器、光学玻璃镜头、量具、金相试片和精密零件的精研磨和抛光。常用研磨膏的品种、规格和应用范围如表 4-13 所示。

表 4-13　普通研磨膏的品种、规格及应用范围

产品名称	颜色	磨料代号	粒度范围	应用范围
氧化铬研磨膏	深绿	Cr_2O_3	W3.5 以下	金属镀件的精抛和钢件的最后抛光
氧化铁研磨膏	深红	Fe_2O_3	W3.5 以下	贵金属如金银制品、有机玻璃和玻璃制品的抛光
棕刚玉研磨膏	棕色	A	60~280	普通碳钢、合金钢、可锻铸铁、硬青铜的研磨
白刚玉研磨膏	白色	WA	60~W1	淬火钢、高速钢、轴承钢、不锈钢等的研磨和抛光
绿碳化硅研磨膏	浅绿	GC	60~W5	铜、铝等有色金属,硬质合金,玻璃等的研磨和抛光
碳化硼研磨膏	褐黑色	BC	60~280	硬质合金、陶瓷、宝石、光学玻璃等的研磨和抛光

注:除磨粒、磨粉 60~280 为软膏外,微粉和超微粉均为硬膏。

研磨分为粗研、半精研、精研三种。粗研可选用 W14~W10 的氧化铝研磨膏;半精研选用 W7~W5 的氧化铬研磨膏;精研和偶件互研时选用 W5 以下的氧化铬研磨膏。

3.研磨工具

研磨工具也称研具,它是与零件被研磨部位的形状和尺寸相吻合,为研磨而定制的工具。研具的作用一方面使零件研磨成形,另一方面是作为研磨剂的载体。研具的几何形状精度直接影响零件的研磨精度,因此,对研具的制造精度要求较高。研具的硬度应低于零件的硬度,又要有一定的耐磨性。研具的材料一般用灰铸铁、低碳钢、铜、铝、铅、木材、丝绸和皮革等。

研具分为手工研具和机械研具。

（1）按研具工作表面形状分为研磨平板、研磨尺、研磨盘、研磨棒、研磨套和研磨环等。

（2）按用途分为平面、外圆、内孔、锥面、球面、螺纹、齿轮等研磨工具。

零件外圆或内孔研磨时,分别用机床夹持零件或研磨棒,使之按一定转速回转,然后用手握住研磨套或零件,涂上研磨膏使磨粒随研磨具做往复和回转运动进行研磨切削。

配合件配合面磨损、腐蚀用研磨进行修复时,不是采用研具与零件相互研磨,而是采用两个相互配合的零件配合面上涂研磨膏相互研磨,即互研。

二、船机零件的研磨修复

柴油机的进、排气阀与阀座,燃油系统的三对精密偶件的配合面因为磨损或腐蚀失效后,如果磨损程度较轻,通过研磨就可以使其恢复使用功能。研磨是船舶轮机人员必须掌握的基本技能之一。

1.平面研磨修复

当船机零件工作表面或配合面为平面,且平面发生磨损或腐蚀时,如果零件尺寸较小并且研磨要求不是非常高时,可以在高精度的研磨平板上采用手工研磨修复。例如高压油泵套筒端面或者针阀体端面发生磨损腐蚀,使端面密封不良时,可以在研磨平板上研磨修复。研磨平板是带有交叉沟槽的铸铁板,沟槽的深度为 1.5~2 mm,沟槽的作用是存储研磨膏和磨屑。

研磨前,先将零件加工表面和平板清洗干净,将研磨剂均匀涂于零件待修表面上,并放于研磨板上;研磨时,用手均匀用力按住零件,在研磨平板上沿"8"字形轨迹运动,使磨痕交叉以保证研磨均匀并可以提高表面粗糙度等级;研磨一段时间后,将零件转动一定角度再继续研磨。一般圆形零件转 120°,方形零件转 90°,矩形零件转 180°,目的是使研磨均匀。

研磨时根据腐蚀、磨损情况,即研磨量的大小确定研磨工序和选用研磨膏。当研磨量大,就需要先进行粗研、再精研。一般选用氧化铝研磨膏粗研,氧化铬研磨膏精研。按"8"字形轨迹在研磨平板上滑动,直至零件端面呈均匀暗灰色为止。清洗后,再与相对应的配合平面互研,使之吻合。互研时只需加润滑油而不需加研磨膏。

2.锥面研磨修复

喷油器针阀偶件的锥面配合面和进、排气阀的阀面与阀座配合面磨损、腐蚀后,在船上条件下采用互研方法进行修复。

针阀偶件锥面磨损后锥面上环形密封带(正常宽度为 0.3~0.5 mm)变宽或中断、模糊不清时,可以采用手工互研修复。一般选用极细的氧化铬研磨膏或润滑油进行手工互研。先在针阀锥面上放少量极细的氧化铬研磨膏,然后准确迅速插入到针阀体座面,严防研磨膏粘到针阀体内圆表面上破坏内孔精度。一手握针阀体,另一手拿针阀,适当施压使二者相对左右转动,相互研磨,直到针阀锥面上出现细窄光亮环形密封带为止。研磨中,依针阀锥面磨损情况可先用研磨膏互研,再用润滑油互研,或只用油互研。最后进行雾化试验以检验针阀密封性。

3.圆柱面的研磨修复

喷油泵柱塞偶件和喷油器针阀偶件的圆柱配合面磨损后偶件密封性下降,使泵油压力和喷油压力下降。一般采用镀铬修复,镀后机械加工和最后研磨、互研,使之恢复偶件的配合间隙。修复后进行油泵、喷油器密封试验。

第十一节 其他修复技术

一、激光熔覆技术

1.激光熔覆技术的定义

激光熔覆技术是利用大功率、高能量激光束聚焦极高能量,瞬间将被加工件表面金属微熔,同时使零件表面预置或同步自动送置的合金粉剂完全熔化。激光束扫描后合金快速凝固,获得与零件基体完全冶金结合的致密熔覆层。

激光熔覆可将高熔点材料熔覆在低熔点材料表面,且材料成分不受通常的冶金热力学条件限制,因此,采用的熔覆材料范围广泛,通常采用耐热、耐磨、耐腐蚀和耐疲劳性能好的材料。

2. 激光熔覆技术性能特点

(1)激光熔覆层与基体为冶金结合,结合强度不低于原基体材料的90%。

(2)基体材料在激光加工过程中仅表面微熔,微熔层为 0.05~0.1 mm。基体热影响区极小,一般为 0.1~0.2 mm。

(3)激光加工过程中基体温升不超过 80 ℃,激光加工后基本无热变形。

(4)激光熔覆技术可控性好,易实现自动化控制。

(5)熔覆层与基体均无粗大的铸造组织,熔覆层及其界面组织致密,晶体细小,无孔洞、夹杂、裂纹等缺陷。

(6)激光熔覆复合层组织由底层、中间层以及面层组成的各具特点的梯度功能材料,底层具有与基体浸润性好、结合强度高等特点;中间层具有一定强度和硬度、抗裂性好等优点;面层具有抗冲刷、耐磨损和耐腐蚀等性能,使修复后的设备在安全和使用性能上更加有保障。

3. 激光熔覆粉末

激光熔覆粉末的要求:

(1)应具有所需要的实用性能,例如:耐磨、耐蚀、耐高温、抗氧化等特性。

(2)具有良好的固态流动性,粉末的流动性与粉粒的形状、粒度及湿度等因素有关。

(3)粉末材料的热胀系数、导热性应尽可能与工件材料相接近,以减少合金层的残余应力。

(4)具有良好的湿润性,湿润性与表面张力有关,表面张力越小,湿润角越小,液体流动性越好。

激光熔覆粉末的种类:

(1)Fe 基自熔性合金粉末

Fe 基自熔性合金粉末适用于要求局部耐磨且容易变形的零件,基体多为铸铁和低碳钢,其最大优点是成本低且抗磨性能好。但是,与 Ni 基、Co 基自熔性合金粉末相比,Fe 基自熔性合金粉末存在自熔性较差、熔覆层易开裂、易氧化、易产生气孔等缺点。

（2）Ni基自熔性合金粉末

Ni基自熔性合金粉末以其良好的润湿性、耐蚀性、高温自润滑作用和适中的价格,在激光熔覆材料中研究最多、应用最广。它主要适用于局部要求耐磨、耐热腐蚀及抗热疲劳的构件。Ni基自熔性合金粉末含Ni量一般不超过70%,主要添加Cu、Cr、Mo、W、Si、B、Mn等元素,以适应各种不同化学性质工作介质的要求。

Ni基自熔性合金粉末的合金化原理是利用Fe、Cr、Co、Mo、W等元素进行奥氏体固溶强化,利用Al、Ti等元素进行金属间化合物沉淀强化,利用B、Zr、Co等元素实现晶界强化。Ni基自熔性合金粉末中各元素的选择正是基于以上原理,而合金元素添加则依据合金成形性能和激光熔覆工艺进行确定。

（3）Co基自熔性合金粉末

Co基自熔性合金粉末具有良好的耐高温、耐腐蚀、耐磨损性能,常被应用于石化、电力、冶金等工业领域的耐磨、耐蚀、耐高温等场合。目前,Co基自熔性合金粉末所用的添加元素主要是Ni、Cr、Fe等。其中,Ni元素可以降低Co基合金熔覆层的热膨胀系数,降低合金的熔化温度区间,有效防止熔覆层产生裂纹,提高熔覆合金对基体的润湿性;Co与Cr生成稳定的固溶体,在此基础上弥散分布着各种碳化物和硼化物,导致合金具有更高的耐磨损、耐腐蚀和抗氧化的能力。

（4）复合粉末

在滑动、冲击磨损和磨粒磨损严重的条件下,在Ni基、Co基、Fe基自熔性合金粉末中加入各种高熔点的碳化物、氮化物、硼化物和氧化物陶瓷颗粒,制成金属复合粉末。复合粉末主要是指碳化物、氮化物、硼化物、氧化物及硅化物等各种高熔点硬质陶瓷材料与金属混合或复合而形成的粉末体系。复合粉末可以借助激光熔覆技术制备出陶瓷颗粒增强金属基复合涂层,它将金属的强韧性、良好的工艺性和陶瓷材料优异的耐磨、耐蚀、耐高温和抗氧化特性有机结合起来,是目前激光熔覆技术领域研究发展的热点。

4. 激光熔覆的主要工艺参数

激光熔覆的工艺参数主要有:激光功率(kW)、光斑尺寸(mm)、送粉率(mg/s)、送粉角度(°)、载气流量(L/min)、搭接率等。

5. 后处理

激光熔覆的后处理包含缓冷处理和机械加工处理。激光熔覆后的缓冷是一种保温处理,可以用于减少或消除熔覆层的残余应力,减少或消除熔覆层产生有害的热影响。缓冷通常采用恒温炉内保温,经过充分的保温后,随恒温炉冷却或降到某一温度出炉进行空气冷却,其中加热温度、保温时间和冷却方式,要视缓冷的目的、基材和熔覆层的特性而定。机械加工处理主要根据加工件熔覆层的材料,选择合适的加工方式。

6. 激光熔覆的应用场合

许多的工模具及特殊工况的结构件(例如:柴油机增压器废气涡轮端的涡轮叶片、电厂汽轮机叶片、鼓风机叶片、齿轮、阀座、气门、挺杆等)要求表面有良好的耐磨性、耐蚀性及高温抗氧化性。这些零件损坏后采用整体材料来制造既浪费贵重金属,又无法兼顾工件对表面耐磨性、耐蚀性与心部强韧性的不同要求;而采用传统的等离子喷涂或堆焊硬质合金的方法又存在涂层疏松、缺陷多、基体热影响区大、生产周期长等缺点;采用激光熔覆涂层技术可在廉价的钢材表面获得高性能的耐磨、耐蚀陶瓷涂层,且涂层均匀致密、缺陷少、成品率高,因此,对于大幅度降低成本有较大的经济意义,亦为这些零件的修复提供了一条新的途径。

二、3D 打印修复技术

3D 打印修复技术的原理和当今热门的 3D 打印技术原理相近。其工作原理是:首先在计算机内存储备件的三维数据模型,然后电脑来控制激光束或者是热能喷嘴,把装在 3D 打印机里的特殊原材料(例如:金属粉末、塑料等),逐层堆积凝结,最终叠加成型,实现对受损零件的快速修复,部分简易零件可现场制造(或修理),大大提高了修复效率。当前,3D 打印技术有三大类:烧结、熔化和立体光刻。

(1)烧结是一种将材料加热,但不加热到熔化的程度,以制造高分辨率物品的技术。金属粉末用于直接金属激光烧结,热塑性粉末用于选择性激光烧结。

(2)熔化方法包括粉末床熔化、电子束熔化和直接能量沉积。这些方法是利用激光、电弧或电子束在高温下将材料熔化在一起来打印物体。

(3)立体光刻是利用光敏聚合物来制造零件。该技术使用正确的光源以选择性的方式与材料相互作用,将物体的横截面固化成薄层。

第十二节　再制造技术

一、再制造概念

再制造是指以旧制成品为原料,运用高科技的清洗技术、修复技术或利用新材料、新技术,进行专业化、批量化修复或技术升级改造,使得再制造后产品(装备)在技术性能和安全质量等方面达到原同类新品的标准要求。再制造不仅仅是对旧产品简单的回收和利用,而是依托一定的科技手段,对原有产品进行再生、制造及技术升级改造,给原有产品赋予更多的内容,使得原有产品的功能和价值得到提升。再制造是一个过程,再制造的核心实际是再创造,为用户提供再生新产品、新功能、新服务、新价值。

二、"再制造"与"维修"的区别

"再制造"与通常的"维修"是有本质区别的。

(1)"维修"指的是使失效的设备恢复到能执行所需功能的状态的过程;而"再制造"不仅仅是实现维修的目的,而是通过一定的技术手段和一系列既定的过程,能使使用过的设备恢复到新产品的水平。

(2)许多"维修"比较昂贵,往往治标不治本,而"再制造"则不同,它是经过一系列严格的程序,对产品的整体性能做全面了解,然后采用先进适用的再制造技术、工艺,对废旧产品(零件)进行修复改造,使其性能和质量达到或超过原型新品。

(3)"再制造"通常由原始设备制造商完成,所有再制造过程中替换或维修的零部件以及升级的软件与新品所用的零部件或软件属同系列产品,保证了很好的兼容性,而"维修"则不一定。

(4)原始设备制造商可以很好地追踪原产品的保修期,可以避免因不必要的"维修"而产生的费用。

(5)"再制造"后的产品可以得到一段时间的保修期,这个保修期不只是针对再制造过程中替换或维修的零部件,而是对整机而言的;而"维修"则不同,所谓的保修期通常只是针对维修过程中替换或维修的零部件。

(6)经过第三方"维修"过的产品在保修期内失效的概率远远高于原始设备制造商"再制造"过的产品。

再制造工程是在维修工程、表面工程基础上发展起来的。基于先进表面工程技术在再制造中的应用,可将旧件利用率提高到 90%,使零件的尺寸精度和质量标准不低于原型新品水平,而且在耐磨、耐蚀、抗疲劳等性能方面达到原型新品水平,并最终确保再制造装备零部件的性能质量达到甚至超过原型新品。再制造的重要特征是再制造后的产品质量和性能不低于新品,成本不超过新品的 50%,节能 60% 以上,节材 70% 以上,对环境的不良影响显著降低,成为建设资源节约型和环境友好型社会的重要途径。

三、实例:内燃机曲轴再制造

1. 内燃机曲轴再制造的意义

目前,在国内外内燃机整机再制造已形成了一定的规模,然而在回收的旧机中,作为主要部件之一的曲轴,能够重新利用的仅有 20% 左右。部分再制造厂家将磨损或拉伤较轻的曲轴采用"减尺寸法"(修理尺寸法)加工成等级曲轴,重新装机使用,这种处理方式给售后服务和用户使用带来很多问题。因此,现在再制造厂家多用新曲轴来替换掉不能使用的旧曲轴。这种更换新轴的方式不仅减少了回收零件的使用率,同时也增加了再制造成本。曲轴是内燃机零部件中价值较高的零件,如果采用有效的工艺技术将损伤失效的曲轴再制造,达到新品的性能,重新装机使用,将会创造较高的经济效益。

2. 内燃机曲轴再制造的技术要求

由于曲轴是内燃机中承受高密度冲击载荷、传递动力的重要零件,其具有结构复杂、刚性差、技术要求高等特点,因此其再制造难度大。再制造质量直接影响再制造内燃机的性能和寿命,因此,曲轴的再制造的工艺技术必须满足以下条件:

(1)通过检测和评估再制造曲轴毛坯的损伤状况,判定再制造曲轴毛坯的自身强度能够满足要求;

(2)再制造过程不能使曲轴产生变形影响其疲劳强度;

(3)恢复曲轴尺寸的镀覆层的结合强度要达到 300 MPa 以上,镀覆层的硬度和耐磨性能要高于新品的技术指标;

(4)机械加工精度要达到制造图纸的要求。

3. 内燃机曲轴合金镀铁再制造技术工艺流程

合金镀铁技术具有镀厚能力强、镀层结合强度高、力学性能优、生产效率高、对工件本体强度无影响等优点，更适用于内燃机曲轴的批量再制造。应用合金镀铁技术再制造曲轴，不是单一的曲轴形位尺寸的恢复，而是将合金镀铁技术与检测检验技术、清洗技术、机械加工制造技术等多项技术相结合的系统再制造技术。为此，需制定一套科学、完整和系统的曲轴合金镀铁再制造技术工艺流程和质量控制程序，并根据各种机型曲轴的不同技术要求制定相应的技术方案，确保批量再制造曲轴的质量和性能达到新品的要求。其工艺流程如图 4-15 所示。

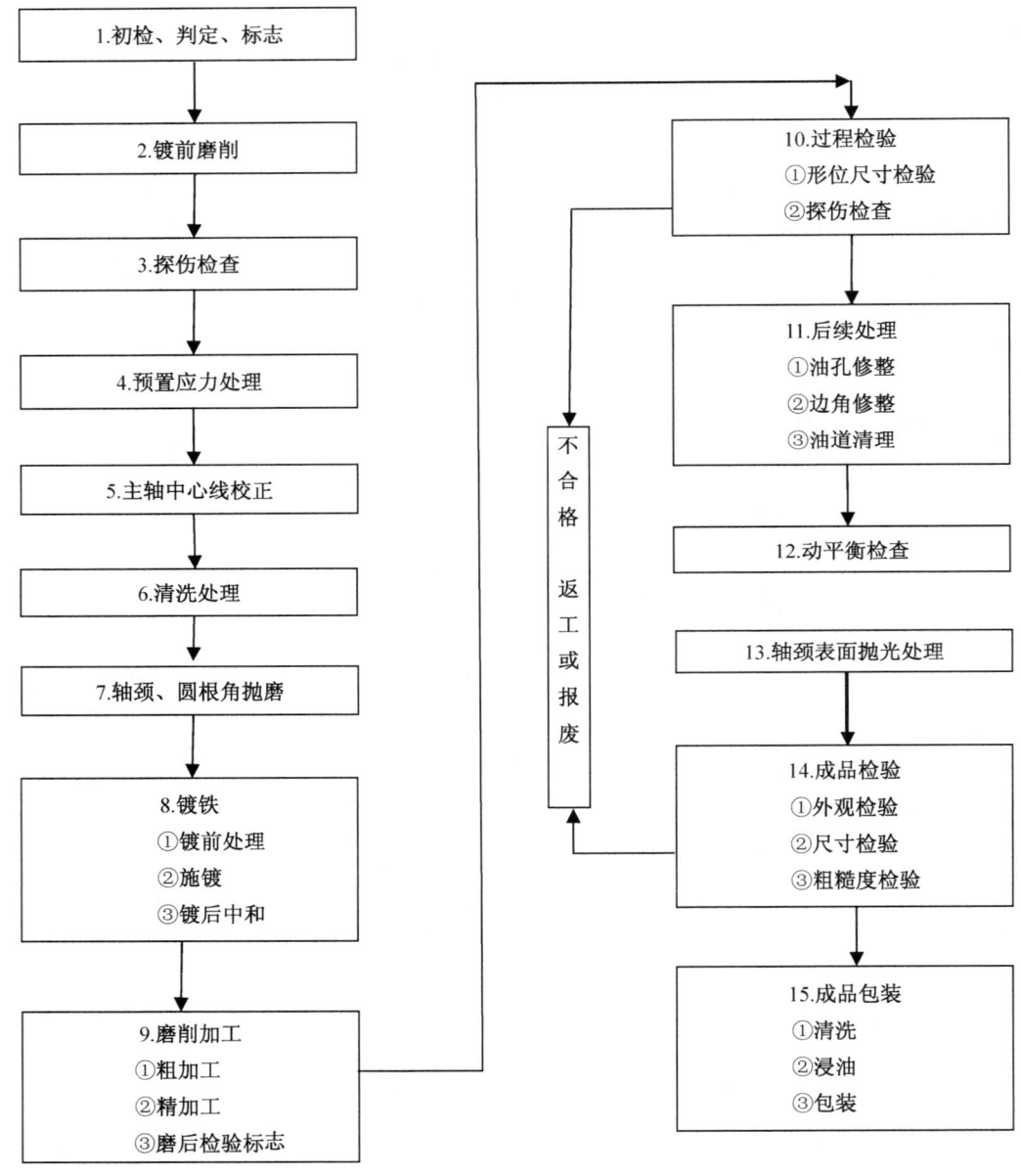

图 4-15　柴油机曲轴再制造工艺流程图

第五章

船机维修过程

    船舶在营运过程中,船舶机械及设备出现机损故障或进行常规检修时,需要对船舶机械和设备进行拆卸修理。根据机器的大小、作用,以及损坏的形式、范围、程度的不同,采取的修理方式也不同。一般可以通过船员自修和船舶厂修来恢复船舶机械和设备的功能。通常,船舶机械检修步骤包括:航行勘验、确定维修时机与准备、拆卸与检测、清洗、测量与检验、修理、装复与检测、试验等。图 5-1 为船机维修过程的流程图。

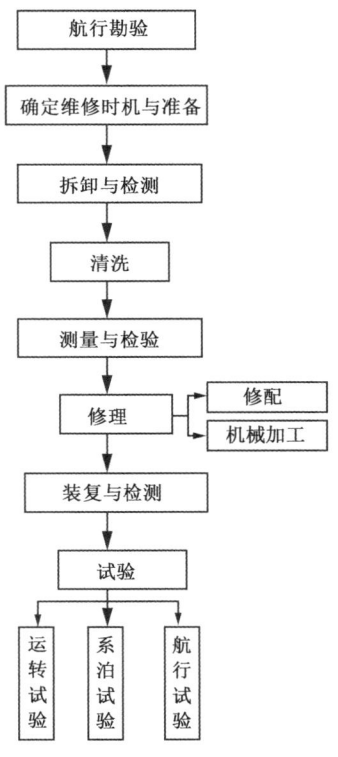

图 5-1　船机维修过程的流程图

船员自修项目,通常是轮机人员根据经验知识通过航行中观察和必要的检测来了解和确定损坏的部位、性质、程度等;船舶厂修项目则要根据相关规定及要求,在船舶进厂前进行航行勘验,以了解船舶状态和故障情况、确定修理项目和修理范围。维修时机是根据预防维修保养体系、故障检修或船检部门认为必要时来确定的;确定了维修时机后,就要进行准备工作,例如:物料准备、备件及专用工具与量具准备、起重设备准备、熟读待修机械设备说明书和掌握机械设备结构特点及技术要求等。随后,对船舶机械进行拆卸、检测与清洗,要做到边拆卸边检测,通过拆卸进一步确定故障的部位。清洗完毕后,对船舶机械设备进行测量与检验,以确定故障的损伤性质和程度等。然后,根据测量与检验的结果来确定维修方案和进行修复工作。等船舶机械设备修复后,进行安装并随时检测,确保正确装复。最后,通过各种试验来确定船舶机械设备的性能是否得到了恢复和保持。

第一节　船机设备的拆卸、清洗与装配

本节将简单介绍维修过程中有关拆卸与检测、专用工具和量具、清洗、装复与检测以及交船试验等内容,以便全面了解船机维修过程。

一、船机拆验

拆卸和检测是船舶机械设备修理过程的开始阶段。拆卸和检测工作关系到维修时间和维修费用,以及维修质量,通过拆卸和拆卸中的检测,可以摸清故障的性质、范围和程度,找出故障的原因。所以,不论是船员自修还是船舶厂修,在船舶机械设备维修前,均应做好修前的拆卸及检测工作。

拆卸就是把机器的运动部件从其固定件上拆下来,将机器进行局部或全部解体。拆卸是任何机器修理之前必须进行的工作。拆卸过程中维修人员可以根据零部件表面的油污、积碳、水迹等线索对机器的技术状况和所存在的故障进行调查研究。例如喷油器的工作状态、喷油定时的故障情况,可以根据燃烧室组成零件的积碳情况进行调查了解。

拆卸中若遇到拆不下来的零件,不能硬拆,以免零件受损或机器无法装复。所以,为了保证零件完好和能正确装复机器,拆卸工作必须按照一定的原则和顺序正确进行。

1.拆卸前的准备工作

（1）人员的准备

根据设备拆卸工作量的大小,并且在保证人员、设备安全的前提下,合理地安排人员的分工。要求相关工作人员着工作服、戴安全帽,做好安全预防措施。

（2）技术准备

机械设备种类繁多,构造各异。拆装人员必须了解所拆机器的结构特点和装配技术要求,做到心中有数。必要时应查阅有关说明书和图样资料,搞清装配关系、配合性质,不能粗心大意、盲目乱拆。同时应明确拆装目的、制定拆装方案。

（3）用具、备件、场地的准备

用具、备件、场地的准备包括拆卸工具（专用工具、常用工具）的准备；吊车、吊具等起重设备的准备；需要更换的零部件或易损件的备件的准备；木板、支架等零部件放置场地的准备。

①工具的准备

对船舶机器设备进行检修时需要的工具包括：通用和专用工具、通用和专用量具、各种随机辅助设备等。所准备的通用工具和量具的种类、规格和精度等应能保证全部拆检工作的顺利进行。

在船舶拆卸过程中经常用到的通用工具有扳手、手锤、钳子和一些其他钳工工具。

在船舶拆卸过程中经常用到的专用工具有气缸套拆装专用工具、活塞环拆卸专用工具、活塞组件装入气缸专用工具、主轴瓦拆装专用工具和液压拉伸器等。

在船舶拆卸过程中经常用到的通用量具有塞尺、内径和外径千分尺、百分表、游标卡尺、钢直尺和样板等。

在船舶拆卸过程中经常用到的专用量具有臂距千分表（拐档表）、桥规、量缸表、专用塞尺和平尺等。

②起重设备的准备

拆卸船舶机械设备上重量较大的部件时，经常使用各种起重工具和设备。最常用的起重设备是环链式手拉葫芦和起重行车；此外，吊装工作中还会用到一些其他的工具和索具等，例如液压千斤顶、卸扣、吊环、钢丝绳、滑车、撬棒和连接固定螺栓等。

采用机舱起吊设备进行吊运时，应当根据部件的重量选择相应的起吊工具；检查起吊控制开关操作的灵活性；同时，检查行吊情况，确保吊运工作安全可靠。

③其他物料准备

为了保护重要的零件和管口等需要对其进行支垫和包扎，因此要准备木板、厚纸板、垫料和填料、布或塑料布、木塞等物料。此外还需准备棉纱、油料等各种消耗品。

2.拆卸原则

（1）确定拆卸范围

拆卸中应当注意根据故障确定合理的拆卸范围，不能随意扩大，能不拆的机件尽量不要拆。因为不必要的拆卸可能会使机件原有的配合精度遭到破坏或已磨合部位的相对位置被改变，造成零件损伤，扩大安装误差。

（2）确定正确的拆卸顺序

船舶机械设备的型号不同，其结构也不同，拆卸和安装的顺序也不尽相同。因此，拆卸人员在拆卸前应当仔细阅读相关说明书，并充分掌握机器的结构特点，了解拆装要求、随机拆装专用工具的使用方法等。

虽然机器的结构千差万别，但一般应当遵循如下顺序：

①先拆易损件、附属机件，后拆主要机件。

②先上后下，从外到里，即应先从机器的上部、外部开始拆卸，然后再拆卸机器的下部、内部机件。

③先拆整件后分解，即在拆卸机器时，应先将整体机件拆下来，然后再进行分解拆卸，如各类泵、各类阀、调速器、增压器等。

(3)保证零部件原有的精度

船舶机械装备拆卸过程中,应当保证不损伤零部件,不能破坏零部件的尺寸、形状和位置精度,重点保护好配合件的配合表面。例如,吊缸时取下的活塞应当放在支架上或者平铺好的木板上。特殊情况时,允许在保护大件、重要件精度的前提下牺牲小件、不重要件,以便完成拆卸工作。例如,活塞环黏着在环槽中时,可将活塞环损坏,从环槽中取出,但是要保证不能损坏活塞环槽。当然,重要的或者高精密的部件不要在现场拆卸,应当系标注名称和所属的位置的标签,送到船上工作间或者岸上的船厂车间或实验室进行解体修复。例如,柴油机喷油泵和喷油器应在船上雾化试验台或者船厂车间解体,以保证精度。

(4)保证正确装复船舶机械设备

在拆卸船舶机械设备之前,应当考虑拆卸检测后的装复工作,拆卸的前提是能够保证正确的装复。所以,拆卸前应当认真地阅读船舶机械设备的说明书,充分地掌握所要拆卸的机械设备的结构特点;拆卸过程中,要细心地观察和记忆,并做标签或者标记号,还可以用照相机和摄像机做记录;检测过程中,合理选择检测方法,避免损伤零部件和破坏零部件的配合精度,以便于船舶机械设备的装复工作。

3.常用拆卸方法

(1)击卸法

击卸法是利用锤子或其他重物在敲击或撞击零件时产生的冲击能量,把零件拆下。它是拆卸工作中最常用的一种方法,具有操作简单、灵活方便和适应范围广等优点,但如果拆卸方法不正确容易损坏零件。

(2)拉(压)卸法

拉(压)卸法是采用专用拉(压)卸器把零件拆卸下来的一种静力或冲击力不大的拆卸方法。它具有拆卸比较安全和不易损坏零件等优点,适用于拆卸精度较高的零件和无法敲击的零件。

(3)顶压法

顶压法是一种静力拆卸的方法,适用于拆卸形状简单的过盈配合件。常利用螺旋 C 形夹头、机械式压力机、油压机或千斤顶等工具和设备进行拆卸。

(4)温差法

温差法是利用材料热胀冷缩的性能,加热包容件或冷却被包容件,使配合件拆卸的方法。常用于拆卸尺寸较大、过盈量较大或热装的零件。

(5)破坏法

破坏法拆卸是拆卸中应用最少的一种方法,只有在拆卸焊接、铆接、密封连接等固定连接件和相互咬死的配合件时才不得已采用保存主件而破坏副件的措施。一般采用车、铣、锯、錾、钻、气割等方法进行破坏性拆卸。

4.拆卸技术要点

为了保证正确地拆卸机器,以便船机检修工作的顺利完成,应掌握以下几种常遇到的问题处理方法。

(1)做记号和系标签

拆卸过程中,应对拆下的零件系标签,在标签上注明其所属部件、次序和相对位置等,以免混淆或丢失。做记号和系标签是一项非常重要的工作。在柴油机运转过程中,各个缸的磨损程度均有一定的差别,所以应当标明拆下的零件是第几缸的。

给零件做记号时应注意以下几个问题:

①做记号前,先检查在零部件的相对位置处有无记号,如果没有记号或者记号不清晰的话则应重新做记号;对于旧机器的零部件来说多数已经做过记号,不应重复做记号以免造成混淆。

②可在零件连接处用标记笔、油漆、点冲、号码冲或钢印等方式做记号,不可随意乱打,在零件的精加工面上不能做任何记号。

③对不熟悉或不了解的船舶机械设备,可采用画图、拍照片、录像等方法记录零部件的配合关系。

④当船舶机械设备的检修期较长时,应妥善保管拆下的零件并注意保护好已做好的记号。

(2)拆下的零件和机器拆开部位的保护

拆卸中,应妥善放置与保管从船舶机械设备上拆下的仪表、管子、附件和零部件等,应分别做好标签,切不可乱放。仪表、精密零件和偶件的精密配合表面尤其应慎重放置,并重点保护。

船舶机械设备拆卸后,固定件上裸露的孔口、管系的管口应用木板、纸板、布或塑料膜等堵塞或包扎,以防止异物落入造成堵塞、损伤和破坏,同时避免引起磨损和后患。

(3)过盈配合件的拆卸

船舶机械设备上有很多过盈配合的配合件,例如齿轮与轴,柴油机上的气阀导管与导管孔,活塞销与销座等。拆卸这些过盈配合件时应尽量使用随机专用工具、专用工具或采用适当的加热和冷却等方法来完成拆卸工作,避免损伤零件,切勿硬打硬砸。

(4)螺栓的拆卸

船舶机械设备拆卸时,会有大量的螺母、螺栓、销子和垫圈等零件的拆卸工作。一般来说,这些零件的拆卸并不是很困难,但应注意以下问题:

柴油机气缸盖螺栓、主轴承螺栓和排气阀螺栓等双头螺栓,一般螺栓仅有一端旋入机体。拆卸时,无须将双头螺栓整体从机体上拆下。

拆下来的螺母、螺栓等应套装于原位,以防丢失或螺纹破坏等造成安装困难。

如果有生锈螺母拆不下时,可采用以下方法:

①先将螺母上紧1/4圈,然后反向旋出;

②轻轻敲击振动生锈螺母周边,除掉部分锈蚀后再旋出;

③在螺母和螺栓之间灌入煤油或喷松锈剂,浸泡 20~30 min 后旋出;

④用喷灯或焊枪等加热设备均匀加热螺母,使之受热膨胀后旋出;

⑤以上诸方法均不能奏效时,用扁铲或凿子等钳工工具将螺母破坏取出。

螺栓断于螺纹孔中时,可采用以下方法将断头螺栓取出:

①在露出的断头螺栓顶面锯出凹槽,用螺丝刀等工具旋出;

②锉平露出的断头螺栓两侧面,用扳手等工具拧出;

③在断头螺栓上焊一折角钢杆或螺母,将断螺栓旋出;

④在断头螺栓顶面钻孔攻丝(反向螺丝)并拧入螺钉,旋出螺钉将断头螺栓带出;

⑤在断头螺栓顶面焊接折角钢杆,将螺栓旋出;

⑥选用直径小于断头螺栓根圆直径 0.5～1.0 mm 的钻头,将螺栓钻掉,再用与原螺栓螺距相同的丝锥将螺纹孔中残存的断头螺栓除去,但应不破坏原螺纹孔的精度。

5.拆卸安全

(1)拆卸工作中必须严格遵照说明书要求或相关安全操作规程,按照合理的拆卸顺序进行。整个拆卸过程中必须保证操作人员和船舶机械设备的安全。

(2)拆卸前,要选用恰当的操作工具,应首选专用工具,再选通用工具,应首选死扳手,再选活扳手。

(3)拆卸过程中,应正确使用相关的工具、量具,不得违规操作。例如,上紧螺栓时,不能随便加长扳手的长度,以防螺栓变形、折断或扳手损坏而造成伤人事故;卸螺栓时,要尽量拉而不要推,并且要用一只手抓住固定物,以避免手滑伤人。

(4)注意吊运安全。起吊作业必须严格遵循操作规程;作业前,工作人员要熟悉起重吊运指挥信号,必须对起重设备进行仔细检查,并进行空载试验;在吊运过程当中,零件要捆绑牢靠而不能有损伤,禁止人员在起吊车下通过或工作。

(5)防止人身事故和零部件的损伤。拆装前,应做好安全措施,对油、水、电、气(汽)进行卸放,关好阀门和开关,防止油、水、气(汽)、电发生跑、冒、滴、漏现象,造成人员或设备损伤;拆卸过程中,避免硬拆现象,以免损坏机器设备;拆卸后,注意对零部件的保护,防止丢失、变形和生锈等。

二、拆卸中的检测

船机拆卸前、拆卸过程中的检验和测量是对机器的剖析和透视,是查明故障、分析和诊断故障原因、制订修理方案的重要依据。

运转中的观察主要是通过拆卸前的航行勘验或者船舶机械设备在运转中的检测,了解主机工况,记录各项性能指标、振动、噪声和滴漏现象等情况并对运转缺陷进行检验。对船舶机械设备的运转状况和信息进行比较、分析和判断,从而初步确定船舶机械设备可能存在的某些问题。

感觉检验法是航行勘验中检验零件技术状态的重要而有效的方法。这种检验方法的准确度与检验人员的经验关系很大,可分为目测法、声音判断法以及感觉检查法三种方法。

(1)目测法:用肉眼或放大镜对零件进行观察,以确定其磨损及损坏程度、性质变化等。如:缸体与气缸盖的裂纹,齿牙的折断或齿面疲劳,轴承表面的疲劳与腐蚀,离合器或制动器的烧损变色与拉毛,橡胶零件的老化等。

(2)声音判断法:根据零件工作时或人的敲击所发出的声音来判断其技术状态和故障。如根据敲缸情况,可判断柴油机燃烧的好坏。根据柴油机各部位的响声,可判断间隙是否合适。对零件用敲击法检验时,可查明其内部有无裂纹;对具有覆盖层的零件,可检验覆盖层与基体金属的结合情况(合金轴承检验),如声音清脆说明结合良好。

(3)感觉检查法:凭手的感觉判断零件的技术状态。如检查间隙大小、温度高低和其他故障中通过手做相对晃动检查滚动轴承的径向与轴向间隙;通过转动曲轴时的灵活性来判断其配合间隙;通过触摸可以判断轴承发热程度等。

船机拆卸过程中,要对船舶机械设备进行检验和测量。对拆开的配合件工作表面进行观察,从配合件表面的氧化、变色、拉毛、擦伤、腐蚀、变形和裂纹等现象判断故障的部位、范围和程度。测量零部件的尺寸,从而计算磨损量、几何形状误差和配合间隙等,并据此判断零件的磨损、腐蚀或变形程度。例如,测量曲轴外径来计算磨损量、圆度与圆柱度误差;测量桥规值和曲轴臂距差值,来判断曲轴状态和轴瓦的磨损情况等。

在拆卸过程中,必要时要对重要的零件进行无损检测,以查明零件表面或内部存在的缺陷和损伤。如发电柴油机修理时,对连杆螺栓进行着色探伤或磁粉探伤,检查连杆螺栓表面有无疲劳裂纹,并且测量其长度,以检查有无变形;利用超声波技术检测管路腐蚀、焊缝的缺陷和转子、法兰等的疲劳破坏等。

三、清洗

船舶机械设备拆卸后应对其零件进行清洗,以清除零件表面上的油污、积碳、水垢和铁锈等污垢,必要时还应对管系进行冲洗,以除去拆卸时带入、残余或者沉积在其中的杂质和污物等。清洗也是检测的准备工作之一,清洁的零件表面便于检测和准确测量,更便于修理和装配;清洗后的管系,可以避免润滑油对机械设备的污染,利于机器的正常运转。因此,清洗工作是高质量维修的保证。清洗工作既要迅速、彻底和安全,又要避免对零部件造成损伤和腐蚀,同时应保证零件工作表面的精度。

1.零件的清洗

为了避免影响检测和装配工作,常用机械和化学方法对零部件进行清洗,或者采用机械、化学综合清洗来除去零部件或管系中的污染物。清洗工作要求快速和高质量,同时不能损伤零部件工作表面和造成其腐蚀。

（1）机械清洗

机械清洗就是用刮刀、钢丝刷、油石、砂布或者相应的设备,去除零部件工作表面上沉积较严重的积碳、铁锈和水垢等污染物。

手工机械清洗:手工机械清洗就是用刮刀、断锯条等刮除非光滑配合面上的积碳或用钢丝刷刷掉积碳、铁锈和水垢;对光滑的配合面上的积碳、铁锈等可用铜或软刮刀刮除,然后再用柴油或汽油清洗干净。常用于清洗柴油机燃烧室的零件。

喷丸机械清洗:喷丸机械清洗是利用水压把塑料软丸或者胶球压入管系中,利用弹丸对管壁的摩擦进行除垢。常用于对炉管和冷凝管的清洗。

超高压水射流除锈工艺:利用水是不可压缩的介质这一特性,提供足够的能量使高压水通过喷嘴被加速到非常高的速度(达 600 m/s,甚至更高),而获得喷射冲击能,来粉碎、消散或分解船舶机械设备或者船壳上的铁锈等污染物。由于水流速度与通过喷嘴孔的水压成正比,因此,通常采用直径较大的喷嘴获得较低的水压来除锈,以避免损伤船舶机械设备的零部件或者船壳。

机械清洗操作简便,使用灵活,适用范围广,对清除零件表面积垢十分有效,广泛用于船舶和修船厂。但此法容易损伤零件表面,产生划痕与擦伤,使零件在使用中再次产生积碳,受力的零件还容易形成应力集中以致引起裂纹。

（2）化学清洗

化学清洗就是利用化学药品的物理溶解和化学反应,清除零件表面上的油垢、积碳、漆皮、水垢和铁锈等。化学清洗主要有以下几种:

油洗:油洗是化学清洗方法的一种,其原理是利用有机溶剂(如氟碳溶剂等)、汽油、柴油或煤油的物理溶解作用去除附着在零件表面上的油污垢。清洗时,先将零件浸泡在油或有机溶剂中,过一段时间后,用抹布或刷子将零件上的油污清除干净。

该方法操作简单灵活,易于使用,适用于清洗油污积垢不严重的零件,效果又快又好,应用广泛。但对积碳、铁锈和水垢等污物无效。而且,此方法不够安全,通常不推荐使用汽油,极易引起火灾。

化学清洗剂清洗:化学清洗剂清洗主要是利用化学清洗剂的物理溶解性能(油垢)和化学反应(水垢),去除船舶机械设备上的污染物。化学清洗剂主要有以下几种:

①碱性清洗剂

碱性清洗剂可有效地清除零件表面上的油、油脂污垢、油脂的高温氧化物、漆皮等附着物。船舶机械设备所用的零件材料不同,清洗剂的配方也不同。通常根据材料选用不同 pH 值的碱性清洗剂。一般钢质零部件可用强碱性(pH 值≥13)清洗剂,铸铁、铜、铝等材料的零部件可用中、弱碱性(pH 值≤12)清洗剂。将零件浸泡在 80~90 ℃碱性清洗液中 3~4 h 后,用压力为 5 MPa 的清水冲洗干净。但是,这种方法容易使零件表面生锈。

国外新型碱性清洁剂有碱性除油污清洁剂,该清洁剂由碱、水处理剂、湿润剂和渗透剂组成,是一种多用途的船用浓缩清洁剂。碱性除油污清洁剂能除去各种污泥,适应硬水和海水,可靠无闪点,应用于绝大多数表面清洗,用任何性质的水稀释后,均具有优良的清洁作用。当使用喷雾清洁方法时,可以控制泡沫。

使用任何碱性浓缩清洁剂时,应注意避免长期与皮肤接触,如果清洁剂与眼睛接触,应立即用大量的水冲洗并求医治疗,使用时参阅标签上的附加说明。

②酸性清洗剂

酸性清洗剂与水垢、金属氧化物发生强烈的化学反应后,水垢和金属氧化物被溶解或脱落。酸性清洗剂是用盐酸、硫酸、磷酸、硝酸、氢氟酸、氨基磺酸等无机酸或有机酸以及缓蚀剂和水配制而成,多用于清除零件上的水垢和铁锈。

使用酸性清洁剂的注意事项包括:酸洗时应穿耐酸工作服和戴橡胶手套,戴好防护眼镜,防止烧伤皮肤;酸洗现场要挂安全牌,以免误入引起不测事故;酸洗前应对整个装置进行检查,并在清水循环过程中消除外漏,防止由于严重堵塞造成胶管破裂事故;废酸溶液不准乱倒,以免引起环境的污染及对其他设施的腐蚀。最好用废碱中和处理后再排放。

③合成洗涤剂

合成洗涤剂是近年发展起来的一种现代的新型清洗剂。合成洗涤剂是由表面活性剂(如烷基苯磺酸钠、脂肪醇硫酸钠)和各种助剂(如三聚磷酸钠)、辅助剂配制而成的一种洗涤用品。对于机舱中不同的机器及其不同的脏污有不同的清洗剂。

（3）使用清洗剂应注意的事项:

选用清洗剂时应选用对人体健康无损害的清洗剂。还应注意有的清洗剂是易燃液体,因此在使用、储存时严格按照说明书的要求操作。

船用清洗剂应满足下列安全因素:闪点>61 ℃;不含苯、四氯化碳、四氯乙烷、五氯乙烷和其他有毒成分的化学品。

清洗时,工作场所应通风良好,要求佩戴保护器具,以减少与皮肤和呼吸道的接触。

依清洗目的选用清洗剂,选用时认真查看商标或产品说明。

使用乳化型清洗剂后不允许将其排入舱底或机器处所,因为许多清洗剂都会引起油水混合物乳化,或者几种不同品种的清洗剂同时排入机舱舱底,可能产生永久性乳化状油污水混合物,以致会造成分离设备不能正常运转,从而造成海洋环境的污染。

化学清洗废液中含有未反应完的清洗药剂、垢物、清洗对象中溶解下来的金属离子以及悬浮物,由于存在上述物质,化学清洗废液中 COD(化学耗氧量)较高、颜色深、盐类浓度和 pH 值也较高,因此,要对化学清洗废液采取过滤、加凝絮剂、氧化剂等措施。

国际海事组织(IMO)的海上环境保护委员会经多次讨论研究,通过了"船舶机舱处所洗涤用的清洗剂"报告,制定出保护海洋环境的新措施。

2.管系的清洗

任何新造或修理后的发动机,在起动运转前都必须冲洗其各种油或水的系统。为了保护发动机的零部件及其正常运转,起动前应认真、细心地冲洗主滑油系统、凸轮轴滑油系统和燃油系统。

当一台新造柴油机或一台完成大修的柴油机起动投入运转前,不论是在造机厂、修造船厂还是船上,都应该注意柴油机的各种油系统的清洁,以免留下后患。因为船舶建造或修理时各种作业,如船体喷砂、舱盖焊接等不利于主柴油机的装配工作,落下的灰尘、焊渣、粉末等会进入机器、油箱和管系。在管子制造和管系组装时也可能带入灰尘、污物颗粒。经过长期运转的柴油机各种油系统中还会有污物积存,甚至沉积在管壁上。因此,柴油机起动前必须进行油系统的专门冲洗,以保证各种油系统的清洁,尤其是润滑油系统的清洁最为重要。通常,柴油机的主滑油系统采用标准润滑油进行清洗,燃油系统采用柴油进行清洗。

主滑油系统脏污和润滑油不清洁将造成配合件的磨损加剧和其他故障。造成主轴承、十字头轴承、连杆大端轴承和各种轴承的损伤和轴颈的磨损,破坏润滑油膜,引起抱轴、拉缸等故障发生。清洗主滑油系统是为了彻底清除管路中残存的杂质、污物颗粒以及管壁上的污垢,防止它们进入轴承等配合件中,确保柴油机安全、可靠地运转。柴油机主润滑系统清洗时应注意以下几个问题:

(1)准备工作

主滑油系统清洗前最主要的准备是:首先清洁主柴油机的内部和链条箱的内部等,可用连接到主滑油管上的软管进行冲洗。然后清洁主柴油机外部管路中的污物,通过滤器和分油机进行清除。但应注意,柴油机外部滑油管路清洗一定要与其内部滑油管路分开,绝不允许清洗外部管路的油液流经主机。

(2)管口的堵塞

堵住连通到曲轴箱的各主轴承的滑油支管,使滑油不能进入各主轴承、链条箱轴承和喷嘴、推力轴承和十字头轴承、纵振和扭振减振器、力矩平衡器和增压器轴承。图 5-2 为 MAN B&W 型主柴油机主滑油系统的堵塞管口的示意图。图中①、②分别为装于主轴承和十字头轴承的盲板法兰。盲板法兰的结构如图 5-3 所示。

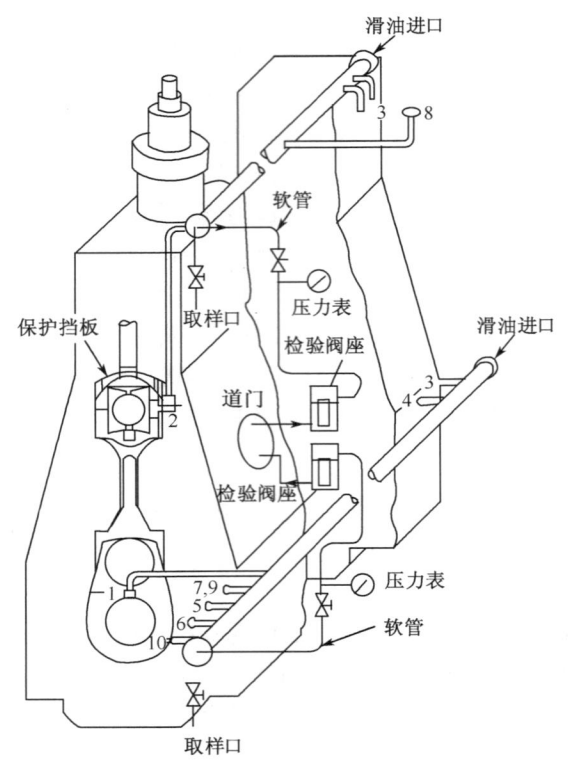

图 5-2　MAN B&W 型主柴油机主滑油系统的管口堵塞

1—主轴承滑油旁通盲板法兰；2—十字头轴承旁通盲板法兰；3—堵塞到主链轮轴承和喷嘴的油管；4—堵塞到推力轴承的油管；
5—堵住或旁通纵振减振器的油管；6—堵住扭振减振器的油管；7—堵住前力矩平衡器驱动轮的油管；
8—堵住或旁通增压器的油管；9—堵住液力张紧轮的油管；10—堵住 PTO-PTI 动力齿轮的油管

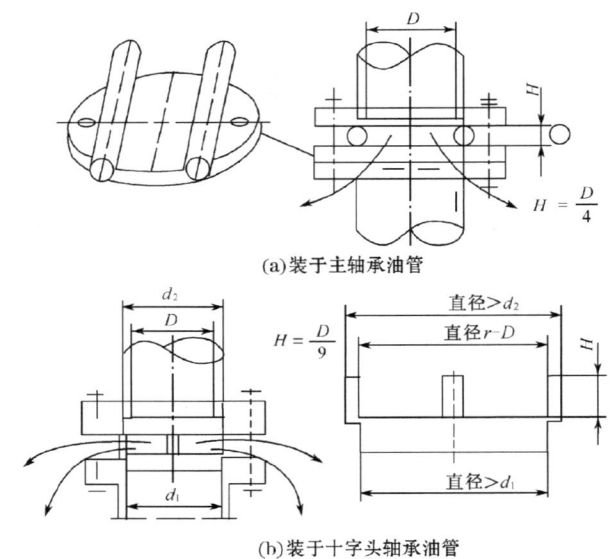

图 5-3　盲板法兰结构

（3）保护十字头轴承

由于十字头轴承上盖设计成开式,在主机安装过程中和整个清洗过程中均应将其盖住,以防脏污物落入轴承。

（4）振动或敲击管系

清洗期间,为了使沉积于管壁上的污垢松动,采用便携式振动器或手锤敲击管子,然后将脱落的污物清除。

（5）清洁油柜和管端

清洗时应注意清洁油柜和管端,因为滑油中的颗粒和污物会沉淀在油柜底部和管端,如果不被清洁,当柴油机运转时,滤器就会被频繁堵塞。这是由于油温升高或船舶的摇摆倾斜,使沉淀在油柜底部的颗粒、污物与油再次掺混所致。

（6）润滑油的温度和流速

清洗时,应将润滑油加热至 $60 \sim 65$ ℃为宜。为了造成管系内润滑油的充分扰动,滑油应以一定的流速流经主滑油系统。

四、船机装配

船舶机械设备的拆卸、检测和检修的目的是恢复其规定的使用性能,船舶机械设备的性能指标不仅与各零部件的修理质量有密切的关系,而且与各部件总体装配、调试质量密切相关。因此,在船舶机械设备的装配过程当中,必须认真按照装配工艺的各项技术要求和装配规则进行安装,并且随时进行检测和调整,以确保被拆下部件的正确装复,恢复船舶机械设备的原有工作性能。船舶主、副柴油机在检修中可能包括以下部件的装配:气缸盖部件的安装、气缸套的安装、活塞组件的安装、活塞杆填料函的安装、筒形活塞与连杆的装配、十字头式柴油机的活塞运动部件的装配和主轴承的安装等。

1.装配要求

装配工作是一项极为重要的工作,装配质量直接关系到柴油机运转的可靠性、经济性和使用寿命。装配工作的主要技术要求应达到正确配合、可靠固定和运转灵活。具体要求如下:

（1）保证各个相对运动配合件之间的正确配合,恢复其原有的配合间隙,达到说明书或相关规范的要求;

（2）保证船舶机械设备各个零部件之间的可靠连接;

（3）保证相应船舶机械设备零部件轴心线的位置关系正确无误;

（4）保证定时和定量机构的准确连接;

（5）保证船舶机械设备的运动件能够保持动平衡;

（6）保证整个船舶机械设备装配工作过程的清洁。

2.装配办法

装配过程中,既可能是对原件进行装配,也可能是对更换的备件或者是更换加工的配制件进行装配。一般来说,对于原件的装配较为顺利,如果是换新零件则装配工作需要采用一定的方法才能达到要求。

（1）调节装配法

装配过程当中可以通过调节某一零件或移动连接机构中某一零件的方法达到装配精度。例如,通过增减厚壁轴瓦结合面之间垫片的厚度来保证轴承间隙,通过移动连接机构零件对气阀间隙、气阀定时和喷油定时进行调整。

（2）机械加工修配法

常用的机械加工修配法主要有修理尺寸法、尺寸选配法、镶套法等,这些方法可以使配合件恢复配合间隙和使用性能。

（3）钳工修配法

钳工修配法即采用钳工的修锉、刮研或研磨等主要方法达到装配精度。例如,更换新轴瓦后,往往需要对轴瓦进行拂刮以满足轴与瓦的配合要求。

3.装配工作的主要内容

（1）清洁工作。装配前,零件应彻底清洁干净,要注意清除备件、修理过的或新配制的零件上的毛刺、尖角等瑕疵,配合面上更应保证无瑕疵与脏污。

（2）为保证连接件的紧密贴合,应该对连接零件的结合面进行必要的修锉与拂刮。例如,气缸套与气缸体的结合面的修刮。

（3）在装配过程中,对有过盈配合的配合件,可以采用敲击、压力装配、热套合装配和冷套合装配。

（4）对某些部件(如气缸套、活塞等)应采用液压试验检验零件或系统的密封性。

（5）对各部件、配合件及机构进行试验、调整和磨合运转等。例如,气阀间隙的调整、气阀定时的调整、喷油定时的调整。

（6）装复机器,并进行整机的检验与调试,以检验机器的修理质量和技术性能,达到检修的目的。

4.装配过程中的注意事项

（1）应事先对机器的构造和零件之间的相互关系进行了解,以免装错或漏装。

（2）相对运动的零件的配合表面和工作表面上应保持清洁、干净,而且不允许有任何擦伤、划痕或毛刺。

（3）为防止零件的摩擦表面(如气缸套内表面、活塞和活塞环外圆面)和螺纹等生锈,应在上面涂以清洁的机油。

（4）对于活动部件在装配过程中应边装配边活动,以检查转动或移动的灵活性,保证无卡阻。因为全部装配完毕后再活动不能及时发现装配工作中的问题,甚至造成返工,浪费时间。

（5）对于有方向性要求的零件,应注意安装方向,以免装错。例如,活塞上的刮油环在安装时刮刃尖端应朝下,这样才能将气缸壁上多余的润滑油刮下。如装反了就会向上刮油,压力环的泵油作用加强,大量滑油将进入燃烧室。

（6）使用过的金属垫片,如完好无损,可继续使用,但是纸质、软木、石棉等垫片应当一律换新。

（7）如果发现重要螺栓有变形、伸长、螺纹损伤和裂纹等情况,均应换新。安装固定螺栓的预紧力和上紧顺序均应按说明书或有关规定操作。

（8）对零件锁紧部位,开口销、锁紧片、弹簧垫圈、保险铁丝等均应按要求装妥,锁紧零件的尺寸规格亦应符合要求。

安装中,可以用木槌或软金属棒敲击零件,但不能敲打零件工作表面或配合面。

第二节　修船管理

一、修船的种类和原则

1.修船的种类

根据船舶修理的原因,船舶修理可以分为自主修理和被动修理。船东为适应新技术的发展改装修理船舶和船舶定期检修可以算作船东自主修理,其他原因导致必须修理的情况可以称为被动修理。

根据修理工程承担对象,可分为船员自修和厂修。

船员自修是船员应尽的基本职责之一,是保证船舶技术性能良好、消除设备隐患、减少故障、缩短修期、节约修费、提高船员技术水平的重要措施。

船员自修分为不停航自修、停航自修和厂修时的自修。

(1)不停航自修是船员在航行期间内进行的自修保养工作。主要内容是按计划和设备保养规程规定的预防性检查保养项目,解决航行中发现的问题。

(2)停航自修是有计划安排或停泊期间的船员自修工作。主要以主机的检修为主,并进行其他不停航时无法进行的工程。停航自修以船员为主,必要时由航修站或船厂协助进行。

(3)厂修时的自修是船员在船舶厂修期间尽可能多地完成一些厂修范围的工程。船舶进厂时,船员的主要职责是积极配合厂修做好监修工作。船厂应积极支持船员自修,及时解决自修所需的零部件加工和配件供应等问题。

厂修的种类没有统一的规定。如交通运输部曾经根据使用的时间和磨损的程度,分为航修、小修和检修三种。而中国船舶工业总公司规定为坞修、小修、中修和大修。

(1)按交通运输部的规定

航修:船舶营运中发生局部过度磨损或一般性事故,影响航行安全而船员难以自行修复,必须由船厂或航修站修理。

小修:营运期中的船舶按规定周期结合定期检验而进行的短期计划性修理。目的是消除在使用中产生的过度磨损和腐蚀,保证到下次修理期内的安全运转。主要对船体、主机、副机、管系、通海阀、舵装置、轴系、锅炉、受压容器、液压设备、电气设备及工程专用设备进行重点检查和修理,对设备进行清洁保养、研磨、调整和更换零部件。一般以原样修复为主。

小修间隔期,客货船为12个月,远洋货船为12~18个月。如船舶技术状况良好不需修理时,经验船师检验认可后,可以延期6个月,但最多不超过12个月。

检修:检修是按规定周期每隔2~3次小修进行的厂修工程。它结合定期检验对船体、主机、副机及其他设备进行较全面的检查,修复小修时不能解决的较大缺陷,消除检验证书上重要保留条款,保持船舶强度和主要设备的安全运转条件。主机、副机允许做全面检查和修理,但必须依据设备的技术状况确定项目,不应盲目全面解体和修换。

除计划厂修类别外,还有事故修理。事故修理是指船舶在营运中,如遇到不可抗拒(台风、龙卷风)的因素或意外(船舶碰撞,触礁)所造成的海损事故后的修理。其修理情况要根据船舶损坏程度和船检部门提出的修理意见和要求进行临时性修理,以取得适航证书。

(2)按航运企业的规定

航修:航修属临时性修理,不编制计划。主要是为解决营运中发生的局部故障,影响航行安全,而船员又不能自修的工程,可由船厂、航修队等利用船舶在港期间进行,不影响船舶营运。

计划修理:一般为5年一个周期,5年中一次特检和一次计划修理。在两次计划修期之间有一次坞修。

事故修理:船舶发生事故后,应根据船舶损坏情况和检验部门提出的修理范围和要求进行。

如果通过临时性修理可以取得适航证书,则可做临时性修理以减少营运损失。如损坏严重,则应根据当时当地的条件决定修理方案。事故修理如距计划修理时间较近可以考虑合并进行。

此外,厂修还可分为计划修理和临时修理。计划修理多结合船舶的各种检验有计划、周期性地进行,包括坞修、小修和检修。临时修理是由于意外事情而进行的非计划修理,包括航修和事故修理。

2.修船的原则

(1)船舶修理应以恢复机械、设备的原有性能为目的。要对船舶更新和改造时,需要做经济论证,并经船级社认可。

(2)船舶的使用年限是修船的重要依据,各种海船使用年限的一般规定见表5-1。

表5-1 海船使用年限的一般规定

船舶类别	船型	老龄船	特别定期检验船龄	强制报废船龄
一类	高速客船	>10年	>18年	25年
二类	客滚船、客货船、客渡船、客货渡船(包括旅客列车轮渡)、旅游船、客船	>10年	>24年	30年
三类	油船(包括沥青船)、散装化学品船、液化气船	>12年	>26年	31年
四类	散货船、矿砂船	>18年	>28年	33年
五类	货滚船、散装水泥船、冷藏船、杂货船、多用途船、集装箱船、木材船、拖船、推轮、驳船	>20年	>29年	34年

对于船龄较小的船舶,修理时应尽可能保持其原设计性能;对于大龄船舶,修理时要保证安全营运和使用年限;对于老龄船舶只进行维持性修理,同时采取适当减载和限制功率的措施以保证强度和安全运输的要求。

(3)远洋船舶应按入级标准进行修理,如为达到原入级要求而修理范围过大,经济论证又不合算时,应按改变入级航区或改为沿海使用的要求进行修理。

（4）保证修船的质量。修理的项目必须达到质量标准,应满足验船规范、修理标准、技术说明书等有关规定。

（5）缩短修船时间,降低修船费用。

（6）修船工作实行预防为主,维护保养和计划修理并重的原则,切实保持船舶良好的技术状况。

二、修船的组织

1.修船的准备工作

（1）修理单的编制与确定

修理单编制的依据主要包括:

①公司的修船计划和规定的修理级别;

②船舶证书上需要船级社检验的项目;

③说明书所规定的各种设备和部件的检修间隔期;

④船舶在航行中的技术状况、磨损与损坏规律以及各种测试资料。

船舶修理单分甲板、轮机、电气和坞修四个部分。轮机和旦气部分由轮机员负责编制,由大管轮汇总后报轮机长审定。公司船技处审批后将修理单送有关船厂报价,选择修船厂。

修理单应注明每项修理工程的内容、规格要求,修理机械设备的制造厂名、出厂年月、数量和规格,修理部件的材料和性能等。如果修理单不明确,将影响船厂的报价,并影响公司对船厂的选择。

修理单一式三份,其中一份留船用,其余两份交给船技处。在编写修理单时,要明确修理的类别,属于船级社检验的修理工程要写明,以便于船厂在修理过程中安排验船师进行检验,对修理工程签证或换发船级证书。

（2）修船备件和物料的准备

在编制修理单的同时,根据修船项目的需要,做好所需备件的订货工作,以保证修船进度和节约修理费用,在修理单上可写明备件由船方提供。

对于订货困难需要船厂制造加工的配件应提前向船厂提出,由船厂安排制造。在修理单上应写明备件由厂方提供。

对于修船中使用的工具、物料,以及自修项目的备件也应有计划地分期申请领取。

2.修船的组织工作

（1）安全方面

船舶修理期间,由船舶、船厂双方结合实际情况拟订防火二作的具体措施,共同做到安全防火。

施工过程中,双方都要严格履行开始前商定的安全协议,遵守双方的防火等安全规定,本船修理时施工区域的防火安全主要由厂方负责,船方应给予密切配合。

为使进厂修理的船舶得以安全、顺利地完成修理工程,双方协商,签订协议,共同遵守。

为了配合船厂做好施工安全工作,机舱应派船员看火,协助船厂安全员做好机舱防火安全工作和施工现场的安全工作。

修船过程中万一发生意外灾害事故时,船员要坚守岗位,首先保卫好本船的安全,然后服从船厂统一指挥,共同保护或抢救其他船舶。

（2）自修方面

船员自修工作对摸清技术状况、及时消除隐患、节约修理费用、缩短修理期、延长船舶寿命、提高船员技能和保证船舶安全都有重要作用,必须做好。

厂修期间应适当安排船员自修项目,以配合船厂共同完成修船任务,缩短修期,节省修理费用。

船员应根据自修范围编制好自修计划,做好自修工作,并按船厂进度安排完成。

船员自修应该充分利用船上已有的设备和工具。机务和供应部门要有计划地给船舶配备必要的工具。

船员自修所必需的备品、配件和物料,各主管部门要给予优先安排和及时供应。

船舶进厂时船员要基本固定,必须调动时要征得机务部门的同意,以保证自修力量。

船厂要为船员自修安排必要的协作加工任务。

（3）监修方面

船方应指派船舶监修师进行监修,并代表船方制定和签署文件。不指派监修时,应由轮机长负责监修轮机修理项目。对修理工程进度、材料、工艺和测量数据等,轮机员应该进行监修,如有不妥应及时向厂方提意见。修理项目中需提交验船师检验的项目,由船方申请检验。单项工程修理完工或试验合格后,由轮机长检查认可。全部修理工程完工后,由双方代表签署完工验收单作为交船的依据。船厂应对试验、试航和工程的质量完全负责。船厂修理工程的保修期,固定部件为 6 个月,运动部件为 3 个月。

3.修船的监督与验收

（1）监修工作

船舶进厂修理时,机务管理部门应派出监修代表,负责与船厂联系,最后确定工程,处理修船中发生的问题,办理结账等事宜。船方应负责具体修理项目的监修和验收工作。

船舶进厂后,根据检查的情况允许对工程范围进行修整,但应及时做出决定,以免影响工程进度。增减工程项目应由船员与监修代表协商,最后由监修代表决定,通知厂方。

增减工程项目的范围不宜过大,决定应该及时,不影响施工;对重大的增减项目如未派监修代表,应迅速请示公司;对不修将影响开航的工程,则可一方面通知厂方施工,同时向公司报告。

一般工程由轮机长、大副分别组织人员监修,重要工程应由该设备的检修负责人亲自监修。监修人负责监督船厂是否按船舶修理单指定的范围和要求施工;工艺、材料及安装质量是否符合技术要求;施工中有无船厂责任引起的部件及设备的损坏;施工时有无不安全因素,可能引起火灾及其他危险,必要时有权停止其施工,并向主管人员汇报,等待处理;做好必要的修理记录,以便准备验收和审核账单的材料。此外,监修人应配合船厂工作,为施工提供方便。

（2）验收工作

验收的目的是检查修理质量是否达到技术要求。

船厂施工完毕应交船员验收。验收时应有厂、船双方代表在场,验收后验收人签字表示该项工程的结束。

对船级社要求检验的项目,应申请验船师检验。

修理完工后可根据修理范围决定是否需要试航,或在码头试车。试航时应由双方提出试航大纲,明确试航时的安全责任。在试航中发现的问题,凡应厂方负责的项目应由工厂负责修理。

修理完毕,应立即组织力量,认真审核完工单。完工单是编制账单的主要依据,要严格把关,属于质量未达到要求的应文字注明,并双方签字。

三、坞修工程

船舶坞修是指为了实现船舶水下结构和装置的保养、检验、维修和改造工作,或泛指与船舶在船坞内进行维修相关的各项工作(检验、修理、改装、清洁、涂装、进出坞、修船管理等)的总称。船舶坞修是目前实现船体清洁、除锈和涂装等唯一有效的方式。

船舶坞修工程一般是指船舶水线以下部分的船体工程和机电工程的修理和检验。其主要任务有:船舶进坞是为了清除船体水下部分的海洋附生物和完成除锈防腐作业,检验水下部分的船体和装置,并消除其腐蚀损坏等缺陷,进行检修和完成改装工程。坞修工程涉及船舶设计、装配工、电工、钳工、焊接、泵工、涂装、起重运输、无损检验、牺装等多工种的综合性工程。

1.坞修设施

船坞是重要的修船设施,船体和轴系等的修理均需在船坞中进行。船坞的种类按用途分为造船坞和修船坞;按构造分为干船坞(包括造船坞和修船坞)、浮船坞等。对于修船而言,目前国内主要采用干船坞、浮船坞。

（1）干船坞

干船坞(也有称旱坞)是建于水域边缘的池形水工建筑物。根据其用途分为修船坞和造船坞。造船坞深度较浅,故称为浅坞;修船坞则较深。

修船坞主要用于进行船体水线以下部分的检查和修理,例如船体表面的除锈和油漆,水线以下船板的更换,舵轴、螺旋桨、舵系、通海阀门、水文和海底地貌的探测仪器等拆卸修理工程。

修船坞由坞首、坞口(坞门、坞门座和坞门墩)、坞室(坞墙、坞底板)、排灌系统、曳船系统、起重系统和动力设施及其他设备构成。修船坞坞底低于水面,三面是坚固的坞壁,临水一面安装活动的坞门。在坞室的底板上设有支承船舶的龙骨墩和边墩;船坞两侧布置引船进出坞的曳船装置(如坞壁牵引车),坞壁上部地面安装起重设施。坞口附近设水泵站和排灌系统,并配置修造船用的动力管系。坞门开启,船坞与水域相通,船舶进或出坞;坞门关闭,泵站排水,船舶坐墩,进行修船作业。

（2）浮船坞

浮船坞是一种特殊的工程船,它能够浮于水上并由拖船拖动。浮船坞一般常泊于修船厂附近码头,也可拖至需要修船的地点。浮船坞不仅用于修造船,也可以打捞沉船、运送深水船舶通过浅水航道以及战时作为流动修船基地。

浮船坞一般为由两侧坞墙与坞底组成的槽形箱式结构,首、尾两端通常敞开。浮船坞配备必要的修船设施,包括进排水系统、动力设备、坞修系统、曳船系统、起重设备、锚泊设备以及其他工作和生活设施等。浮船坞中央监控装置能够实现对浮船坞挠度变形、四角吃水和纵横倾、压载水舱液位的监测及对压载阀和排水泵的遥控等。通过对浮船坞的各水密舱的充水和排水,实现船坞的上浮与下沉,从而将修理船舶托出水面或沉入水中。

待修船舶进坞时先向水舱灌水,使坞下沉至坞内水深满足船舶进坞的水深要求,用牵引设备牵船入坞,之后排出水舱内的水,使坞上浮至坞底露出水面,便可进行维修作业。当完成维修作业后,以相反程序操作。

除了利用以上坞修船设施外,还可以采用船排(Marinerailway)、同步升船装置(Synchrolift)和移动式吊车(Travellift)等设施将船舶拖、吊离水面进行修理。

修船厂通常具有各类专业的修理车间,例如坞修车间、冷作车间、轮机车间、电工车间等。此外,修船厂的设施还包括为协作厂家提供生产、办公及生活场地和设施等。

2.轮机坞修的主要项目

船舶常规坞修就是按船级社的规定,在一定的营运周期后必须在船坞里对船舶进行的检验。依据 CCS《钢质海船入级规范》对船舶坞修要求,一般情况下,船体、轮机和电气设备的特别检验每 5 年进行一次,检验合格后换发新的证书,以保持船级的有效性。螺旋桨轴和艉轴的检验一般不超过 5 年。坞内检验 5 年内应不少于 2 次,间隔期为 2.5 年,最长间隔不超过 3 年,但其中 1 次应与特别检验同时进行。

轮机坞修工程主要是船舶推进装置,舵和水线下的船舷阀件等的检修。具体项目如下:

(1)螺旋桨的主要检修内容包括:拆下螺旋桨进行检查,桨叶表面抛光,测量螺距;桨叶如变形应予矫正,如有裂纹和破损需进行焊补修理;完成校正和修理后还需要按照要求测量螺距和做静平衡试验。

(2)螺旋桨轴、艉轴和艉管轴承的主要检修内容包括:测量轴承下沉量和轴承间隙;当抽轴检查时,检查轴套和轴承磨损情况,对螺旋桨轴的锥部进行探伤检查;检修和换新滑油密封装置等。

(3)舵、舵承的主要检修内容包括:对舵扇、舵杆及其紧固件进行外观检查;测量轴与轴承的磨损和间隙;如全面拆检,需将舵扇、舵杆、舵销、舵销衬套和止推轴承全部拆除,进行检验和修理(包括对舵扇焊补和水压试验,对舵杆的堆焊和镗孔以及衬套换新等)。

(4)船体水线下的阀件和设备的主要检修内容包括:①对海底阀箱的检查与修理内容是,拆检格栅连接螺栓和螺帽,钢板除锈、测厚、修理、更换锌块和涂防锈漆,钢板换新后进行水压试验;②对海底阀的检查与修理内容是,海底阀解体清洁,阀体除锈、涂防锈漆,阀及阀座研磨(如锈蚀严重可光车后再磨),阀杆填料换新,海底阀与阀箱的连接螺栓检查与换新;③对船舷排出阀(如海水出海阀、锅炉排污阀)以及其他位于水线以下设备,也应按修理规范要求严格检查修理。

通常在实际修船过程中,还需合理安排对其他船舶轮机工程、船舶甲板工程、船舶电气管路工程项目进行同步检查和修理。

3.坞修的准备工作

船舶坞修是一项复杂的工作,坞修之前轮机管理人员需要做好各项技术和安全方面的准备工作:

(1)编制修理单

编制好坞修项目修理单,将修理单提前报公司船技处审核、报价,以选定坞修的船厂。

(2)坞修工具、材料和备件准备

准备好坞修所需的专用工具,为节省经费,船方应预先订购好坞修所需的重要材料和备件

（例如修理艉轴前应预定艉轴前后密封圈）。

（3）技术资料准备

轮机长应准备好海底阀箱布置图、通海阀布置图；舵、舵杆、舵销、舵承的装配图和零件图、舵杆和舵销的安装工艺图和计算书；艉轴、轴套、艉轴密封，艉轴承、螺旋桨的零件图和装配图；防渔网装置的零件图和装配图；艉管布置图和结构图；艉尖舱或艉管冷却水舱图及加热管、压载管、空气测探管等需在坞内安装的管系图纸；螺旋桨拆装工艺和安装计算书；侧推器装配图；计程仪、测探仪等安装图。此外还应准备好有关设备维修的历史资料（如上次坞修的测量记录和检验报告），海损船还应提供海损部位的详细报告，以供船厂和验船师参考。

（4）落实进坞计划与公司机务代表及船厂主管工程师落实坞修事项，如进出坞日期、岸电的供应、淡水的供应、蒸汽的供应、冷藏系统冷却水的供应、消防水的供应、厨房的使用、卫生设备的使用和临时追加项目的可能性等。

（5）船舶入坞技术准备主要的技术准备内容有：①修船前应注意油水补充适量，避免油水过多，影响施工；前往船厂航次可多次压、排压载水，减少淤泥存量；尽量将双层底舱、深油舱、污水沟处的污水、油泥等清除干净；②将厂修的项目用标签或油漆标明，对营运中怀疑损坏的不确定部位（如结构和管路腐蚀等），应重点检查和确定；③假如要拆检艉轴，船厂会在进坞之前拆开艉轴的连接法兰，测量其偏移及曲折值并做记录，以作为修理安装时的参考和比较；④如有外加电流阴极保护，要求关掉电源，修船前将通往舱底的所有水阀关闭，减少修船期间的舱底存水；⑤北方冬季坞修时，预先做好有关设备防冻措施；⑥入坞前主机应转换轻油运行。

（6）船舶入坞安全准备：①油舱的清洁处理：对于需要烧焊和明火作业的油舱，必须将油驱出，并经过洗舱和防爆安全检验；②如需在坞内进行锅炉检验，进坞前应将炉水放光，以免在坞内烫伤工作人员和影响坞修工程；③备好劳动保护用品，防止发生如砸伤、坠落、烫伤等安全事故，北方冬季坞修时，做好人员防滑工作；④标识禁止动火区域，将动火部位的油管、油舱、透气管、油管用醒目油漆标志；⑤确保进入各种舱柜等密闭狭小空间应注意通风良好，受检的油水舱道门入坞前可提前通风备检，修理前应对狭小空间的空气进行检验，标识禁止进入空间或安排必要值守，避免发生窒息、误关人等事故；⑥考虑到船厂工人成分的复杂性，提前检查和锁闭无关物料、备件间和工具间，收集和保护机舱中的专用工具、有色金属等。

4.坞修工程的验收

船舶进厂后，船舶公司机务代表全面负责现场协调和业务处理。轮机长负责轮机一般维修项目监修，重要项目则由轮机长和机务代表、船级社验船师共同监修。

船舶入坞抽干水后，轮机长应和坞修主管、船东代表、大副一起查看和确认船体的坐墩情况，同时要查看阀箱、舵和螺旋桨等的外观状况，以便确定是否有计划外的修理项目。同时还应对桨、舵等重要部位拍照以存查备用。

坞修项目验收是确保坞修质量的关键，因此要把好质量关，对每项工程质量都应按修理单的要求检查，认真、仔细地检查和验收。监修人员负责监督船厂是否按修理单指定的范围和要求施工；修理工程进度、工艺、材料、安装质量和测量数据是否符合技术要求；施工中有无船厂责任引起的部件及设备的损坏；安排和提交需要检验的项目；做好必要的修理记录，以便准备验收和审核材料。

主要坞修工程应申请验船师现场检验，签证检验报告。验收工作的安排应灵活，有些项目可以边施工、边检查、边验收，有些项目可以等到项目完成后统一验收。项目完工单是编制账

单的主要依据,要严格把关,质量未达到要求或扩大修理范围的应文字注明,并双方签字;

修船质量检验标准参考如下:

①船级社或船舶检验局制定的标准;

②国家、交通运输部颁发的各项船舶修理技术标准;

③国际公约、标准、章程、规则;

④与修理商一致商定,经船检部门认可的有关修船技术标准、工艺规程、设计图纸和技术文件。

轮机坞修工程主要维修项目验收要点如下:

(1)螺旋桨的验收:螺旋桨修复后,应检查螺旋桨的抛光质量及修复质量是否符合要求;螺距测量和静平衡实验数据是否符合要求;安装螺旋桨时,轮机长应在场监督进行,检查其安装过程是否符合有关工艺规程;对于有键桨注意在拆前要做好记号和轴头数值的测量和记录;对于无键湿式螺旋桨,安装时应注意在各种温度下所对应的螺旋桨的安装推进量和推进力,并现场监控安装结果。安装完成后,应要注意大螺母保险的安装,检查保护将军帽是否涂好水泥;检查有关维修记录(例如螺距测量和静平衡实验数据、螺旋桨相对艉轴安装位置、液压装配压力和压入量坐标图等)是否完整。

(2)螺旋桨轴、艉轴和艉管轴承的验收修理过程中应注意检查以下几点:

①拆轴前要留意检查后密封装置是否有缠绕渔网和渗油现象。准备好艉轴下沉量测量表,测量艉轴下沉量和轴头数。对照艉轴密封油系统资料,及时停止油泵、关闭重力柜出口阀和放出滑油,防止污染。

②艉轴衬套如被密封环磨出槽,则应予光车或用电镀或喷涂等工艺修复。当衬套装复后,应调校圆周的跳动量,跳动量越小越好。

③检查前后轴承、艉轴锥度处有无裂纹等损坏现象。

④艉管滑油有无乳化,如有则必须要求船东找出漏水的原因,如排除轴封漏,则检查艉轴冷却水舱中艉管进出油管及连接法兰。

⑤艉轴安装之前,轮机长应检查艉管内的清洁,密封油管的马脚是否牢靠。要求电子电气员或电子技工测量艉轴承温度传感器是否正常。

⑥安装艉轴时,轮机长应在场监督进行。安装艉轴密封时,要保持密封环箱体与艉轴承的同心度。装好后应测量艉轴下沉量。按工艺要求安装艉轴密封时要有固定支架使轴封箱与白钢套连接(防止胶圈嘴唇不到位),一起套入艉轴安装。

⑦检查艉轴是否装妥,艉轴密封装置装妥后充油做油压试验。装复检查正常后,灌油放出空气,转动艉轴几个角度查看后轴封是否有渗油。拧开后部检漏螺塞检查是否漏油,确认正常后,倒上滑油封闭。若遇上此处是由油柜通过管道加油时,要提醒船员关闭阀门,以防压差造成漏油。

⑧检查艉轴下沉量,艉轴承间隙、舵轴承间隙和轴系找正等和其他测量记录是否完整;不管是否抽艉轴,都必须测量艉轴下沉量,以确定艉轴承的磨损及轴承间隙是否正常。测量值应以工厂规定的表格形式做好记录。

(3)舵、舵承的验收:即使舵系不是全部拆解,都应对舵杆轴承和舵销轴承进行检查,测量其间隙值并做记录,以确定舵承的磨损量和间隙是否在正常范围内。注意检查舵杆与舵叶连接螺栓是否良好,检查舵杆、舵叶有无电化学腐蚀。在牺牲阳极保护的船上,要注意检查阳极的质量、数量和分布情况;在外加电流阴极保护的船上,则要注意检查轴系和舵杆的接地是否良好。理论上接地良好的舵、桨与船体的电位差应小于 0.1 V。

船舶的舵常见为半悬挂舵及悬挂舵,舵轴承间隙的测量如果超过极限,则要考虑换舵承或加厚舵杆或衬套。装舵前,须确认舵杆衬套的两端之间部位用环氧树脂包裹,衬套与锥面之间这一段距离也要用环氧树脂包裹;密封环区域必须修整光滑,所选用的密封橡皮圈的直径必须高于环槽的深度,检查止跳保险,测量舵杆止跳间隙,止跳间隙为 1~3 mm。

(4)船体水线下的阀件和设备的验收应在船壳高压水清洗前打开海底阀箱的格栅,以便对阀箱内部冲洗。冲洗结束后,轮机长与修船主管应立刻对阀箱内部情况进行检查并确认修理项目内容。海底阀箱内底部淤积的污泥必须彻底冲洗干净,清除阀箱表面所有海洋生物。因进坞时所有海底阀都关闭,查看是否有滴水,如果有说明这些阀漏水,要重点跟踪记录。

海底阀一般的检验方法为阀盘及阀座的接触环带做着色研配检查,如整体拆解的则可进行水压试验。坞修中的各海底阀和出海阀必须解体、清洁、研磨完好,阀与阀座的密封面经轮机员检查认可后才能装复。

装复时检查海底阀箱的格栅是否装妥,箱中是否有被遗忘的工具、塑料布等异物,所有海底阀和出海阀是否装妥。船底塞及各处锌板是否装复好。坞内放水后检查各海水阀和管路。坞内放水后对海水系统放空气,使其充满海水。先使各阀处于关闭状态,观察海水有无漏入管内,然后分别开启各阀,对所有管路接头及拆修过的部分检查是否漏水,必要时上紧连接螺栓。

坞修过程中自修与厂修工程不要相互干扰,应以厂修监修为主,自修工程安排不得影响修期。对于检验和修理中发现的增减工程,根据检查的情况允许对工程范围进行修正。但应及时做出决定,以免影响工程进度。增减工程项目应由船方与机务代表协商,最后由机务代表决定,通知厂方。一般修船后期,不允许增加工程,以确保修期。

四、交船试验

船舶动力装置进厂修理完工之后,应进行交船试验。交船试验分为系泊试验和航行试验两个阶段进行。交船试验的目的是检验船舶动力装置的修理质量及其技术性能,以确保船舶机械符合船级社保持船级的要求和船舶安全可靠地航行。

1.交验项目

为了保证重要设备的修理质量,中船总发布了国家行业标准《民用钢质海船修船交验项目》。该标准规定了柴油机动力装置民用钢质海船经修理后须交验的项目。船方应据此要求厂方交验。

该标准所列的交验项目中凡由船厂修理的,由船厂按规定向验船师提交检验。凡由船员自行修理的项目,应由船方向验船师提交检验。遇有海损修理项目时,应提交的项目由验船师根据具体情况决定。为了保证船舶修理质量,验收内容应符合船级社有关规定及国家已颁布的有关修理技术标准要求。在验船师检验船厂提交项目的过程中,船厂应邀请船方代表一起到场。船舶在修理期间,凡未经船厂修理但是船检必验的设备和项目,由委修方向验船师交验。

2.系泊试验

系泊试验又称码头试验。系泊试验目的是检查船体、机械设备、电气设备及动力装置的制造、安装的完整性和可靠性,以便对不符合要求的地方重新调整,使船舶具备适航条件。船舶在修复完工后,应在码头进行系泊试验。它是船舶航行试验前的一个准备阶段。

船舶在修理结束后,为了确保船舶具备出海试验的条件,对船舶动力装置在验船师监督下进行一次安装、修理质量和工作效用的试验。如在系泊试验过程中发现有不正常现象,应由船厂重新修复后再做系泊试验。

(1)主机起动试验。对修理的船舶主机连续起动3次。

(2)主机换向试验。连续换向4次,包括遥控操纵主机在内。

(3)主机运转试验。

系泊试验的最高转速为额定转速的80%~85%。如果螺旋桨露出水面而影响主机功率时,应尽可能压载或适当增加试验所用的转速。试验要求如下:

正车 50%n_H 连续运转 0.5 h;

正车 70%n_H 连续运转 1 h;

正车 80%~85%n_H 连续运转 2 h;

倒车 70%~80%n_H 连续运转 0.5 h;

在各种转速下要测取主机各种参数。

3.航行试验

系泊试验合格后才允许进行航行试验。船舶航行试验又称试航,是船舶试验的最后一项试验,也是船舶试验中最重要的一项。

船舶航行试验的试验项目、内容、方法、程序和试航计划应该会同船东和船级社等有关方面预先商定,并由船厂、船东和船检机构三方代表组成领导小组,负责实施。首制船通常还请设计单位参加试航。

在试航前,对主要机械设备再做一次检查,并带足燃料、滑油和淡水及生活给养和救生器具,掌握气象预报情况,试验期间,风速尽可能小,海面尽可能平静,水下部分的船体和螺旋桨尽可能清洁,准备好测试仪器和专用工具,测速前应交验计程仪。

船厂对试航全过程做详细记录,为编写产品说明书提供实际数据。试航一般在指定航区内进行。

海上航行试验是为了进一步保证船舶动力装置各系统的安装修理质量,运转的稳定性和可靠性,测试有效功率及经济性能等,验证各项试验结果的性能是否符合规范要求,以保证船舶航行安全。

在船舶系泊或航行试验结束后,在船厂还要进行设备拆检工作,即对部分船用设备进行检查性拆卸,目的在于进一步了解其内部状况和有无隐患,同时,还应尽快消除检查中发现的所有缺陷。在上述工作结束后,还要进行检查性航行试验。目的是检查拆检后的设备运转情况。检查性航行试验为交接试验的阶段,它的完成标志着船舶修理过程的结束。

第六章

柴油机主要零部件的
维修与检验

第一节　气缸盖的检修

一、工作条件及损伤形式

气缸盖是柴油机的固定件和燃烧室的重要组成部分。除此之外,气缸盖上面还要安装各种阀件。对于不同类型的柴油机,气缸盖上所安装的阀件不尽相同。除了早期的对顶式活塞柴油机,喷油器一般是安装在气缸盖上的;对于大中型柴油机,在气缸盖上设有气缸起动阀、示功阀和安全阀;对于二冲程直流扫气的柴油机,在气缸盖的中心设有一个大排气阀;四冲程柴油机在气缸盖上除了要装有进气阀和排气阀外,还要布置进、排气道和气阀摇臂机构。另外,气缸盖内部有各种气道和冷却水空间。柴油机气缸盖的结构形式繁多,因机型而异,但其共同特点是结构复杂、孔道较多、壁厚不均。

气缸盖的工作条件也极其恶劣。它既要受到螺栓预紧力和气缸套支反力的作用,在柴油机工作时,还要承受燃气的高温、高压作用,其冷却水腔还会受到水的腐蚀。气缸盖结构复杂,金属分布不均,各部位温差很大,因此,气缸盖承受着很大的分布不均的机械应力和热应力,尤其是在各阀、孔之间的狭窄区域,工作条件更为恶劣。

气缸盖常见的损坏形式有触火面和冷却面的裂纹、腐蚀,气阀座面和导套的磨损等。

二、气缸盖裂纹的检修

1.气缸盖裂纹发生的部位

(1)气缸盖底面裂纹

一般产生在底面阀孔的边缘过渡圆角处和孔之间，即应力集中之处。具体裂纹部位随机型、结构和材料不同而异。

现代船用二冲程柴油机气缸盖多为钻孔冷却，冷却效果好，一般较少产生裂纹。船用四冲程柴油机气缸盖底面积小且孔多，气缸盖的强度被严重削弱。因此在进、排气阀孔与喷油器孔等孔之间以及气阀座面上容易产生径向裂纹，且大多自中央喷油器孔向其他阀孔扩展，如图6-1所示。

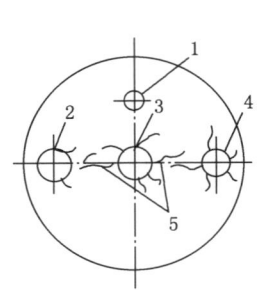

(a) RD、RND 型柴油机气缸盖裂纹　　　　(b) 四冲程柴油机气缸盖裂纹

图6-1　气缸盖底面裂纹

1—示功阀孔；2—安全阀孔；3—喷油器孔；4—起动阀孔；5—裂纹

（2）气缸盖冷却侧裂纹

气缸盖冷却侧设有环形冷却水道，一般在冷却水道的环形筋的根部应力集中处易产生裂纹，并沿圆周方向和径向扩展，进而导致气缸盖裂穿漏水或在阀孔壁上产生裂纹。

2.气缸盖裂纹产生的原因

柴油机运转过程中，气缸盖受到高温高压的燃气产生的交变负荷作用以及热疲劳和应力集中现象的影响，会出现各种裂纹。气缸盖底面在其工作条件下可能产生高温疲劳、蠕变和热疲劳，严重时会发生疲劳破坏。气缸盖冷却侧分布着环形或其他形状的冷却水通道，在通道筋的根部产生机械疲劳裂纹，并向触火面扩展。

气缸盖底面即触火面在高温高压燃气的反复作用下，使底面发生弯曲变形产生机械压应力，并随着柴油机工作循环周期性变化。一般情况下，气缸盖底面温度高达 $400\sim500\ ℃$，有时可能超过 $0.5T_m$（灰铸铁熔点）。当底面温度超过 $0.3T_m$ 时，底面产生显著蠕变，从而使底面压应力大大降低。当气缸盖冷却不良时，温度就会超过 $0.5T_m$，从而引起高温疲劳破坏。气缸盖底面和冷却面的温差可达 $300\sim400\ ℃$，这会在底面和冷却面分别产生压应力和拉应力，在柴油机停车或负荷突降时，气缸盖底面压应力进一步降低、消失，甚至产生残余拉应力。另外，柴油机运转过程中零件长期受到高温作用，使材料的疲劳极限下降，所以当低频热应力超过疲劳极限时，就会在气缸盖底面产生疲劳裂纹。因此，当气缸盖底面产生裂纹时，不能简单地视为热疲劳裂纹。因为底面裂纹可能是热疲劳裂纹，也可能是高温疲劳裂纹或蠕变裂纹，或者是三者共同作用产生的裂纹。但是当发现龟裂裂纹时，则可断定为热疲劳裂纹。

气缸盖冷却侧产生的机械疲劳裂纹是气缸内最大爆发压力引起的周期性脉动应力和热应力共同作用的结果。气缸内最大爆发压力作用在气缸盖底面上使其发生弯曲变形，在冷却面上产生最大拉应力。当冷却水通道筋的根部过渡圆角过小或者存在铸造缺陷时,在这些应力集中的部位就会产生裂纹或使铸造缺陷裂纹扩展,以致在周期性脉动应力作用下,裂纹自冷却面向触火面逐渐扩展,最终使气缸盖裂穿。同时,气缸盖在腐蚀介质和交变载荷共同作用下还可能产生腐蚀疲劳破坏和应力腐蚀,进而产生裂纹。前者是由交变气体力和冷却水中的可溶性盐类的酸根离子产生的微观电化学腐蚀共同作用引起的,其裂纹有两条以上,且每条裂纹没有分支,后者是因氢脆化过程使金属材料变脆而自动裂开,同时因存在应力分布不均而形成的裂纹,该种裂纹有许多分支。

一般来说,气缸盖裂纹以触火面占多数,特别是应力集中及金属堆积的地方。触火面裂纹主要是由低频热应力引起的。另外,高频热应力能使触火面很薄的一层金属加速蠕变,使触火面产生褶皱,加速触火面损坏。冷却侧尤其是冷却侧的某些应力集中处产生的裂纹主要是由气体力和热应力共同作用的结果。

气缸盖的裂纹除了与零部件的设计和材料有关,与燃烧室部件工作状况也有直接的关系。在柴油机运转过程中,气缸盖产生裂纹的直接原因是轮机员的操作管理不当、维修保养不良。

(1)操作管理不当

轮机员操作管理不当将会造成零件过热,机械应力和热应力过大,进而引起机械疲劳和热疲劳。柴油机起动前不暖缸或暖缸不充分,或起动后加速过快,会使气缸盖等零件触火面与冷却水面温差过大,热应力增大;柴油机频繁起动、停车和长时间超负荷运转会使机械应力和热应力增大;冷却和润滑不良或中断、停车后立即切断冷却水等都会使零件过热,热应力增大;在靠离码头机动航行时,柴油机负荷经常变化,要及时对冷却水温进行调节。

(2)维护保养不良

轮机员未按照说明书和维修保养大纲的要求进行定期吊缸检修,未能及时发现问题和加强保养;柴油机长期运转后,对冷却水不进行投药处理或处理不当,致使冷却水腔结垢影响零件散热产生过大的热应力;安装气缸盖时不按照说明书的要求上紧气缸盖螺栓或各螺栓受力不均,使气缸盖产生过大的附加应力。

3.气缸盖裂纹的检验

气缸盖裂纹通常可在下列各种检验中被发现。

(1)根据中国船级社(CCS)的规定,营运船舶每5年进行一次保持船级的特别检验,其中包括对柴油机气缸盖及其阀件等进行拆解检验。

(2)按照主、副柴油机说明书中维修保养大纲的要求检修气缸盖及其阀件等。

(3)新造、修理的气缸盖或怀疑有裂纹的气缸盖采用观察法粗检,采用无损探伤如渗透探伤、磁粉探伤、超声波探伤和水压试验法等进行精检,判断气缸盖上有无裂纹。

另外,航行中可根据下列现象判断燃烧室组成零件有无穿透性裂纹:

(1)在柴油机运转中,轮机员可根据气缸或活塞冷却水压力表指针波动或膨胀水柜水位上下波动,判断零件有无穿透性裂纹。因为当气缸盖或者气缸套有穿透性裂纹时,燃烧室中的高压燃气就会沿裂缝进入冷却水腔,使冷却水系统的压力升高,压力表指针的读数增大,膨胀水柜水位升高;当气缸排气后压力低于冷却水压力,冷却水自裂缝进入气缸,造成冷却水压力急剧降低,压力表指针的读数和膨胀水柜水位则迅速降低。此外,还可根据冷却水温升高、淡水消耗量增加、扫气箱有水流出、膨胀水柜的透气管有气泡冒出,以及冷却水中有油星等现象做进一步判断。至于是燃烧室中哪个组成部件产生穿透性裂纹,则需要进一步检查。

（2）起动前进行盘车和冲车时,轮机员应打开示功阀观察有无水汽或水珠喷出。如果有,则表明燃烧室组成零件有穿透性裂纹或喷油器冷却水泄漏。对此种情况应进一步检查和处理,否则气缸内积水较多直接起动就会造成水击事故。

（3）曲轴箱(或循环油柜)中滑油量不正常增多、滑油中水分明显增加,或滑油迅速乳化变质,均表明由于燃烧室组成零件有穿透性裂纹使冷却水大量混入。

（4）吊缸检修时,轮机员应认真、仔细地观察各个零件,如发现活塞、气缸套或者气缸盖工作表面有锈迹,或活塞顶部有积水等,则说明燃烧室组成零件有穿透性裂纹。

4.气缸盖裂纹的修理

气缸盖上的穿透性裂纹和关键部位的严重裂纹都必须采用换新的办法处置。如果船上无备件,则只能采用封缸办法,实行减缸航行的应急措施。

为了延长气缸盖的使用寿命,需对气缸盖上的裂纹进行修理。修理前先进行无损探伤,以查明裂纹的部位、尺寸和深度等,然后再据此结合气缸盖材料、结构选用下列不同的修理方法:

（1）当裂纹较微小时,采用锉刀、油石和风砂轮等工具打磨以消除裂纹,经无损探伤或水压试验检验合格后可继续使用;否则,继续打磨、检验。若裂纹深度达壁厚的3%以上时,停止打磨并改用其他方法修理或报废换新。

（2）金属扣合法。对于气缸盖底面和其他部位的裂纹,可采用金属扣合法修理。该方法不仅能保证零件的强度要求,还可满足密封性要求。

（3）焊补。当裂纹较小时,应先铲去裂纹再焊补。为了获得良好的焊补效果,应制定严格的焊补工艺和选用合适的焊补方法。

（4）镶套修理。对于孔壁上的裂纹,如气缸盖上的进、排气阀孔壁和喷油器孔壁的裂纹,采用镶套修理,如图6-2所示。此法效果好,可使零件继续使用2年以上。衬套的材料一般为不锈钢或青铜,衬套端部与阀孔底部之间垫以紫铜垫片以增强密封性。

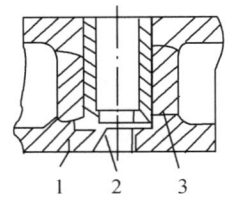

图6-2　气缸盖阀孔裂纹镶套修理
1—衬套;2—紫铜垫片;3—裂纹

（5）胶黏剂修理。对于气缸盖、气缸套上的裂纹或铸造缺陷(如砂眼),依据其部位和工作条件选用有机或无机胶黏剂进行修理。

（6）覆板修理。气缸盖外表面裂纹可采用覆板修理。修理时,先在裂纹两端钻止裂孔,涂胶黏剂(如环氧树脂)后将钢板覆盖其上,用螺钉将钢板紧固在气缸盖上。

以上修理气缸盖裂纹的方法亦可用于修理其他有裂纹的零件,应依零件的具体情况选用。修理完成后,应对有密封要求的零件进行水压试验以检验修理质量。例如,对气缸盖进行0.7 MPa压力的水压试验。

三、气阀及阀座的检修

四冲程柴油机的进、排气阀和二冲程直流扫气柴油机的排气阀均是燃烧室的组成零件,直接受到高温高压燃气的作用,承受着很高的热负荷和机械负荷,尤其是排气阀还受着排气气流的冲刷和加热,温度更高。在高增压柴油机中,排气阀阀盘的温度可达 $650\sim800$ ℃;进气阀由于新气的冷却作用,温度相对较低,可达 $450\sim500$ ℃。气阀在关闭时,阀盘锥面和阀座座面不断地相互撞击,致使阀面产生塑性变形,出现凹坑、拉毛现象。高温下金属更易变形、阀面损伤更加严重。又由于在高压燃气作用下,爆发压力还会使阀面与座面产生微小错动,使气阀阀面产生磨损。当有磨损产物、灰分和碳粒时,阀面磨损更加严重。特别是大型低速二冲程柴油机燃用重油时,不仅使阀面磨损加剧,而且还会由于燃油中较高含量的 V、Na 等元素而使阀面产生高温腐蚀。正是由于气阀在高温、高压、撞击、腐蚀等恶劣的条件下工作,所以气阀会产生磨损、烧伤、高温腐蚀和断裂等损坏。

1.气阀的检修

（1）气阀阀面磨损的检修

气阀阀面磨损是通过将气阀彻底清洗干净后检查阀面上的磨损凹坑及阀线变宽是否超过规定值(见表 6-1)来确定的。阀线变宽或模糊不清,使气阀与阀座关闭不严,进而导致燃气泄漏引起阀面和阀座的烧伤、柴油机功率下降等一系列危害。

表 6-1　阀线宽度 CB/T 3503—93（mm）

阀盘断面直径 D	<50	50~75	75~125	125~175	175~250	>250
阀线宽度	2.0	2.5	3.0	4.0	4.0	4.0~6.0

阀面磨损较轻时,可进行阀与阀座的研磨使阀线恢复。阀面磨损严重时,采用手工电弧焊进行对焊修复。

施焊前应对盘锥面加工出一定深度的梯形凹槽,其加工要求如表 6-2 所示。修复后气阀装入阀座内必须与锥面接触,且不得少于原接触面的 1/3。

表 6-2　阀锥面切削深度 CB/T 3503—93（mm）

盘端面直径 D	≤50	>50~75	>75~125	>125~175	>175~250	>250
车削深度	1.0	1.5	2.0	2.5	3.0	3.0~6.0

（2）阀杆的磨损检修

气阀阀杆在气阀导管内做往复运动,使阀杆和导管产生磨损,二者的配合间隙增大,产生的烟雾、气体或润滑油沿导管进入燃烧室,不仅使滑油消耗量增加,还会使燃烧室积碳严重。

可在平台上或车床上对气阀阀杆外圆进行测量,计算出阀杆的圆度误差和圆柱度误差,并与标准值比较,如表 6-3 所示。当超过标准要求时,可采用镀铬或镀铁工艺修复阀杆,也可以采用喷涂或喷焊工艺修复。

表 6-3　气阀阀杆磨损极限 CB/T3503—93（mm）

柴油机转速/（r/min）	圆度偏差		圆柱度偏差	
	极限值	修整后值	极限值	修整后值
<250	0.06	0.03	0.08	0.04
250~750	0.04	0.025	0.06	0.03
>750	0.03	0.015	0.03	0.015

（3）气阀阀面烧伤和高温腐蚀的检修

气阀阀盘锥面上产生麻点腐蚀或阀盘边缘出现烧穿的孔洞等,均是由于阀与阀座关闭不严,高温燃气泄漏使气阀过热、氧化或金属元素烧损造成,或者是燃用重油和气阀温度过高引起的高温腐蚀。气阀阀面烧穿出现边缘孔洞时,应报废换新;出现麻点、腐蚀时,可采用机械加工工艺方法修复,也可以采用电弧堆焊、喷涂或喷焊工艺修复。修复后气阀装入阀座与锥面接触面积不得少于原接触面积的1/3。

（4）气阀阀盘和阀杆断裂的检修

阀盘与阀杆过渡圆角处和阀杆上端凹槽处易发生裂纹和断裂。气阀断裂后落入气缸将会引发波及性事故,比如击碎气缸盖、活塞和气缸套等。阀盘和阀杆裂纹的肉眼外观检查,不得有直观裂纹存在;阀杆直径大于20 mm时,允许有长度不大于20 mm的发纹,但在纵向同一位置上不得有多于两处的发纹。阀盘与阀杆产生裂纹或断裂,应换新气阀。阀杆的弯曲变形可在平台或车床上用百分表检验,超过要求时应采用加压矫直法予以校正。

2.阀座的检修

气缸盖上的进、排气阀长期工作使气阀座面产生磨损、烧伤和高温腐蚀,破坏阀与阀座的密封性,并影响柴油机的工作性能。

（1）气阀座面的磨损检修

气阀座面磨损后,阀线变宽、中断或模糊不清,气阀关闭不严,产生漏气。原因是高温下气阀座面不断受到撞击,座面金属产生塑性变形和表面拉毛;高压下阀与阀座的配合面产生微小相对运动使之磨损,当配合面间有碳粒或金属屑等机械杂质时,磨损更加严重。

在船上,大型低速柴油机气阀磨损后用专用磨床进行研磨修复,座面亦用专用工具研磨。中、高速柴油机进、排气阀与阀座的配合面磨损后,可采用手工研磨修复。对于铸钢气缸盖座面严重磨损时,允许采用堆焊修复。中、小型柴油机气阀配合面磨损较轻时,采用互研,将气缸盖拆下,底面朝上放于平地上,气阀插于阀孔中,用橡皮碗吸住阀盘底面,并在阀与阀座配合锥面间放入少量研磨膏或机油进行互研;气阀座面磨损较严重时,先机械加工座面或更换阀座后再进行互研。

对于中、小型柴油机气阀与阀座互研后密封性的检查方法有以下几种:

① 在气阀锥面上用铅笔每隔3~5 mm画一条线,然后将阀装入阀座,压住阀盘并转动90°,取下气阀观察其上的铅笔线,若全被擦掉,表明密封性良好,研磨质量高。

② 将气阀装入阀座,在阀座坑内阀盘底面倒入一定量的煤油,5 min后擦净煤油并迅速提起气阀,观察配合面上有无渗入煤油,没有煤油渗漏表明密封性良好。

③ 将气阀装入阀座,手动使之起落数次敲击阀座,若阀座上呈现一连续光环,表明气阀与阀座密封性良好。

上述检查均是在气缸盖底面朝上放置时进行的,检查配合面密封性是研磨的后续工作。

如果气阀座磨损凹痕或麻点比较严重时,可在研磨前先用锥形铰刀进行修复。手动气阀铰刀是成套的专门工具。每套包括15°、30°、45°、75°几种锥角铰刀,每种锥角又有粗铰和精铰两种,并配有铰刀导杆作为铰削时的安装基准,如图6-3所示。

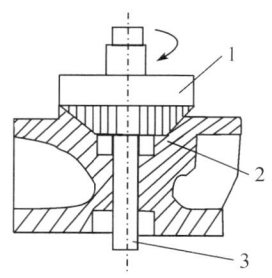

图 6-3　铰阀座示意图
1—铰刀导杆;2—气阀座;3—铰刀

用铰刀修整阀座的步骤大致如下:

① 用柴油将气阀导管内表面清洁干净,然后根据阀锥角度选用30°或45°铰刀,并与导杆组合。将导杆插入导管孔中不许有太大的松动,以保证铰削后的阀锥面与导管同心。铰削以人力进行。有时阀座圈表面又硬又光,铰时铰刀打滑。此时可用四棱锉刀在阀座圈阀线面上锉出一些周向细槽口,再用铰刀铰,可便于铰刀刀刃吃进,并铰去表面的冷作硬化层。

② 在阀座表面涂以色油,以新的或经修整过的气阀与阀座研合1~2周,再从阀锥面色油分布情况判别气阀与阀座接触环带的宽度和位置。接触环带过宽,密封性差,而且流阻增大。如位置偏低且宽,则用15°锥角铰刀修正。如位置偏高且宽,则用75°锥角铰刀修正。如图6-4所示。直至接触环带宽度达到要求(1.5 ~2.5 mm)并使气阀安装后阀盘底面与气缸盖底面距离符合规定。

③最后用细凡尔砂,再用机油进行气阀与阀座互研。

当阀座工作面上凹痕的最大深度超过 2 mm 时,手工铰削法太费工时,此时宜用车床光车,然后再与经过修理的气阀互研。

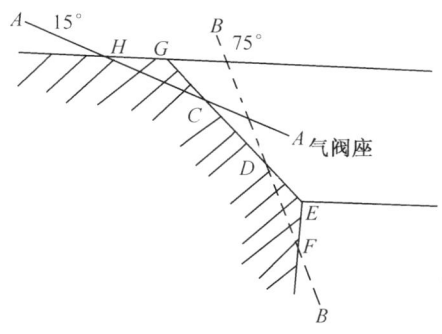

图 6-4　阀线宽度的铰削修正

(2)气阀座面的烧伤、腐蚀检修

烧伤和腐蚀大多发生在排气阀座面上,主要是由于座面的变形、磨损、积碳和座面裂纹等引起气阀关闭不严,高温燃气泄漏使阀座过热和金属元素烧损;或因阀座过热和燃用重油发生高温钒腐蚀,气阀座面产生麻点、凹坑,甚至局部烧穿。

气阀座面上的腐蚀和烧伤的麻点、凹坑可机械加工消除,然后用专用磨床修磨,或采用堆焊、喷焊工艺修复。阀座面的腐蚀、烧伤可用机械加工或手工铰削修复,大型柴油机的排气阀座面也可采用堆焊、喷焊修复。损伤严重时,应更换阀座。

修复后,气阀与阀座配合面上的阀线宽度应符合前文表 6-1 的规定。

第二节　气缸套的检修

一、工作条件和失效形式

气缸套是柴油机重要而又易损坏的零件。气缸套上部内表面是燃烧室的组成部分,直接受到燃气的高温、高压和腐蚀作用;与活塞组件的相对运动使其承受侧推力和强烈的摩擦;并且在上、下止点处运动速度为零;恶劣的工作条件和低的运动速度下难以形成理想的润滑状态,气缸套外圆表面与气缸体内壁组成冷却水腔,受到穴蚀和电化学腐蚀作用。

常见的气缸套损坏形式有:内圆表面的磨损、腐蚀、裂纹和拉缸;外圆表面的穴蚀和裂纹。

根据中国船级社(CCS)对营运船舶保持船级的特别检验要求,对船舶主、副柴油机气缸套进行拆解检验;柴油机说明书及维修保养大纲要求每运行 8 000～10 000 h 对气缸套进行检修一次。此外每当吊缸时,均应检查和测量气缸套的磨损情况。

二、气缸套的磨损

活塞环和气缸套工作时,一定会产生磨损。轮机管理人员对此的职责是努力控制该摩擦副处于正常的磨损情况下,避免发生异常磨损。

1.气缸套的正常磨损

活塞环正常磨损的特征是活塞环的厚度基本上均匀,外表面光滑无毛刺,较清洁,无硬化层,其外形呈鼓形。活塞环的正常磨损速度不超过 0.1～0.5 mm/kh。气缸套正常磨损的特点是最大磨损部位在活塞上止点第一道活塞环位置附近,并沿缸壁向下磨损量逐渐减小。气缸套工作表面清洁光滑,无明显划痕、擦伤等磨损迹象。如图 6-5(a)所示。气缸套正常磨损的参数为圆度误差、圆柱度误差、内径增量(缸径最大增量)小于说明书或相关标准的规定值。气缸套正常磨损率:铸铁气缸套<0.1 mm/ kh,镀铬气缸套在 0.01～0.03 mm/kh 之间。

2.气缸套的异常磨损

(1)气缸套异常磨损的特征

活塞环和气缸套异常磨损的特征是磨损率很高,大大超过正常磨损率。气缸套表面脏污,有较明显的划痕、擦伤和撕裂等拉缸或咬缸现象,缸壁有发蓝等明显的烧灼现象;磨损产物颗粒较大,达 25~30 μm。

（2）气缸套异常磨损的规律和原因

图 6-5 为气缸套沿中心线方向的磨损规律图。（a）为气缸套正常磨损的情况,（b）~（g）为异常磨损的示意图。（b）、（c）、（d）为典型的异常磨粒磨损。（b）和（c）分别是气缸套上部和下部发生异常磨粒磨损。（b）是气缸套上部因新鲜空气携带大量灰尘进入气缸和燃烧不良产生大量积碳所致。（c）是润滑油中机械杂质过多,筒形活塞式柴油机气缸套自下而上布油,造成下部严重磨损。（d）为以上两种情况并存时所致。（e）为气缸套异常黏着磨损情况,其特点是活塞位于上止点时第一道活塞环对应的缸壁磨损异常增大,甚至出现大面积的拉伤现象。（f）和（g）是典型的腐蚀磨损。（f）是燃油硫含量高或柴油机经常冷车起动,导致气缸套上部产生严重的腐蚀磨损,其磨损量可为正常磨损量的 1~2 倍。腐蚀产物脱落后,即形成二次磨粒,使气缸套中部磨损加剧,其磨损量可为正常磨损的 4~6 倍。（g）是冷却水温度过低,在气缸套上部形成的低温腐蚀磨损。

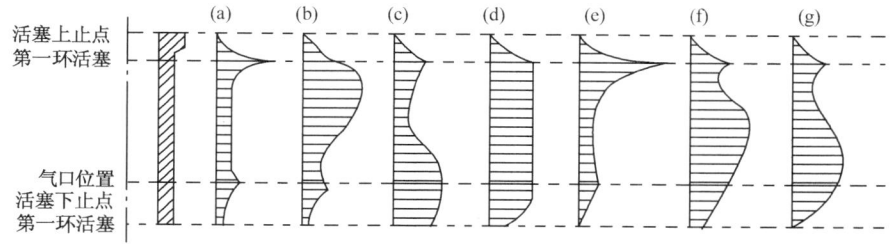

图 6-5　气缸套沿中心线方向的磨损规律图

船舶柴油机实际的气缸套磨损情况,往往是综合而且复杂的,原因也是多方面的,需要轮机员根据当时情况全面考虑和具体分析。一般来说,导致活塞环和气缸套的异常磨损有以下几个原因:

①燃油质量和燃烧状况。燃油质量对气缸套磨损的影响主要取决于燃油中硫的含量。当含硫量高于 0.7%~1.0% 时,气缸套磨损量将急剧上升。由于使用含硫量较大的燃油,低航速节约能源措施的实施,使腐蚀磨损问题变得更为突出。含硫量高的燃油燃烧,裂化过程中使用的含硅、铝的催化剂等以硅酸铝颗粒存在,会使气缸套和活塞部件发生异常磨粒磨损。燃油燃烧不良会使碳粒增加,积碳严重。对燃油使用前的预处理（预热与净化）,有助于提高燃烧的质量和降低磨损。

② 冷却水温的管理。气缸套冷却水温度的高低对活塞环和气缸套的磨损有很大影响。一般来说,气缸套冷却水温度过低,缸壁温度低于硫酸的露点,会使硫酸腐蚀（低温腐蚀）加重;气缸套冷却水温度过高,缸壁冷却不良,会使缸壁上润滑油氧化严重,炭垢增加,滑油黏度下降,油膜容易被破坏,导致黏着磨损。

适度提高气缸套冷却水温度,使缸壁表面温度高于硫酸的露点,可有效地防止腐蚀,减少磨损。一般冷却水出口温度控制在 85~90 ℃ 时,气缸套磨损量较小。

③ 润滑的管理。对润滑油的管理、使用不当,如润滑油品质不良、碱值不当、油压不足、滑油变质不及时更换和气缸注油率不合适、滑油中混入机械杂质,都会引起活塞环和气缸套的异常磨损。

由于活塞环和气缸套在恶劣的工况下工作,为了保证边界润滑条件,近代的气缸油都是选用优质的矿物润滑油作为基础油,再加入各种效能的添加剂制成。柴油机使用劣质高硫燃油时,气缸油的碱值应与其匹配,以中和燃油燃烧时生成的硫酸,有效地降低低温硫酸腐蚀。根据使用经验,使用高硫分(含硫> 2.5%)的燃油,气缸油的 TBN 应为 65~70 mgKOH/g,燃油中硫的含量小于 2.5%,气缸油的 TBN 约为 40 mgKOH/g。气缸润滑油应具有良好的油性、适当的黏度和较高的黏度指数、较好的清净分散性和抗氧化性。

3.减少气缸套磨损的途径

柴油机运转期间,减少气缸套磨损的重要措施就是加强柴油机的制造安装工艺和日常使用管理,主要有:

(1)制造安装工艺

气缸套通常采用合金铸铁,如高磷铸铁、磷铝铸铁和含硼铸铁等。高磷铸铁储油能力、耐磨性都比较好。气缸套可以通过一些强化手段提高性能。常用的手段有内圆表面高频淬火、激光表面淬火、松孔镀铬和内外表面的离子渗氮。这些强化手段可提高气缸套的硬度和耐磨性,提高其疲劳强度。气缸套内圆表面的强化方法一定要和活塞环外圆表面的强化相匹配,形成一个合理的摩擦副。

保证活塞组件和气缸套的装配质量和它们之间的正常配合间隙是不可忽视的。据统计,气缸套总磨损量的 1/3 是由于装配不正、间隙不合适引起的。活塞和气缸套的轴线不重合,甚至产生倾斜,将使润滑变坏,磨损加剧,以致产生严重的擦伤和拉缸;间隙不合适易产生敲缸、拉缸等故障。因此应定期吊缸,检查测量活塞与气缸套之间的配合间隙。

(2)日常使用管理

加强柴油机的运转管理是减少气缸套磨损的重要措施。

① 加强燃油和燃烧的管理。加强燃油品质的选择和净化处理可有效地减少腐蚀磨损和磨粒磨损。使用劣质燃油时应采取相应措施,保证燃油完全燃烧,减少由于燃烧不良引起的气缸套磨损。

② 保证良好的润滑。对气缸润滑油品质的选择、净化处理及供油设备的维护等应按规定认真执行,注意注油定时、注油率的合理选择。

③ 注意气缸冷却水温度。冷却水温度过低和过高都是不利的。注意水温的变化并使之保持在要求的温度范围内,同时加强对冷却水的管理,定期进行水处理工作。

三、气缸套磨损的检修

新造的气缸套内孔具有一定的尺寸精度、几何形状精度和粗糙度等级。一般几何形状的加工误差,如圆度误差和圆柱度误差应为 0.015~0.045 mm,粗糙度 Ra 为 0.4~1.6 μm。气缸套安装到气缸体上后几何误差增大,圆度误差和圆柱度误差应控制在 0.05 mm 以内。柴油机运转时,活塞部件在气缸套内做往复运动,气缸套内圆表面产生不均匀磨损,壁厚减薄,圆度误差和圆柱度误差大大增加。通常,当气缸套磨损量超过其内径 D(D 为缸径)的 0.4%~0.8%时,燃烧室就失去密封性。所以,气缸套磨损会使其工作性能变差,柴油机功率下降,甚至导致其他工作零件的损坏。轮机员应该依照说明书的要求和柴油机的运转情况对气缸套磨损进行检测,掌握和控制气缸套磨损状况,以防发生过度磨损。气缸套内孔磨损极限如表6-4所示。

表 6-4 气缸套内孔磨损极限 CB/T 3503—92(mm)

气缸套内径/mm	内径增量/mm	圆度、圆柱度/mm
85~200	0.60	0.10
200~300	1.00	0.15
300~400	1.50	0.23
400~500	2.00	0.28
500~600	3.00	0.35
600~700	4.00	0.45
700~800	5.00	0.60
800~900	5.70	0.65
900~1 000	6.40	0.70
1 000~1 100	6.80	0.75

1.气缸套内圆工作表面磨损测量

目前,无论是船上还是船厂,检测气缸套内圆表面的磨损情况均是利用一般性量具,如内径千分尺、内径百分表或随机专用内径百分表。通过测量缸径和计算圆度误差、圆柱度误差或内径增量、磨损率,并与说明书或有关标准比较,最后做出能否继续使用的判断。

(1)测量部位

测量气缸套内径是在沿气缸套纵向几个确定的测量点的横截面上,分别测量首尾方向(y-y,即平行曲轴方向)和左右方向(x-x,即垂直曲轴方向)的气缸直径,如图 6-6 所示。

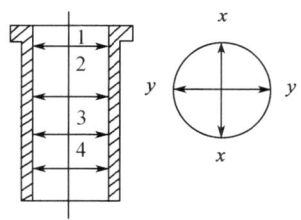

图 6-6 气缸套测量部位

中、小型四冲程筒形活塞式柴油机如无测量用的定位样板,又缺少说明书等资料时,可参考以下 4 个位置进行气缸套磨损测量:

①当活塞在上止点时,第一道活塞环所对应的缸壁位置。

②当活塞在行程中点时,第一道活塞环所对应的缸壁位置。

③当活塞在行程中点时,末道刮油环所对应的缸壁位置。

④当活塞在下止点时,末道刮油环所对应的缸壁位置。

还可以根据气缸套磨损规律在以下部位测量缸径:

①活塞位于上止点时,第一道活塞环所对应的缸壁位置。

②第一道活塞环分别在活塞行程的 10%、50% 和 100% 的位置。

③第一道活塞环在距气缸套下端 5~10 mm 的位置。

除上述规定点外,还可依据气缸套长度和要求,在气缸套上适当部位增加测量点,尤其增加气口上、下部位的测量点。大型二冲程低速柴油机气缸套磨损测量部位一般在柴油机说明书中有明确规定,并有随机测量用的定位样板。测量时,只需将样板分别安放在气缸套的首尾方向和左右方向的位置上,依样板上的定位孔确定各测量截面,测量相互垂直的两个缸径。图6-7为Sulzer RT38/48型二冲程柴油机气缸套测量位置和定位样板。

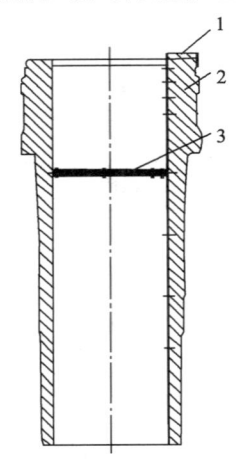

图6-7 Sulzer RT38/48型二冲程柴油机气缸套测量位置和定位样板

1—样板;2—气缸套;3—内径千分尺

(2)测量、记录与计算

测量时,应准确记录各测量点的数据,依此数据计算出各横截面的圆度误差并求出最大圆度误差;计算出首尾、左右两个纵截面的圆柱度误差并找出最大圆柱度误差;计算出内径增量;与上一次测量结果进行比较,确定两次测量的时间间隔,以便计算出这一段时间内气缸套的磨损率。将计算出的最大圆度误差、最大圆柱度误差、最大内径增量与说明书或标准比较,以确定磨损程度和修理方案。

2.气缸套磨损的修复

(1)轮机员自修

当气缸套磨损后各项指标均未超过说明书或标准的要求,只是气缸套内圆表面有轻微拉痕或擦伤时,可在船上由轮机员自修予以修复。

轻微纵向拉痕(宽度不超过内径的0.2%、深度不超过内径的0.05%、数量不超过3条且两条拉痕间隔不小于50 mm)可用砂纸或油石打磨,使拉痕表面光滑后继续使用。当气缸套内圆表面纵向拉痕超过上述规定时,则应送厂采用机加工方法予以消除或减轻。

较轻擦伤(深度<0.5 mm)时可采用油石、锉刀或风砂轮等手工消除,使表面光滑后继续使用。

(2)造船厂修复

气缸套产生较大拉痕、擦伤、磨台和过度磨损时,应拆下气缸套送船厂修复,主要方法有:

① 镗缸修复。气缸套内圆表面产生较大拉痕、擦伤和磨台,或者气缸套的圆度、圆柱度超过标准,但内径增量尚符合标准时,采用机械加工(即镗缸)方法消除其表面损伤和几何形状误差,但镗缸后的内径增量仍应在标准之内。镗缸属于粗加工和半精加工,其目的是去除磨损造成的几何形状误差并得到基本尺寸精度。镗缸应在专门的镗缸机上进行,镗缸机有立式和

移动式两类,移动式镗缸机体积小、重量轻,携带和使用方便,但精度不高。

气缸套经过镗削之后,表面有螺旋形加工刀痕。为了提高气缸壁的表面加工质量,达到气缸套加工的最终尺寸要求,延长柴油机的使用寿命,必须对气缸套进行最后一次精加工。

磨缸是用珩磨的方法加工气缸套表面。珩磨是一种高精度加工方法,主要加工工具是带砂条的珩磨头,如图6-8所示。珩磨头由磨缸机主轴带动旋转并做上下往复运动。珩磨头工作时是以气缸套本身进行定位的,它与主轴是挠性联结,因而可以消除磨头与气缸中心间的误差。经过珩磨,气缸套表面被砂条磨去一层薄薄的金属,其磨削方向在气缸表面留下相互交叉的网纹,如图6-9所示。相互交叉的网纹通常是 $0.5\sim1.0$ μm 的磨痕,它使工作表面既有较大的支承面又可在磨痕中储油,有利于改善气缸的润滑状态及柴油机的磨合。

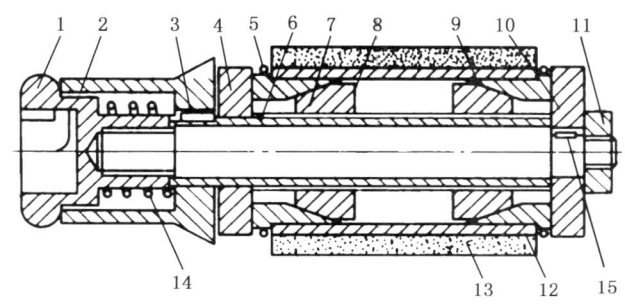

图6-8 珩磨头结构

1—螺套;2—套;3—键;4—隔圈;5—弹簧;6—双旋向螺管;7—外锥套;
8—心轴;9—内锥套;10—隔圈;11—螺母;12—油石夹头;13—珩磨油头;14—弹簧;15—键

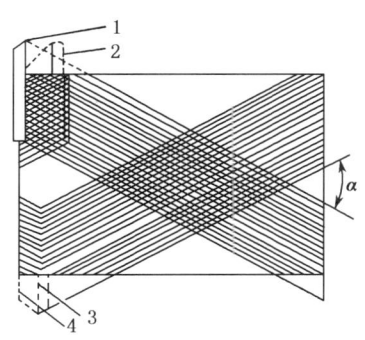

图6-9 珩磨后的网状磨痕

1—前进行程开始时油石位置;2—返回行程开始时油石位置;3—前进行程终了时油石位置;
4—返回行程终了时油石位置;α—磨痕螺旋线相交的角度

磨头的往复运动速度与圆周速度之比称为珩磨速比,它对珩磨质量有较大的影响。增大往复运动速度,可加强切削作用,提高生产效率,降低气缸套表面粗糙度。磨缸时,应避免磨头的旋转速度与往复运动速度成倍数关系,以防磨痕加重,影响粗糙度。

②修理尺寸法。当气缸套内径增量超过标准时,在保证气缸套壁厚强度的前提下进行镗缸作业,消除气缸套内圆表面的几何形状误差和拉痕、擦伤、磨台等损伤,再依据镗缸后的缸径配制新的活塞组件,以恢复气缸套与活塞之间的配合间隙。

③恢复尺寸法。当气缸套内径增量超过标准时,先镗缸消除气缸套内圆表面的几何形状误差和表面损伤,再根据气缸套壁厚要求确定需增加的厚度,可选用镀铬、镀铁或镀铁加镀铬

的工艺,也可采用喷涂,恢复气缸套原有的直径和与其活塞之间的配合间隙。

气缸套修复后装机正常运转之前必须进行磨合运转,按说明书要求或视修理状况进行。

四、气缸套裂纹的检修

柴油机气缸套裂纹损坏虽然比气缸套过度磨损的数量少,但在大缸径、强载的中低速柴油机的气缸套中是最常见的损伤形式。气缸套裂纹大多为热疲劳和机械疲劳破坏。引起疲劳裂纹的原因与气缸套的结构、材料、毛坯缺陷及维护管理等有关。在船上工作条件下,维护保养不良、管理不当往往是产生裂纹的直接原因。一般来说,气缸套裂纹总是发生在结构设计不合理、强度较差和有应力集中的部位。常见的气缸套裂纹部位主要有:

1.气缸套冷却侧裂纹

气缸套冷却侧因流道设计结构不良使冷却水流速过高,局部过度冷却引起过大的热应力,再加上流道圆根处如有应力集中,在气缸套冷却侧就会产生裂纹,并向内圆表面扩展,造成气缸套内圆表面上部产生纵向裂纹,如图 6-10 所示。

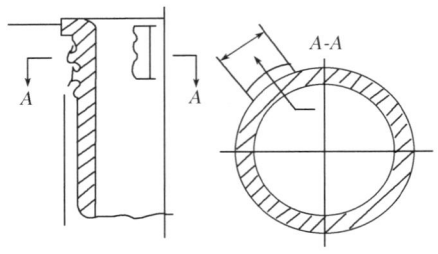

图 6-10　气缸套外表面裂纹

此外,当二冲程柴油机气缸套有内铸冷却水管时,会产生纵向裂纹,甚至裂至内圆表面。这是由于气缸套铸造时,内铸冷却水管与气缸套之间熔合不良或因冷却水压力波动,也可能是冷却水处理不佳发生腐蚀等导致的。目前,新式二冲程柴油机的气缸套均为钻孔冷却,冷却效果好,热应力小,能有效地防止裂纹的产生。

2.气缸套内表面裂纹

二冲程柴油机气缸套内圆表面上部纵向裂纹或龟裂严重时,会扩展到冷却侧。这是由于冷却侧结垢较厚或有死水区时,会使气缸套局部过热产生裂纹,或者由过大的交变热应力引起的热疲劳裂纹。裂纹始于气缸套内圆表面,经过较长时间后裂穿。此外,如果燃油黏度过高或喷射压力较大,使燃油喷射距离加长,炽热的火焰侵蚀气缸套内圆表面造成局部过热时,也会使气缸套内圆表面上部产生裂纹,如图 6-11(a)所示。气缸套排气口附近的裂纹是由于排气温度过高,排气口附近金属过热所致。此外,拉缸会使内圆表面产生纵向裂纹,也会使气口处产生裂纹,如图 6-11(b)、(c)所示。

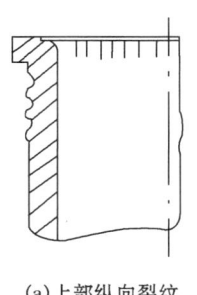
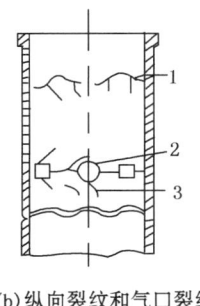

(a)上部纵向裂纹　　　(b)纵向裂纹和气口裂纹　　　(c)纵向裂纹

图 6-11　气缸套内圆表面裂纹

1—布油槽;2—观察孔;3—裂纹

3.气缸套裂纹的修理

航行中气缸套内圆表面产生一定间隔的少量纵向裂纹时,可采用波浪键和密封螺丝扣合法修理,效果较好。例如,某船主柴油机 2 号缸的气缸套内圆表面产生 2 条约 260 mm 长的纵向裂纹,采用此法修理后可使用 2 年以上。当裂纹较严重或已穿透时,则应换新气缸套。航行中气缸套裂纹严重又无备件时,应采用封缸措施实行减缸航行。

五、气缸套的穴蚀

气缸套穴蚀是船用中、高速柴油机普遍存在的严重问题。随着柴油机的功率增加、强载度的提高和高速、轻型化,气缸套穴蚀破坏就成为妨碍柴油机正常运转的首要问题,严重地影响柴油机的工作可靠性和气缸套的使用寿命。

一般说来,船用中速和高速筒形活塞式柴油机,特别是高速、轻型大功率柴油机,不论是开式冷却还是闭式冷却,气缸套都有不同程度的穴蚀。有的柴油机投入运转不久(仅几十个小时)在气缸外圆表面就会出现穴蚀小孔,甚至柴油机运转不足千小时就因气缸套穴蚀穿孔而报废,此时气缸套内表面尚未磨损。而二冲程十字头式低速柴油机气缸套基本不发生穴蚀破坏。

1.气缸套穴蚀的部位

气缸套穴蚀发生在湿式气缸套外圆表面上,一般集中在柴油机左右侧方向,特别是承受侧推力最大一侧的偏上方;冷却水进口、水流转向处和水腔狭窄处对应的缸壁上;气缸套下部密封圈附近缸壁。穴蚀小孔呈蜂窝状或呈分散状。气缸套冷却水腔除气缸套穴蚀外,不应忽视气缸套和气缸体材料的差异和材料内部的各种电化学不均匀性导致的宏观和微观电化学腐蚀。这两种腐蚀同时存在或交替进行均会加剧气缸套的腐蚀。此外,冷却水(海水或淡水)的水质、含气量、流速等均对穴蚀有影响。

2.影响气缸套穴蚀的因素

生产中并非所有的筒形活塞式柴油机气缸套都发生穴蚀破坏,即便是发生穴蚀破坏,其程度也各不相同。气缸套穴蚀与柴油机的机型、结构、爆发压力、冷却水腔和冷却介质、柴油机的工艺参数等因素有关。

157

(1)气缸套振动

柴油机运转中气缸套高频振动是产生穴蚀的根本原因,气缸套振动强度与以下各点有关:

①活塞与气缸套之间的配合间隙。活塞在气缸套中运动时,活塞对气缸壁的冲击能量的大小取决于活塞质量和活塞在气缸套中横摆时的速度。活塞质量固定不变,但速度随着活塞与气缸套之间的配合间隙的增加而增大。所以,活塞对气缸壁的冲击能量取决于活塞与气缸套的配合间隙。配合间隙大,活塞横摆加速度大,冲击缸壁能量大,则气缸套振动增强。例如,12V180G型高速柴油机的铸铝(ZL09)活塞头部与气缸套配合间隙为0.9 mm,气缸套穴蚀严重,当改用线膨胀系数小的锻铝(DL3)活塞时,配合间隙减小到0.7 mm,穴蚀明显减小。

②气缸套刚度。气缸套刚度直接影响气缸套的振动。刚度大,气缸套受活塞冲击时变形小,振动小,可有效地防止穴蚀。气缸套刚度除与其材料有关外,还与气缸套壁厚和纵向支承跨距有关,缸壁厚度增加,支承跨距缩短,气缸套刚度增大。柴油机设计时的气缸套壁厚 δ 与缸径 D 之比有一定的选取范围:高速柴油机 δ/D 为3.5%~6.8%;中速机 δ/D 为8%~10%。缩短气缸套支承跨距虽有利于减少气缸套振动,减轻穴蚀,但支承跨距受气缸套冷却水空间设计要求的限制,故在柴油机设计时应综合考虑。气缸套与机体之间的配合间隙对气缸套的刚度亦有影响,如果柴油机气缸套与缸体铸造成一体,则气缸套强度增加,可有效地防止穴蚀。42-160型柴油机虽然缸壁很薄(仅为3.12%D),气缸套与缸体配合处采用过盈配合,使气缸套刚度大增,有效地防止穴蚀发生。

③冷却水腔结构。冷却水腔通道太窄,水流速度增高,容易产生空泡。柴油机设计时要求冷却水腔内水流速度应小于2 m/s,水腔宽度 $t=14\%D$ 或不小于10 mm,各处均匀一致,水流畅通不形成死水区和涡流区,有利于降低穴蚀。4115型柴油机把冷却水腔最窄处由1.5 mm增至7 mm,大大降低了气缸套穴蚀。

(2)冷却水温度与压力

冷却水温度过高将加速穴蚀的进程,但也不宜长期水温过低。钢铁和铝等金属材料在淡水温度较低时,低温腐蚀较为严重,随着水温的升高,低温腐蚀降低,但液体汽化的能力增加,进而穴蚀增加。从发挥柴油机的效能和降低腐蚀和穴蚀出发,冷却水腔淡水温度在80~90 ℃为好。

冷却水压力高可以抑制空泡的形成,减少穴蚀的发生。但压力提高将使冷却水温度升高而加速穴蚀。

3.防止气缸套穴蚀的措施

除靠材质和结构上的改进来防止和降低穴蚀外,对船用中、高速柴油机气缸套穴蚀,还可采用以下措施:

(1)气缸套外圆表面覆盖保护层或强化层。采用镀铬、渗氮、喷陶瓷、涂环氧树脂或涂尼龙等工艺使金属表面与冷却水隔开,或使气缸套外圆表面强化,可有效地防止电化学腐蚀与穴蚀。例如12V180G型柴油机气缸套外表面镀铬,8300型柴油机机体冷却水腔表面涂环氧树脂,防腐蚀和防穴蚀效果较好。

(2)在冷却水腔内安装锌块实施阴极保护防止电化学腐蚀。例如6300/8300型柴油机气缸套外表面安装锌块并坚持定期更换,可取得防止穴蚀的良好效果。

(3)在冷却水中加入缓蚀剂,例如乳化油缓蚀剂或被膜缓蚀剂,使其在气缸套外表面上形成一层较薄的连续保护膜,不仅可以防止电化学腐蚀,而且可以减弱空泡破裂时的冲击波对气缸套表面的冲击作用,从而减轻穴蚀。在实践中防止或减轻穴蚀的方法很多,选用时必须依具体机型、结构和产生穴蚀的原因而定,以取得良好的预防效果。

六、拉缸

拉缸是柴油机活塞组件与其气缸套配合工作而发生剧烈相互作用(干摩擦),在工作表面上产生过度磨损、拉毛、划痕、擦伤、裂纹或咬死的现象。拉缸时存在润滑条件下产生的不同程度的黏着磨损。拉缸轻时,使气缸套、活塞组件受损,严重时会造成咬缸的恶性机损事故。近年来,随着柴油机增压压力和单缸功率的提高,气缸套和活塞组件的热负荷和机械负荷增加,再加上柴油机燃用高黏度劣质燃油等使拉缸事故更容易发生。

1.拉缸的主要症状

(1)柴油机运转声音不正常,发出"吭吭"声或"嗒嗒"声。

(2)柴油机转速下降乃至自动停车——因为气缸内摩擦功增大。

(3)曲轴箱或扫气箱冒烟或着火——由于气缸套和活塞组件温度升高,使曲轴箱或扫气箱空间加热,油或积油蒸发成油气,当活塞环黏着或断环掉落时使燃气泄漏以致着火。

(4)排烟温度、冷却水温度和滑油温度均显著上升。

(5)通过吊缸检查可发现气缸套和活塞环、活塞工作表面呈蓝色或暗红色,有纵向拉痕;气缸套、活塞环,以及活塞裙异常磨损,磨损量和磨损率很高,远远超过正常值。

2.柴油机拉缸的种类

一般柴油机拉缸事故多发生在运转初期的磨合阶段和长期运转之后。根据拉缸发生的时间和损伤特点分为以下两类:

(1)柴油机运转初期的磨合拉缸

这种拉缸事故发生在新造或修理后的柴油机磨合阶段,损伤部位在气缸套和活塞环工作表面,严重时波及活塞裙外表面。

(2)柴油机运转中的拉缸

这种拉缸事故多发生在柴油机稳定运转较长时间(数千小时)之后,拉缸使活塞裙外表面烧伤、磨损和气缸套内上止点附近壁面严重磨损及气口筋部裂纹。铸铁气缸套与铝合金活塞发生拉缸时,可使活塞材料熔化并与气缸套表面焊接。

3.拉缸的工艺原因

柴油机拉缸事故的根本原因是气缸套与活塞环工作表面间的油膜变薄或遭到破坏。当油膜变薄或局部被破坏失去油膜时,使气缸套和活塞环配合表面的金属直接接触,发生黏着磨损,进一步发展和恶化即形成严重的拉缸事故。使润滑油膜变薄和破坏的因素较多,除滑油品质不佳、供油不足或中断、气缸套冷却不良缸壁过热、超负荷等因素外,柴油机制造与安装精度和使用中的精度降低也是不容忽视的重要原因。所以,还应从工艺上分析拉缸的原因。

(1)气缸套与活塞环工作表面的粗糙度不合适引起运转初期的磨合拉缸。气缸套和活塞环的表面粗糙度对磨合过程有很大影响。表面粗糙度等级过低,表面难以在较短的时间内完成良好的磨合;若表面粗糙度等级过高,表面太光洁,难以储存滑油而使金属直接接触,造成黏着磨损。新造或经修理的气缸套内表面粗糙度应符合下列要求:对于高速柴油机 Ra 不超过

0.8 μm;对于中速柴油机 *Ra* 不超过 1.6 μm;对于低速柴油机 *Ra* 不超过 3.2 μm。

（2）活塞运动装置对中不良引起拉缸。新造柴油机活塞运动装置与气缸套对中性差,即安装精度低,或者导板、滑块、轴承等磨损,破坏了活塞运动部件在气缸套中的正确位置,致使柴油机运转中活塞在气缸套中往复运动时,产生摆动和敲击气缸套,油膜被破坏导致拉缸事故。

活塞与气缸之间的配合间隙反映了二者的对中情况,配合间隙过大、过小或分配不均都会导致拉缸。间隙过大,运转时燃气下窜,破坏油膜;间隙过小,金属直接接触甚至黏着,当活塞往复运动时产生拉缸;间隙分布不均,活塞运动部件在缸中倾斜,往复运动时产生摆动敲缸,破坏油膜,产生拉缸。

4.防止拉缸的工艺措施

（1）保证活塞运动装置良好的对中性

新机在船上安装时应保证安装质量,保证活塞运动部件与固定件之间要求的配合间隙符合说明书或规范要求,从而使其具有良好的对中性。运转中的柴油机应加强维护管理,减少导板、轴承等的磨损,加强定期检测,及时发现失中现象,防止对中不良导致的拉缸。

（2）气缸套内圆表面采用波纹加工或珩磨加工

采用波纹加工或珩磨加工气缸套,不仅使其内圆表面具有合适的粗糙度,而且可以在表面上形成网状沟纹。这种网状沟纹的表面减少了活塞环与气缸套的接触面积,提高了单位面积压力,加速了磨合;由于网状沟纹可以储油,有利于润滑,尤其缺油时沟纹内的油可以补充,从而可以防止拉缸的产生。大型柴油机气缸套采用波纹加工:首先进行波纹切削,使表面呈波纹状,然后再进行珩磨,将波纹顶部磨去15%,这样的表面结构磨合效果最佳,拉缸发生率大大降低。中、小型柴油机气缸套则采用珩磨加工或振动加工,以形成良好的抗拉表面。

（3）气缸套内圆表面强化处理

气缸套内圆表面采用松孔镀铬、喷钼、离子氮化处理等工艺来提高表面的耐磨性、抗咬合性,以提高气缸套的抗拉缸性能。

（4）活塞环外表面强化处理

采用镀锡、镀锌、镀铅等工艺,在活塞环外表面镀覆上一层 5~10 μm 的金属,可加快活塞环与气缸套的磨合,提高配合面的密封性,减少由于窜气破坏油膜引起的拉缸事故。因为钼的熔点高达 2 640 ℃,且喷钼层多孔且孔分布均匀,储油性好,所以活塞环外表面喷钼,可以提高抗咬合性能和提高耐磨性。

5.拉缸时的应急措施

航行中,柴油机一旦发生拉缸事故,轮机员应沉着冷静地分析情况,积极设法采取可行的应急措施。根据拉缸程度、海况、海域或航道情况、柴油机结构特点等按说明书的指导或自行决定应急措施。例如,当拉缸尚不严重,海面情况不允许停车检修或距目的港（或任何港）较近时,可采取简单的减缸航行措施;拉缸较为严重时,即发生了咬缸或自动停车,虽距目的港较近,但海面平静,则可停车吊缸修理;若无备件,可采用封缸运行。

第三节 活塞与活塞杆的检修

一、工作条件和损伤形式

活塞是柴油机中的关键部件,它既是燃烧室部件的组成部分,又与连杆、曲轴等部件组成运动机构。在柴油机工作中,活塞受到燃气高温、高压、烧蚀和腐蚀作用。它的热负荷和机械负荷很高,而活塞材料在高温下,机械性能又有所降低,所以活塞在工作中容易发生裂纹和变形。另外,活塞与气缸之间,在相对运动中也会产生摩擦和撞击。在筒形活塞式柴油机中,活塞承受侧推力和往复惯性力。活塞由于温度很高、燃气冲刷、往复运动等,它和气缸之间不可能建立液体动压润滑,因此摩擦损失大,磨损严重。活塞的主要损伤形式有外圆表面及环槽的磨损、裂纹、破裂和顶部烧蚀等。

二冲程柴油机活塞还与活塞杆相连,活塞杆由锻钢制造,表面经硬化处理。工作中活塞杆承受气体力和惯性力的作用,一般只受压力不受拉力,因而应有足够的抗压强度。又因它的长度与直径比值较大,所以还要满足压杆稳定性的要求。一般活塞杆是空心的,用四个螺栓与十字头紧固。活塞杆与填料函之间存在相互运动。活塞杆填料函则是为了防止扫气空气和气缸漏下来的油污漏入曲轴箱,也是为了防止曲轴箱中的滑油溅落到活塞杆上带到扫气箱中,而安装在气缸套下面的横隔板上。里面主要由两组填料环组成,其上组为密封、刮油环,下组为刮油环。如图 6-12 所示。活塞杆的主要损伤形式是磨损、划痕、擦伤和弯曲变形。

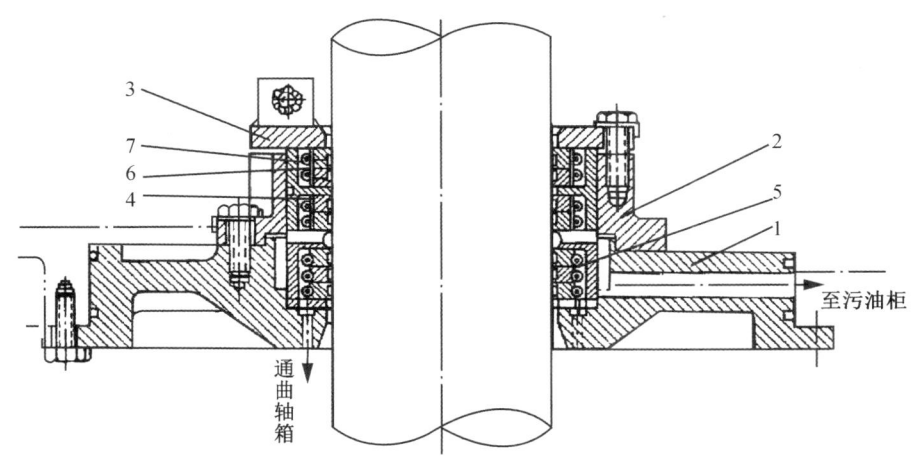

图 6-12 活塞杆及填料函箱

1—填料函座;2—填料箱;3—压盖;4、5—刮油环;6—密封环;7—捆簧

二、活塞的检修

1.活塞外表面磨损的检修

（1）活塞外表面磨损部位与测量

一般中、小型柴油机的筒形活塞裙部外表面容易发生磨损。这是由于运转中活塞裙部起导向作用和承受侧推力的结果。大型十字头柴油机活塞运动部件的运动是靠导板、滑块起导向作用和承受侧推力，况且活塞与气缸套之间的间隙较大，所以正常运转中活塞外圆表面是不会磨损的，只有在活塞运动装置安装不正时，拉缸等异常情况下才能发生。

活塞裙外表面磨损后，裙部直径减小，活塞与气缸的间隙增大，活塞横截面产生圆度误差、纵截面产生圆柱度误差等。这些都直接影响活塞的工作性能和柴油机的功率。

在船上是通过测量活塞直径来检验活塞的磨损程度。通常采用外径千分尺、游标卡尺进行测量。测量部位为活塞的上部、中部和裙部的外径，有减磨环的活塞应测量每道环的外径。测量每一测量点横截面上相互垂直的两个直径：平行曲轴方向的直径和垂直曲轴方向的直径。将测量值记录在表格中，计算出每个横截面的圆度、纵截面的圆柱度，以其最大值与说明书或标准比较，以确定活塞的磨损程度。表 6-5 为活塞裙部外圆表面圆度、圆柱度的磨损极限。

表 6-5　活塞裙部外圆磨损极限 CB/T3543—94（mm）

气缸直径	筒形活塞裙部圆度、圆柱度	十字头式活塞裙部圆度、圆柱度
<100	0	—
100~150	0.12	—
150~200	0.12	—
200~350	0.15	0.30
350~400	0.20	0.30
400~500	0.25	0.38
500~550	0.30	0.45
550~600	—	0.50
600~650	—	0.60
650~700	—	0.65
700~750	—	0.75
750~800	—	0.85
800~850	—	0.95
850~900	—	1.05
900~950	—	1.15
950~1 000	—	1.25
1 000~1 050	—	1.35
1 050~1 100	—	1.40

（2）活塞外表面磨损的修复

活塞裙部外圆表面磨损不太严重时，可采用光车裙部外圆的方式，消除几何形状误差。光车后仍符合表6-6所列活塞与气缸间隙值范围时可继续使用，否则依据活塞材料不同采用不同的处理方式。铝活塞采用换新；铸铁活塞采用热喷涂、镀铁等工艺恢复尺寸；铸钢活塞采用镀铁、堆焊金属等恢复尺寸；减磨环过度磨损、严重拉伤或松动时应换新。

活塞与气缸套的安装间隙和极限间隙如表6-6所示。

表6-6　柴油机活塞与气缸间隙（mm）

气缸直径	四冲程筒形活塞式柴油机							二冲程筒形活塞式柴油机活塞裙部		十字头式柴油机			
	铸铁及铝合金活塞顶部间隙		活塞裙部								裙部		减磨环处装配间隙
	顶部有冷却	顶部无冷却	铸铁活塞装配间隙	铸铁活塞极限间隙	铝活塞装配间隙	铝活塞极限间隙	装配间隙	极限间隙	顶部间隙	装配间隙	极限间隙	
≤100	0.50~0.64	0.60~0.80	0.09~0.12	0.18~0.22	—	—	—	—	—	—	—	—
100~125	0.64~0.80	0.80~1.00	0.12~0.15	0.45	0.22~0.26	0.50	—	—	—	—	—	—
125~150	0.80~1.00	1.00~1.20	0.15~0.18	0.55	0.26~0.32	0.60	0.20~0.24	0.75	—	—	—	—
150~175	1.00~1.16	1.20~1.40	0.18~0.21	0.65	0.32~0.36	0.70	0.24~0.28	0.90	—	—	—	—
175~200	1.16~1.32	1.40~1.60	0.21~0.24	0.72	0.38~0.44	0.80	0.28~0.32	1.00	—	—	—	—
200~225	1.32~1.48	1.60~1.80	0.24~0.27	0.80	0.44~0.50	0.90	0.32~0.36	1.10	—	—	—	—
225~250	1.48~1.64	1.80~2.00	0.27~0.30	0.88	0.50~0.56	1.00	0.36~0.40	1.10	—	—	—	—
250~275	1.64~1.80	2.00~2.20	0.30~0.33	0.96	0.56~0.62	1.10	0.40~0.44	1.20	—	—	—	—
275~300	1.80~1.96	2.20~2.40	0.33~0.36	1.04	0.62~0.68	1.20	0.44~0.48	1.20	—	—	—	—
300~325	1.96~2.12	2.40~2.60	0.36~0.39	1.12	0.68~0.76	1.30	0.48~0.52	1.30	—	—	—	—
325~350	2.12~2.28	2.60~2.80	0.39~0.42	1.20	0.76~0.82	1.40	0.52~0.56	1.30	—	—	—	—
350~375	2.28~2.44	2.80~3.00	0.42~0.45	1.28	—	—	0.56~0.62	—	—	—	—	—
375~400	2.44~2.60	3.00~3.20	0.45~0.48	1.36	—	—	0.62~0.66	1.40	—	—	—	—
400~425	2.60~2.78	3.20~3.40	0.48~0.51	1.44	—	—	0.66~0.70	1.50	—	—	—	—

气缸直径	四冲程筒形活塞式柴油机						二冲程筒形活塞式柴油机活塞裙部		十字头式柴油机			
	铸铁及铝合金活塞顶部间隙		活塞裙部							裙部		减磨环处装配间隙
	顶部有冷却	顶部无冷却	铸铁活塞装配间隙	铸铁活塞极限间隙	铝活塞装配间隙	铝活塞极限间隙	装配间隙	极限间隙	顶部间隙	装配间隙	极限间隙	
425~450	2.78~2.95	3.40~3.60	0.51~0.54	1.50	—	—	0.70~0.74	1.60	3.30~3.50	0.72~0.76	2.10	0.48~0.51
450~475	—	—	—	—	—	—	0.74~0.78	1.70	3.50~3.76	0.76~0.82	2.20	0.51~0.58
475~500	—	—	—	—	—	—	0.78~0.82	1.80	3.70~3.90	0.82~0.86	2.30	0.50~0.62
500~525	—	—	—	—	—	—	0.82~0.86	1.90	3.90~4.10	0.86~0.91	2.40	0.62~0.66
525~550	—	—	—	—	—	—	—	—	4.10~4.30	0.91~0.95	2.50	0.66~0.70
550~575	—	—	—	—	—	—	—	—	4.30~4.50	0.95~1.00	2.60	0.70~0.74
575~600	—	—	—	—	—	—	—	—	4.50~4.70	1.00~1.05	2.70	0.74~0.79
600~625	—	—	—	—	—	—	—	—	4.70~4.90	1.05~1.10	2.80	0.76~0.84
625~650	—	—	—	—	—	—	—	—	4.90~5.10	1.10~1.15	2.90	0.84~0.88
650~675	—	—	—	—	—	—	—	—	5.10~5.30	1.15~1.20	3.00	0.88~0.92
675~700	—	—	—	—	—	—	—	—	5.30~5.50	1.20~1.30	3.20	0.92~0.96
700~750	—	—	—	—	—	—	—	—	5.50~5.70	1.30~1.45	3.40	0.96~1.02
750~800	—	—	—	—	—	—	—	—	5.70~5.90	1.46~1.60	3.80	1.02~1.10
800~850	—	—	—	—	—	—	—	—	5.90~6.10	1.60~1.75	4.00	1.10~1.12
850~900	—	—	—	—	—	—	—	—	6.10~6.30	1.75~1.90	4.20	1.12~1.14
≥900	—	—	—	—	—	—	—	—	6.30~6.50	1.90~2.05	4.40	1.14~1.16

2.活塞环槽磨损的检修

（1）活塞环槽磨损的原因

活塞环槽端面磨损是活塞常见的损坏形式，尤其以铝活塞为多。环槽端面磨损主要是由于环在环槽中的相对运动,包括环在环槽中的往复运动(即环上、下运动)、环的径向膨胀运动、环在环槽中的转动和扭曲运动。其次是由于新气中的灰尘硬质颗粒、燃气中的碳粒,尤其是燃用重油时的更大更坚硬的碳粒,这些硬质颗粒在环与环槽端面之间形成磨粒,加速环槽端面的磨损。此外,如果燃烧室的高温使活塞头部和环槽变形、材料性能下降、环与环槽端面间的油膜被破坏时,则环槽磨损更加严重。

环槽端面磨损使其与环的配合间隙增大,这将使活塞环的密封性下降,产生漏气,使压缩压力和爆发压力降低,同时进入环背面的燃气增多,高压燃气将环压向缸壁致使环容易折断。环槽端面磨损使环槽截面形状由矩形变为梯形或出现磨台,其中以第一、第二道环槽磨损为重、为快,如图 6-13 所示。一般活塞环槽端面的磨损率小于 0.01 mm/kh 为正常磨损。

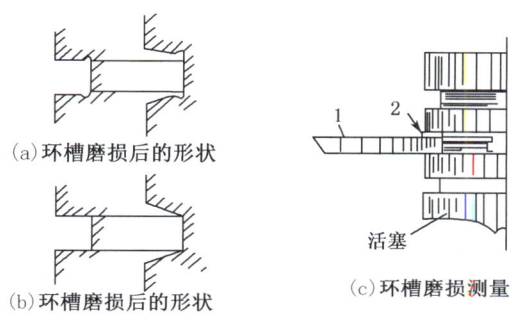

(a)环槽磨损后的形状

(b)环槽磨损后的形状

(c)环槽磨损测量

图 6-13 活塞环槽的磨损及测量

1—测量样板;2—测量部位

(2)活塞环槽磨损的测量与修复

环槽磨损程度是利用样板和塞尺测量环槽高度的变化来确定的。样板是以新活塞的环槽高度为准制作的,也可用一个新活塞环作为样板。测量时,将样板水平插入环槽并紧贴环槽下端面,用塞尺测量环与环槽上端面之间的距离,即环与环槽的配合间隙,称为平面间隙或天地间隙。测量值与说明书或标准比较,当测量值超过极限值时,说明环槽严重磨损,应予以修复。根据环槽断面的磨损情况可以选用以下方法修复:

①修理尺寸法:光车或磨削环槽断面,以加工后的修理尺寸配制相应加大尺寸的活塞环,保证平面间隙符合原有要求。例如,MAN B&M 型柴油机活塞环槽磨损后光车使环槽高度比原设计高度大 0.6 mm 以上,就可以配一个加大尺寸的活塞环(最多加大 1.0 mm)。采用此法时应考虑到环槽增大将使槽脊厚度减小,强度降低。为了不使槽脊过分减薄,要求槽脊减薄量不得超过原设计槽脊厚度的 20%~25%,同时要求同一活塞上不得有两个环槽采用此法修理。因为各环槽的修理尺寸不同,新配制的各道活塞环尺寸也不同。一只活塞上有多种规格的活塞环将给备件供应和管理带来麻烦。

②恢复尺寸法:光车环槽端面后采用喷焊、堆焊、镀铬等工艺恢复环槽原有尺寸。例如,MAN B&W L60MC/MCE 型柴油机的活塞环与环槽的最大平面间隙超过 0.7 mm 时,可采用恢复尺寸的方法修复环槽端面,使平面间隙值恢复到 0.4~0.45 mm。

3.活塞裂纹的检修

(1)活塞头部触火面裂纹

活塞头部触火面产生的裂纹是指在活塞顶面产生的径向或圆周向裂纹、起吊孔边缘裂纹及第一道环槽根部裂纹,如图 6-14 所示。

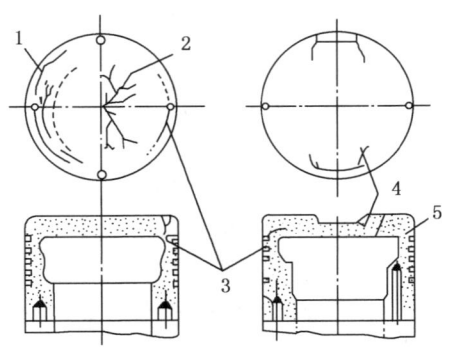

图 6-14 活塞头部裂纹

1—周向裂纹;2—径向裂纹;3—冷却侧裂纹;4—顶部尖角处裂纹;5—环槽裂纹

活塞头部裂纹主要是由热应力引起的,同时还有机械应力的作用。柴油机运转时,活塞顶部温度分布不均匀,顶面中央或边缘温度最高,铸钢活塞可达 450 ℃;铝活塞可达 300～375 ℃,顶面冷却侧及第一道活塞环槽的温度一般在 200 ℃左右。在正常工作条件下,活塞头部各处存在着温差应力和高压燃气作用的机械应力等,而且这些应力又都是周期性的;当喷油定时不正、燃油雾化不良或火焰接触活塞顶面时就会造成局部过热,引起过大的热应力;当柴油机超负荷运转或活塞顶部冷却不充分时也会引起热应力。过大的热应力会引起裂纹。柴油机频繁起动、停车也会引起热疲劳裂纹。

活塞顶部裂纹还可能由冷却不充分,活塞顶面散热不良所致。例如,水冷活塞冷却侧结垢严重或活塞顶面积碳严重会使活塞顶面局部过热,导致裂纹。通常结垢层或积碳层超过 0.5 mm 时,就会使因过热产生裂纹的可能性急剧增加。所以为防止裂纹产生,柴油机应定期吊缸检修,加强冷却水的定期处理等维修保养工作。活塞顶面的起吊孔边缘和第一道环槽根部也会因应力集中产生裂纹。

(2)活塞冷却侧裂纹

活塞顶面冷却侧、筒形活塞的活塞销座处产生裂纹更是屡见不鲜。主要是由过大的机械应力引起的,同时还会由于设计不良、材质不佳和毛坯制造缺陷等,在这些部位存在应力集中而加速裂纹的产生。

活塞裂纹可通过观察或者着色探伤进行检查。钢质、铝质活塞的头部裂纹较轻时,可采用焊补工艺修理,钢质活塞头部裂纹严重时采用局部更换。活塞环槽根部裂纹、活塞上穿透性裂纹及无法修理的冷却侧裂纹则应将活塞报废换新。

4.活塞顶部烧蚀的检修

(1)烧蚀原因

首先,活塞顶部直接与燃气和火焰接触,温度很高,尤其当喷油定时不正确或喷油器安装不良或冷却侧结垢使顶部局部过热,温度更高;其次,柴油机燃用的重油中含钒、钠过多,就会在活塞顶部温度高达 550 ℃以上的部位产生高温腐蚀,同时,活塞材料过热时发生氧化、脱碳而使其化学成分变化。在以上因素的综合作用下,活塞顶部金属产生层层剥落使顶部厚度逐渐减薄,出现腐蚀的麻点或凹坑,大小、深浅不一地分布于活塞顶部,这种现象称为活塞顶部烧蚀,严重时可使顶部烧穿。

活塞顶部烧蚀使顶部厚度减薄、强度降低,甚至影响气缸压缩比,降低柴油机的工作性能。

（2）烧蚀测量和修复

活塞顶部烧蚀的程度可用活塞顶部样板和塞尺进行测量。图 6-15 为柴油机活塞顶部烧蚀测量。

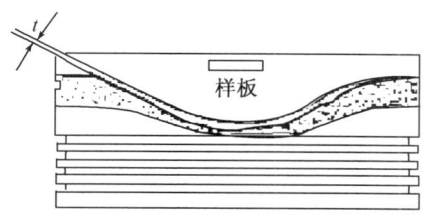

图 6-15 柴油机活塞顶部烧蚀测量

测量时,将样板置于活塞顶部,用塞尺测量样板与活塞顶部之间的最大间隙 t。测量时,还应使样板绕活塞轴线转动,每转 45°测量一次,取其中的最大值 t。当最大烧蚀厚度超过说明书规定值或使活塞顶部厚度减至设计厚度的一半时应换新活塞。在缺乏备件或应急情况下可以采用以下措施:

①改变活塞的安装位置。当烧蚀尚不太严重,且活塞结构又允许时,改变活塞安装角度,这种方法一般适用于二冲程柴油机。例如,B&W 型柴油机活塞顶部烧蚀部位对应着喷油器方向,燃油在此部位集中燃烧和采用冷却效果不良的油冷,致使该部位产生烧蚀。当活塞结构允许时,若烧蚀不太严重,可将活塞安装部位转动 90°,使烧蚀部位避开喷油器方向继续使用。

② 焊补修理。烧蚀严重时（最大烧蚀量接近规定值）可采用堆焊工艺进行修复,焊补后进行机械加工恢复活塞顶部原有形状。

三、活塞杆的检修

1.活塞杆表面磨损的检修

由于活塞杆与活塞杆填料函做上下往复运动,活塞杆上会产生磨损,活塞杆直径变小,在横截面产生圆度误差,纵截面产生圆柱度误差。在船上通过测量活塞杆的直径来检验活塞杆的磨损程度。通常采用外径千分尺进行测量。测量部位为活塞杆的上部、中部和下部的外径,如果活塞杆较长,可增加多处测量部位。测量每一部位横截面上两个相互垂直的直径,并计算出圆度误差和圆柱度误差,要求其最大圆度误差和圆柱度误差符合说明书的规定值。活塞杆磨损后可采用镀铬、镀铁等方法进行修复。

2.活塞杆划痕、裂纹和弯曲变形的检修

燃烧不完全的杂质或空气中的污染物颗粒进入到填料函,也会在活塞杆上产生划痕。活塞杆主要承受压应力,长时间运转之后,活塞杆容易产生弯曲,甚至疲劳裂纹。划痕及裂纹可通过吊缸时的外观检查、着色探伤及磁粉探伤检查出来。活塞杆不得有横向裂纹,对于长度不大于 100 mm 的个别非连续纵向裂纹允许修复。微小的划痕及裂纹可用油石手工打磨修复,

产生较大的裂纹时应换新。弯曲变形则需要在车床或支架上做直线度检测，每米长度上应不大于 0.12 mm，最大值应不大于 0.20 mm。活塞杆的弯曲挠度不大于 1.00 mm 时，允许采用冷压矫直；大于 1.00 mm 时则需要热矫直，矫直后应经无损探伤检查。

四、活塞的验收

船上购置的成品活塞或专门配置的活塞在装机前必须进行验收，确保质量合格和装机后的正常运转。

当所购置的成品活塞按照柴油机制造厂的备件编号册订购，由厂家供应时，不需专门验收审查，厂家负责产品质量。除此之外，购置的成品活塞或配置活塞均应对其材料成分、性能、尺寸形状和位置精度、表面粗糙度等进行验收。

由供应商和制造厂提供活塞材料成分、机械性能检验报告单，轮机员应认真审核。

轮机员除对活塞尺寸、形状和表面粗糙度做一般性检验外，还应对活塞的位置精度进行平台检验。活塞位置精度的技术要求及其检验方法如下：

（1）活塞销孔中心线和活塞中心线应垂直，垂直度要求不大于 0.025 mm/100 mm。检验时，将活塞置于平台 4 上，则活塞中心线垂直于平台 4。当活塞销孔中心线与平台 4 平行时，表明活塞销孔中心线与活塞中心线垂直，测量长度为一定范围内百分表的读数差即为垂直度误差，如图 6-16（a）所示。

（2）活塞销孔中心线应与活塞中心线相交，其位置度要求：活塞直径<200 mm 时应不大于 0.10 mm，活塞直径>200 mm 时应不大于 0.20 mm。检验时，将销孔插有心轴 3 的活塞 1 垂直平台 4 放置，用内径千分尺分别测量立式直角平台 5 紧贴活塞左、右侧时与心轴的距离。两侧距离平均值差的一半即为位置度误差，如图 6-16（b）所示。

（3）活塞环槽平面应与活塞中心线垂直，垂直度应不大于 0.02 mm。如图 6-16（a）所示，检验时，用百分表沿环槽端面转一周，其平面跳动量即为环槽平面与活塞中心线垂直度误差。

（4）活塞顶部形状的检验。用样板和塞尺检验活塞顶部形状，要求符合图纸要求。

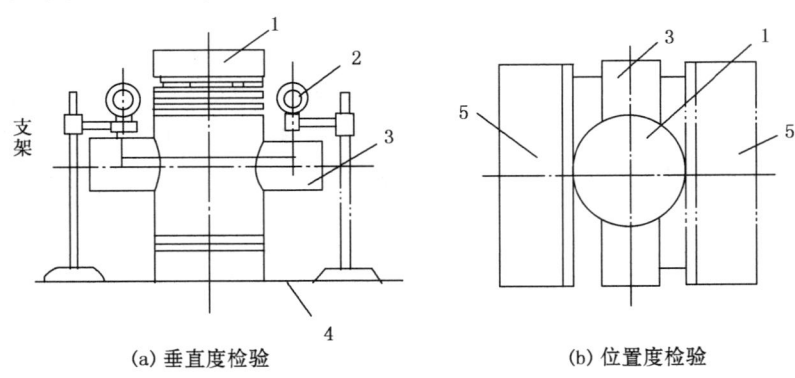

（a）垂直度检验　　　　　　　　　　（b）位置度检验

图 6-16　活塞位置精度的检验

1—活塞；2—百分表；3—心轴；4—平台；5—立式平台

第四节 活塞环的检修

一、工作条件及损伤形式

活塞环是柴油机燃烧室的组成零件之一。其承受着高温、高压燃气的冲刷,与气缸套直接接触,具有保持活塞与气缸套之间有效密封的作用和将活塞热量传递给气缸套的散热作用,以及调节气缸润滑油的作用。活塞环又是柴油机的易损零件,其工作性能直接影响柴油机的工作性能,为此,应定期地检查和判断活塞环的工作状况。活塞环的主要损伤形式有:过度磨损、折断、黏着和弹力丧失等。

二、活塞环的工作状况及检查方法

通过扫气口检查活塞环等零件是获取柴油机运转过程中气缸工作信息的直接、简便和经济的方法。

1.检查方法

(1)准备。柴油机停车后一段时间,拆除扫气箱上操纵侧的气缸观察孔盖板,清洁观察孔。借助一长柄强光灯泡深入缸中进行观察。此工作应由两人配合进行,一人观察,一人记录观察情况。如图 6-17 所示。

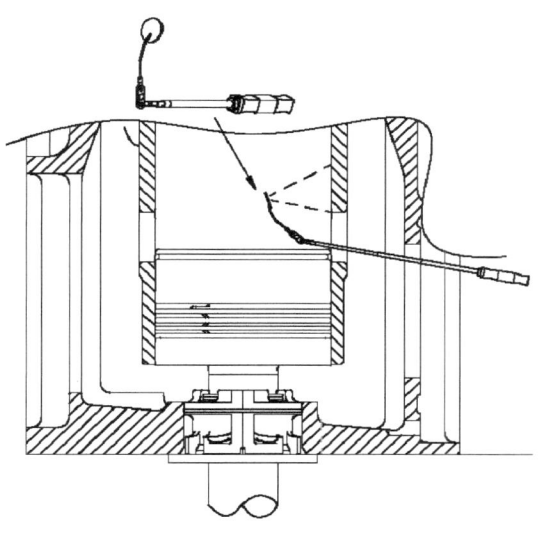

图 6-17 活塞环状态检查

检查过程中,应使冷却水或冷却油保持循环,以便检查有无泄漏;关闭主起动阀和起动空气阀,并啮合盘车机;盘车使活塞处于下止点,并从此位置开始检查。为了观察清楚和判断正确,必须把零件工作表面擦拭干净。

（2）观察部位。观察时,盘车使活塞上行至扫气口下方,自观察孔观察气缸壁和活塞头部;当活塞上行通过扫气口时,清洁并查看活塞头、活塞环和活塞裙工作表面;活塞继续上行,查看气缸套下部和活塞杆的情况。

2.观察活塞环的工作状况

活塞环在气缸中有以下几种可能出现的状况,应仔细观察、分析和判断。

（1）活塞环良好工作状态:活塞环与气缸工作表面光亮、湿润,环在环槽内活动自如,无过度磨损痕迹,环的棱边可能尖锐但无毛刺。

（2）活塞环表面有局部轻微擦伤,且对应棱边尖锐有毛刺,对应缸壁也有轻微磨损。

（3）活塞环表面上有纵向拉痕,是燃油中硬质颗粒造成的。

（4）活塞环槽内如积碳较厚和较硬使环黏着于环槽中,将会造成气缸密封不良。此时可用木棒触动活塞环检查其是否黏着和黏着的程度。

（5）活塞环裂纹或折断,可用木棒触动进行判断,如图6-18所示。

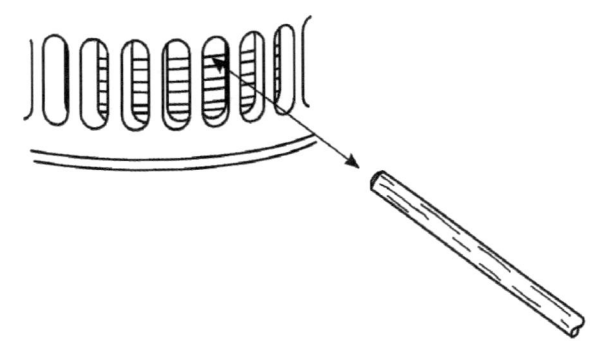

图6-18　木棒触动活塞环示意图

（6）活塞环漏气,使环表面干燥发黑,且缸壁上有大面积干燥发黑表面。

（7）活塞头、头几道环和环槽内有带颜色(稍白、黄、褐等色)的灰状堆积物,是气缸油碱性添加剂导致的,可引起气缸套严重磨损。

（8）润滑情况:观察缸壁和环上油膜是否充分,除第一道环外的棱边上应有润滑油。气缸套内表面上的白色或褐色部分,是硫酸引起的腐蚀磨损。

三、活塞环的检修

1.活塞环的磨损

活塞环随活塞在气缸套内做往复运动,使活塞环外圆工作表面磨损,径向厚度减小,活塞环的工作开口间隙及搭口间隙增大;活塞环在环槽内运动,使环的上、下端面磨损,环的轴向高度减小,环与环槽的间隙即天地间隙增大。

通常,柴油机正常运转时,活塞环的正常磨损率在 0.1~0.5 mm/kh 之内,活塞环的使用寿命一般为 8 000~10 000 h。

正常磨损的活塞环沿圆周方向各处的磨损均匀,并仍与气缸壁完全贴合,所以正常磨损的活塞环仍具有密封作用。但实际上活塞环外圆工作表面多为不均匀磨损。

柴油机运转时,若活塞环迅速产生较大的不均匀磨损,磨损率超过正常值,则表明活塞环发生异常磨损。活塞环异常磨损大多是维护管理不当造成的。例如,活塞环换新后磨合不良,甚至不进行磨合就投入使用;柴油机长时间超负荷运转;润滑油品质不佳或供油不充分;燃用劣质燃油、燃烧不良和冷却不足等。第一道活塞环的工作条件尤为恶劣,高温燃气使气缸壁温度过高、滑油氧化变质、润滑条件恶化导致其异常磨损;高温使活塞头和环槽过热变形,环与环槽配合不良也会发生异常磨损。活塞环磨损可通过以下测量来判断:

(1)搭口间隙测量

搭口间隙是活塞环处于工作状态时的开口大小。它是活塞环工作时的热胀间隙。搭口间隙过小会使活塞环受热膨胀,搭口间隙消失,环两端对顶,严重时会引起拉缸、环卡死和折断;搭口间隙过大会使燃气泄漏。一般第一、二道环搭口间隙稍大,其他环依次减小。所以说明书或标准中规定了搭口间隙的最小值(装配值)和极限值,如表 6-7 所示。

表 6-7 活塞环天地间隙和搭口间隙 CB/T3540—94 (mm)

气缸直径 D		气环							
		二冲程							
		天地间隙				搭口间隙			
		顶部两根		其余		顶部两根		其余	
		装配	极限	装配	极限	装配	极限	装配	极限
筒形活塞式柴油机	<150	0.15	0.25	0.10	0.25	0.005D	0.015D	0.004D	0.015D
	150~225	0.30	0.35	0.15	0.35				
	225~300	0.35	0.40	0.30	0.40				
	>300	0.30	0.50	0.25	0.50				
十字头式柴油机	400~550	0.20	0.40	0.14	0.40	0.0075D	0.025D	0.006D	0.025D
	550~700	0.27	0.60	0.17	0.50				
	700~850	0.34	0.80	0.30	0.80				
	>850	0.45	0.90	0.40	0.90				

续表

气缸直径 D		气环							
		四冲程							
		天地间隙				搭口间隙			
		顶部两根		其余		顶部两根		其余	
		装配	极限	装配	极限	装配	极限	装配	极限
筒形活塞式柴油机	<150	0.10	0.20	0.08	0.20	0.006D	0.015D	0.004D	0.015D
	150~225	0.15	0.30	0.12	0.30				
	225~300	0.20	0.35	0.16	0.35				
	>300	0.25	0.45	0.30	0.45				

气缸直径 D		油环							
		二冲程				四冲程			
		天地间隙		搭口间隙		天地间隙		搭口间隙	
		顶部两根		其余		顶部两根		其余	
		装配	极限	装配	极限	装配	极限	装配	极限
筒形活塞式柴油机	<150	0.05	0.29	0.003D	0.015D	0.035	0.20	0.003D	0.015D
	150~225	0.06	0.35			0.05	0.30		
	225~300	0.08	0.40			0.065	0.35		
	>300	0.09	0.50			0.075	0.45		

活塞环外圆面磨损后,径向厚度减小,环的直径 d 减小,但弹力使环仍紧贴气缸壁。所以环的直径胀大与缸径 D 相等,使活塞环搭口间隙增大,由 δ 变为 δ',如图 6-19 所示。

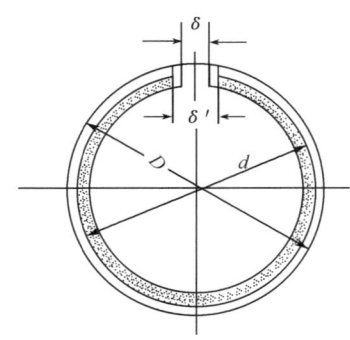

图 6-19　活塞环外圆表面磨损与搭口间隙的关系

测量搭口间隙的方法:

① 测量前,先将活塞自缸中吊出,取下活塞环并清洁环和气缸。

②将环依其在活塞上的顺序依次放在气缸套下部磨损最小部位或气缸套上部未磨损的部位,并使环保持水平。

③ 用塞尺依次测量各道活塞环的搭口间隙。

④ 将测得的搭口间隙值与说明书或标准进行比较。超过极限间隙值,说明活塞环外圆表面已过度磨损,应予以换新。

一般要求活塞环搭口间隙值大于或等于装配间隙,小于极限间隙。

(2)天地间隙测量

天地间隙俗称平面间隙,它是活塞环紧贴环槽下端面时环与环槽上端面之间的间隙。当活塞环与环槽端面磨损后将使端面配合间隙增大。天地间隙过小会使环热膨胀受阻和影响环在环槽中的运动;天地间隙过大会使燃气泄漏。说明书和标准中规定了天地间隙的最小值(即装配值)和最大值(即极限值),如表6-7所示。

测量天地间隙的方法依活塞环尺寸大小分为两种,但不论哪种方法在测量前均需先将活塞自气缸中吊出,取下活塞环并分别清洁环和环槽,然后再测量天地间隙。

① 大尺寸活塞环的天地间隙测量。将环依次装入各道环槽中,使环的下端面与环槽的下端面紧贴,用塞尺沿圆周或在圆周上几点处测量天地间隙。

② 小尺寸活塞环的天地间隙测量。因活塞环的尺寸较小、重量较轻,测量者可一手持环,将环水平局部插入环槽,并使环与环槽下端面紧贴,另一手用塞尺测量。可在环与环槽的圆周上对应几处测量,如图6-20所示。

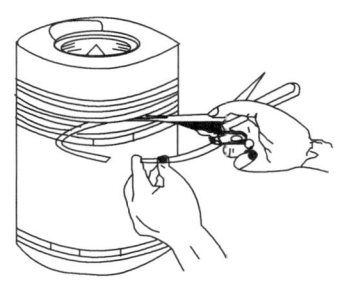

图 6-20　活塞环与环槽天地间隙的测量

实测的天地间隙值应与说明书或标准比较,使之大于或等于装配间隙,小于极限间隙。当实测天地间隙大于极限间隙时,应修复环槽或换新活塞环;实测间隙变小,说明环槽变形或因脏污影响测量的准确性。通常第一道环的天地间隙较大,其他环依次减小。

(3)活塞环径向厚度和高度测量。

活塞环外圆磨损使其径向厚度减小,所以径向厚度也是衡量活塞环磨损的参数。采用外径千分尺进行测量,如图6-21所示。依柴油机说明书规定,当活塞环径向厚度小于某定值时换新活塞环。例如,MAN B&W S/L60 MC/MCE 型柴油机活塞环的径向厚度最小值为 17 mm 时换新活塞环(设计值为 20 mm)。

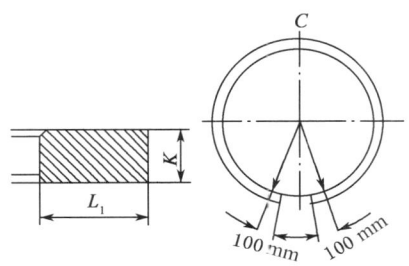

图 6-21　活塞环径向厚度测量

2.活塞环的折断

活塞环折断是活塞环常见的损坏形式之一。一般多是第一、二道活塞环容易发生折断,断裂部位多在搭口附近。活塞环可折断成几段,也可能呈粉碎状,甚至失踪。活塞环折断会使气缸套磨损加剧,二冲程柴油机的断环可能被吹至排气箱或扫气箱,甚至被吹入增压器涡轮端打坏涡轮叶片,造成严重事故。活塞环折断的原因很多,除材料缺陷、加工质量低外,主要是使用中维护管理不当和装配质量差所致。

（1）搭口间隙过小

搭口间隙小于装配间隙时,运转中活塞环受热温度升高,由于搭口处无金属膨胀余地而对顶弯曲,在搭口对面折断。高增压柴油机燃烧室温度更高,搭口间隙小的活塞环更容易折断。

（2）环槽积碳

燃烧不良、气缸壁过热使润滑油氧化或烧蚀均会使气缸中积碳严重。环槽下端面上的积碳较软时,活塞环在环槽中仍可活动和保持与气缸套的密封性;当积碳严重时,活塞环活动受阻,并与气缸壁强力作用,刮下的润滑油和金属屑混合,并在泄漏燃气作用下在环槽下端面上形成局部的坚硬积碳,活塞环上面受到周期性燃气压力作用,从而产生弯曲疲劳折断,如图6-22(a)所示。活塞环一处折断后燃气泄漏量增加,环槽积碳更加严重,加上活塞横摆时的冲击使环多处折断,呈多断状或碎块状,环槽和气缸的磨损更加剧烈。

（3）气缸套磨台

活塞组件与气缸套长期相对运动使气缸套磨损后在气缸套上部出现磨台。当活塞上行至上止点时,第一道活塞环碰撞磨台受到冲击而折断,如图6-22(b)所示。

（4）环槽过度磨损

环槽下端面过度磨损后呈倾斜状。当活塞在上止点附近时,因燃气压力作用使环紧贴于倾斜的环槽下端面上,活塞环产生扭曲变形。随着活塞下行,燃气压力下降,环的扭曲变形程度减小而逐渐恢复水平状态。活塞环周期性地扭曲变形而疲劳折断,如图6-22(c)所示。

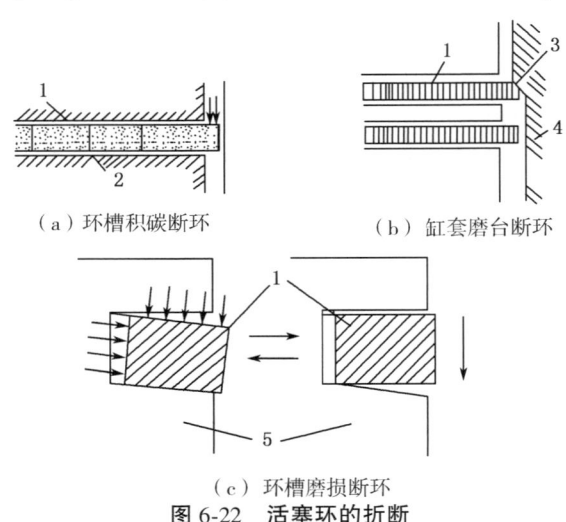

（a）环槽积碳断环   （b）缸套磨台断环

（c）环槽磨损断环

图6-22　活塞环的折断

1—活塞环;2—积碳;3—磨台;4—气缸套;5—活塞

（5）活塞环挂住气口

二冲程柴油机经常会发生活塞环挂住扫、排气口使活塞环折断。由于活塞环开口部位张力最大,受热变形大,而气缸套上气口之间的筋也受热变形,当活塞运动时,环与气口相遇,只要环开口处稍微挂住气口就会使环折断。

（6）活塞环径向胀缩疲劳

当活塞环弹力不足或气缸套过度磨损时,活塞环与气缸壁不能贴紧,即不能保持气密,以致高压燃气泄漏将环压入环槽。当活塞下行时气缸内燃气压力降低,活塞环从环槽内弹出。活塞环因不断地径向胀缩而疲劳折断。

3.活塞环的黏着

活塞环黏着是环槽内充满油污和积碳使活塞环不能自由运动的现象。活塞环卡死在环槽内,使其失去密封作用,引起窜气、功率下降、活塞环折断和气缸套磨损加重等故障。通常第一、二道环容易黏着,严重时活塞上所有的环都发生黏着。活塞环黏着的原因大多是因活塞和气缸套过热、润滑油过多和燃烧不良等。过热的活塞、气缸套使润滑油氧化或烧焦。燃烧不良使气缸中积碳严重,以致大量油污和积碳填满环槽使活塞环不能运动。检查活塞环是否黏着可以从扫气口观察和用木棒触动活塞环来判断,还可以从活塞环表面发黑情况来识别环是否发生黏着,因为活塞环发生黏着时引起燃气下窜而使活塞环表面变黑。

黏着的环应报废换新活塞环。首先应将环从环槽中取出,一般来说不易取出。采用木棒轻轻敲击活塞环使之松动,或先用煤油浸泡使积碳变软后再用木棒敲击使之松动,最后用专用工具将环取出。取环时切勿用扁铲、凿子等工具,以免损坏环槽。防止活塞环黏着的关键是要防止气缸过热和润滑油过多,尤其防止多余的润滑油进入气缸上部。大型二冲程柴油机采用气缸注油器注油润滑,注油量可调节,故环黏着现象较少。但是由于缸径大、功率高,燃烧室温度高,如果活塞冷却不良就会使活塞头部变形,环槽随之变形,致使环卡死在环槽内,如图6-23所示。为防止环卡死在环槽内采取加强活塞冷却和适当增大平面间隙的措施。

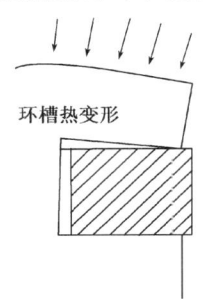

环槽热变形

图 6-23　环槽变形造成环卡死

4.活塞环的弹力丧失

柴油机运转时,处于工作状态的活塞环径向压力是环本身弹力、气体压力和环受热变形产生的附加径向弹力之和。附加弹力是活塞环在气缸套内受高温产生热膨胀,使环在自由状态下曲率半径增加,但在气缸套限制下产生的径向应力,即附加径向弹力。把活塞环装入未经磨损的气缸套内,环靠弹力压在气缸套内壁上,由此产生的径向压力分布为正圆形,亦即活塞环实际弹力的分布状态。活塞环的密封作用、寿命与其径向压力分布有关。通常有三种径向压力分布的活塞环:等压环、苹果型压力环和梨形压力环,如图6-24所示。

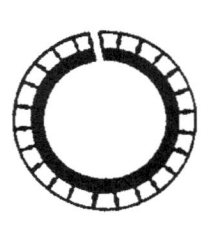 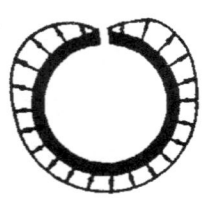 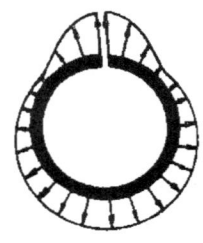

(a) 等压环　　　　　(b) 苹果形压力环　　　　(c) 梨形压力环

图 6-24　活塞环径向压力分布形式

等压环主要用于四冲程中速柴油机;苹果形压力环用于二冲程柴油机,特别是大型二冲程船用柴油机;梨形压力环则适用于高速柴油机,由于梨形压力环装入气缸套后开口处压力较高,即使磨损后开口处仍保持一定的径向压力,具有很好的密封性。

活塞环经过长期使用产生不均匀磨损,或由于过热、黏着和材料疲劳等使其弹力部分或全部丧失,造成活塞环的密封作用下降或消失。

在船上对活塞环弹力的检查方法有以下几种:

(1)测量活塞环自由开口。活塞环自由开口是活塞环在自由状态下开口间的距离,其大小直接影响环的弹力。在弹力范围内,开口越小弹力也越小;反之,弹力越大。所以利用改变自由开口大小来调节环的弹力。活塞环的弹力受其材料和加工方法的限制。一般活塞环自由开口 a_0 与环直径 D 关系为

$$a_0 = (0.10 \sim 0.13)D(\text{mm})$$

实测活塞环的自由开口 $a_{实测} < a_0$ 或小于新环的自由开口,表明活塞环的弹力下降,若明显减小,表明活塞环弹力丧失。

(2)吊缸检修时,将从活塞上取下的活塞环进行清洁,人为使其自由开口闭合后扩大一倍,松动后测量变形后的自由开口大小。若变形后的开口增大量超过 $10\% a_0$ 时,表明活塞环的弹力过小。

(3)对比法是用新旧环的弹力对比检查弹力的方法。如图 6-25 所示,将新旧环竖立在一起,用力使环开口闭合,如旧环开口已闭合,而新环开口还有一定的间隙,表明旧环弹力不足。

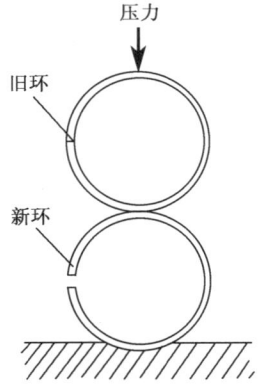

图 6-25　对比法检查活塞环的弹力

(4)吊缸后,将活塞和气缸套分别清洁干净,将环装入气缸套并用手推动。一般正常弹力

的活塞环是不容易装入气缸套的,装入气缸套中也难以用手使之移动。如果是旧环,则易于装入缸中,且轻轻触动环即沿气缸套内壁移动,表明活塞环弹力过小。

活塞环弹力部分或全部丧失时应换新活塞环。但在无备件的情况下,可采用应急方法暂时恢复环的部分弹力。具体做法是用小锤敲击活塞环内圆表面。自搭口对面部位开始重敲,然后逐渐向两侧敲击,用力逐渐减小,使环的开口增大,弹力增加。但应注意,不可用力过大,以免将环敲断。

四、轮机员配换活塞环的工艺

活塞环是易损件,损坏后一般采用换新处理,所以在船上轮机员配换活塞环是经常性的检修工作。为了保证装配质量,在配换活塞环时应注意以下问题:

1.新环的检查

使用活塞环的备件前应对其进行必要的检查:

(1)外观检查。清洁新环表面的油脂和锈痕,仔细观察活塞环有无变形和表面碰伤、裂纹等损伤。一般新环上有"直径×宽×高"的尺寸标记和上、下端面标记。如有镀铬端面应使其作为下端面,如无标记,应测量活塞环尺寸及选定下端面。

(2)测量搭口间隙和天地间隙。间隙过小时应分别修锉搭口两端和环的上端面,切不可修锉选定的下端面,并防止修锉时损伤环表面和产生变形。

(3)测量环的径向厚度和环槽深度。要求环的径向厚度比环槽深度小0.5~1.0 mm;否则修锉环的内圆表面使其符合要求。

(4)检查环的弹力。可采用测量活塞环自由开口来检查。

2.新环的修配

(1)修锉搭口。为了防止活塞环搭口两端锋利的棱边刮伤缸壁及挂住气口,应将搭口两端修锉成较大圆角,一般圆角半径为3~5 mm,如图6-26(a)所示。目前,有的新环在制造时已将搭口修锉好,故安装前不需修锉。

(2)修锉上、下两端的棱边。为了减少气缸的磨损和擦伤及有利润滑,应修锉活塞环上、下端棱边的尖锋和毛刺。

(3)新环检查后,为保证各种间隙值符合要求,应进行修配工作。

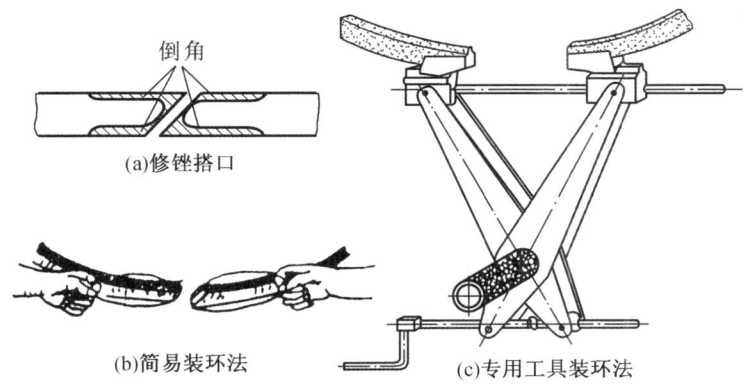

(a)修锉搭口

(b)简易装环法　　(c)专用工具装环法

图6-26　修锉活塞环搭口及环的安装

3.新环的安装

（1）简易法是针对中、小尺寸的活塞环,在无专用工具的情况下用结实的绳子套在环的开口两端,用拉绳将开口拉大装入环槽中,如图6-26(b)所示。大尺寸活塞环应采用专用工具将环的开口扩大,装入环槽内,如图6-26(c)所示。操作时,切勿将环的开口过分开大,以免活塞环变形或折断。尤其用手扩大时,用力不要过猛、过大。

（2）如不是更换全部活塞环,应把新环装在第一、三道环槽中,旧环装在其他环槽中,既便于新环磨合又能发挥旧环的密封性。

（3）装到活塞上的各道环的开口位置应错开,切勿使开口在同一位置,以免燃气下窜。

（4）装好环的活塞在未吊入缸中之前,应放于木板上妥善保管,以免损伤活塞和活塞环的工作表面,这对小型柴油机尤为重要。

4.新环的磨合运转

活塞环换新后必须经磨合运转才能投入使用,一般需经 20～24 h 磨合运转。例如 MAN B&W S/L60MC/MCE 型柴油机换新活塞环后的磨合运转为:在 2～4 h 内转速逐渐增加至最大转速的 80%;保持 80% 最大转速运转 6 h;在 12～14 h 内转速继续增加至全速,并且逐渐增加负荷,总计磨合 20～24 h。在磨合期间应使气缸油供油量达到最大。

五、活塞环的验收

当活塞环备件难于订购或所用机型已不生产时,需到活塞环制造厂或修船厂配置。轮机员对所配置活塞环产品按照活塞环的技术要求进行验收。主要技术要求如下:

1.活塞环尺寸、形状和位置精度及表面粗糙度应符合图纸要求。

2.活塞环的材料可用 HT250、HT300 或合金铸铁。活塞环的硬度和金相组织应符合要求。硬度要求:材料硬度应在 HB180～250 之间,同一活塞环上硬度差不超过 HB20。并要求活塞环的硬度比气缸套的硬度高 HB10～20,目的是既保护气缸套不被很快磨损,又保证活塞环有较长的寿命。

金相组织要求:在细小状珠光体或索氏体的基体上均匀分布着细直片状或卷曲状的小片石墨,磷共晶体呈小块状分布。分散的细小铁素体晶体不超过试片总面积的 5%。

3.活塞环外观检查。活塞环表面不允许有气孔、裂纹、疏松、夹渣、飞边和毛刺等缺陷,环两端面及内圆面上允许有一定大小的气孔。

4.活塞环弹力检查,活塞环自由开口应为 $(0.10～0.13)D$（D 为活塞环直径）。

5.活塞环密封性检查。采用漏光法检查活塞环的密封性。将活塞环放在规定直径的量规中或气缸套中未磨损的部位,在环的下方用强灯管照射,自环的上方观察,要求一处漏光弧度不超过 30°,几处漏光总和不超过 90°,且搭口附近 30° 范围内不允许有漏光。漏光处的间隙:直径 $D \leqslant 500$ mm 的活塞环,用 0.03 mm 的塞尺检查不应通过;$D>500$ mm 的活塞环用 0.04 mm 的塞尺检查不应通过,以保证活塞环工作表面与气缸套内圆表面紧密贴合,从而使柴油机燃烧室有较高的密封性和工作性能。

第五节　活塞销、十字头销的检修

一、销件的工作条件及损伤形式

在筒形活塞中,活塞和连杆小端是靠活塞销相连的。活塞销要传递周期变化的气体力和惯性力,还受到连杆小端和销座的摩擦和磨损作用。活塞销受活塞限制,本身尺寸小,润滑条件也较差。因此要求活塞销有足够的耐疲劳强度、抗冲击韧性、耐磨性和重量轻。活塞销的结构形式有浮动式、固定式和半浮动式。活塞销在连杆小端和销座内部可以自由转动的称为浮动式活塞销;活塞销固定在连杆小端上称为半浮动式;活塞销固定在销座上的称为固定式活塞销。浮动式结构因销与连杆小端和销座都能相对转动,销的相对转动速度小,因此磨损小而且均匀,提高了销的疲劳强度和使用寿命。这种活塞销在筒形活塞式柴油机中应用最广。为了防止这种浮动式活塞销从销座中窜动刮伤气缸,用卡簧轴向定位。活塞销上的径向孔用来润滑活塞销座及连杆小端轴承,并输送润滑油冷却活塞。由于现代柴油机的最高燃烧压力不断增加,活塞销所承受的负荷很高,其主要的受力面是活塞销座的上面和连杆小端轴承的下面。

在二冲程柴油机中,则是十字头部件来传递周期变化的气体力和惯性力,以及承受连杆小端和十字头轴承的摩擦和磨损。十字头部件是由十字头销和滑块组成的,是十字头式柴油机所特有的部件。十字头销跟活塞销一样,同为短粗的中空圆柱体,刚性好,工作表面粗糙度等级高。

销件的损伤形式主要是表面磨损和裂纹。

二、活塞销的检修

1.活塞销的磨损测量

采用外径千分尺沿活塞销轴线方向 Ⅰ 、Ⅱ 、Ⅲ 三个部位进行测量,如果活塞销与连杆小端轴承配合面较长,可增加两个测量部位Ⅳ 、Ⅴ ,如图 6-27 所示。测量每一部位横截面上两个相互垂直的直径 D_1、D_2,并计算出圆度误差和圆柱度误差,要求其最大圆度误差和圆柱度误差符合表 6-8 的规定。

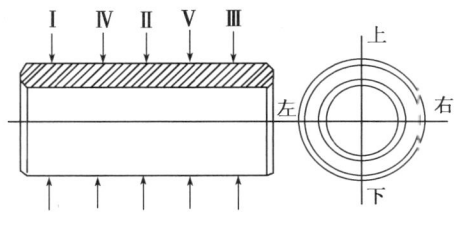

图 6-27　活塞销及其磨损测量部位

表 6-8　活塞销磨损极限 CB/T3542-94（mm）

活塞销直径/mm	圆度、圆柱度/mm	活塞销直径/mm	圆度、圆柱度/mm
<50	0.03	175~200	0.06
50~75	0.04	200~225	0.07
75~100	0.04	225~250	0.07
100~125	0.05	250~275	0.08
125~150	0.05	275~300	0.08
150~175	0.06		

2.活塞销裂纹的检测

活塞销上微小的裂纹可引起活塞销断裂,进而引起活塞运动部件打坏机体的严重事故(俗称"连杆伸腿"的波及性事故),为此对活塞销应进行:

（1）外观检查。通过观察活塞销表面发现有无擦伤、过热氧化变色、渗碳层剥落和表面裂纹等缺陷。

（2）磁粉探伤。要求对活塞销进行磁粉探伤,检查表面有无裂纹。其内外表面不允许存在横向裂纹,但允许有数量不多于 5 条的纵向发纹且同一截面和同一轴线上不多于 2 条,长度应小于表 6-9 的规定。

表 6-9　活塞销裂纹长度 CB/T3542-94(mm)

活塞销直径	≤50	50~75	75~125	125~175	175~250
裂纹长度	<5	<8	<10	<15	<20

3.活塞销的修理

活塞销外圆表面过度磨损时可采用镀铬、镀铁等方法修复。要求镀铬前活塞销表面粗糙度 Ra 为 1.6 μm,镀铬层厚度为 0.20~0.30 mm,电镀后进行机械加工,达到规定的粗糙度要求。活塞销表面裂纹和渗碳层剥落应报废换新。

三、十字头销的检修

1.十字头销颈的磨损测量

采用外径千分尺测量十字头销颈 A、B 的直径,如图 6-28 所示。计算其圆度误差、圆柱度误差,并应符合表 6-10 的规定。十字头销圆度误差过大容易引起十字头轴瓦的裂纹。

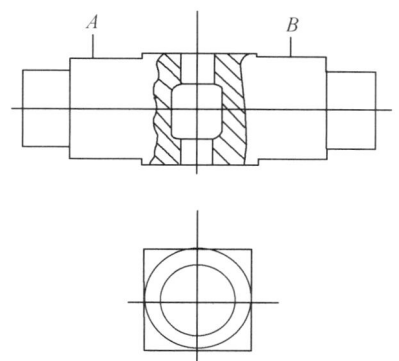

图 6-28　十字头销磨损测量部位

表 6-10　十字头销直径磨损极限 CB/T3538−94（mm）

十字头销直径	150~200	200~250	250~300	300~350	350~400	400~450	450~475	>475
圆度、圆柱度	0.06	0.07	0.08	0.09	0.10	0.12	0.13	0.15

2.十字头销颈裂纹的检查

（1）外观检查。检查十字头销颈工作表面、过渡圆角附近有无裂纹、较深的拉痕等损伤。一般不允许有裂纹、拉痕等。过渡圆角附近表面不允许有发纹，其他表面不允许有横向发纹，只允许有个别的纵向发纹。

（2）磁粉探伤。必要时做无损探伤检查。

3.十字头销颈的修理

（1）十字头销颈外圆表面过度磨损后，可采用镀铬工艺修复。要求铬层厚度为 0.20~0.30 mm，镀前外圆表面粗糙度 $Ra<1.6$ μm，镀层表面不允许有麻点、发纹等缺陷。

（2）十字头销颈圆柱度误差超过规定值时，可采用机械加工方法修复。

（3）十字头销颈外圆表面、过渡圆角附近表面产生裂纹并超过规定要求时，应报废换新。

第六节　重要螺栓的检修

一、螺栓的工作条件及损伤形式

船用柴油机上的重要螺栓主要有气缸盖螺栓、组合式活塞的连接螺栓、连杆螺栓、主轴承螺栓、贯穿螺栓和地脚螺栓等。这些螺栓均各自具有不同的重要作用，不仅要保证连接强度，而且要承受安装时和柴油机运转时的各种力的作用。为了保证螺栓的紧固连接质量和柴油机安全可靠地运转，这些重要螺栓的材料常选用优质碳钢和优质合金钢，如 45 号钢、40Cr、

35CrMo 等。这些螺栓的主要损伤形式是裂纹。以下主要对连杆螺栓、贯穿螺栓和地脚螺栓的检修进行介绍。

二、连杆螺栓的检修

连杆螺栓是连接连杆大端轴承座与轴承盖使之成一体的重要螺栓。连杆螺栓受到装配时的预紧力的作用，四冲程柴油机运转时连杆螺栓还受到往复惯性力的作用。连杆螺栓的直径较小，因其受到曲柄销直径和连杆大端外廓尺寸的限制。

连杆螺栓虽小但是特别重要，因为连杆螺栓一旦断裂将会引发柴油机的破坏性事故，这种波及性事故造成气缸盖、气缸套、活塞和连杆的损坏，甚至机体被打破。连杆螺栓因锁紧零件失效而脱落，如开口销损坏或脱落也会造成上述事故。连杆螺栓常见的损坏形式：螺纹的变形与损坏、螺栓拉长或形成颈缩、螺栓弯曲变形、裂纹、螺栓与螺母配合松动等。连杆螺栓或螺母损坏后应成对换新。

1.外观检查

检查螺栓表面有无肉眼可见缺陷，不允许有碰伤、拉毛、变形、裂纹、螺纹损坏和配合松动等缺陷。

2.裂纹检查

采用放大镜、着色探伤或者磁粉探伤等方法检查螺栓的各圆角、螺纹之间的过渡处有无裂纹。

3.测量螺栓长度

通过测量螺栓长度可发现螺栓的永久变形。按 JT/T56—1993《船用柴油机紧配螺栓及螺母修理技术要求》，测量四冲程柴油机连杆螺栓伸长量，其伸长量应满足说明书要求；当无说明书要求时，其伸长量不得大于原始长度的 2‰。

三、贯穿螺栓的检修

在十字头式柴油机中，贯穿螺栓的作用是把气缸体、机架和机座连成一体，构成柴油机的固定件。在筒形柴油机中，贯穿螺栓是柴油机中最长最重要的螺栓。

柴油机运转中容易发生贯穿螺栓松动、螺母锈死和螺栓伸长变形等缺陷。柴油机每运转一年左右的时间就应对全部贯穿螺栓的上紧程度进行一次检查。具体程序为：

1.拆除全部贯穿螺栓上的保护罩，清洁表面。

2.将两个液压拉伸器分别安装到对称的贯穿螺栓上。

3.开动液压拉伸器油泵，将油压泵至说明书规定值并保持不变。

4.通过液压拉伸器上面的检查孔，检查螺母与螺杆之间的间隙。如有间隙，用专用工具将螺母上紧，最后释放油压并拆除拉伸器。

贯穿螺栓除了容易发生松动以外，还会发生裂纹和断裂的事故。贯穿螺栓产生裂纹和断裂除了与材质和制造质量有关外，最主要的原因还是安装中的预紧力是否符合说明书规定以及各螺栓的预紧力是否均匀。轮机员在日常维护管理中应加强贯穿螺栓的检查，及早发现断裂的贯穿螺栓并及时更换。

四、地脚螺栓的检修

柴油机机座安装在船体双层底上或焊接于船体双层底的底座上。地脚螺栓的作用是将机座固定在底座上,以抵抗柴油机运转中的剧烈振动、船舶航行中的猛烈摇摆和防止机座位移。

地脚螺栓安装好之后,检查螺母和螺栓头的结合平面处有无间隙,用 0.05 mm 的塞尺应插不进去。全部螺栓上紧是采用手动工具或者液压拉伸工具,按照说明书规定的预紧力要求和上紧顺序进行操作。上紧后用小锤敲击螺栓,检查螺栓的上紧程度,以声音清脆为合格。在设备运转过程中,应加强对地脚螺栓的维护管理,及时发现松动的螺栓和损坏的螺栓。松动的螺栓应按要求上紧,损坏的螺栓应予以更换。

第七节　轴承的维修与检验

柴油机中相对转动的机件间都设有轴承,其中主要有主轴承,连杆大、小端轴承和十字头轴承、曲柄销轴承、凸轮轴轴承等,上述轴承均为滑动轴承。滑动轴承的结构如图 6-29 所示,由轴承座、轴承盖和上、下瓦和轴承螺栓等组成。上轴瓦有进油口和周向布油槽,将润滑油引入轴与轴承之间,以实现液体摩擦。下轴瓦内表面无布油槽,可增大承压面积和保持油膜状态完整。上、下轴瓦结合面处的内表面制有轴向浅槽,将润滑油沿轴向分布,同时可储存润滑油中的杂质,故又称垃圾槽。轴承盖与轴承座材料相同,为增加刚性,采用工形截面结构并且有筋肋支撑。主轴承螺栓在两侧将轴承盖、上瓦压紧在下瓦轴承座上。中央有润滑油管接头,用来引入压力润滑油。

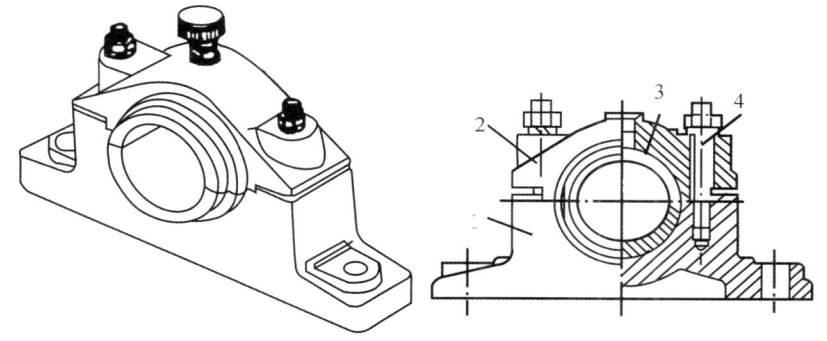

图 6-29　滑动轴承结构

1—轴承座;2—轴承盖;3—轴瓦;4—轴承螺栓

柴油机主轴承按功用可分为普通主轴承和止推主轴承两种。主轴承按主轴承盖布置的情况可分为正置式和倒置式两种。滑动轴承轴瓦是由瓦壳与瓦衬(耐磨合金层)构成。轴瓦的厚度是瓦背、减磨合金层及表面覆盖层三者厚度之和。常见滑动轴承的轴瓦形式有三种。

（1）两半式厚壁轴瓦。轴瓦厚度 t 较大，一般 $t \geq 0.065D$（D 为轴承直径，mm），合金层的厚度为 3~6 mm。

厚壁轴瓦厚度大，刚性较好，不易变形，但对轴颈情况适应差，往往需经拂刮才能达到与轴颈良好配合。各档轴瓦不能互换，轴承与轴颈的间隙可用上、下轴瓦结合面处的垫片来调整。轴瓦损坏可以重浇合金和拂刮修复。

通常瓦壳材料可选用青铜、黄铜或铸钢，目前广泛采用钢瓦壳。瓦衬材料主要采用锡基或铅基巴氏合金。厚壁轴瓦广泛应用于中、低速柴油机和一些辅机轴承上。

（2）两半式薄壁轴瓦。轴瓦厚度 t 较小，一般 $t = (0.02 \sim 0.065)D$，合金层厚度如表 6-11 所示。

表 6-11　薄壁轴瓦合金层厚度（mm）

合金层材料	合金层厚度
锡基、铅基巴氏合金	0.25~0.5
铜基轴承合金	0.4~0.8（烧结） 0.4~0.8（连续浇注） 0.4~1.0（离心浇注）
铝基轴承合金	0.3~0.9

薄壁轴瓦厚度小，可使轴颈直径增大。薄壁瓦刚性小、弹性好。其外表依一定的过盈量紧贴于轴承座孔中。安装后轴承的尺寸精度完全由座孔和轴瓦本身的壁厚精度保证，与轴颈配合面不需（许）拂刮即能满足要求。因其本身外形尺寸小、质量轻，适合于高精度、大批量生产，故成本亦低。由于合金层较薄，轴承抗疲劳能力大大增强，其承载力强，使用寿命长，故广泛应用于中、高速柴油机，大型低速柴油机的十字头轴承甚至主轴承和曲柄销轴承也改用薄壁轴瓦。薄壁轴瓦与轴承座孔的安装过盈量需严格控制：过盈太大，会造成薄壁轴瓦本身材料屈服变形，上、下轴瓦贴合处会向内弯曲擦伤轴颈，外表也会与座孔脱离松动；过盈太小，又会造成轴瓦本身发生转动的事故。

（3）整体衬套式轴瓦。采用青铜或碳钢制成套筒式，有的上面浇有 0.4~1.0 mm 厚的耐磨合金层。中小型柴油机连杆小端轴承、摇臂轴承广泛采用锡青铜或铝青铜衬套式轴瓦。

轴瓦按金属的层数分为单层、双层、三层和四层轴瓦。单层轴瓦为一种合金制成的整体衬套式；双层轴瓦是钢壳上浇注或压上减摩和抗咬合的轴承合金层；三层轴瓦或称三合金轴瓦是双层轴瓦上再镀上一层极薄的表面镀层，以改善表面性能或抗疲劳性能，例如镀 0.02~0.04 mm 的铅、锡、铟等；四层轴瓦是由钢背、高疲劳强度的轴承合金、表面性能良好的轴承合金、表面镀层组成。

一、轴承的损伤形式

轴承损坏主要是轴瓦上的耐磨合金层的损坏。其主要损坏形式有：过度磨损、裂纹和剥落、腐蚀和烧熔。

1.轴瓦的过度磨损与烧熔
柴油机运转一段时间后使主轴承下瓦、十字头轴承下瓦和曲柄销轴承上瓦产生过度磨损。

轴瓦的过度磨损将会使轴承间隙增大,引起冲击和加剧磨损。造成轴瓦过度磨损的原因主要与维护管理不良有关,具体如下:

(1)润滑油净化不良,含机械杂质和水分较多;

(2)轴颈表面的粗糙度等级太低、几何形状误差过大和曲轴变形等;

(3)柴油机起停频繁和长时间超速、超负荷运转;

(4)其他日常维护不善,甚至违章操作等。

以上各点不是使得轴承润滑油膜不能建立,就是由于磨粒、轴颈表面不良或过大的轴承负荷破坏已形成的油膜,造成轴瓦的异常磨损。

轴瓦烧熔是轴承恶性事故,它是轴承减磨合金严重发热时软化甚至熔化,在轴颈压力下被拖动,轴表面被撕成不规则形状,合金熔化铺开痕迹在油孔、油槽及轴瓦边缘明显出现。熔化合金甚至黏结在轴颈表面,最终抱住轴颈。

2.轴瓦的裂纹和剥落

合金层产生裂纹甚至剥落缺陷是合金材料在交变载荷作用下发生的疲劳破坏。最初由于种种原因在轴瓦工作表面产生微小疲劳裂纹,随着柴油机的继续运转轴瓦上的裂纹扩展、延伸,以致轴瓦上的耐磨合金呈片状脱落,即剥落。造成轴瓦裂纹和剥落的原因主要与轴承受力、轴瓦合金材料及管理等因素有关。

(1)白合金材料的疲劳强度低,在交变载荷作用下容易产生疲劳裂纹;

(2)轴瓦浇铸质量差,如合金层与瓦壳结合不良或二者间嵌有异物等,在交变载荷作用下使轴瓦裂纹和合金层剥落;

(3)轴颈的几何形状误差过大和轴瓦过度磨损都会使轴瓦受到过大的冲击负荷,使轴瓦产生裂纹;

(4)柴油机负荷使轴承负荷过大造成轴瓦裂纹;

龟裂是白合金轴瓦容易产生的疲劳破坏,是由于柴油机运转时轴瓦受到周期性交变负荷作用,特别是在轴承负荷过大和轴向负荷分布不均时,使轴与瓦之间难以建立连续而又分布均匀的润滑油膜。以致局部金属直接接触,经过一段时间运转后在轴瓦表面上局部产生细微裂纹,称为发裂。十字头轴瓦龟裂如图 6-30 所示。

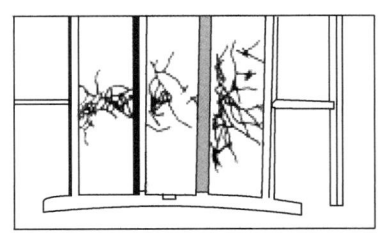

图 6-30　十字头轴瓦龟裂

轴瓦上的发裂会使润滑油渗入,在轴承负荷作用下滑油无处溢出,形成油楔,使裂纹逐渐扩展、延伸并且彼此连接成封闭网状。所以当轴瓦受到过大的轴承负荷和轴向负荷不均匀时使轴瓦上产生发裂,进而在油楔作用下扩展形成许多封闭的裂纹称为龟裂。当龟裂面积较大并扩展至轴瓦端面或合金剥落时,轴瓦应报废换新。

3. 轴瓦的腐蚀

轴瓦的腐蚀包括电化学腐蚀和漏电引起的腐蚀。润滑油中含水或燃气、燃油的混入使润滑油变质，从而在轴瓦工作面产生宏观和微观电化学腐蚀麻点。船上的杂散电流是电器漏电引起的，它使轴瓦内外表面产生局部麻点的静电腐蚀。

4. 轴瓦的穴蚀

轴瓦穴蚀是特定条件下流动的润滑油产生气泡和气泡破灭所致。高速大功率柴油机的铜铅合金薄壁瓦上穴蚀破坏频繁出现。主要发生在主轴瓦和曲柄销轴瓦上油槽和油孔周围，呈小孔群状。防止轴瓦穴蚀的措施，目前主要从轴瓦材料的选择、轴瓦上油槽、油孔的位置及保证润滑油品质等方面着手。

二、轴承的安装与检查

1. 滑动轴承的安装要求

为了保证滑动轴承安全可靠地运转，轴承的安装质量和与轴的配合最为重要。在安装过程中应符合下列要求：

（1）轴瓦与轴承座孔配合面贴合良好

轴瓦的安装以下瓦安装最为关键，应使下瓦外圆面与轴承座孔内圆面贴合紧密和均匀接触，用 0.05 mm 塞尺插不进。二者贴合紧密，运转时轴瓦不会变形和产生裂纹，有利于散热。

厚壁轴瓦的下瓦装入轴承座内的贴合情况可用瓦座面涂色油进行检查。若轴瓦背面沾点少，说明接触不良，可用铜锤敲击或修刮瓦背。任何情况下都不允许修锉轴承座面。在 25 mm×25 mm 面积内接触点不少于 3 个为好，即小型柴油机接触面积不少于 85%，大、中型柴油机不少于 75%。

薄壁轴瓦的下瓦与轴承座紧密贴合是通过轴瓦与轴承座孔的过盈配合来实现的。轴瓦在自由状态下具有一定的弹性，或者说瓦口处有一定的扩张量，即瓦口直径比名义直径稍大，二者之差为扩张量。

（2）轴颈与轴承下瓦应在一定的角度内均匀接触

接触面积应大于 75%。柴油机主轴颈与主轴承下瓦接触角应在机体中心线两侧 40°～60°范围内；曲柄销颈与大端轴承上瓦的接触角应在连杆中心线两侧 60°～90°范围内，如图 6-31 所示。

（3）轴承间隙应符合要求

轴与轴瓦之间的径向最大配合间隙称为轴承间隙。合适的轴承间隙是形成润滑油膜实现液体动压润滑的重要条件。轴承间隙过小，油膜不能建立，轴与瓦的金属直接接触，产生大量的热，以致合金熔化；间隙过大，润滑油流失产生冲击，使轴瓦合金层裂纹、碎裂。所以要求轴与轴瓦之间的轴承间隙 Δ 在安装间隙 $\Delta_安$ 和极限间隙 $\Delta_极$ 之间，即

$$\Delta_安 \leq \Delta < \Delta_极$$

柴油机说明书和柴油机修理技术标准中对主轴颈与主轴承、曲柄销颈与连杆大端轴承的轴承间隙均有具体规定。表 6-12 为柴油机主轴承间隙。

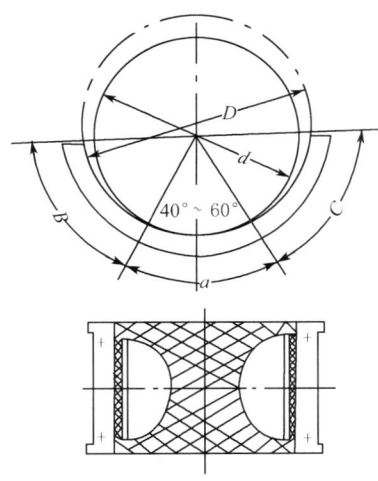

图 6-31 轴与瓦的接触角

表 6-12 柴油机主轴承间隙（mm）

轴颈直径	十字头式柴油机		筒形活塞式柴油机 $n<500$ r/min		筒形活塞式柴油机 $n>500$ r/min			
					锡基轴承合金		铜铅合金	
	装配间隙	极限间隙	装配间隙	极限间隙	装配间隙	极限间隙	装配间隙	极限间隙
≤100	—	—	—	—	0.06~0.08	0.20	0.08~0.10	0.20
100~150	—	—	—	—	0.08~0.11	0.25	0.10~0.12	0.25
125~150	—	—	—	—	0.11~0.15	0.30	0.13~0.16	0.30
150~200	—	—	0.14~0.18	0.30	0.16~0.20	0.40	0.17~0.28	0.40
200~250	—	—	0.18~0.22	0.40	0.20~0.24	0.50	0.24~0.28	0.50
250~300	0.17~0.21	0.40	0.22~0.26	0.50	0.24~0.28	0.60	—	—
300~350	0.21~0.25	0.50	0.26~0.30	0.60	—	—	—	—
350~400	0.25~0.30	0.60	0.30~0.34	0.70	—	—	—	—
400~450	0.30~0.35	0.70	0.34~0.38	0.80	—	—	—	—
450~500	0.35~0.40	0.80	—	—	—	—	—	—
500~550	0.40~0.45	0.90	—	—	—	—	—	—
550~600	0.45~0.50	1.00	—	—	—	—	—	—
600~650	0.50~0.55	1.10	—	—	—	—	—	—
650~700	0.55~0.60	1.20	—	—	—	—	—	—
>700	0.60~0.65	1.30	—	—	—	—	—	—

2.轴承间隙测量

（1）塞尺法

用长塞尺自轴承端面直接插入轴颈与轴瓦之间进行测量。图 6-32 为 MAN B&W 型柴油机随机专用长塞尺测量主轴颈与主轴承的轴承间隙。测量时拆去轴承盖上的滑油进油管和盖内的油管,用长塞尺从端面插入进行测量。一般每运转 3 000 h 检查一次。

塞尺平直,而轴承间隙为弧形,使测量值小于实际间隙,所以轴承间隙应为测量值加上 0.05 mm 的修正值。此法简单,但精度不高且使用受轴承结构限制,可作为轴承间隙的粗检。

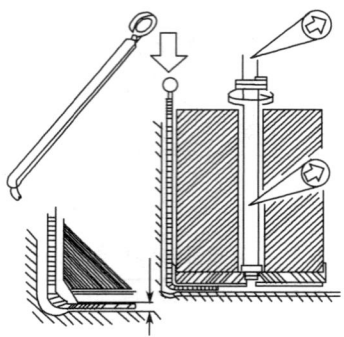

图 6-32　MAN B&W 型柴油机随机专用长塞尺测量轴承间隙

（2）压铅法

利用置于轴承间隙处的铅丝在轴承螺栓上紧后被压扁的厚度来反映轴承间隙实际大小的测量方法。此法精度高,但操作麻烦。具体测量步骤如下:

①拆去主轴承上盖和上瓦或连杆大端轴承的下盖和下瓦;

②选直径为$(1.5\sim2.0)\Delta$(Δ 为轴承装配间隙),长度为 $120°\sim150°$ 轴颈弧长的铅丝 2~3 条。沿轴颈首、中、尾位置安放铅丝,并用牛油粘住,如图 6-33 所示。

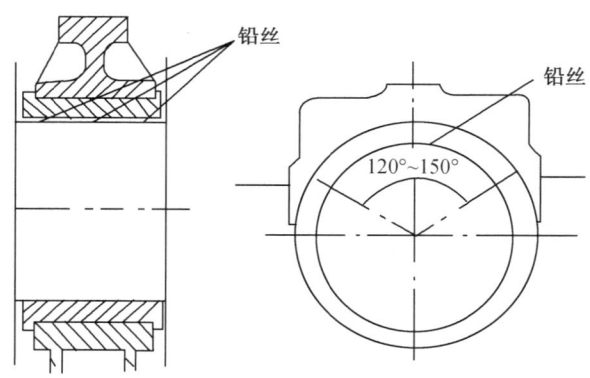

图 6-33　压铅法测量主轴承间隙

铅丝的塑性和直径对测量精度影响很大。铅丝直径小于轴承间隙,铅丝未被压扁,轴承间隙不能测出;铅丝直径过大,上紧螺栓后铅丝被压产生硬化可能被压入白合金层内,亦不能准确测量。例如,主轴承装配间隙为 0.2~0.25 mm,可选用直径为 0.3~0.5 mm 范围内的铅丝。

③装好主轴承上盖和上瓦,按要求上紧螺栓至规定位置,此时切勿盘车。

④打开轴承盖,取出铅丝进行测量和记录。注意铅丝对应的测量位置,切勿弄混。

⑤用千分尺测量铅丝两端和中间的厚度。中间厚度为轴承间隙值,两端厚度为轴承两侧间隙,应小于轴承间隙,且两侧间隙差不超过 0.05 mm。

压铅法适用于厚壁轴瓦的轴承间隙检测。

（3）比较法

中、高速柴油机主轴承和连杆大端轴承多采用薄壁轴瓦。通常采用内、外径千分尺分别测量轴、孔的对应部位直径,两者直径之差即为轴承间隙。一般应测量对应于曲柄销上、下止点位置时的轴、孔直径,且在轴向首、中、尾三处测量求其平均值进行比较。

3.轴瓦磨损量的检测

主轴承厚壁瓦下瓦磨损量可用桥规测主轴颈下沉量的方法或直接测量下瓦厚度与新瓦厚度比较的方法来确定。连杆大端轴承上瓦的磨损量可用直接测量的方法。薄壁轴瓦当其轴承间隙超过说明书或标准时即表明其下瓦(或上瓦)磨损严重,无须测量磨损量,应报废换新。

4.轴瓦合金层脱壳检查

轴瓦合金层浇铸质量不高就会使结合面局部有缝隙,运转后就会产生合金层脱落现象。为此对厚壁轴瓦备件可采用听响法或渗透探伤法进行检测。

轴瓦工作表面可用放大镜或渗透探伤法检验有无裂纹。

三、轴瓦的修理

轴瓦的修理主要是针对厚壁轴瓦,依据损坏形式和程度不同采用局部修刮、焊补和重浇合金等方法。薄壁轴瓦损坏后,大多更换新轴瓦;铜铅合金、铝合金轴瓦损坏后同样是更换新轴瓦。

（1）局部修刮

轴瓦工作表面上的小面积擦伤、腐蚀或早期发裂可用刮刀进行局部修刮,并使修刮面与周围瓦面圆滑过渡。当润滑油中含水量较多时,会在瓦面上生成黑色氧化锡硬壳,也可用刮刀刮去。

（2）焊补

轴瓦工作面上较深的裂纹、局部合金脱落或腐蚀等可采用焊补或堆焊方法修理。

采用氢氧焰或焊烙铁将瓦面损坏处合金熔化,再用与轴瓦白合金牌号相同的焊条进行焊补。焊补质量与焊前损坏部位的清洁情况有关。一般可采用汽油或煤油清洗、擦干和修刮使其露出金属光泽。

此法简便、实用,是常用的修理轴瓦裂纹的方法。此外还具有节约合金材料和修理工时短的优点。

（3）重新浇瓦

具有下列情况之一者,应熔去轴瓦上的合金,重新浇铸相同牌号的白合金。

①轴瓦合金烧熔;

②轴瓦过度磨损不能保证要求的轴承间隙;

③轴瓦合金脱壳或大面积剥落;

④轴瓦龟裂严重,扩展到轴瓦端面或裂纹深及瓦壳。

四、主轴承下瓦的更换

当轴瓦损坏后,船上条件只能更换备件。换瓦时新瓦的安装工艺过程,其质量仍然是保证安全可靠运转的关键。薄壁轴瓦的安装工艺较为简单,以下介绍厚壁轴瓦安装过程及应注意的问题。

1.新瓦的检验与安装

(1)新瓦(备件)的检验

检查新瓦有无变形和其他缺陷,如合金层与瓦壳黏结情况、油槽和垃圾槽情况、测量和记录轴瓦厚度等。

(2)新下瓦的安装

在船上换新轴瓦时不需将曲轴吊起,只需将旧瓦自瓦座内盘出,并以同样方法将新瓦盘入瓦座。旧瓦应从瓦口较厚的一端或有定位唇(轴瓦轴向定位的凸起)的一端盘出。下瓦自主轴颈的下方瓦座盘出的方法很多,随机型而异。例如,小型柴油机利用主轴颈上的润滑油孔,在孔内插入销钉,盘车时销钉或专用工具随轴转动将下瓦拨出,如图6-34所示。大型低速柴油机采用液压千斤顶将曲轴抬高0.10~0.15 mm后转出主轴承下瓦。

为便于盘瓦,通常在新瓦背上镀0.002~0.003 mm的锡或铜,或涂以均匀的二硫化钼润滑剂。

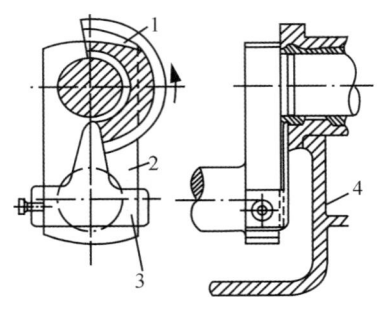

图6-34　专用工具盘出主轴承下瓦

1—下瓦;2—曲柄臂;3—专用工具;4—机座

(3)新瓦安装质量的检验

由于备件在放置过程中可能产生变形,所以新下瓦装入瓦座后应检查下瓦背面与瓦座孔的贴合情况。色油检查方法如下:

若下瓦背两侧面沾点而瓦底背面无沾点,说明新下瓦瓦口产生向外张开的变形,在底部产生间隙 δ,如图6-35(a)所示,此时新下瓦卡在瓦座瓦口处,没有"落底"。

若下瓦背两侧面无沾点而瓦底背面沾点,说明新下瓦瓦口产生向内收拢的变形,使在瓦口两侧产生间隙 β,如图6-35(b)所示。此时新下瓦在瓦座内"晃荡"。

以上两种情况在柴油机运转中均会因轴瓦与瓦座贴合不良造成合金碎裂等事故。为使新下瓦与瓦座配合面贴合良好,应修锉瓦背或用木槌敲击瓦口内侧使向外张开或用铜锤敲击瓦口外侧使之向内收拢。

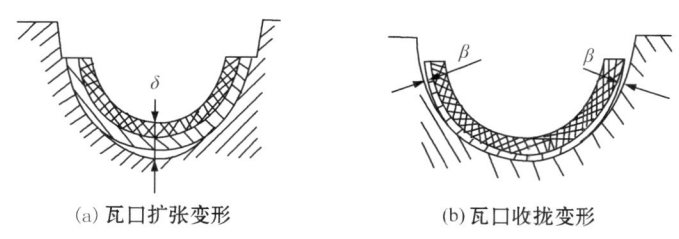

(a) 瓦口扩张变形　　　　　(b) 瓦口收拢变形

图 6-35　新瓦瓦口变形后安装不良

2.主轴颈与主轴承下瓦接触检验

新的主轴承下瓦安装合格后,主轴颈与之接触情况也应符合要求。检验时,在轴上均匀涂上色油,使轴回转观察下瓦色油沾点的多少和分布。如不合格,用刮刀拂刮下瓦,再次使轴回转,再次检查沾点和拂刮,直到符合要求为止。具体拂刮轴瓦的方法有以下几种:

（1）样轴拂刮轴瓦

样轴又称假轴,使其代替曲轴,轻便,容易操作,效率高。样轴采用钢管或铸铁管制成,外径 $D=d+\Delta$（d 为主轴直径,Δ 为轴承间隙）,长度等于机座全长或为 3~4 个主轴承座的长度。此种刮瓦方法容易建立油膜,但必须制作专用样轴,适用于船厂小批量修理或船上小型柴油机。

（2）曲轴拂刮轴瓦

船厂和船上均可使用。依据主轴颈与主轴承下瓦研配的沾点拂刮主轴承下瓦,直到接触角内均匀接触。此法方便,不需制作样轴,但下瓦盘出、盘入较麻烦。

（3）根据臂距差拂刮轴瓦

此法利用臂距差和色油沾点拂刮主轴承下瓦。首先在换新轴瓦的主轴承两侧曲柄上安装臂距表,并在主轴颈上涂色油。然后盘车测量两个曲柄的臂距差值。根据臂距差值和主轴承下瓦的沾点情况进行下瓦的拂刮。垂直平面内的臂距差检查瓦底,水平平面的臂距差值检查瓦口。拂刮轴瓦时不可一次刮削很多,应小刮削量多次拂刮多次研配,逐渐达到要求,否则会造成难以合格的局面。

注意下瓦两侧垃圾槽附近瓦口部位的拂刮,拂刮过量,造成漏油,影响油膜建立;拂刮不足,瓦口与轴颈接触引起轴承发热,甚至在瓦口处咬死。一般瓦口处要有 0.05 mm 的间隙。

主轴承上瓦先开油线然后进行拂刮。

3.轴承间隙的测量与调节

以上检验合格后应检测主轴颈与主轴承装配后的配合间隙,即轴承间隙。当所测轴承间隙与说明书或标准不符合时,采用抽减或增加上、下瓦配合面处的垫片进行调节。

厚壁轴瓦上下瓦结合面处有一组黄铜或紫铜垫片,其形状与结合面形状相同并且不会妨碍轴的回转及瓦口处的垃圾槽。垫片的厚度为 0.05 mm 的整倍数,如 0.10 mm、0.15 mm 等,便于间隙调节。垫片数量尽量少,两边的垫片数量和厚度相同。

调节轴承间隙时,轴瓦两边要同时抽减或增加厚度和数目相同的垫片,以免使轴承上盖上瓦歪斜和轴承间隙变化。

第八节　曲轴的维修与检验

曲轴是柴油机中最重要的部件之一,也是受力最复杂的部件。它的尺寸参数很大程度上影响着柴油机的整体尺寸和重量,它的技术状态直接影响着柴油机的可靠性与寿命,进而影响船舶的航行安全和经济性。柴油机技术的不断进步,使得曲轴的工作条件也愈加苛刻,对曲轴的刚度和强度也提出了更高的要求。所以要加强曲轴的维护保养,减少不必要的损伤。

一、曲轴的损伤形式

曲轴由主轴颈、曲柄销、曲柄臂及相关辅助结构组成,曲轴的几何形状极其复杂。在柴油机工作时,曲轴承受着气缸内气体压力及往复和旋转质量惯性力引起的周期性变化的载荷,以及活塞、连杆等运动部件的重力作用。因此,曲轴在以一定的速度旋转时,既受到拉压力的作用,又受到扭矩的作用。

综合曲轴的结构、受力特点及润滑剂等因素的影响,得到曲轴的主要损伤形式有磨损、弯曲和扭转变形、裂纹和断裂、红套滑移、腐蚀等。

二、曲轴磨损的检修

同一台柴油机曲轴的各主轴颈和曲柄销颈的磨损量不同。一般直列式柴油机的连杆轴承负荷较主轴承负荷大,所以曲柄销颈磨损较主轴颈大些。V形柴油机恰好相反,是主轴颈磨损大些。

柴油机工作时,主轴颈和曲柄销颈回转一周时在圆周方向受到大小和方向变化的力而产生不均匀磨损,形成圆度误差;轴颈同时受到气体力和运动部件重力作用产生弯曲应力,及活塞运动部件安装不良或失中等使主轴颈和曲柄销颈在轴向受力不均而产生不均匀磨损,形成圆柱度误差。所以圆度误差和圆柱度误差是衡量曲轴轴颈磨损程度的主要参数。圆度误差过大使轴颈与轴瓦的配合间隙变化,影响润滑油膜的建立,降低轴承的承载能力;圆柱度误差过大使轴承负荷在轴向分布不均,引起更严重的不均匀磨损,产生活塞运动装置的失中。所以在实际生产中,新造或修复后的曲轴应符合尺寸、几何形状精度的要求,运转中曲轴的圆度、圆柱度误差应符合设备说明书和相关标准的要求。

1.曲轴轴颈直径的测量

为计算曲轴轴颈的圆度、圆柱度误差,通常采用外径千分尺或游标卡尺测量主轴颈和曲柄销颈的直径。

(1)测量曲柄销直径

航行期间在船上测量曲柄销直径需拆除活塞连杆装置;进船厂修理时,可在柴油机解体后在船上或车间测量。

测量时,首先将待测曲柄销转至上止点或下止点位置,清洁轴颈后按图6-36所示的三个截面,即曲柄销轴颈两端距曲柄臂10~30 mm的两个截面和中间截面,测量每个截面上的垂直与水平方向的直径并记录读数。

（2）测量主轴直径

在船上测量主、副柴油机主轴直径需拆去主轴承上盖上瓦和盘出下瓦。测量时,将1号缸曲柄销或待测主轴颈相邻的任一曲柄销转至上止点,测量图6-36所示三个截面上的垂直方向和水平方向的直径。图6-38(b)为使用专用外径千分尺测量主轴颈直径。

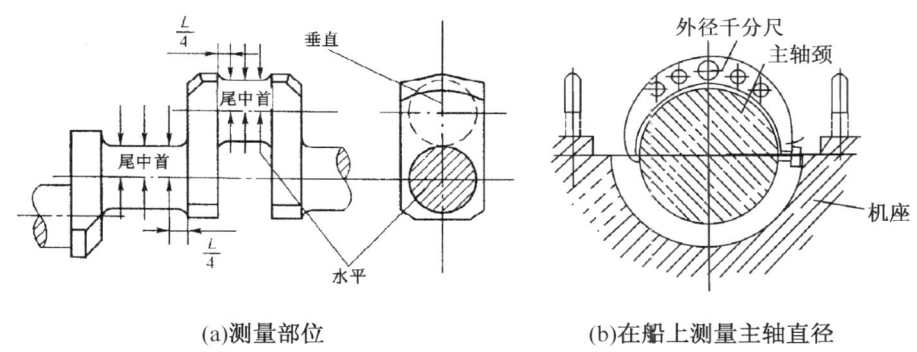

(a)测量部位　　　　　　　　　　　　(b)在船上测量主轴直径

图6-36　曲轴轴颈测量

经测量得到主轴颈和曲柄销颈直径后,分别计算圆度误差和圆柱度误差,并将最大圆度误差和最大圆柱度误差与说明书或相关标准比较,对曲轴轴颈的磨损程度做出判断。表6-13为曲轴主轴颈和曲柄销颈磨损极限的行业标准。

表6-13　曲轴主轴颈和曲柄销颈磨损极限

轴颈直径/mm	>500 r/min 筒形活塞式柴油相				<500 r/min 筒形活塞式柴油机				十字头式柴油机			
	主轴颈		曲柄销颈		主轴颈		曲柄销颈		主轴颈		曲柄销颈	
	圆度	圆柱度	圆度	圆柱度	圆度	圆柱度	圆度	圆柱度	圆度	圆柱度	圆度	圆柱度
<75	0.03	0.03	0.03	0.035	—	—	—	—	—	—	—	—
>75~100	0.035	0.035	0.035	0.04	—	—	—	—	—	—	—	—
>100~125	0.035	0.035	0.035	0.04	—	—	—	—	—	—	—	—
>125~150	0.04	0.04	0.04	0.04	—	—	—	—	—	—	—	—
>150~175	0.05	0.05	0.05	0.05	0.05	0.05	0.05	0.05	—	—	—	—
>175~200	0.05	0.06	0.05	0.06	0.06	0.07	0.06	0.07	—	—	—	—
>200~225	0.06	0.07	0.06	0.07	0.07	0.08	0.07	0.08	0.08	0.08	0.09	0.09
>225~250	0.07	0.08	0.07	0.08	0.08	0.08	0.08	0.09	0.09	0.09	0.10	0.10
>250~275	0.07	0.08	0.08	0.08	0.08	0.09	0.08	0.10	0.10	0.10	0.11	0.11
>275~300	0.08	0.09	0.09	0.09	0.09	0.10	0.09	0.10	0.10	0.10	0.11	0.11
>300~325	0.08	0.09	0.09	0.10	0.09	0.10	0.10	0.11	0.11	0.11	0.12	0.12
>325~350	0.09	0.10	0.10	0.11	0.10	0.11	0.11	0.12	0.12	0.12	0.13	0.13
>350~375	—	—	—	—	0.11	0.12	0.12	0.13	0.12	0.12	0.13	0.13
>375~400	—	—	—	—	0.12	0.12	0.13	0.14	0.13	0.13	0.14	0.14
>400~425	—	—	—	—	0.13	0.14	0.14	0.15	0.14	0.14	0.15	0.15
>425~450	—	—	—	—	—	—	—	—	0.15	0.15	0.16	0.16
>450~475	—	—	—	—	—	—	—	—	0.16	0.16	0.17	0.17
>475~500	—	—	—	—	—	—	—	—	0.17	0.17	0.18	0.18

轮机维护与检修（第2版）

续表

轴颈直径/mm	>500 r/min 筒形活塞式柴油相				<500 r/min 筒形活塞式柴油机				十字头式柴油机			
	主轴颈		曲柄销颈		主轴颈		曲柄销颈		主轴颈		曲柄销颈	
	圆度	圆柱度	圆度	圆柱度	圆度	圆柱度	圆度	圆柱度	圆度	圆柱度	圆度	圆柱度
>500~525	—	—	—	—	—	—	—	—	0.18	0.18	0.19	0.19
>525~550	—	—	—	—	—	—	—	—	0.19	0.19	0.20	0.20
>550~575	—	—	—	—	—	—	—	—	0.20	0.20	0.21	0.21
>575~600	—	—	—	—	—	—	—	—	0.20	0.20	0.21	0.21
>600~650	—	—	—	—	—	—	—	—	0.21	0.21	0.22	0.22
>650	—	—	—	—	—	—	—	—	0.21	0.21	0.22	0.22

2.曲轴磨损的修复

（1）人工原地修磨

曲轴轴颈表面的划痕、拉毛和擦伤等主要是由润滑油中的机械杂质或磨损产物引起的。

当擦伤不严重，尚未影响轴颈尺寸和几何精度时，一般可采用人工原地修磨方法予以消除：

①伤痕较浅采用油石打磨消除伤痕，再用砂纸打光，如图6-37(a)所示。

②伤痕较深采用油光锉轻轻修锉，伤痕消除后再用砂纸打光，如图6-37(b)所示。

③轻微擦伤采用麻绳或布条敷细砂纸（0号或00号）缠于轴颈上，人工往复拉动磨去伤痕，如图6-37(c)所示。

当轴颈表面有轻微擦伤和几何形状误差时，可采用专用磨光夹具进行修磨，如图6-38所示。

修磨加工前，应用黄油将轴颈上的油孔堵塞住，以免落入脏物。修磨时注意不要破坏轴颈的几何形状精度，由于修磨量很小，不会影响轴承间隙。

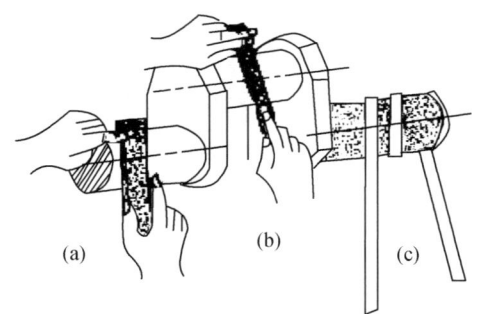

图6-37　轴颈表面擦伤修复

（2）修理尺寸法

在保证曲轴强度和几何形状精度、位置精度的前提下，选用最小的加工余量进行车削或磨削曲轴轴颈。轴颈减少量大于 $0.01d$ （轴颈）时进行强度校核，轴颈的过渡圆弧半径不得小于实际轴颈的 5%，其圆弧凹槽最低处低于轴颈外圆工作母线 0.20~0.30 mm，并要求轴颈的工作表面长度不得小于原工作长度。依曲轴轴颈的修理尺寸配制轴瓦，保证配合间隙恢复原值。

曲轴在船厂修理时，可在专用曲轴车床、磨床上加工或在车间平台人工锉削修理。在船上

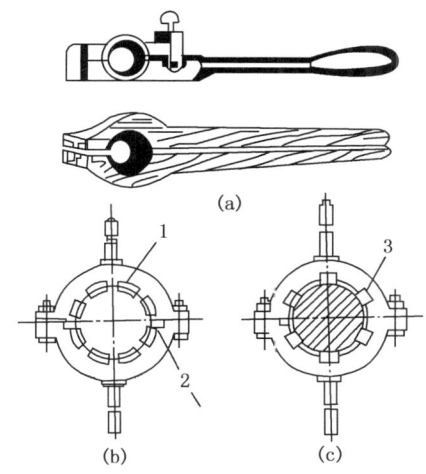

图 6-38　轴颈专用磨削工具

1—铅条；2—垫片；3—羊毛毡

可采用专用装配机原地车削或磨削，也可人工锉削。

不论哪种加工方法均应保证轴颈的圆度、圆柱度误差及表面粗糙度符合说明书和相关标准要求，尤其是手工锉削更要严格检测，否则容易损坏轴瓦，引起轴颈更大的磨损。

（3）恢复尺寸法

对中小型曲轴轴颈的磨损允许采用镀铬方法修复，镀层厚度不应超过 0.30 mm，并应与母体牢固结合，镀铬的轴颈与轴瓦的装配间隙应增大 0.02~0.03 mm。中小型曲轴轴颈的磨损也可以采用低温镀铁修复，其镀层厚度与修理过程应严格按工艺要求进行。

三、曲轴弯曲和扭转变形的检修

新造柴油机曲轴安放在机座主轴承上，因各道主轴承孔中心在同一直线上，落座于主轴承上的曲轴轴心线也为一条直线。经长时间运转，即使曲轴技术状况正常，仅由于自重及各道主轴承下瓦产生不同程度磨损，各道主轴承中心不等高，坐落其上的曲轴轴线也会发生弯曲变形，使曲轴受到附加弯曲应力作用。因此，曲轴弯曲变形是曲轴极其常见的一种损伤形式。

1.曲柄微量变形

整根曲轴的变形为宏观的整体变形，每个曲柄的变形为局部的微量变形。曲柄微量变形是曲柄臂之间的距离在曲轴回转一周中产生的微量变化。

为分析曲柄的微量变形，对运转中的曲柄进行如下假设：

（1）主轴颈与曲柄臂之间为刚性连接，夹角为90°并保持不变；

（2）主轴颈、曲柄销颈和曲柄臂均为刚性，运转中形状不变；

（3）曲柄销颈与两曲柄臂之间夹角不仅相等且变化相同。

当曲柄的两个主轴承低于相邻主轴承时，该曲柄的两个主轴颈轴线弯曲成塌腰形。此时将曲柄销转至上止点位置两曲柄臂向外张开，曲柄臂间距增大；将曲柄销转至下止点位置两曲柄臂向内收拢，曲柄臂间距减小，如图 6-39（a）所示。同样，将曲柄销分别转至左、右水平位置时，曲柄臂间距也会同样变化。

当曲柄的两主轴承高于相邻主轴承时,该曲柄的主轴线弯曲呈拱腰形。此时,将该曲柄的曲柄销转至上止点位置,两曲柄臂向内收拢,曲柄臂间距减小;将曲柄销转至下止点位置,两曲柄臂向外张开,曲柄臂间距增大,如图6-39(b)所示。同样,将曲柄销分别转至左、右水平位置时,曲柄臂间距也会发生同样变化。

运转中的柴油机,其曲轴因主轴承高低不等而产生整体变形。曲轴回转一周时,曲轴上的每个曲柄都会随之产生不同的微量变形,曲轴整体弯曲变形越严重,曲柄的微量变形也越大。曲轴在使用状态下的整体变形即轴线弯曲度,难以直接测量,然而曲柄的微量变形可以定量测出。所以,一般通过测量曲柄臂间距的微量变化来了解曲轴整体的轴线状态。

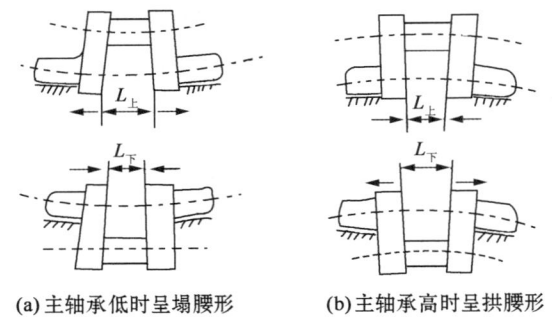

(a)主轴承低时呈塌腰形　　　　(b)主轴承高时呈拱腰形

图6-39　主轴承高低对曲柄轴线和臂距的影响

2.曲轴臂距差

曲轴的两个曲柄臂之间的距离称为臂距值,用 L 表示,俗称拐档值。曲轴回转一周中,曲柄销分别在上、下止点位置或左、右水平位置时,曲柄的臂距值之差称为臂距差,俗称拐档差,用符号 Δ 表示。

$$\Delta_\perp = L_上 - L_下 \qquad\qquad \Delta_- = L_左 - L_右$$

式中:$\Delta_\perp$、Δ_- 分别为垂直平面、水平平面内的臂距差,mm;

$L_上$、$L_下$ 分别为曲柄销在上、下止点位置时的臂距值,mm;

$L_左$、$L_右$ 分别为曲柄销在左、右水平位置时的臂距值,mm。

根据图6-39可以得出:

$$\Delta_\perp = L_上 - L_下 > 0,即 \Delta_\perp = (+)$$
$$\Delta_\perp = L_上 - L_下 < 0,即 \Delta_\perp = (-)$$

结论:在垂直平面内,当曲轴的两个主轴承较低,曲轴轴线呈塌腰形或下弧形弯曲,即呈"⌣"形时,该曲轴的臂距差 $\Delta_\perp$ 为正值;当曲柄的两个主轴承较高,曲轴轴线呈拱腰形或上弧形弯曲,即呈"⌢"形时,该曲柄的臂距差 $\Delta_\perp$ 为负值。这种关系从表6-14中示出。

表6-14　臂距差、轴线状态与主轴承高低的关系

图形	臂距差 $\Delta_\perp$	$\Delta_\perp$ 与轴线状态和轴承位置的关系
$L_上$ $L_下$	+	⌣ 低

续表

图形	臂距差 $\Delta_\perp$	$\Delta_\perp$ 与轴线状态和轴承位置的关系
	－	－ 高

同样,在水平平面内亦可得出:

$$\Delta_- = L_左 - L_右 > 0,即 \Delta_- = (+)$$
$$\Delta_- = L_左 - L_右 < 0,即 \Delta_- = (-)$$

结论:在水平平面内,当曲轴的两个主轴承位置偏右,曲轴轴线呈右弧线弯曲,即呈")"形时,该曲柄的臂距差值 Δ_- 为正值;当曲柄的两个主轴承偏左,曲轴轴线呈左弧线弯曲,即呈"("形时,该曲柄的臂距差值 Δ_- 为负值。

曲轴臂距差值的大小表明曲轴弯曲变形的程度;臂距差值的正负表明曲轴轴线弯曲变形的方向。

3.曲轴臂距差的测量

(1)臂距差的测量点

采用臂距表测量曲轴臂距差。臂距表是一种特殊的百分表,测量精度为 0.01 mm。测量时,臂距值增大表的指针朝正值读数增加方向转动;臂距值减小表的指针朝负值读数增加方向转动。为了适用一定尺寸范围臂距的曲轴使用,有一套组合式测量杆。使用时根据曲轴实际臂距大小组装量杆,然后将臂距表装于曲轴臂上的冲孔上,如图 6-40 所示。曲轴臂距值的测量点普遍设在距曲柄销中心线为 $(s+d)/2$ 处。其中,s 为活塞行程,mm;d 为主轴轴颈直径,mm。为了便于迅速、准确地安装臂距表,一般制造曲轴时在曲柄臂内侧中心对称线上的 $(s+d)/2$ 处,即 A 点上打上冲孔,作为固定测量点位置。

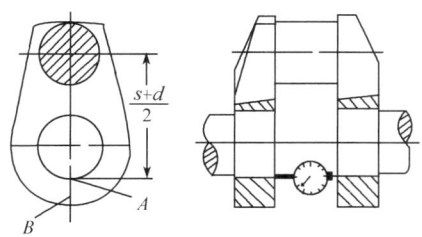

图 6-40　臂距表安装位置

有的大型柴油机为了测量方便或避开主轴颈套合处将测量点设在曲柄臂下边缘 B 点处。由于曲柄臂中心对称线上各点距曲柄销中心线距离不等,曲轴可转时曲柄臂张开或收拢使对称中心线上各点对应的臂距值不等。距曲柄销中心线越远的点臂距值越大。所以 B 点的臂距值大于 A 点的臂距值,B 点的臂距差大于 A 点的臂距差,即 $\Delta_B > \Delta_A$。但目前国内外均以 $(s+d)/2$ 为测量点制定臂距差标准,不适用于在其他任意点测出的臂距差,所以只有在将 B 点的臂距差 Δ_B 换算成 A 点的臂距差 Δ_A 值后方可使用标准。可按下式换算:

$$\Delta_A = \Delta_B \cdot OA/OB$$

式中:OA——测量点 A 至曲柄销中心线的距离,mm;

OB——测量点 *B* 至曲柄销中心线的距离,mm。

曲轴臂距差测量精度与臂距表精度、表的安装精度、读数误差和测量技术等有关。测量者可用以下方法检验自己的测量精度:将所测上、下止点臂距值之和与左、右水平臂距值之和进行比较,二者之差在±0.03 mm 以内,即 | ($L_上$+$L_下$)-($L_左$+$L_右$) | <0.03 mm,表明测量基本准确。若重复测量均超过±0.03 mm,表明曲轴存在严重变形。

(2)臂距差的测量条件

为了测量精确,应尽量消除影响测量精度的因素,准确地反映曲轴轴线状态。要求在以下条件下测量:

①在柴油机冷态下测量。柴油机热态是指停机时的状态,柴油机停机后立即测量,机件热态使臂距表测量值不准确,且随着温度的不断降低先后测量值的温度影响不同,所以测量值不稳定。而冷态即环境温度下测量值准确、稳定,也便于操作。

②选择在夜间、清晨或阴雨天气时测量。海水、气温直接影响船体变形,进而影响曲轴臂距差值。轮机员测量曲轴臂距差时应注意环境温度的影响,避免船舶在太阳暴晒下测量。

③在船舶装载条件相同的情况下测量。船舶装载条件不同船体变形不同,如空载与满载时的曲轴臂距差不同。为了便于比较应在相同的装载条件下进行测量。通常新造船舶和修理船舶都在空载条件下测量臂距差。

(3)臂距差的测量要求

①一次装表完成全部测量。臂距表安装后,应完成测量曲轴回转一周中各要求位置的臂距值,测量过程中不允许改动臂距表的位置。通常曲轴臂距差的测量位置随柴油机安装完善程度而异。当曲轴未安装活塞运动装置时,测量 0°、90°、180°、270°四个位置的臂距值;当曲轴上安装活塞运动装置时,测量 0°、90°、165°、195°、270°五个位置的臂距值。

②按柴油机正车运转方向进行测量。测量曲轴臂距差应按柴油机正车运转方向进行,使测量值符合实际情况,精度高。

(4)臂距差的测量过程

臂距表在曲柄冲孔装妥后即可测量。测量时,盘车使曲轴正车回转一周,分别测量曲柄销在上、下止点位置和左、右水平位置的臂距值,从臂距表读出测量值,并记录在专门的表格中。现场测量值可按以下方式记录:

①曲轴未装活塞运动装置时,曲轴回转一周,当曲柄销在 0°、90°、180°、270°四个位置测量臂距值。

②曲轴已装活塞运动装置时,当曲轴回转到下止点位置时,活塞运动装置恰好居中,使臂距表无法安装,不能直接测量下止点的臂距值。因此,生产中用曲柄销位于下止点前、后各 15°(以臂距表不碰连杆为准)位置,即 165°和 195°位置的臂距值 $L_下''$、$L_下'$ 的平均值($L_下''$+$L_下'$)/2 代替下止点(180°)位置的臂距值 $L_下$,所以 $L_下$=($L_下''$+$L_下'$)/2。

为了一次装表完成全部测量,盘车至 195°位置安装臂距表,并将表指针调至零值后开始测量,依次在 195°、270°、0°、90°、165°五个位置测量。

按曲柄销位置记录测量值:

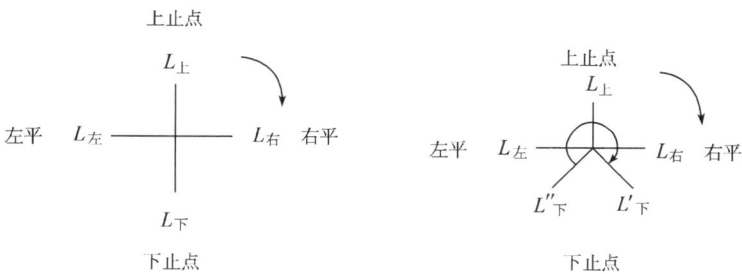

按臂距表位置记录测量值：

以上两种记录方法不同,但基本概念一致,依然遵循 $\Delta_\perp = L_上 - L_下$、$\Delta_= = L_左 - L_右$ 公式,计算结果相同。

(5)新造、修理和营运船舶的臂距差测量

测量曲轴臂距差是对船舶主、副柴油机曲轴状态的重要技术检验。不论制造、安装、修理还是营运中的柴油机,此项检测均必不可少。主要在以下情况进行测量。

①新造柴油机台架组装试验期间和主、副柴油机在船上安装过程中进行多次测量。例如,机座安装后,活塞运动部件安装后,主机与轴系或副机与发电机连接后等。

②主、副柴油机进厂修理时,根据修理规模不同要进行不同情况下的测量。例如,修前、曲轴与轴系或发电机脱开后、飞轮拆去后、活塞运动部件拆去后、贯穿螺栓松开后及修理后安装过程中的相应情况下进行测量。

③营运期间按照说明书规定或船级社要求进行的各种检验时进行测量。此外,柴油机吊缸检修时或发现问题时应进行测量。

④特殊情况下的测量。例如,船舶搁浅、碰撞等海损事故后;船体刚性差的船舶每次装载后;主轴瓦拂刮或换新以及贯穿螺栓、地脚螺栓重新预紧后等。

(6)曲轴臂距差的标准

测量曲轴臂距差之后,应对所测数值进行分析和判断。分析曲轴弯曲变形程度和变形方向,判断曲轴臂距差是否超过标准,确定主轴承高低及其是否应进行调整等。分析和判断的依据是柴油机说明书或有关标准中的曲轴臂距差标准。

①柴油机说明书。曲轴臂距差随柴油机机型、结构、尺寸和计算方法不同而异。各类柴油机说明书中均对其曲轴臂距差测量方法、安装允许值和极限值有明确规定。MAN B&W 型柴油机测量点在 $[(s+d)/2-10]$mm 处,表 6-15 为 MAN B&W 型柴油机曲轴臂距差标准(mm)。

表 6-15　MAN B&W 型柴油机曲轴臂距差标准(mm)

机型	对于新机或刚修理过的主机的正常值		须重新对中的推荐值		最大的允许值	
	1 *	2	1	2	1	2
L50MC/MCE	0.17	0.34	0.45	0.51	0.68	0.68
S50MC/MCE	0.23	0.46	0.61	0.69	0.92	0.92
L60MC/MCE	0.20	0.40	0.54	0.61	0.81	0.81
S60MC/MCE	0.27	0.55	0.73	0.82	1.10	1.10
L70MC/MCE	0.24	0.48	0.63	0.71	0.95	0.95
S70MC/MCE	0.32	0.64	0.85	0.96	1.28	1.28
L80MC/MCE	0.27	0.54	0.72	0.81	1.08	1.08
S80MC/MCE	0.36	0.73	0.97	1.10	1.46	1.46
K80MC/MCE	0.24	0.48	0.64	0.72	0.96	0.96
L90MC/MCE	0.30	0.60	0.81	0.92	1.22	1.22
K9OMC/MCE	0.27	0.54	0.72	0.81	1.08	1.08

注:1-正常值;

2-曲轴上装有扭振减振器、调频轮、弹性联轴器等时,首尾两个曲柄的允许值;

* -也用于判断曲轴变形测量的正确性。

②中国船级社的规定。在《海上营运船舶检验规程》(1984)中规定曲轴臂距差测量点在 $(s+d)/2$ 处。曲轴与轴系连接后冷态下的臂距差标准如表 6-16 所示。

表 6-16　曲轴臂距差标准

状况	每米活塞行程的臂距差 Δ/mm	
经修理试车后	≤0.125	
营运中允许范围	0.125~0.25	>0.25 应限期修理
最大极限	<0.30	>0.30 应立即停航修理

③中国修船标准。中华人民共和国船舶行业标准 CB3364—91、CB/T3544—94 分别对船舶柴油发电机原动机和船舶主柴油机曲轴臂距差的规定:

CB3364—91 规定曲轴臂距差测量点为 $(s+d)/2$ 处,曲轴与发电机连接后冷态臂距差标准:正常值不大于 0.000 125s,即 1.25s/10 000;

修理中飞轮端控制值不大于 0.000 15s,即 1.5s/10 000。

飞轮端如为弹性联轴器可适当放宽至不大于 0.000 175s,即 1.75s/10 000。

CB/T3544—94 规定船用主柴油机整体式和组合式曲轴臂距差值应符合图 6-41 要求,测量点在 $(s+d)/2$ 处。

图中Ⅰ线左上方为在车床或平台上最佳值;在Ⅰ、Ⅱ线之间为优良值;在Ⅱ、Ⅲ线之间为合格值;Ⅲ线为最大允许值。

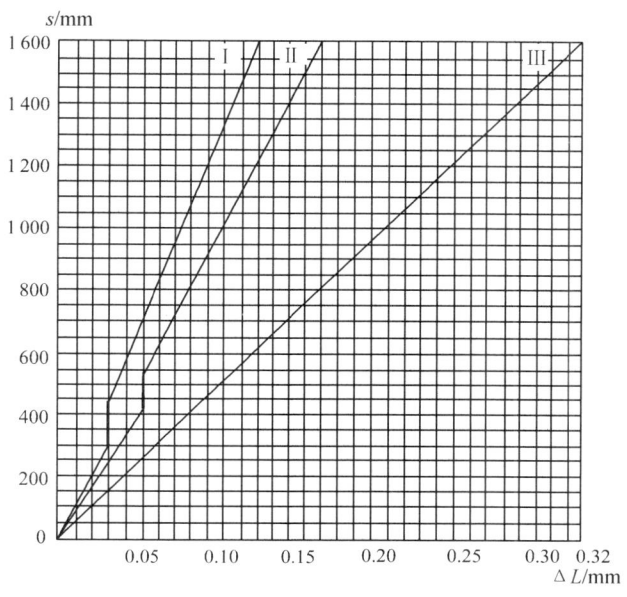

图 6-41　曲轴臂距差标准

（7）曲轴臂距差的影响因素

营运船舶影响主柴油机曲轴臂距差的因素很多,影响的情况也各不相同。了解和掌握这些影响因素对减少、防止曲轴疲劳破坏和分析曲轴损坏原因,以及修理、安装等都有很大的意义。主要影响因素有:

① 主轴承下瓦的不均匀磨损

机座上各道主轴承下瓦磨损程度不同使下瓦的高度不等,坐落其上的曲轴轴线发生弯曲变形,臂距差发生变化。各道主轴承因柴油机各缸功率、轴承负荷及轴承间隙、润滑等的不同,下瓦的磨损不同,也无规律。所以,主轴承下瓦磨损使曲轴轴线状态、臂距差数值和方向的变化也无规律。

② 机座变形和下沉

机座变形和下沉都会使曲轴轴线弯曲变形,臂距差无规律地变化。船体变形、机座地脚螺栓和贯穿螺栓松动或重新预紧等均会使机座产生无规律的变形。柴油机机座与底座间垫铁松动或磨损变薄等使机座相应部位下沉,可用小锤敲击垫铁检查地脚螺栓、垫铁有无松动。

新造船舶柴油机在船上安装或修船时,不允许用调节地脚螺栓或贯穿螺栓预紧力来调整曲轴臂距差。

③ 船舶装载的影响

船体如弹性梁,受力不均会产生变形,船体刚性差则变形就更加严重。货船装载不同,船体变形也不同,曲轴轴线和臂距差也会随之变化。船体刚性随船龄增加不断降低,曲轴变形和臂距差变化也会增大。机舱、货舱在船上的布置不同,其装载对船体变形和曲轴臂距差的影响程度也不同。

中机舱船舶,机舱位于船中部或靠近中部,货舱分布于机舱前后。装载后船体中部上拱,曲轴轴线呈拱腰形变化,臂距差向负值增大方向变化。如果空载时臂距差就为负值,轻、满载时负值继续增大;如空载时臂距差为正值,轻、满载时正值减小向负值变化。

201

艉机型船舶,机舱位于船尾,如油船。船舶装载后的影响与中机舱船舶基本相同,只是影响程度轻些,仅波及曲轴首端曲柄,臂距差也是朝负值增大方向变化。

营运船舶应科学合理地配载,对于刚性差的船舶尤为重要。因装载引起船体过大变形,应在每次装载后测量曲轴臂距差,以检验船体和曲轴变形情况,当臂距差超过规定值时则需重新配载,重新装货。

船厂在新造船舶时,主机安装中采用反变形安装工艺,即令安装曲轴时有一定的预变形,以克服船体结构带来的无法避免的影响。如中机舱船舶,安装曲轴时使其具有塌腰形状态,以抵消装载后船体上拱变形的部分或全部影响。

④活塞运动装置和爆发压力的影响

活塞运动部件的重量使曲轴轴线朝塌腰形变化,大型柴油机的影响较为明显。船用二冲程柴油机气缸爆发压力较高,目前最高已达 18 MPa,通过活塞连杆作用于曲轴,使曲轴轴线朝塌腰形变化,且以曲柄销位于上止点时影响最大。以上两种因素均使曲轴轴线朝塌腰形变化,臂距差朝正值增大方向变化。

⑤飞轮的影响

飞轮安装在曲轴尾端使尾部轴线朝拱腰形变化,臂距差向负值增大方向变化。对其他曲柄影响自尾向首逐渐减小。飞轮越重影响越大,中小柴油机影响较大。曲轴安装时亦可采用反变形工艺减小飞轮的影响。

⑥轴系连接误差的影响

船用主柴油机曲轴与轴系为法兰刚性连接,轴系安装误差直接影响曲轴尾端轴线状态和臂距差的变化。要求曲轴尾法兰与第一节中间轴首法兰连接误差:偏移值不大于 0.1 mm,曲折值不大于 0.1 mm/m,以使曲轴尾端臂距差符合要求。

当轴系误差使轴系轴线高于曲轴轴线、两法兰呈下开口时,连接后使曲轴尾端轴线呈塌腰形,臂距差朝正值方向增大,如图 6-42(a)所示。当轴系轴线低于曲轴轴线、两法兰呈上开口时,连接后使曲轴尾端轴线呈拱腰形,臂距差朝负值方向增大,如图 6-42(b)所示。

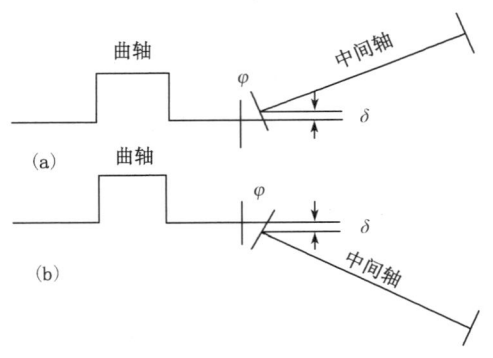

图 6-42　轴系连接误差对臂距差的影响

此外,大气和海水温度及船舶进坞坐墩等对船体变形和臂距差的影响、主轴承安装质量对臂距差的直接影响等,在轮机管理工作中均应注意到。

船舶航行期间曲轴臂距差始终应控制在要求范围内,测量值超标时应及时进行复测、全面分析和采取措施,以免造成曲轴裂纹和断裂的情况。

3.曲轴弯曲变形的判断

曲轴是活塞运动部件的安装基础,曲轴的轴线状态直接影响活塞运动部件的对中性和柴油机的正常运转。曲轴过大的弯曲变形还会引起附加弯曲应力增大,导致曲轴的裂纹和断裂。柴油机正常运转中曲轴轴线弯曲状态主要取决于主轴承下瓦不可避免的磨损。因此了解和控制主轴承下瓦的磨损情况,确定各道主轴承的高低,从而了解曲轴轴线弯曲变形的程度,及时采取措施以防止曲轴裂纹和断裂,同时避免引起活塞运动装置的失中。主要有以下几种定性判断方法:

(1)分析法

通过对臂距差、轴线状态和轴承位置的基本关系分析判断主轴承高度。

当测得臂距差 $\Delta_\perp>0$,表明曲轴轴线呈塌腰形状态,两主轴承低于相邻轴承;$\Delta_\perp<0$,表明轴线呈拱腰形状态,两主轴承高于相邻轴承。

利用上述基本关系判断主轴承高低是最基本的方法,可以根据臂距差迅速做出判断,在生产中被普遍应用。

(2)桥规法

①桥规和桥规值

桥规是随机专用测量工具,随机型不同而异。新造柴油机在台架上测量桥规值并标记在桥规上或提供给船方作为日后的检测依据。

测量前,拆去主轴承上盖、上瓦,清洁主轴颈和机座上平面,依说明书要求或上次测量时的曲轴位置,将曲轴首(尾)端曲柄销转至上止点位置测量,也可以使所测轴颈相邻曲柄销在0°、90°、180°、270°四个位置测量,再求其平均值。

测量时,将桥规置于机座上平面并紧贴,用塞尺测量桥规测量基准面与主轴颈之间的距离 a,如图6-43(a)所示。一般在主轴颈首尾两处测量,取其平均值。所以桥规值是以机座上平面为基准,桥规测量平面与主轴颈之间的距离。柴油机出厂的桥规值在一定时间内有效,当换新轴瓦、机座变形等时应以修后的桥规值为准。

一般桥规测量时,需拆装主轴承,操作不便。目前大型柴油机大多采用带有测深尺的桥规,如图6-43(b)所示。

②主轴颈下沉量

柴油机长期运转导致主轴颈和主轴承下瓦磨损,主轴颈相对机座上平面的位置下沉。各道主轴承下瓦和对应主轴颈磨损量不同,各道主轴颈下沉量不同。因主轴颈硬度高磨损量很小,可略去。所以将主轴颈下沉量视为主轴承下瓦的磨损量。相对于一段时间间隔的两次测量的桥规值之差即为这段时间内主轴承下瓦的磨损量。

③利用桥规值作垂直平面内曲轴轴线状态图

桥规值反映了曲轴各道主轴颈相对于机座上平面的位置,亦即反映了整根曲轴轴线相对于机座上平面的状态。所以可利用各道主轴颈的桥规值作出垂直平面内的曲轴轴线状态图。

首先画一水平线00代表机座上平面,在00线上等距画出垂线1,2,…,8,代表各主轴颈(或主轴承)的中线。分别在各中线上自00线向下截取相应主轴颈的桥规值长度 $a_1,a_2,\cdots,a_8$,连接各线段的端点得到曲轴在垂直平面内的轴线状态图,如图6-44所示。

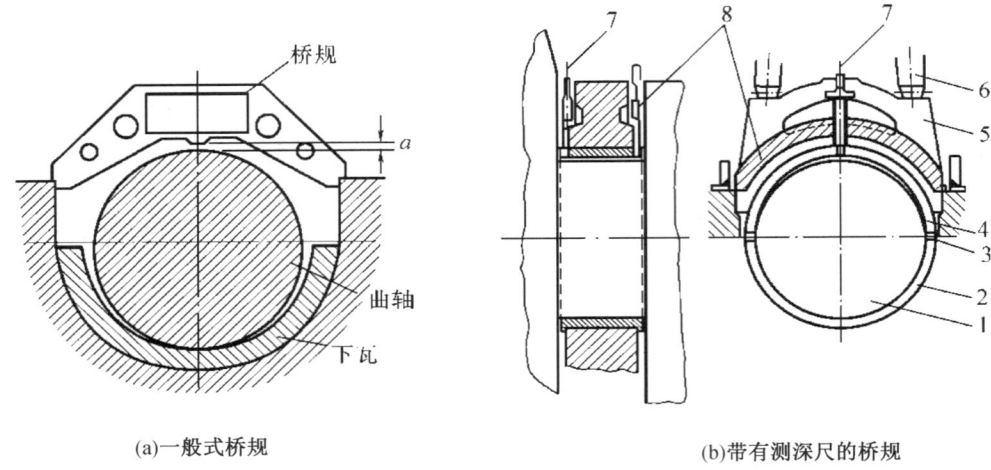

(a)一般式桥规　　　　　　　　　　　　　　(b)带有测深尺的桥规

图 6-43　桥规及桥规值的测量

1—曲轴;2—下瓦;3—垫片;4—上瓦;5—轴承盖;6—撑杆螺栓;7—测深尺;8—桥规;9—轴承座

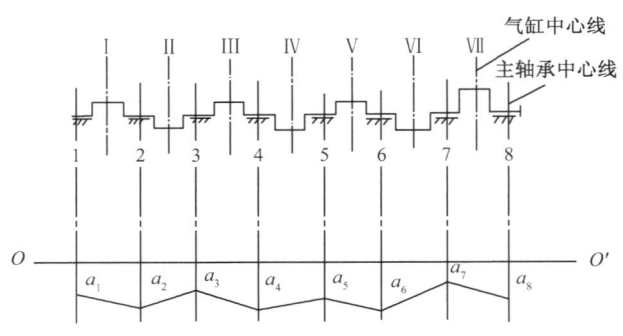

图 6-44　利用桥规值作曲轴轴线状态图

从图 6-44 可以看出垂直平面内曲轴轴线状态和各道主轴承的高度情况。其中第 6 道主轴承位置较低,说明磨损较为严重;第 7 道主轴承位置较高,说明磨损较轻。通过刮研轴瓦和换瓦调整曲轴轴线状态。

（3）臂距差法

利用臂距差作曲轴轴线状态图,进而判断各主轴承位置的高度。以一台七缸柴油机为例,表 6-17 为其臂距差。

表 6-17　七缸柴油机曲轴臂距差（ mm）

曲柄号	1	2	3	4	5	6	7
臂距值 $\Delta_\perp$	+0.12	+0.02	+0.14	−0.17	−0.12	+0.07	+0.05

①简单作图法

利用曲轴各曲柄在垂直平面内的臂距差 $\Delta_\perp$ 作出曲轴轴线状态图,进而判断各主轴承位置高度。

在横坐标上等距画出各缸中心线Ⅰ,Ⅱ,Ⅲ,…,Ⅶ,纵坐标为臂距差 $\Delta_\perp$,且令原点以上为负值。分别将所测各缸臂距差值 $\Delta_\perp$ 标于各缸中心线上,连接各缸中心线上的点所得折线便近似表示垂直平面内曲轴轴线状态,如图 6-45 所示。该曲轴轴线未示出首、尾两端主轴轴线状态,为获得完整的曲轴轴线状态,首、尾两端轴线状态趋势可用经验法补充:当首或尾端曲柄臂距差为正值时,最外端主轴承高于相邻主轴承;首或尾端曲柄臂距差为负值时,最外端主轴承低于相邻主轴承。通过各道主轴承中点画出中心线 1,2,3,…,8,它们与曲轴轴线的交点即为各道主轴承的高度。再依上述原则分别画出高于第 2、7 道主轴承的第 1、8 道主轴承,连 O_1a、O_7b,则获完整的曲轴轴线状态图。图中第 5 道主轴承位置最高,第 2、7 道主轴承位置最低。

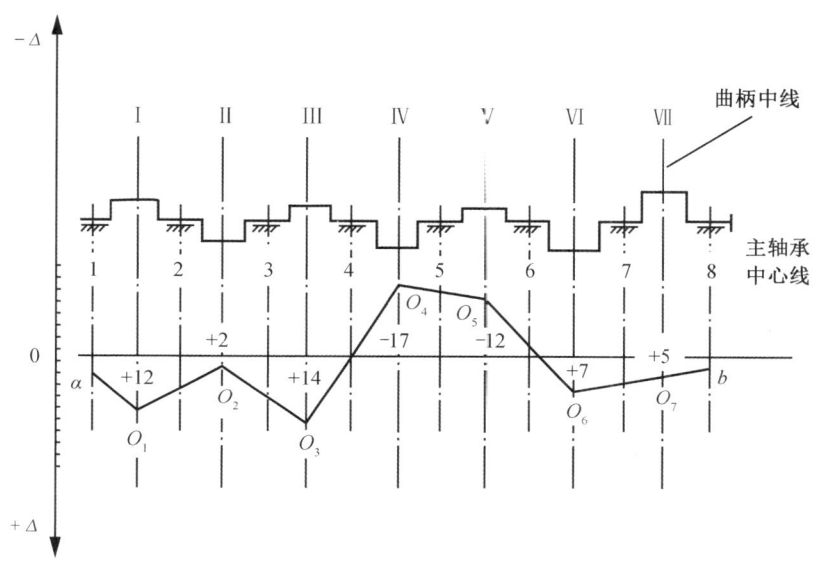

图 6-45　曲轴轴线状态简单作图法

②复杂作图法

首先作过各曲柄中点的各缸中心线 Ⅰ,Ⅱ,Ⅲ,…,Ⅶ,如图 6-46 所示。在第 Ⅰ 道主轴承下方取任意方向线段 A_1,图中选取水平方向。线段 A_1 与第 Ⅰ 缸曲柄中线交于 O 点,延长 A_1 与第 Ⅱ 缸曲柄中线交于 a_1 点,将第Ⅰ缸曲柄臂距差 $\Delta_\perp = +0.12$ mm 标于第Ⅱ缸曲柄中线上,自 a_1 向上截取 $a_1b_1 = +0.12$ mm,连接 Ob_1 并延长与第 Ⅲ 缸曲柄中线交于 a_2 点,向上截取 $a_2b_2 = +0.02$ mm,连接 b_1b_2 并延长交于第 Ⅳ 缸曲柄中线上 a_3 点……依此类推,臂距差为负值时则自交点向下截取线段。当连接 b_5b_6 并延长时,应补画一曲柄中线,二者相交于 a_7 点,截取 $a_7b_7 = +0.05$ mm。连接 b_6b_7 后获得垂直平面内曲轴轴线状态 $Ob_1b_2b_3b_4b_5b_6b_7$ 折线,为使之符合实际将此折线圆滑成曲线状态。

要确定各道主轴承高度,需首先确定该曲轴轴线对应的基准线,以其相对基准线的距离判断各道主轴承的位置高低。确定基准线的方法有以下几种:

(a)利用桥规值作基准线。过首、尾端主轴承中点画主轴承中线分别与曲轴轴线相交于一点,自该点分别向上截取线段等于各自的桥规值,连接首、尾桥规值线段终点的直线即为基准线。它相当于机座上平面,依其确定各道主轴承位置准确、合理。

(b)以曲轴轴线上位置最低的两道主轴承处的连线作基准线。图 6-47 中以第 2、7 道主轴承的连线 XX' 作为基准线,各主轴承位置均较高,第 5 道主轴承最高,即磨损最小。此法简便、合理。

(c)用首、尾主轴承中线与曲轴轴线的交点连线作为基准线。此法简便,为近似方法。依以上作图方法亦可作出水平平面的曲轴轴线状态。

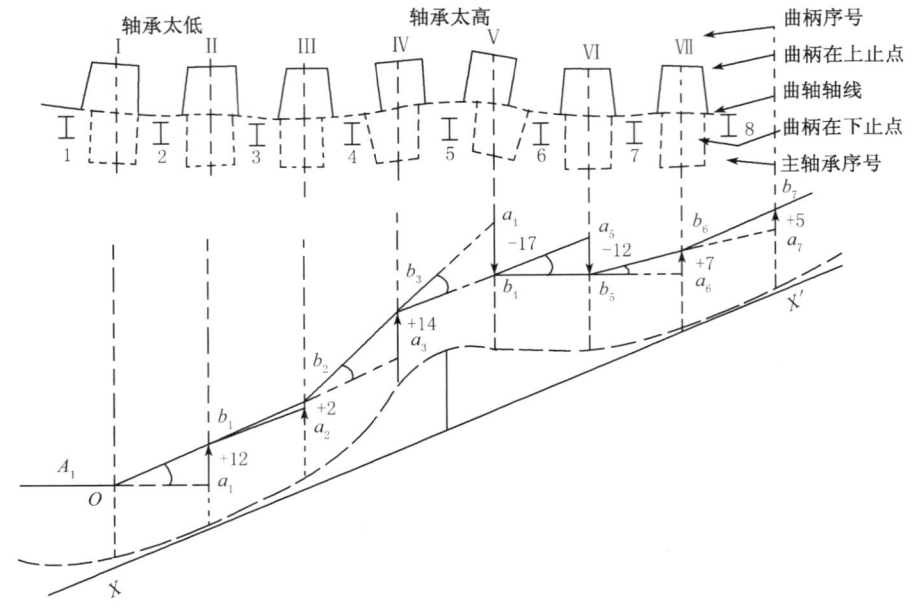

图6-46 曲轴轴线状态复杂作图法

(4)经验判断法

我国修船厂根据多年的生产实践经验总结出判断曲轴各道主轴承位置高低的规律,不需作图直接依所测臂距差值判断。

①曲轴自由端曲柄或拆去飞轮端的曲柄,当臂距差为"+"值时,一般表示端部1号主轴承较相邻2号主轴承位置高;当臂距差为"-"时,一般表示端部1号主轴承较相邻2号主轴承位置低;

②若曲轴相邻两曲柄臂距差值均为"+"时,表示中间2号主轴承位置最低,臂距差值越大中间轴承位置越低;若臂距差值均为"-"时,表示中间2号主轴承位置最高,臂距差值越大则中间轴承位置越高。

4.曲轴弯曲和扭转变形的修理

当曲轴的弯曲度较小时,一般采用机加工主轴颈的方法解决;弯曲较大时,为简化主轴颈的加工工艺,可采用机械矫直法、加热矫直法、加热-机械矫直法进行校正。

曲轴扭曲变形主要发生在整体式曲轴上,会使曲柄夹角发生变化,超过10°应予以报废。小于10°的钢质曲轴允许校正修复,但其校正工艺应经船级社验船师和船方同意。

四、曲轴裂纹和断裂的检修

柴油机在运转中发生曲轴裂纹和断裂事故并不鲜见,尤其是发电柴油机曲轴疲劳破坏较多。曲轴在回转中受到各缸交变的气体力、往复惯性力和离心力以及由其引起的弯矩、扭矩的作用。这些力不仅随曲柄转角变化,也随负荷变化。因此曲轴在这些力的作用下发生弯曲和扭转变形,产生复杂的交变应力,从而引起曲轴的弯曲振动、扭转振动,进而又产生很大的附加应力。曲轴的形状复杂,截面变化较多,存在严重的应力集中,容易产生疲劳破坏。因此,要利用观察法和无损探伤方法(如磁粉探伤、超声波探伤等)来检测曲轴是否存在裂纹。

曲轴裂纹和断裂是属于高周低应力疲劳破坏。其断裂应力甚至仅为 1/3 的屈服极限,循环周次高于 $10^6 \sim 10^7$。依曲轴产生裂纹的交变应力性质不同,主要有以下三种疲劳裂纹:弯曲疲劳裂纹、扭转疲劳裂纹和弯曲-扭转疲劳裂纹。

1.弯曲疲劳裂纹

曲轴的弯曲疲劳裂纹一般发生在主轴颈或曲柄销颈与曲柄臂连接的过渡圆角处,或逐渐扩展成横断曲柄臂的裂纹,或形成垂直轴线的裂纹。弯曲疲劳试验表明过渡圆角处的最大应力出现在曲柄臂中心对称线下方。应力沿曲轴长度方向的分布是中间和端部曲柄有较大的弯曲应力峰值。因此曲轴弯曲疲劳裂纹常发生在曲轴中间或两端的曲柄上。

曲轴弯曲疲劳破坏通常是在发动机经过较长时间运转之后发生的。因为长时间运转后发动机各道主轴承磨损不均匀,使曲轴轴线弯曲变形,曲轴回转时产生过大的附加交变弯曲应力。此外曲轴的曲柄臂、曲柄箱或轴承支座(机座)等的刚性不足,发动机短时间运转后,曲轴也会产生弯曲疲劳破坏。

2.扭转疲劳裂纹

曲轴在扭转力矩作用下产生交变的扭转应力,存在扭振时还会产生附加交变扭转应力,严重时会引起曲轴的扭转疲劳破坏。

扭转疲劳裂纹一般发生在曲轴上应力集中严重的油孔或过渡圆角处,并在轴颈上沿着与轴线呈45°角的两个方向扩展。这是因为轴颈的抗扭截面模数较曲柄臂小,所以扭转疲劳裂纹多自过渡圆角向轴颈扩展,而很少向曲柄臂发展。但若同时存在较强的弯曲应力,则裂纹也可自圆角向曲柄臂扩展,造成曲柄臂弯曲断裂。

通常扭转疲劳裂纹发生在曲轴扭振节点附近的曲柄上。发生扭转疲劳裂纹的时间一般是在发动机运转初期和曲轴的临界转速位于工作转速范围内时。

3.弯曲-扭转疲劳裂纹

曲轴的疲劳破坏还可能是由于弯曲与扭转共同作用造成。常常由于主轴承不均匀磨损造成曲轴上产生弯曲疲劳裂纹,继而在弯曲、扭转共同作用下使裂纹扩展、断裂,最后,断裂面与轴线呈45°角。断面上自疲劳源起约 2/3 的面积为贝纹区,呈暗褐色;剩余 1/3 的面积为最后断裂区,断面凹凸不平,晶粒明亮。圆形波纹状纹理是弯曲疲劳造成的,放射状纹理是扭转疲劳造成的,两种纹理交织成蛛网状。

弯曲-扭转疲劳裂纹有时也呈以弯曲疲劳为主或以扭转疲劳为主的破坏形式。因此,在具体的情况下,应根据断面上的纹理、裂纹方向和最后断裂区进行分析判断。

在生产实践中,曲轴的弯曲疲劳破坏远远多于扭转疲劳破坏。这是由于曲轴的弯曲应力集中系数较扭转应力集中系数大,但主要是曲轴的弯曲应力难以精确计算和控制。因为柴油机运转中曲轴的各道主轴承磨损难以掌握和控制,由它所引起的曲轴弯曲变形和产生的附加弯曲应力也就难以计算和控制。相反,曲轴的扭转应力通过扭振计算准确获得,并采取有效的减振措施予以平衡,柴油机运转时应避免在临界转速运转和扭转过载,曲轴的扭转疲劳破坏就会相应减少。

4.曲轴裂纹的修理

在曲轴的裂纹中,危及曲轴使用寿命的主要是在过渡圆角处、曲柄臂上和油孔附近。在轴颈表面上平行于轴线的裂纹一般是不影响其使用寿命的。

曲轴存在危及使用寿命的裂纹,原则上应报废,较轻者或工艺条件可执行的情况下可给予焊补。如果裂纹长度不长和深度不深,在强度校核允许的范围内,亦可将裂纹凿修,凿修处清理干净,齿槽边缘修成圆滑过渡并用油石磨光,经检测裂纹消失后继续使用。此项工作是在验船师监督下进行和取得认可。

船舶在营运中发生曲轴断裂事故后,为了暂时维持运行,往往需要应急修理,其方法应视实际情况而定。图6-47所示为半组合式曲轴由于扭转振动曲柄销断裂后的应急修理实例。在两曲柄臂之间装上工字形法兰盘3,用螺钉2固定在曲柄臂上。此外,四周用5个干冰(固体二氧化碳)冷套作定位销4。如在海上遇到此类故障,也可以用钢板焊在曲柄臂两侧,在曲柄臂间焊上钢块。此时应拆去该气缸的活塞运动部件及燃油设备,减缸减功率运行。

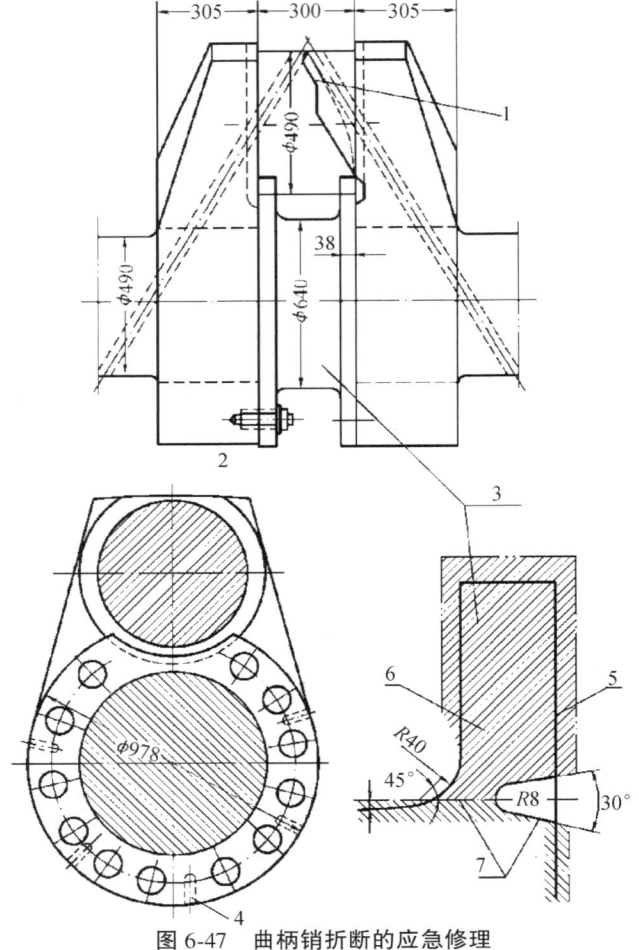

图 6-47　曲柄销折断的应急修理

1—断裂部位;2—螺钉;3—工字形法兰盘;4—定位销;5—法兰盘加工后形状;6—法兰;7—焊缝

五、曲轴红套滑移的检修

1.曲轴红套

红套又称热套,是实现零件过盈配合的一种方法,利用金属材料的热胀冷缩特性把轴和孔牢固地连接成一体。大型柴油机全组合或半组合曲轴均采用红套工艺把主轴颈、曲柄销与曲柄臂或主轴颈与曲柄连接而成。曲轴红套是把小于主轴颈直径的曲柄臂上的孔加热胀大超过轴颈,将轴插入孔中,待冷却后孔径恢复使轴孔牢固连接。

冷态轴孔直径的差值为过盈量。为了使曲轴传递一定的扭矩,红套时必须有一定的过盈量,使曲柄臂孔对主轴颈或曲柄销颈产生足够的紧固力。过盈量过小,曲轴传递扭矩时轴孔就会松动,原有套合位置发生变化,即发生红套滑移;过盈量过大,过大的紧固力使轴孔配合面产生塑性变形甚至裂纹,降低传递扭矩的能力。中国船级社规范中规定组合式曲轴红套过盈量 δ 限制在最小过盈量 δ_{min} 和最大过盈量 δ_{max} 之间(计算公式见规范)。

中国船舶行业标准中曲轴红套过盈量 $\delta = (1.4/1\,000 \sim 1.8/1\,000)d$。式中 d 为红套配合处的轴颈直径。英国劳氏船级社推荐曲轴红套过盈量 $\delta = (1/550 \sim 1/700)d$(式中 d 同上)。

为了产生一定过盈量,需将曲柄臂上的孔加热至一定温度(依理论计算求出)。一般在保证足够过盈量的前提下,使加热温度尽量低一些。例如,7ESDZ75/160 型柴油机曲轴,主轴直径为635 mm,红套过盈量为 0.97~1.10 mm,计算得出红套时理论加热温度为 226~242 ℃。

曲轴红套时应保证以下技术要求:

(1)曲柄间轴向距离(即主轴颈长度)和曲轴轴向长度;

(2)曲柄夹角;

(3)主轴颈与曲柄销颈的平行度。

2.曲轴红套滑移

组合式或半组合式曲轴的主轴颈与曲柄臂套合处相对位置发生错动的现象称为曲轴红套滑移。曲轴红套滑移将直接影响滑移曲柄以后的各缸定时、燃烧和功率。滑移方向即滑移曲柄相对主轴颈转动的方向不同将使曲柄夹角增大或减小。

曲轴红套滑移主要是曲轴受到过大的冲击扭转作用。过大的扭矩超过了曲柄臂对主轴颈的紧固力,产生松动和相对转动。航行中螺旋桨打到礁石、缆绳、冰块或气缸中发生咬缸、水击、超负荷等都会产生过大的扭矩;曲轴红套质量不佳,如过盈量太小、加热温度不足、配合表面太粗糙或不清洁等均会使紧固力不足,即便正常运转也会产生滑移。

3.曲轴红套滑移的检查

曲轴发生红套滑移时的征兆:柴油机气缸定时不正,严重时有后燃、冒黑烟现象;柴油机剧烈振动;停车后再不能起动等。

在船上,轮机员可把红套时所划的曲柄臂中心线(即曲柄对称线)或曲柄臂上的安装臂距表冲孔作为检查基准,检查它们相对主轴颈纵向垂直平面的位置便可确定滑移的方向和角度。

4.曲轴红套滑移的修理

航行中曲轴发生滑移时,若滑移角度不大,可重新调整定时降低负荷运转,待到港后修理。滑移不严重时在港进行原地修理,采用加热曲柄臂(如用氧乙炔火焰)或用冷却主轴颈

（如用液氮、液氢）的方法，并同时对曲柄臂施加扭矩使之反向转动滑移角度后复位。滑移严重时要进厂修理，更换主轴颈和重新红套。

六、曲轴腐蚀的检修

轴颈表面的腐蚀凹坑、锈斑、烧伤等是润滑油中含水分和酸过多产生的电化学腐蚀或漏电等杂散电流引起的静电腐蚀造成的。

轴颈表面较浅的锈蚀伤痕用油石磨削，然后抛光处理。较深的伤痕用油光锉锉削，然后油石磨削，最后抛光处理。

七、曲轴的验收

轮机人员在监修监造时，对于新造或修理的曲轴质量都非常重视，严格检查验收，唯恐微小疏漏造成日后营运中的隐患。对于曲轴质量应从以下方面进行校验：

（1）新造曲轴应由制造厂提供材料成分、机械性能、金相组织和无损探伤等检验报告，造船厂应进行无损探伤等校验；

（2）曲轴尺寸精度、表面粗糙度等级应符合图纸要求；

（3）对主轴颈与法兰径向跳动量进行检验。为了保证主轴颈与法兰同轴，新造和修理曲轴进行径向跳动检验。检验可在车床或平台上进行。平台检验时用 V 形铁支撑曲轴，用百分表测量每段主轴颈首、尾两个截面上的跳动量和法兰上的跳动量。曲轴回转一周同一直径对应两个位置（0°、180°）百分表读数差值即为径向跳动量。

（4）曲柄销颈与主轴颈平行度检验。在平台上进行新造或修理曲轴的平行度检验，如图6-48（a）所示。曲轴置于平台 V 形铁上，调整曲轴使其轴线与平台平行。转动曲柄销至上止点，用百分表测量曲柄销颈上相距 l 的两点的相对值 a、b，然后将曲柄销转至下止点，测量对应两点的相对值 c、d。则曲柄销颈与主轴颈的平行度误差 Δ：

$$\Delta = \left[(a-b)+(c-d) \right]/2l \ \text{mm/m}$$

同样方法测量水平平面内的平行度误差，均应符合要求。此外，还可采用水平仪等测量检验。

（5）曲柄夹角检验。新造或发生过红套滑移、扭转变形等的曲轴修理前后均应检验曲柄夹角。主要的检验方法有平台划线法、光学象限仪法等。

平台划线法如图 6-48（b）所示。曲轴置于平台 V 形铁上使其轴线平行平台。将曲柄Ⅰ转至左平或右平位置，测量曲柄销颈上最高、最低点至平台的距离 h_1、h_2，二者的平均值 h 即为该曲柄销中心线至平台的距离，将此高度 h 用划针划于预先装在曲轴法兰端面的圆盘上。同样，将曲柄Ⅱ、Ⅲ的曲柄销中心高投影于圆盘上，连接圆心与各点的连线，用量角器测出各圆心角的数值即为曲柄夹角值，应符合图纸要求。

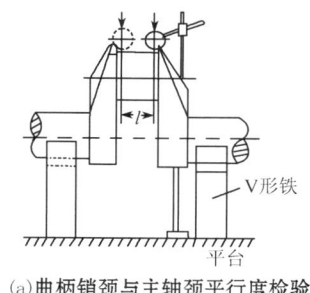 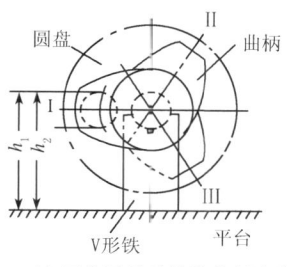

(a)曲柄销颈与主轴颈平行度检验　　(b)平台画线法检验曲柄夹角

图 6-48　曲轴相对位置精度检验

（6）曲轴臂距差检验。可在车床或平台上检验新造或修理的曲轴臂距差。

（7）曲轴的平衡检验。曲轴的不平衡质量将导致柴油机工作不平稳,产生振动和噪声,甚至引起其他零部件的损坏。所以新造或大修后的曲轴应进行平衡试验。一般中、低速柴油机曲轴进行静平衡试验,高速柴油机曲轴进行动平衡试验。大型低速柴油机曲轴在红套时对尺寸公差、重量和重心位置等控制极为严格,使其静不平衡最小,所以制成后不需进行静平衡试验。

第九节　精密偶件的检修

在柴油机燃油系统中,高压油泵中的柱塞–套筒偶件、出油阀–阀座偶件,喷油器中的针阀–针阀体偶件,是三对极为精密的零件,称为精密偶件。它们经过极精细的机械加工,尺寸和形位精度高、表面粗糙度等级高、偶件的配合精度高。为了保证柴油机的正常运转,这些精密偶件还应具有较高的耐磨性、耐蚀性和尺寸稳定性。

精密偶件工作过程中受到高压、摩擦和腐蚀等作用,其配合面极易产生磨损、腐蚀等损坏。即使精密偶件工作表面微小的损坏也会严重地影响高压油泵、喷油器、燃油系统和柴油机的正常工作。

一、精密偶件的主要损坏形式

1.柱塞–套筒偶件

柱塞–套筒是高压油泵中的一对重要的偶件,结构如图 6-49(a) 所示,其作用是保证高压油泵准确的正时、足够的供油压力,精确的供油量和可靠地工作。高压油泵工作一段时间后,柱塞–套筒偶件主要产生以下损坏:

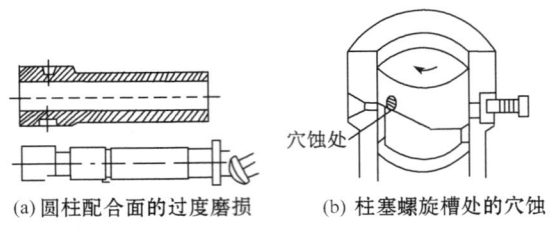

(a) 圆柱配合面的过度磨损　　(b) 柱塞螺旋槽处的穴蚀

图 6-49　柱塞与套筒的磨损与穴蚀

（1）圆柱配合面的过度磨损

柱塞和套筒的工作表面产生磨损,特别是回油孔式油泵的柱塞螺旋槽附近的工作表面磨损尤为严重。配合面的磨损将使配合间隙增大,泵油压力降低,进而影响喷油压力,导致雾化不良,燃烧恶化;各缸油泵的柱塞-套筒偶件的磨损不同,泵油压力不同,各缸喷油量不等,以致各缸功率不等,柴油机各缸功率不平衡。

（2）柱塞工作表面的穴蚀

柱塞螺旋槽附近的工作表面上产生穴蚀,如图 6-49(b) 所示。穴蚀是由于燃油喷射终了时,螺旋槽的边缘将回油孔打开的瞬间,套筒内的高压油急速冲出,使套筒内压力骤然降低。螺旋槽边缘的油压低到该处温度对应的燃油蒸发压力时燃油气化形成气泡。随后的高压燃油或其压力波使气泡溃灭。强大的冲击波作用使螺旋槽附近的工作表面金属剥蚀,即产生穴蚀。

（3）圆柱配合面上的拉痕及偶件咬死

柱塞-套筒偶件圆柱配合面还会产生纵向拉痕,偶件卡紧甚至咬死。这两种损坏主要是由燃油净化不良,燃油中含有较多坚硬的机械杂质、配合间隙过小和偶件材料热处理不当引起的。

2.出油阀-阀座偶件

出油阀-阀座是高压油泵中的另一对精密偶件,在高压油泵中起着蓄压、止回和减压的作用。等容卸载式出油阀偶件的结构如图 6-50 所示。出油阀-阀座偶件的主要损坏形式有:

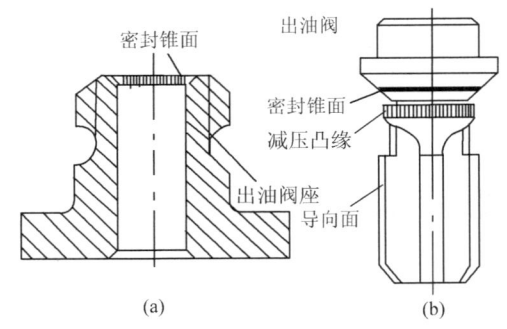

图 6-50　出油阀-阀座偶件结构简图

（1）工作表面过度磨损

出油阀的导向面、减压凸缘和密封锥面产生过度磨损;出油阀座的密封锥面和内孔产生过度磨损。偶件配合面的过度磨损将使配合间隙增大,泵油量增多,造成不完全燃烧的后果。密封锥面的磨损导致密封性下降,高压油回流,泵油压力降低。

（2）阀与阀座卡紧、咬死或关闭不严而使出油阀处于常开的故障现象。

3.针阀-针阀体偶件

各缸喷油器针阀偶件磨损程度不同使各缸喷油量不等,从而影响柴油机功率平衡和运转的稳定性,这种现象在低负荷时尤为明显。

（1）圆柱配合面和锥面配合面的过度磨损

针阀偶件圆柱配合面过度磨损,使配合间隙增大、喷油压力降低和雾化不良。

针阀偶件的锥面配合面是重要的密封面。在正常工作时,为了密封和切断燃油迅速,要求:①针阀的锥角 θ' 较针阀体座面的锥角 θ 约大 $0.5° \sim 1°$,如图 6-51（a）所示。②偶件锥面配合面上狭窄的环形密封带(称为阀线)的宽度 h 为 $0.3 \sim 0.5$ mm,如图 6-51（b）所示。环形密封带越窄,压强越大,锥面的密封作用和燃油喷射终了时切断燃油的性能就越好。

柴油机运转一段时间后,针阀偶件的锥面配合面产生过大的磨损,使针阀下沉、环形密封带变宽或不连续或模糊不清,针阀升程加大,针阀与阀座的撞击力增强,使锥面配合面的磨损与损伤更加严重。锥面过度磨损后使针阀下沉,即针阀位置下移,如图 6-51（c）所示。

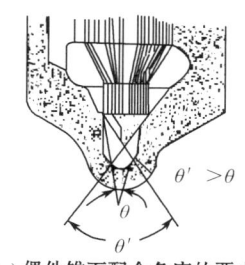
（a）偶件锥面配合角度的要求

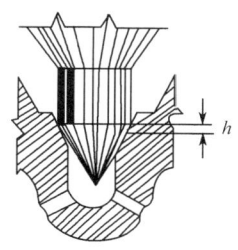
（b）偶件锥面正常配合

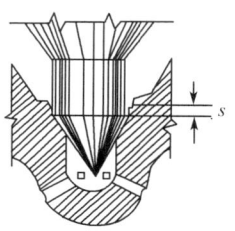
（c）偶件锥面磨损后的配合

图 6-51　针阀偶件配合情况

（2）针阀体端面腐蚀

针阀体的结构不同,有的针阀体头部带喷孔,另一端为平面,与喷油器本体端面相结合;有的针阀体两端均为平面。一端平面与带喷孔的喷油嘴结合,另一端面与喷油器本体结合。

针阀体端面长期使用过程中,会因受到燃油、冷却水作用而发生微观电化学腐蚀,从而使与喷油器本体或喷油嘴结合面处的密封性下降,产生燃油泄漏、油压降低、雾化不良等问题。

针阀体端面腐蚀可以从喷油器冷却水循环水箱中有油星、油迹等现象进行判断。非冷却喷油器将有燃油从紧帽螺纹间隙渗出。

（3）针阀在针阀体中卡阻或咬死

针阀在针阀体中卡阻会造成针阀不能按时启闭,使整个喷射过程滞后和延长,造成雾化不良、燃烧恶化。此时高压油管脉动减弱,甚至无脉动(针阀完全卡紧时)。

当针阀在针阀体中咬死时,针阀根本不能正常启闭,喷油器不能工作,咬死在关闭位置会造成该缸停油熄火,柴油机转速降低;喷射系统中的油压迅速升高,高压油管脉动强烈,油管接头处会发生漏油或破裂,导致高压油管和喷油泵发热。咬死在开启位置则会造成雾化不良,燃烧恶化,后燃严重,排气冒黑烟。高压油管脉动减弱。

产生卡阻或咬死的主要原因是燃油中的机械杂质进入针阀偶件导向部的间隙中、喷油器冷却不良、针阀偶件在高温时发生变形以及安装不正等。

(4)喷孔磨损与堵塞

针阀体或喷油嘴头部分布着细小的喷油孔,孔径一般在 0.12~1.0 mm 范围,喷孔数目为 1~12个。喷油器的喷油孔直径、数目和分布随机型而异。

喷油器使用一段时间后,高速、高压燃油的冲刷使喷孔磨损,孔径变大,雾化质量下降;当气缸内燃烧不良、积碳严重时会使喷孔堵塞,孔径变小,甚至堵死。针阀体喷孔周围积碳严重时形成碳花,如图 6-52(a)所示。针阀偶件锥面磨损后密封不良或针阀关闭不及时,导致喷孔滴油、漏油黏附于喷孔四周,高温下形成炭花。喷孔周围积碳影响燃油雾化质量,并使针阀体过热损坏。

不论是喷孔磨损或堵塞均破坏了燃油雾化及与燃烧室的配合,影响燃油与空气的混合。

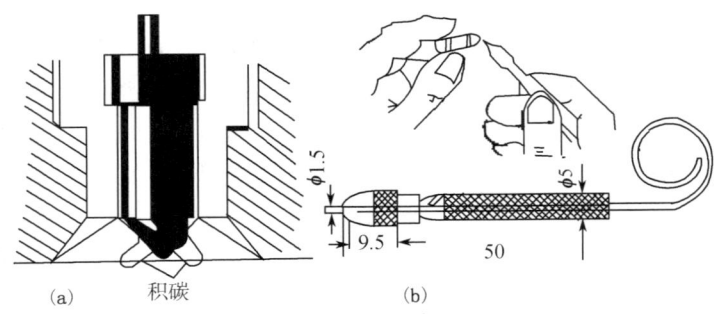

图 6-52　针阀体喷口积碳和通孔工具

二、精密偶件的检验

在精密偶件的各种损坏形式中最常见的是磨损失效。由于偶件极为精密,难以用测量尺寸变化量来表征磨损程度,同时一些部位也难以进行测量。所以,精密偶件是通过密封性检验来了解其磨损程度和判断能否继续使用的。

检验前,偶件应仔细拆卸和清洗。偶件不具有互换性,不能分开乱放。

1.偶件的清洗

采用轻柴油或煤油清洗偶件,并应注意以下几点:

(1)针阀体或喷油嘴的外表面积碳采用钢丝刷清除。清除喷孔周围积碳时切勿损伤喷孔。如喷孔被积碳堵塞应采用专用通孔工具或钻头疏通喷孔。通孔时,切勿用力过猛,以免通针或钻头断在喷孔内或损伤喷孔内表面。图 6-52(b)为喷孔的通孔工具——通针。

(2)偶件配合面应使用软毛刷或软布进行擦洗。清洗干净后用清洁纸或丝绸擦干,不可用棉纱头或破布擦,以免灰尘或棉纱毛头粘在偶件工作表面上。

(3)清洗后的偶件放于清洁的专用容器中保存。

2.一般性检查

偶件清洁后,可借助低倍放大镜对偶件工作表面进行观察,检查有无明显的磨损、腐蚀、裂纹等缺陷。如发现上述缺陷,应依据实际情况决定修复或报废。

3.偶件的磨损检验

偶件配合面磨损使其配合精度下降,燃油泄漏,压力降低。生产中可以通过检查偶件的密封性和燃油雾化质量来了解偶件的磨损部位与磨损程度。

（1）偶件密封性检验

①滑动试验法：是检查偶件密封性的最简便的方法，用以检验柱塞-套筒、针阀-针阀体的圆柱配合面密封性。

先用滤净的轻柴油清洗和润滑偶件，然后使偶件与水平面成45°倾斜放置，把柱塞（或针阀）抽出1/3配合面长度后，使其在自重作用下自由滑下，且柱塞（或针阀）在套筒（或针阀体）内转至任何位置滑下时均不得有阻滞现象。

若下滑速度缓慢、均匀，表明配合面无明显磨损，密封性较好；若下滑速度较快或很快，表明配合面磨损较大或严重，密封性不良。若将柱塞（或针阀）转动90°再次试验，柱塞（或针阀）下滑缓慢、均匀，表明偶件产生偏磨损。

②油液降压试验法：油液降压试验法又称燃油漏损定量法，也是检验偶件密封性的一种方法。通过偶件的油液压力下降一定值时所需要的时间作为检验密封性的标准，或者是用在一定时间内油液漏损量作为检验密封性的标准。

柱塞偶件油液降压试验法：要求油泵在相当于额定供油量时，油压从40 MPa降至20 MPa的时间应不少于60 s，表明柱塞偶件圆柱面密封性良好。

针阀偶件锥面密封性油液降压试验法：试验前，必须进行数次喷油，以排净系统内的空气。试验时燃油进入喷油器，允许将喷油器启阀压力调整到比规定值高2~3 MPa。在启阀压力的油压作用下检查针阀偶件的渗油现象，以手背擦拭针阀体头部喷孔周围，手背应无油，表明针阀偶件锥面密封良好。试验时，要求在燃油压力比规定的启阀压力低2 MPa的油压作用下，在10 s内不得有渗漏，允许针阀体喷孔周围稍微湿润，但不得有油液集聚现象。针阀偶件锥面密封性检验可与其圆柱面密封性检验同时进行。

偶件配合面密封性试验是在船上利用喷油器试验装置来完成的，如图6-53所示。检验柱塞偶件时，将高压油管5接到待检油泵上。检验针阀偶件时，将待检喷油器装于试验装置中，如喷油器2。试验时，用手动泵9供油。

（2）雾化试验

喷油器雾化试验是对其偶件密封性的综合检验，可与上述密封性检验同时进行。

试验时，将启阀压力调至规定值，然后以40~80次/min的速度进行喷雾试验，喷雾质量应符合以下要求：

①喷出的燃油应呈雾状，无肉眼可见的飞溅油粒、连续油柱和局部浓稀不均匀的现象；

②喷油开始和终了时声音清脆，喷油迅速、利落；

③喷油开始前和终了后不得有渗漏，允许喷孔周围有湿润现象。当针阀直径大于10 mm时，允许喷孔周围有油液聚集现象，但不得有油滴漏。

根据试验时油雾的形状、数目、分布和油粒的细度等检验喷油器的质量和分析故障原因。图6-54的雾化状况分别反映了不同的成因。图6-54（a）雾化不良，是由于喷孔部分堵塞产生滴油现象；图（b）为针阀动作不良产生喷雾方向偏斜，油粒粗大；图（c）为针阀锥面磨损，密封性差，在喷雾的同时有滴油现象；图（d）为正常喷射，雾化良好，雾花均匀分布，喷孔周围无滴油现象。还应注意检查缓慢泵油时喷油器的雾化质量。当泵油达到一定压力时，再使油压缓慢而均匀上升直至启阀前，同时仔细检查喷油嘴喷孔周围表面被燃油附着情况，正常情况允许有轻微湿润但不得有油液积聚现象。以手背擦拭喷孔头部，手背上无油液为佳。若在缓慢泵油时,在压力增至启阀压力之前便有油柱或油滴从喷孔漏出,这表明针阀与针阀体的密封锥面密封不良。

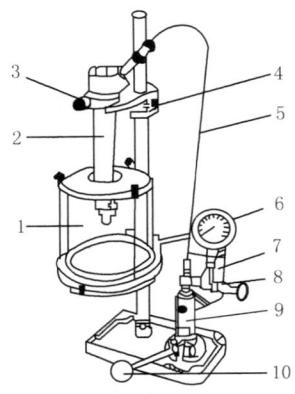

图 6-53　喷油器试验装置

1—玻璃罩;2—喷油器;3—支架;4—支杆;5—高压油管;6—压力表;

7—储油器;8—截止阀;9—手动泵;10—手柄

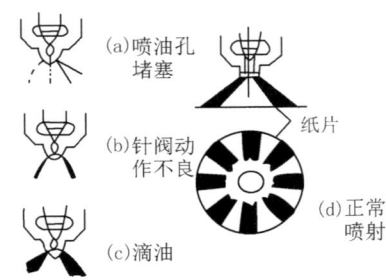

图 6-54　喷油器几种喷雾情况

三、精密偶件的修理

1.柱塞偶件的修复

柱塞偶件圆柱配合面磨损后,一般采用以下方法修复:

(1)修理尺寸法

保留套筒,对其进行机械加工消除几何形状误差,按修理后的套筒尺寸配制柱塞,互研后达到要求的配合间隙。

(2)镀铬修复

采用镀铬工艺修复偶件,使其恢复要求的配合间隙。常采用偶件之一进行镀铬,即将套筒内孔加工获得修理尺寸,使柱塞外圆面镀铬达到修理尺寸,互研成对,保证恢复要求的配合间隙和性能。此法效率高,可使90%以上的偶件恢复使用。

(3)套筒端面腐蚀密封不良时可在平板上按"8"字形研磨。

2.针阀偶件的修复

针阀偶件圆柱配合面磨损可采用柱塞偶件的修复方法。

锥面配合面磨损后,针阀锥面上的环形密封带出现变宽、中断或模糊不清等现象时,可采用研磨膏进行偶件的互研或不加研磨膏互研,使环形密封带恢复正常位置。清洗后,进行密封性检验。有时针阀偶件经多次研磨修复,但每次又很快磨损失去密封性,这可能是由于材质不佳或热处理不当造成的。

针阀体端面腐蚀亦采用平板研磨修复。

第十节　废气涡轮增压器的检修

废气涡轮增压器是柴油机增压系统中的主要设备,由压气机和涡轮机两个主要部分及支承装置、密封装置、冷却系统、润滑系统组成,结构如图6-55所示。废气涡轮增压器的作用是利用柴油机废气能量驱动涡轮带动同轴上的压气机把空气压力提高送入气缸,使柴油机功率大幅度提高。废气涡轮增压器约使柴油机功率增加一倍,而重量只增加10%。现在,可变截面涡轮增压器和两级增压器则进一步改善了其增压性能。

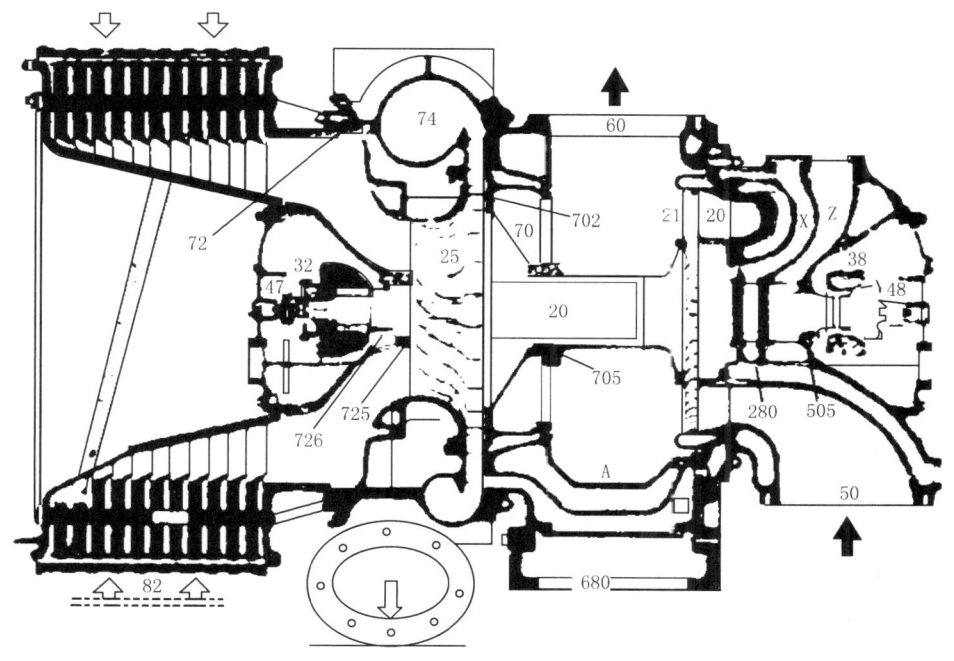

图6-55　VTR501废气涡轮增压器结构图

废气涡轮增压器是在高转速、高废气温度、空气和废气的流量和流速大的情况下工作的。一般废气的压力为0.25~0.45 MPa,废气温度为500~600 ℃;转速随增压器尺寸的不同而异,一般大尺寸增压器的最高转速达10 000 r/min,小尺寸增压器的最高转速可达4 0000~50 000 r/min。所以,废气涡轮增压器属于精密机械。

废气涡轮增压器容易产生的故障有涡轮壳体腐蚀、轴承损坏、叶片损伤、气封损坏和增压器振动等。

一、涡轮壳体腐蚀的检修

废气涡轮增压器的涡轮壳体一般为铸铁材料,采用冷却水腔冷却。压气机壳,一般为铝壳,无冷却水腔。受腐蚀的主要是与具有腐蚀性的高温废气和水接触的涡轮壳体,特别是在排气壳的底部常发生腐蚀烂穿。

1. 壳体腐蚀原因

(1)硫酸腐蚀

柴油机燃用含硫较多的重油产生含有 SO_2、SO_3 和水蒸气的废气。废气进入涡轮端进气壳的温度可达 500~600 ℃,自排气箱壳排出的温度为 300 ℃左右。排气壳体内壁面温度为 150 ℃左右,低于硫酸露点(170 ℃)。所以,当废气与排气壳内壁面接触时,在壁面上生成亚硫酸或硫酸,并顺壁面流至底部,聚集在排气壳底部的硫酸溶液使铸铁壳体受到强烈的电化学腐蚀,甚至腐蚀烂穿。

废气涡轮增压器压气机端,受到空气灰尘等污染,涡轮端喷嘴、叶片及通道受到废气的严重污染和积碳堵塞通道,不仅使增压器工作性能受到影响,而且影响转子动平衡性。为此两端采用喷水清除污垢。涡轮端是在低负荷下喷水清洗,一般每周一次,约 10 min,喷水量随机型而异。低负荷下废气温度较低,会产生更多的酸附在壁面上,同时喷水后若未彻底清除将积存在排气壳底部,使腐蚀更加严重。

(2)高速气流引起的腐蚀

柴油机排气以高速流入增压器进气壳。排气中含有未燃尽的碳粒与壳体壁面接触造成对壁面的浸蚀,特别是在气流方向改变处,离心力使碳粒冲击壁面。受到浸蚀的壁面裸露在气流中受到更大的腐蚀作用。涡轮端进气壳进气通道附近壁面的破损穿孔大多属于这种腐蚀。

(3)冷却水腔腐蚀

增压器冷却水腔壳体壁面受到电化学腐蚀。

2. 壳体腐蚀的防治与修理

(1)腐蚀的防治方法

对于水冷式涡轮壳体,为了防止壳体冷却水侧的电化学腐蚀,除用淡水冷却外,还在淡水中加防锈剂和在壳体上安装防腐锌块等;防止涡轮端壳体废气腔腐蚀的方法主要采用提高冷却水进口温度防止硫酸腐蚀,彻底清除涡轮端喷水清洗后的残水。

在进、排气壳内表面容易腐蚀部位钎焊一层耐热耐蚀 M 合金可有效延长壳体的使用寿命达 10 年以上。

上述措施只能减缓腐蚀,为了从根本上解决低温腐蚀问题,在不影响增压器和涡轮壳体性能的条件下,可选用非冷却式增压器,以提高壳体温度。

(2)修理

①壳体腐蚀后,其最小壁厚大于设计壁厚的 50%,壳体冷却腔经 1.5 倍工作压力(不少于 0.4 MPa)的水压试验,合格后可继续使用。

②壳体腐蚀后,局部最小壁厚小于设计壁厚的 50% 或破损时,允许采用高镍铸铁焊条进

行低温焊补修复,经 1.5 倍工作压力的水压试验合格后可继续使用。

③壳体腐蚀使壁厚很薄或已烂穿时,采用低温焊补厚度适宜的钢板,经水压试验合格后方可使用。

二、轴承的检修

增压器轴承有滚动轴承及滑动轴承两种。滚动轴承的机械损失小,但在高速下对润滑及冷却的要求高,因而造价高,其寿命也较短。滑动轴承虽然机械损失较大,但由于在高速旋转速度下易于保证其可靠性,滑动轴承还是得到了优先发展。增压器工作时,轴承应运转灵活、无异常声音、无过热,轴承的常见缺陷有过度磨损、合金层拉毛、裂纹、脱落及烧损等。

压气机端轴承多采用成对双列向心推力轴承,起支承转子和止推作用;涡轮端轴承采用单列向心球轴承或单列向心短圆柱滚子轴承,起支承转子作用。

增压器是高速旋转的机械,因此轴承的润滑及冷却是极为重要的。增压器的转子两端轴承均有自带油泵。废气涡轮增压器的润滑系统可以是独立的,也可以是与主机共用的。润滑油油量不足、油压过低、油质过脏、增压器发生振动、壳体变形使油膜破坏等,都会造成轴承的过度磨损或损坏,甚至在短时间内发生烧损事故。轴承烧坏常常表现在润滑油出油温度升高、增压器转速下降、增压压力降低等方面,并出现异常的声音。如果推力轴承烧坏,转子就会发生轴向窜动,造成叶轮与壳体相碰。现代的增压器为此采用了内置式轴承,即将压气侧和涡轮侧的滑动轴承安装在同一个轴承套内,使转子定中心简单又可靠。此外,由于轴承中心距离短,可实现对两个轴承同时供给润滑油,且发动机和涡轮增压器轴承采用同一品种的润滑油。这一结构有效地保证了增压器轴承的润滑冷却,提高了轴承的可靠性,轴承的使用寿命可达20 000 工作小时以上,且成本较低。

三、叶片与气封装置的检修

1. 叶片损伤与检修

涡轮叶片和压气机叶片的损伤形式主要是碰撞引起的叶片变形、裂纹和断裂。

(1)涡轮叶片

涡轮叶片发生损伤主要是由外来异物撞击引起的,例如吊缸时遗留在气缸内的金属碎片,以及活塞环断裂碎块等。虽然在涡轮入口处设有金属滤网,但仍不能阻止比网眼还小的硬质颗粒飞入。硬质颗粒和高速回转的叶片相遇后,轻则使叶片变形,产生裂纹,重则会直接打断叶片。

对损伤较轻的叶片仔细观察有无裂纹,必要时进行无损探伤检验。如确认没有裂纹,可用一般的钳工工具将变形部位校正后继续使用。如有裂纹或断裂应换新叶片。海上条件下更换叶片不便时,可将断叶取出并将其对称位置的叶片取下,以保持转子的动平衡性,减少增压器的振动。如叶片有轻微变形可进行冷校。

涡轮叶片凹面上的撞击伤痕等少量缺陷允许修磨,磨去深度不得超过相应部位叶片厚度的 1/6,磨去的面积符合规定要求。叶片的上、中部区域内的缺陷允许焊补修复(详见 CB/T3563—94)。

（2）压气机叶片

压气机叶片损伤是由轴承严重磨损、吸入硬质颗粒、增压器振动等造成的，或者发生碰撞破坏了转子与壳体间的正常间隙等造成撞击或摩擦，使叶片擦伤、变形或裂纹。若压气机叶片轻微变形、擦伤，允许校正修光，但有裂纹或断裂时，必须换新。

增压器的转子或叶片经修理或换新后均应进行动平衡试验，并使之符合要求。

2. 密封装置的检修

（1）密封装置

废气涡轮增压器的密封装置分为气封和油封两种。

气封的作用是防止压气机端的压缩空气和涡轮端的废气的泄漏。压气机端压缩空气的大量泄漏将会降低增压效率；涡轮端废气泄漏将造成涡轮功率下降，高温气体漏入轴承箱污染润滑油和损坏轴承。

油封的作用是防止增压器轴承箱中的润滑油泄漏。润滑油泄漏不仅增加其消耗量和影响轴承润滑，还会因滑油漏入涡轮进气壳使燃气温度升高，甚至烧毁涡轮叶片。

所以，良好的密封装置是废气涡轮增压器正常可靠工作不可缺少的组成部分。密封装置按结构分为接触式、活塞环式和迷宫式三种。活塞环式密封装置如图6-56所示，常用于小型增压器中作为油封。迷宫式密封装置种类很多，图6-57为大型增压器的轴向和径向迷宫式密封装置，作为气封使用。气封片之间的间隙越小，密封效果越好。当从压气机端引入一股增压空气作气封，可增强密封效果。

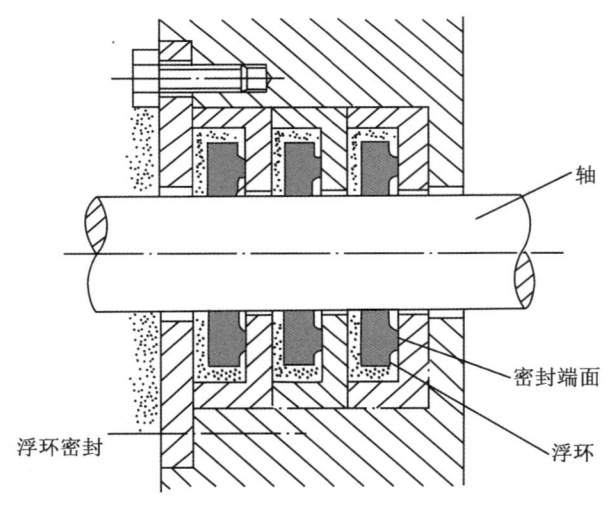

图6-56　活塞环式密封装置

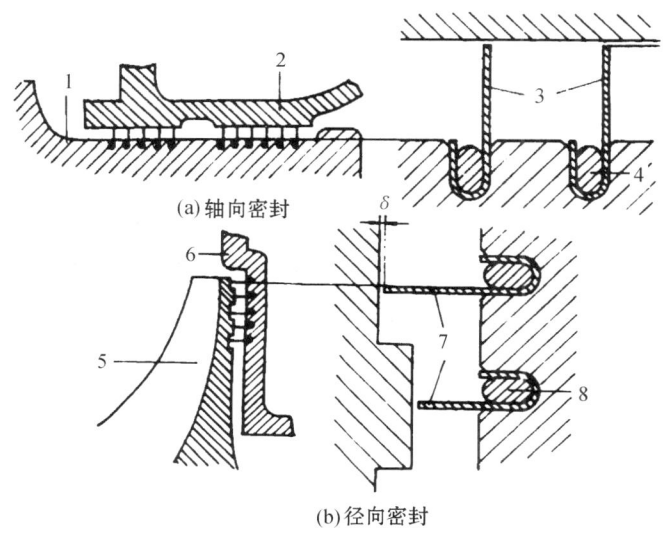

(a)轴向密封

δ

(b)径向密封

图 6-57 迷宫式密封装置

1—转子轴;2—废气进口壳体;3—密封带;4—压紧丝;
5—压气机叶轮;6—隔热壁墙;7—密封带;8—压紧丝

（2）密封装置的检修

密封装置的损坏，大多是在增压器拆装过程中不慎碰伤密封带，或增压器运转中的剧烈振动，或者安装间隙不符合要求等造成的。

密封带顶部有较轻的弯曲变形时，可用平嘴钳将其夹直校正；若密封装置损伤严重，则应换新密封带和压紧丝。

四、增压器振动检修

1. 增压器振动的原因

增压器是高速回转的精密动力机械，极易由于回转中心与部件中心的不一致而造成振动。振动会引起增压器其他零件的损坏，而这些零件的损坏更加剧了增压器的振动。振动是增压器产生故障的共同表现。常见原因有：

（1）压气机喘振引起强烈振动

喘振是压气机流通部分出现气流与叶片强烈撞击和脱流的结果。增压系统流道阻塞是增压器喘振的常见原因。管理中对压气机进气滤器、叶轮、扩压器、空气冷却器、进气口和排气口、涡轮喷嘴环、叶片等流通部分进行维护与清洁，就可有效地防止和消除喘振及其引起的振动。

（2）轴承损坏引起振动

轴承损坏是导致转子失中，从而产生振动的直接原因，但它也有可能是由其他原因造成的二次故障才引起了振动。

（3）转子弯曲变形引起振动

转子的弯曲变形不仅使回转体的重心与回转中心产生偏心而引起振动，而且会破坏转子与壳体、气封等处的配合间隙，产生擦壳，严重时叶片折断，引起回转的剧烈振动。转子弯曲变形可能是由于转子自重而引起的，也可能是由于轴向间隙不够，运转时受热膨胀受阻而引起的。

（4）转子不平衡引起振动

在运转中，由于积碳严重，叶片变形或折断等缺陷造成转子质量分布不均匀，改变原有的重心位置，破坏原有的平衡，引起振动。

（5）增压器装配、修理质量差

增压器进行自修或厂修时，若修理质量差或修后装配不良，就会造成增压器运转的转子与壳体或气封与壳体相碰，产生摩擦导致振动，例如气封和轴封安装不正、轴承安装不正确或轴承间隙不符合要求、转子轴线不对中等。特别是轴承安装问题不容忽视。

（6）增压器壳体变形

增压器壳体变形较少见。产生壳体变形的原因也与船体变形及增压器振动有关。壳体一旦变形，则转子与壳体间的间隙将难以保证，且加大了偏心距，所以引起振动，严重时发生叶片折断。

2. 增压器振动检修

（1）清洗

利用增压器上的喷水装置清洗涡轮端和压气机端的叶片和通道。清除油垢、积碳，既消除引起喘振的因素，又除去不平衡质量，从而减轻或完全消除由此引起的振动。

（2）换新轴承

若增压器产生振动时轴承已接近换新时间，则可能是因轴承损坏引起的振动，故应首选换新轴承的措施来消除增压器振动。增压器轴承中，以涡轮端轴承温度高、工作条件差而先损坏，所以应首先更换涡轮端轴承，然后再换压气机端轴承。

（3）检查转子的磨损和变形

增压器解体抽出转子后，检查压气机和涡轮的叶轮、气封和工作轴颈外圆表面有无擦伤、变形和磨损。必要时吊入车间在平台上检测转子轴线状态，以判断转子的弯曲变形和变形程度。

（4）转子动平衡检验

在专用动平衡试验机上检测转子的平衡精度，依测量出的不平衡质量的大小与位置进行修理，除去不平衡质量后再次检验，直至达到要求的平衡精度为止。当然，做转子动平衡检查时，转子应是完好状态，即没有擦伤、变形和磨损等。

（5）安装间隙的检查

安装间隙反映了转子与增压器壳体的对中情况，检查分为粗检和精检。

五、增压器的拆装与校中

废气涡轮增压器是高速回转的精密机械，轮机人员一般轻易不敢对其进行拆卸和安装。这主要是因为轮机人员对废气涡轮增压器了解和掌握不够。为了正确管理和保养增压器，正确地排除故障和处理异常情况，就必须熟悉增压器的内部结构、工作原理，掌握其拆装顺序和要求，就会使增压器保持良好的技术状态。

1. 拆装增压器的要求

（1）认真阅读增压器说明书,结合实际掌握增压器内部结构,如压气机和涡轮结构形式、轴承的结构形式、润滑方式、叶轮与转子轴的连接方式、密封装置的形式与位置、各零部件的相对安装位置、配合间隙等。在掌握内部结构和明确要求的前提下,才能进行增压器的拆装,拆装时才能做到心中有数。

（2）拆卸时正确使用随机专用拆装工具,才能保证顺利地拆装。按照规定的拆卸顺序和要求进行,不可破坏零部件原有的精度与表面粗糙度,尤其是轴承和轴颈工作表面,应清洁、上油、防止生锈。拆下的相关零件的相对位置必要时打上记号,以免产生安装错误。

（3）安装时应严格按照说明书的安装顺序和要求、规定的装配间隙进行增压器的组装,并按照一定的方法进行间隙检验与调整,以保证转子与壳体的对中性,保证增压器可靠地运转。

（4）做好拆卸零部件的保护。例如,拆下的轴承组要用蜡纸包好,以免弄脏;把转子从压气机端抽出后用两个木墩支承使之立放,以免变形和损伤表面。

2. 涡轮增压器的主要装配间隙

增压器是高温下高速回转的精密机械,为了保证正常运转,必须严格控制运动件与固定件之间的配合间隙。间隙过小,引起擦碰,如叶片与壳体、密封装置与壳体相碰,轻者损坏零件,重者造成严重的事故;间隙过大,漏气损失增大,使增压器的效率大大降低。

增压器的主要装配间隙如图 6-58 所示。图中间隙 A 为压气机端导风轮与壳体的径向配合间隙;间隙 B 为扩压器与壳体的轴向间隙;间隙 L 为压气机叶轮与壳体之间的间隙;间隙 M 为压气机叶轮背面与气封板之间的轴向间隙;间隙 D 为轴流式涡轮叶片与喷嘴叶片之间的轴向间隙;间隙 E 为轴流式涡轮叶片与喷嘴外环之间的径向间隙;N 为转子轴向串动量,或者说是转子轴向热膨胀量。各间隙大小随机型而异,具体数值在说明书中有明确规定。

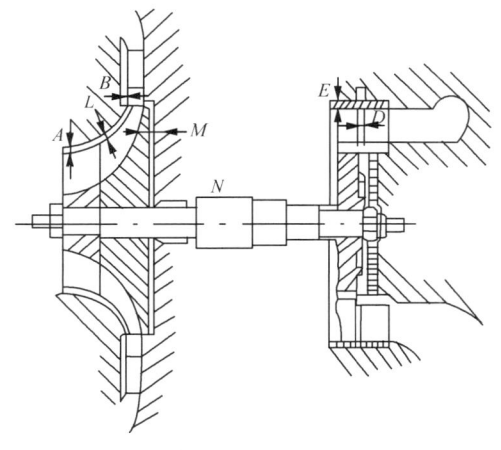

图 6-58　增压器的装配间隙

拆装时应注意:转子轴上的运动件的位置切不可随意改动,轴上的零件也不允许随便更换,以免破坏转子动平衡精度和其与固定件的配合间隙。

3. 增压器的校中

增压器重新安装后应检查运动件——转子与固定件——增压器壳体之间的相对位置关

系,即进行校中检验。但只有在增压器检修更换零件后进行,一般分为粗略检验和精确检验。粗检是用手转动增压器转子使之回转,倾听转动时有无擦碰声音。如果有擦碰说明转子对中不良,应查明原因予以消除。

精检是在粗检合格后采用测量法进行校中检验。

（1）主要测量间隙

①间隙 N：N 为压气机端推力轴承与转子端面之间的轴向间隙,即转子的轴向窜动量。用于保证转子轴向热膨胀的情况下不会产生压气机叶轮或气封与增压器壳体相碰;

②间隙 L：L 为压气机叶轮前方与壳体之间的间隙,保证叶轮前面不与壳体相碰;

③间隙 M：M 为压气机叶轮背面与气封板之间的轴向间隙,保证叶轮背面不与气封相碰。

（2）测量方法

①测量 N：测量前,首先取下增压器两端的轴承端盖,分别在转子轴的左、右端施以轴向推力,使转子轴分别处于左、右两个极端位置,然后分别测量出转子在两个极端位置时转子轴的左端面至压气机壳体端面之间的距离 K_3、K_4 值,则止推轴承处的轴向间隙 $N=K_3-K_4$。

②测量 K：为了测量压气机叶轮前后的间隙 L 和 M,先使转子轴恢复到不受轴向力作用的状态,然后测量出转子轴左端面至压气机壳体端面的距离 K,如图 6-59（a）所示。

③测量 L：旋出压气机端的连接螺钉 2 约 5 mm 的长度,在涡轮端转子轴上施一轴向推力,使转子轴向左移动,此时间隙 L 消失,测量转子轴左端面至压气机壳体端面的距离 K_2,则压气机叶轮前方与壳体之间的间隙 $L=K-K_1$,如图 6-59（b）所示。

④测量 M：将螺母 4、5 及甩油环 6 拆下,用在转子轴右端装的吊环螺钉,将转子轴向右拉动,使间隙 M 消失,测量转子轴左端面至压气机壳体端面的距离 K_1,则压气机叶轮背面与气封板之间的间隙 $M=K_2-K$,如图 6-59（c）所示。

当各间隙值符合说明书要求时,表明增压器转子与壳体的对中性良好,否则应查明原因,调整后再度测量。

4.转子动平衡试验

绕固定轴回转的回转件,当重心与回转中心不重合时,在回转时便会产生不平衡惯性力,且转速越高,质量越大,不平衡惯性力也越大。这种不平衡惯性力将加速机器中运动副的磨损和使机器产生振动,特别是高速、精密机器更为严重。为此应使惯性力得到平衡,消除或减轻振动。

（1）刚性回转件的平衡

绕固定轴回转的回转件常因结构不对称、质量分布不均匀等在回转时产生不平衡。刚性回转件的平衡分为两种。

质量分布在同一回转面内的构件,构件的轴向长度小于直径的回转件,如螺旋桨、叶轮、砂轮、飞轮等,可视为质量近似分布于同一回转面内。当回转件以等速回转时,所产生的离心惯性力构成汇交于回转中心的平面汇交力系。为了平衡惯性力,在同一回转平面内增加（或相反位置减去）一定的平衡质量,使其产生的离心力与原有质量所产生的离心力的向量和等于零,该力系得到平衡,称为平衡力系。回转件达到平衡状态,在任何位置都可保持静止,这种平衡称为静平衡。

质量分布不在同一回转面内的构件,构件的轴向长度大于直径的回转件,如电机转子、增压器转子、多缸柴油机曲轴等,不能视为质量近似分布于同一回转面内。回转件转动时产生的

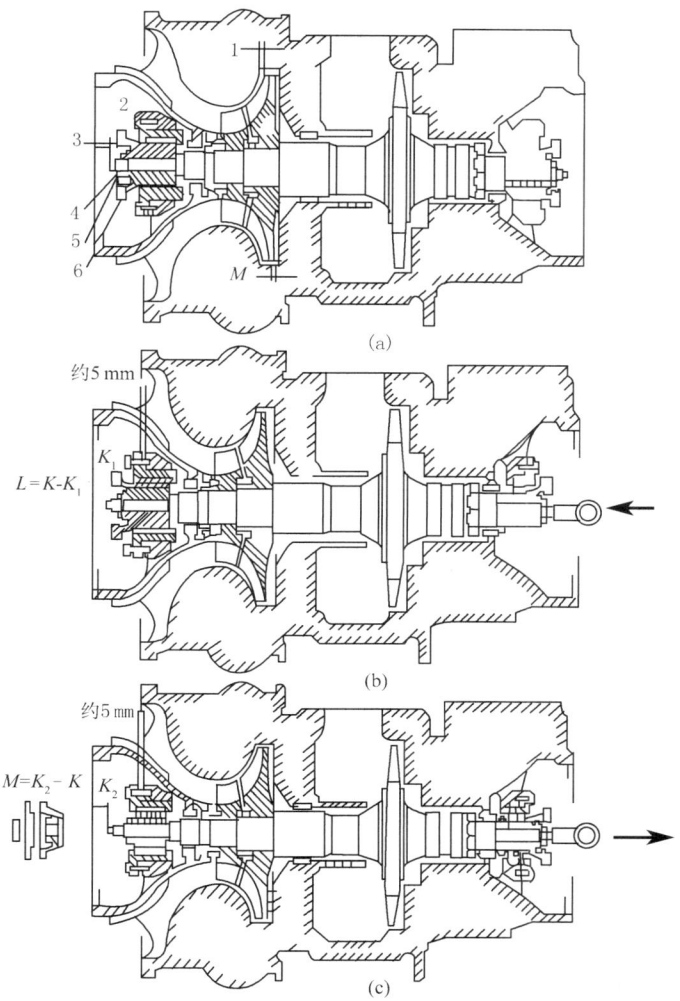

图 6-59　增压器校中测量

1—压气机叶轮;2—连接螺钉;3—止推轴承;4、5—螺母;6—甩油环

离心力不再是平面汇交力系,而是空间力系。这类构件采用静平衡方法不能解决其转动时的不平衡。为了完全平衡离心力,可以任意选定两个平面,将各不平衡质量所产生的惯性力分解到两个平面上,从而将空间力系的平衡简化为两个平面上汇交力系的平衡。只需将两个平面内分别加以适当的平衡质量,使两个平面内的惯性力的向量和均为零,离心力所引起的力偶矩向量和也等于零,回转件达到完全平衡。这种平衡称为动平衡。

(2)回转件的平衡试验

对于经过平衡计算并安装了平衡重的回转件,理论上虽说惯性力完全得到平衡。但是由于计算、制造和安装的误差以及由于材料的不均匀、毛坯缺陷等,回转件实际上仍然存在不平衡。因此必须通过平衡试验来测定不平衡质量的大小和方位,然后再用加重或减重的方法予以平衡。此外,由于生产中的许多回转件结构复杂,难以进行平衡计算,往往也是通过平衡试验的方法进行平衡。

根据回转件的结构尺寸和转速将平衡试验分为静平衡试验和动平衡试验,如表 6-18 所示。

表 6-18　平衡试验

平衡试验	回转直径 D 与其长度 L 的比值	工作转速 n
静平衡	$D/L \geqslant 5$	任何转速
动平衡	$D/L \leqslant 1$	>1 000 r/min

①静平衡试验

通过测定 $D/L \geqslant 5$ 的回转件不平衡质量(大小和方向)来确定平衡质量的大小和位置进行调整,使达到静平衡要求。新造和经修理的螺旋桨均需进行静平衡试验。

静平衡试验是将回转件安装在专用心轴上,然后一并装于静平衡试验架上(导轨式或轴承式)。若回转件重心偏离回转轴,所产生的静力矩作用于回转轴,回转件在导轨上滚动或在轴承支架上转动,待运动停止后重心部位处于最低位置。由此确定重心偏离方位,在其反向加平衡质量,逐步试验调整平衡质量的大小和位置,直至回转件在任意位置均可静止不动。最后在回转件上确定部位去掉实测的重量,回转件达到静平衡。

②动平衡试验

在动平衡试验机上测定 $D/L \leqslant 1$ 的回转件的不平衡质量的大小和方位。新造增压器的转子,营运船舶的增压器转子上的零部件经修理或更换后,必须进行动平衡试验。具体来说增压器转子在下列情况应进行动平衡试验:

a.转子部件受机械损伤时;

b.转子轴及涡轮叶片经修理后;

c.涡轮叶片部分或全部更换后;

d.压气机叶轮及导风轮经修理或更换后。

生产中使用的动平衡试验机种类较多,有机械式的动平衡试验机、电子式的动平衡试验机和激光动平衡试验机等。

(3)动平衡指标

回转件通过平衡试验后,已将不平衡惯性力及其引起的动力效果减少到相当低的程度,但还会有些残余的不平衡存在。这种残余的不平衡越小,不平衡惯性力的不良影响就越小,回转件的平衡状况就越好。所以,把回转件经平衡后的不平衡程度称为平衡精度。它是用来度量回转件不平衡程度的物理量。

①不平衡度

对于质量分布在同一平面内,轴向长度较小的回转件,假定其为一重心与回转中心重合的薄圆盘,当距回转半径为 R 必有一不平衡量 F(或不平衡力 F)时,回转件的不平衡度为 $FR(\text{N} \cdot \text{m})$,或称为重径积,它反映了不平衡惯性力的大小和方向。

②平衡精度

不平衡惯性力造成的不良影响由其在轴承中引起的附加负荷和振动振幅来衡量。轴承附加负荷与回转件的重径积、回转角速度有关;振动振幅与重径积、轴承刚度和回转件整机质量有关。所以,仅仅依据回转件的重径积大小是不足以表出不平衡惯性力所造成的不良影响。用重径积表示回转件的不平衡度,没有反映出其与回转件质量的关系。因为同一不平衡度对于 500 kg 和 5 kg 的转子的精度是不同的。所以应采用回转件的不平衡度(重径积)与其质量中心上的重力之比来表示回转件的平衡精度,即:

$$e = \frac{FR}{G}$$

式中：e——偏心距或偏移量，mm；

　　　G——回转件的重力，N。

偏心距 e 是回转件重心相对其回转中心的距离，或称平衡精度。例如，当回转件的偏心距 e 为 0.000 001 m 时，说明回转件重心相对于回转中心偏移 1 μm 或 0.001 mm。

对于做动平衡试验的回转件其质量分布不在同一回转面内，则应以两个选定平面上的代替重量和平衡重量的总重心的偏心距 e 和回转件角速度 ω 的乘积表示惯性力的不良影响，即平衡精度。

目前，我国尚未定出平衡精度的标准，一般均是以回转件的许用偏心距 [e] 与回转件的角速度 ω 的乘积 [e]·ω 表示回转件的平衡精度，并按 [e]·ω 分级，如表 6-19 所示。

表 6-19　各种典型刚性回转件的平衡精度等级

精度等级 G	平衡精度 ①[e]ω/ 1000 mm/s	典型刚性回转件示例
G4000	4000	刚性安装的具有奇数气缸的低速船用曲轴转动装置
G1600	1600	刚性安装的大型二冲程发动机曲轴转动装置
G630	630	刚性安装的大型四冲程发动机曲轴转动装置，弹性安装的船用柴油机曲轴转动装置
G250	250	刚性安装的高速四缸柴油机传动装置
G100	100	六缸和六缸以上高速柴油机曲轴转动装置、汽车和机车用发动机整体（汽油机或柴油机）
G40	40	汽车轮、轮缘、轮组、传动轴、弹性安装的六缸或六缸以上的高速四冲程发动机（汽油机或柴油机）曲轴转动装置、汽车和机车用发动机曲轴转动装置
G16	16	特殊要求的传动轴（螺旋桨轴、万向联轴器轴）、破碎机械的零件、农业机械零件、汽车和机车发动机（汽油机或柴油机）部件、特殊要求的六缸或六缸以上的发动机曲轴转动装置
G6.3	6.3	作业机械零件、船用主汽轮机齿轮（商用船）、离心机鼓轮、风扇、航空燃气轮机转子部件、泵的叶轮、机床及一般机械的回转零件和部件、普通电机转子、特殊要求的发动机部件
G2.5	2.5	燃气轮机和汽轮机的转子部件、刚性汽轮发电机转子、涡轮压缩机转子、机床主轴和驱动部件、特殊要求的大型和中型电机转子、小型电机转子、涡轮驱动泵
G1.0	1.0	磁带记录仪及录音机驱动部件、磨床驱动部件、特殊要求的微型电机转子
G0.4	0.4	精密磨床主轴、砂轮盘及电机转子、陀螺仪

①ω 为回转件转动的角速度（rad/s），[e] 为许用偏心距（μm）；

②按国家标准，低速柴油机的活塞速度小于 9 m/s，高速柴油机的活塞速度大于 9 m/s；

③曲轴传动装置是包括曲轴、飞轮、离合器、带轮、减速器、连杆回转部分等的组合件。

六、航行中增压器损坏后的应急措施

在航行中,当废气涡轮增压器发生严重故障时,既不能修理又无法继续使用,在这种情况下只能停止增压器运转。由于增压器与柴油机的工作关系密切,因此增压器的停转必然会破坏整个柴油机和增压器联合装置的平衡,影响柴油机的正常工作,并使增压器零部件过热。根据柴油机废气涡轮增压方式,增压器的数量和损坏程度的不同,所采取的应急措施也不一样。具体做法可依增压器说明书的规定进行。一般原则如下:

1. 航行中主机增压器损坏时的处理原则

(1)为避免事故继续扩大,在海况、海域等情况允许时应立即停车进行检修;

(2)在海况、海域等情况恶劣,如风浪大或在狭水道航行不允许停车时,应使主机转速降至较低水平继续航行。

2. 对损坏的增压器的应急处理

(1)当增压器损坏时,主柴油机仍继续运转,以保证船舶安全航行

当柴油机设有旁通排烟管时,应停止损坏的增压器运转,废气经旁通排烟管排至大气。

(2)允许短时停车时,锁住转子

当柴油机无旁通排烟管时,废气仍流经损坏的增压器排至烟囱。为了防止废气冲击转子,当海况允许短时停车时,采取停止增压器运转并锁住转子的措施。

定压增压系统中的增压器,只需锁住转子的压气机端;脉冲增压系统中的增压器,需锁住转子的两端,因为废气的脉冲压力使转子产生过大的扭矩,仅锁住一端是不足以固定转子。

一般原则是当柴油机的平均有效压力≥0.5 MPa(或平均指示压力≥57 MPa)时,应锁住转子两端。

当废气流经锁住转子的增压器时,还会加热转子,甚至使压气机叶轮过热,为此应使一定量的新气流经压气机进行冷却。对于仅设一台增压器的四冲程柴油机,自大气吸入的新鲜空气流经增压器时进行自然冷却;对于设有两台增压器的二冲程柴油机,当一台增压器损坏停用时,为防止扫气箱中的新气倒灌造成漏损,并使少量空气漏入压气机进行冷却,应在锁住转子的增压器空气出口安装带小孔的封闭盖板。封闭盖板上小孔直径随增压器型号不同而异。例如,VTR400 型增压器的封闭盖板上小孔直径为 25 mm;TR500 型为 32 mm;VTR630 型和 VTR631-I 型为 40 mm。

利用随机专用工具锁住转子,并按说明书操作。转子锁住后,增压器壳体应继续冷却,但应停止轴承润滑。

增压器损坏后锁住转子的应急措施具有简便、可缓解故障和防止事故扩大的优点,但转子受到高温和自重作用,短时间尚可,长时间作用将会引起转子变形。

(3)允许长时间停车时,拆除转子

如果允许柴油机停车时间较长,可将转子拆除,并用专用的封闭盖板封闭燃气通道,使燃气经空着的涡轮排出。这时扫气箱与压气机的连接法兰处要用盲板封死。这种方法较之锁住转子轴的方法,所需劳动量大,但可以更好地保护增压器转子,如图 6-60 所示。

采取上述措施后,在运行中柴油机应降低负荷运行,对涡轮的进、排气箱应继续冷却,控制

排烟温度,以维持船舶航行能力。

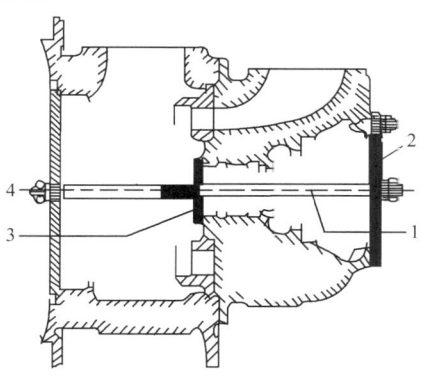

图 6-60　增压器转子拆除后加装封闭盖板

1—拉杆;2、3、4—盖板

第七章

轴系的检修和安装

船舶推进轴系(简称船舶轴系)是指连接船舶主动力原动机(主机)和推进器(通常是螺旋桨)的一整套以连接轴为主的设备。船舶轴系承担着将主机发出的功率传递给推进器,再将推进器产生的轴向推力传递给船体,从而实现推动船舶运动的目的。轴系相关部件(中间轴、中间轴承、艉轴、艉轴承等)发生故障可能将严重影响船舶的正常运行和安全,因此针对船舶轴系的定期检查和维修是船机维修工作中的重点。

第一节　概述

一、船舶轴系的种类

根据船舶动力原动机和推进器之间的连接形式,常见船舶推进轴系具有以下几种形式:

(1)直接传动:在主机(例如民用船舶中采用的低速船用柴油机)与螺旋桨之间除了传动轴系(包括推力轴、中间轴和艉轴等)之外,别无其他传递功率的设备。

(2)间接传动:如果船舶主机采用中、高速柴油机或其他高速原动机时,为了降低转速以提高螺旋桨的推进效率,需要在轴系前端设置减速齿轮箱;有些船舶为提高操纵性能,在轴系中间还设置离合器等装置。这类轴系被称为间接传动轴系。

(3)电力传动:不是由主机直接驱动轴系,而是通过主机带动主发电机,所发出的电能经配电板供给推进电动机,由推进电动机驱动轴系和螺旋桨旋转。该传动装置具有操纵性能好,布置方便等优点。同时,采用电力传动使得船舶轴系长度也大大缩短,甚至实现电机直接连接螺旋桨的吊舱式推进装置。

以上轴系的动力源和推进器轴线近似在一条轴线上。但一些港口作业船舶和机动性要求较高的特种工作船舶采用Z形传动(见图7-1),即螺旋桨轴线和主机输出轴不在一条轴线上。轴系一端连接主机,中间经过两对伞齿轮传动,将动力传至螺旋桨,从而达到推动船舶航行的目的。该传动装置具有操纵性能好、布置方便等优点。

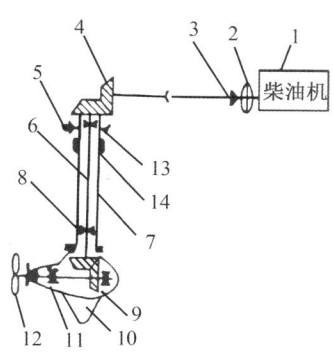

图 7-1　Z 形传动原理图

1—柴油机;2—联轴器;3—万向节传动轴;4—上锥齿轮;5—蜗杆;6—竖向传动轴;

7—旋转套筒;8—滚动轴承;9—下锥齿轮;10—舵叶;11—滚动轴承;12—螺旋桨;13—蜗轮;14—支架

根据船舶类型、用途和动力装置等的不同,船舶轴系的数目、布置和结构也不同,对于民用商船,主要有单轴系和双轴系;对于军用舰船,除单、双轴系外,还有多轴系。根据轴系连接船舶主机和螺旋桨的距离,轴系可以分为长轴系和短轴系。此外,还有可调螺距螺旋桨传动、液压马达传动、同轴对转螺旋桨传动等特殊传动形式。

二、轴系的基本组成

船舶轴系包括直接传动和间接传动两种形式。

船舶直接传动轴系是主机与螺旋桨直接刚性连接,结构简单、效率高,但要求主机与螺旋桨转速严格匹配,仅适用于低速柴油机驱动的船舶,如图7-2所示。直接传动形式的轴系的组成如下:

(1)传动轴:包括推力轴、中间轴、艉轴和螺旋桨轴等,用于传递主机扭矩和螺旋桨的推力。

(2)轴承:包括推力轴承、中间轴承、艉轴管和艉轴承,用于支撑轴系或承受螺旋桨传来的推力。

(3)附件:包括联轴器、隔舱填料函、艉轴密封装置、轴承的润滑和冷却管系等。

船舶间接传动轴系是通过中间设备(如齿轮箱、离合器、弹性联轴器等)将主机的动力传递至螺旋桨,而非直接连接,如图7-3和图7-4所示。这种传动方式在中高速船舶、多机推进系统、电力推进辅助和特种船舶中应用广泛,尤其在需要灵活匹配主机与螺旋桨转速、优化推进效率和适应复杂工况的场景中具有显著优势。

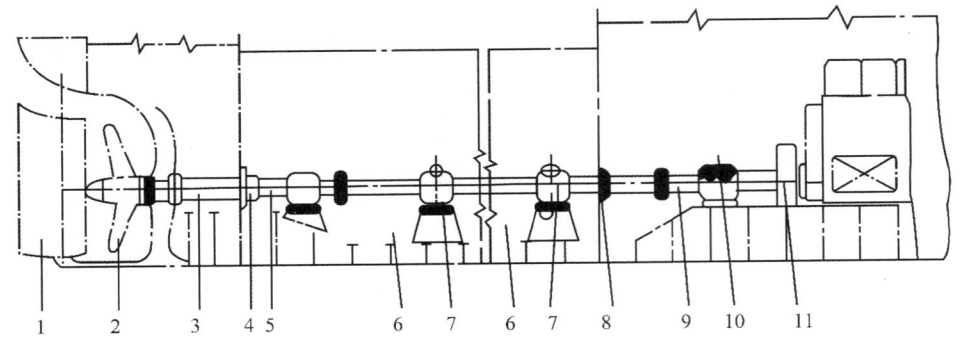

图 7-2　单桨轴系结构示意图

1—舵；2—螺旋桨；3—艉轴管；4—填料函；5—艉轴；6—中间轴；
7—中间轴承；8—隔舱填料函；9—推力轴；10—推力轴承；11—主机飞轮

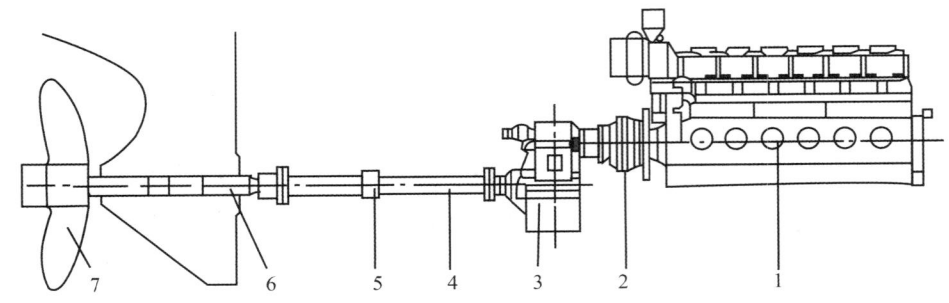

图 7-3　某船间接传动装置简图

1—主机；2—高弹性离合器；3—减速齿轮箱；4—中间轴；5—轴承座；6—螺旋桨轴；7—固定螺距桨

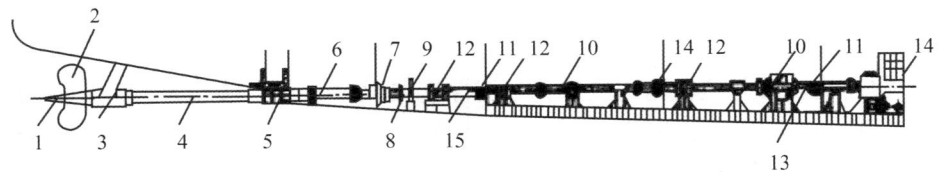

图 7-4　双桨轴系结构示意图

1—导流帽；2—螺旋桨；3—人字架；4—艉轴；5—艉轴承；
6—艉轴管；7—艉轴填料函；8—联轴器；9—制动器；10—推力轴承；
11—隔舱填料函；12—中间轴承；13—推力轴；14—减速器；15—中间轴

三、轴系常见的故障形式

船舶的轴系在使用过程中会产生各种故障,常见的故障形式有以下两个方面:

(1)轴系正常润滑系统完整性受到破坏。例如,由于密封失效造成润滑油泄漏或海水侵入艉轴和轴承润滑表面;润滑油含有大量机械杂质;润滑系统堵塞等。这些会造成轴颈或轴承的异常磨损、腐蚀,甚至轴的断裂。

(2)轴系正常对中状态受到破坏。合理的轴系对中状态能够确保各轴承负荷分配合理,并且保证轴的应力在允许范围内。船体变形、螺旋桨受异物撞击或轴承异常磨损等因素会破坏轴系正常对中状态,可能会使得一些轴承承受了过大附加负荷,使轴承发热并磨损加剧。

船舶轴系还包括其他损伤形式,例如轴腐蚀、轴断裂以及联轴器失效等。对于一些渐进型故障形式,可以通过润滑系统温度变化、压力变化、磨损产物迅速增加,以及振动加剧等异常症状加以辨识和预防。

在正常运行中,轴系也会产生正常的磨损,但磨损速度很低。例如,一般油船和其他货船的直接传动轴系都以 100 r/min 左右的速度运转,艉轴承平均一年磨损 0.1 mm 左右,而艉轴颈的磨损更小。可以说,如果可以确保轴系正常使用,那么一套巴氏合金(又称"白合金")油润滑轴系可以维持整个船舶使用周期,只需定期更换前后密封件和润滑油。但考虑到轴系失效的危害性,所以轴系状态是船舶运行中的检验重点,一般船舶每隔 2.5 年就要进船坞对舵、轴系进行一次检查维护。

四、轴系主要的检修形式

船舶轴系的检修依据艉轴故障类型和程度分为以下三种:

(1)轴系的常规检修:轴系正常使用,艉轴管轴承稍有磨损,艉轴管油封无损坏。一般每个坞期都需要进行检查,这类情况无须维修,只是检查,检查工艺十分简单。

(2)轴系的特别检修:轴系正常使用,艉轴管轴承拆检,油封换新,简称特检,每 5 年一次(与常规检查间隔一个坞次),主要是为了检查艉轴管前后轴承、艉轴轴颈,并更换前后密封。

(3)轴系的异常后检修:针对发现异常现象后的检修,通常因轴承损坏、艉轴管损坏、联轴器或轴变形等造成,需要对零件修理或更换;并且如果轴系失去原始中心线位置后,均需要重新校中确定轴系中心位置。

第二节　轴系的基本组成部件

目前我国航运船舶中,广泛采用的是常规螺旋桨推进装置轴系。所谓的常规螺旋桨推进装置轴系是指采用固定螺距螺旋桨,采用中纵布置的单轴系,螺旋桨安装在船尾部的基本结构。一般船舶轴系的基本组成部件有:

(1)推力轴及推力轴承;

(2)中间轴及轴承;

(3)艉轴及艉轴承;

(4)人字架轴承;

(5)艉轴管及其密封装置;

(6)联轴器;

(7)短轴,又称工艺轴,是某些船舶用来调整轴系长短或便于拆装工艺的轴;

(8)隔舱填料函。

以下以常规轴系为例介绍轴系的主要组成部件。

一、推力轴、中间轴及轴承

1. 推力轴

推力轴及推力轴承是船舶轴系中重要部件之一。其主要作用是:一方面承受螺旋桨的轴向推力,并将推力传给船体,使船舶前进或后退;另一方面还要保证整个轴系有一个准确的唯一的轴向位置。

图 7-5 所示为单环式推力轴及推力轴承的结构图。推力环 3 一般与推力轴锻造加工为一体,两端为整锻法兰,一端与主机的输出法兰相连接,另一端则与中间轴的法兰相连接。

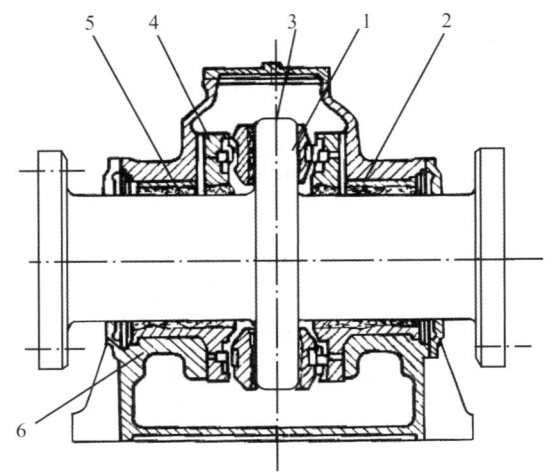

图 7-5 单环式推力轴及推力轴承

1—推力块;2—端支承轴承;3—推力轴上推力环;4—销子;5—轴承盖;6—轴承座

2. 推力轴承

推力轴承又分滑动式和滚动式两种,目前滑动式具有承载力大、工作可靠等优点,所以在轴系中应用最为普遍。目前船上广泛采用单环式滑动轴承,即米歇尔式推力轴承。其主要优点是结构紧凑,体积小、重量轻,摩擦系数小,可承受较高的压力和圆周速度。

单环式推力轴承由推力轴上的推力环及其两侧圆周向排列的 6~8 块推力块组成。推力块的工作面上浇有巴氏合金。推力环前的推力块承受正车推力,其后的推力块承受倒车推力。环与推力块工作面之间的轴向间隙为推力轴承间隙 s。

推力块呈扇形,浇巴氏合金的一面为工作面,另一面上有支承凸起 3 或制成高低平面,交界棱边为支持刃。推力轴承工作时,起动工况转速为零时的推力块状态如图 7-6(a)所示。随着转速增加,推力环将润滑油带入轴向间隙 s 中。在螺旋桨推力作用下,推力块工作面上的力 P 与凸起 3 或支持刃上的反作用力 R 形成力偶使推力块偏转,建立起推力环与推力块之间的楔形油膜,如图 7-6(b)所示。当 P 与 R 作用中心一致时,推力块保持一定倾斜位置,防止推力环与推力块直接接触,实现液体润滑。推力轴承两侧各有一个支承轴承,其结构与一般滑动轴承相同。

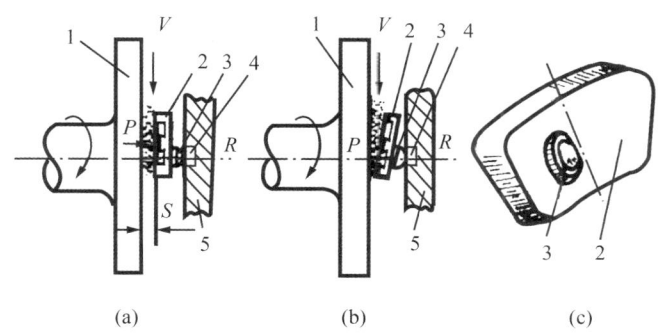

图 7-6　推力块及油楔的形成

1—推力环;2—推力块;3—凸起;4—支撑垫;5—调节圈

滑动式推力轴承,无论何种结构形式,其安装后推力环与推力块之间,都必须具有一定的轴向间隙,以保证润滑油膜的形成和零件热膨胀所必要的空隙。推力轴承的最高工作温度,应严格控制在 60 ℃以下,否则油温过高,一方面使油变质,破坏油膜的形成,造成轴与轴承工作表面磨损严重,另一方面促使各部件产生热膨胀,减少轴向间隙,同样使轴承不能正常工作,严重时,可迅速将巴氏合金推力块烧坏。所以工作中应及时检查和调整轴线及轴承间隙。

3. 中间轴

中间轴的主要作用是将主机的扭转力矩传给艉轴,并将螺旋桨的推船力由艉轴经中间轴、推力轴传给推力轴承。因而中间轴常被安装在主机后的推力轴与艉轴之间,中间轴节的数量通常由轴系的总长来确定,长轴系为多根,而短轴系为一根。

中间轴的结构,常见的中间轴有三种结构形式,如图 7-7 所示。其中(a)为整锻法兰式的中间轴结构;(b)为可拆式锥形联轴器的中间轴结构;(c)为夹壳形联轴器的中间轴结构。

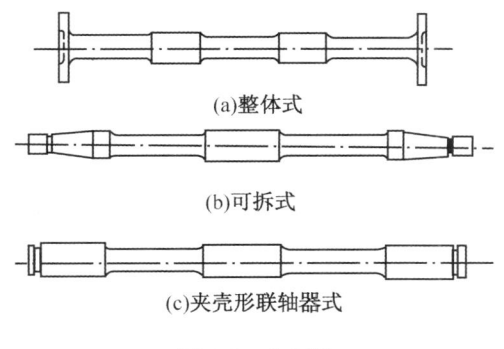

(a)整体式

(b)可拆式

(c)夹壳形联轴器式

图 7-7　中间轴

因轴系安装时的同心度要求较严格,因而各中间轴两端的法兰加工时与轴的同轴度要求较严格,并且在构造上要具有便于安装和拆修时对中找正的措施(基准点)。各法兰的连接螺栓一律采用铰制孔的精密紧配合螺栓连接。

对大多数中间轴段来说,每轴段只有一个中间轴承来支承。轴与轴承接触部分称为轴颈,为了使加工、修理、安装和测量方便,常采用轴颈尺寸大于基本轴径的设计结构。轴颈、基本轴颈及联轴器处的各连接点均应避免出现直角,而应采用适当的过渡圆角,以防止造成压力集中,使轴因疲劳而产生裂纹和断裂。

4.中间轴承

中间轴承主要用于支承并保持中间轴有一个确定的横向位置,同时在工作中给轴颈与轴承以一定的润滑条件,可在减少摩擦的同时,提高传动效率。目前从船舶的应用来看,中间轴承主要有两种结构形式:滑动轴承和滚动轴承。前者因承载力大,并具有工作可靠、使用维护方便、安装修理方便等特点,是大中型船舶广泛采用的结构形式,而后者只应用于一些小型船舶中。

滑动式中间轴承按润滑方法的不同可分为:圆盘式滑动轴承、轴环式滑动轴承及油环-油芯复合式滑动轴承三种。尽管润滑方法不同,但其基本结构组成是相似的。现以圆盘式滑动轴承为例加以说明,图 7-8 为圆盘式润滑的中间轴承结构图。其轴承座上有两个油室,用管子相通。圆盘 5 的下部浸在滑油中,当轴运转时,部分滑油被随轴转动的圆盘 5 带到轴承上部的受油器 8,通过受油器的小孔流至斜槽,分配至各润滑部位以润滑轴与轴承,最后流回底部的滑油室。在室内设有蛇形冷却管 6 对温度较高的滑油进行冷却。

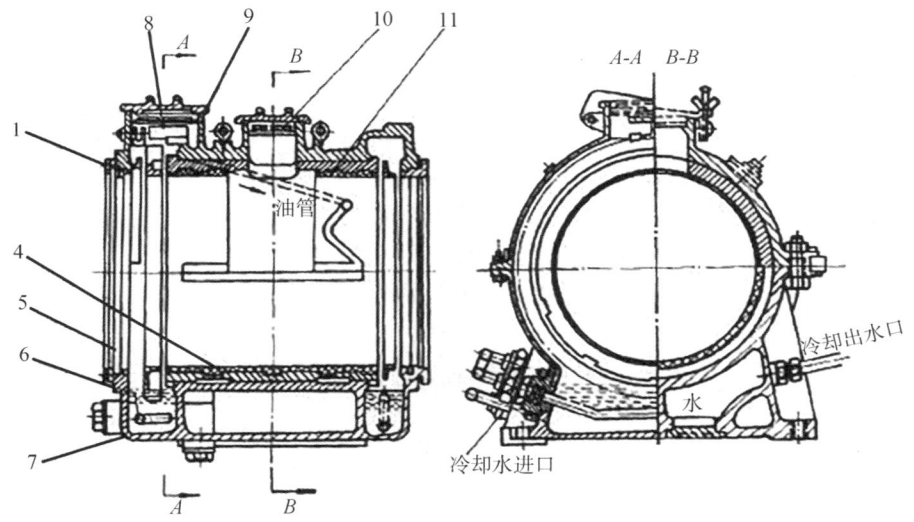

图 7-8 圆盘式润滑的中间轴承结构图
1—填料压盖;2—填料;3—填料座;4—下轴瓦;5—圆盘;6—蛇形冷却管;
7—轴承座;8—受油器;9—轴承盖;10—过滤器;11—上轴瓦

二、艉轴及艉轴管装置

1.艉轴

图 7-9 所示为艉轴的基本结构图。其中 a 为整锻法兰或焊接法兰的艉轴结构;b 为可拆联轴器的艉轴结构。在艉轴的前后轴颈上采用铜套包复,在其他非工作表面上用浸透环氧树脂胶剂的玻璃布包扎防腐。

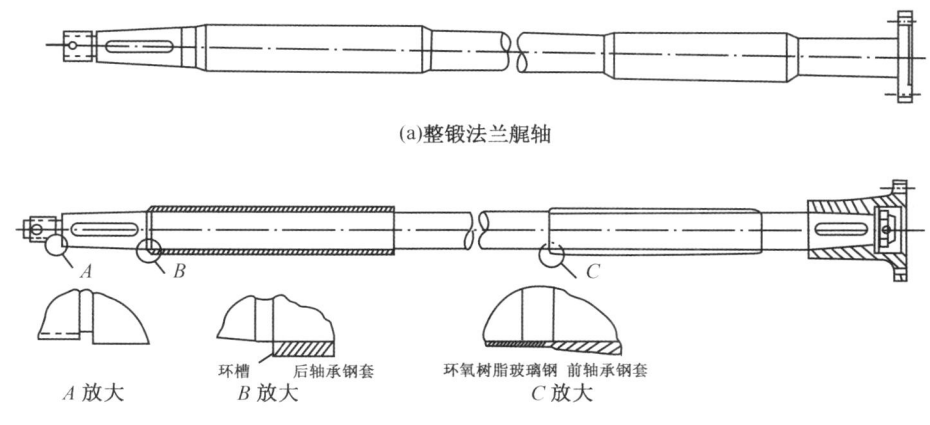

(a)整锻法兰艉轴

A 放大　　　　　环槽　后轴承钢套　　　环氧树脂玻璃钢 前轴承钢套
　　　　　　　　　B 放大　　　　　　　*C* 放大

(b)可拆联轴器、铜套包覆艉轴

图 7-9　艉轴的结构图

2. 艉轴管

船舶尾部安装有艉轴管,用来支承艉轴和保持船体艉轴孔的密封。艉轴管装置如图 7-10 所示。它包括艉轴管、前轴承、后轴承、填料装置等。

艉轴管是一空心圆形长管,其前端采用法兰与水密隔舱壁上的焊接法兰相连接,艉部固定在艉柱上并用螺帽紧固。单轴系的艉轴管,均位于船的纵中剖面上;双轴系的艉轴管,位于船艉部的对称两侧。双轴系的艉轴管一般较长,往往由若干节组合而成,同时在艉部还装有人字架。大型船舶的艉轴管一般为整体铸钢件或分锻铸钢件焊接而成,经加工后的艉轴管应进行水压试验,试验压力通常为 0.2 MPa,不应有渗漏。

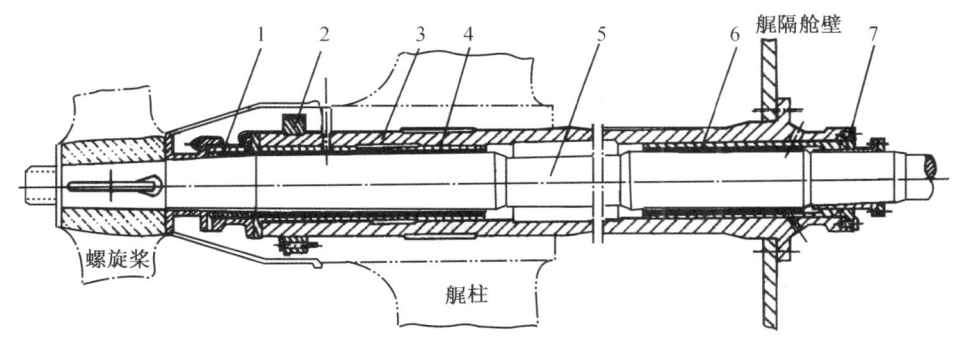

图 7-10　艉轴管装置总图
1—艉端密封装置;2—锁紧螺母;3—艉轴管;4—艉后轴承;
5—艉轴;6—艉前轴承;7—首端密封装置

3. 艉轴管轴承

艉轴管轴承(又称艉轴承)是用来支承艉轴的。单轴系艉轴管内一般装有前后两个轴承;双轴系船舶,除艉轴管内装有两个轴承外,在人字架内也装有一个支承轴承。

艉轴承所使用的材料较多,一般可分为金属材料型和非金属材料型两大类。金属材料型主要有青铜(小型内河船舶多采用这种结构)、白合金等;非金属材料型主要有铁梨木、尼龙橡胶等。用金属材料制造的艉轴管轴承一般采用润滑油来润滑和冷却,因而在艉轴管的首、尾端均装有密封装置,故又称为闭式润滑;而采用非金属材料的艉轴承,一般用舷外水来进行润滑和冷却,只有在艉轴管的首端装有密封装置,舷外水可自由地由尾端进入轴承,故称开式润滑。

白合金艉轴承是在铜制轴承基础上发展来的。在轴承衬套内表面开数条纵向或横向的燕尾槽然后再浇注上白合金而成。其结构如图7-11所示。主要特点是耐磨性好,寿命长,抗压强度高,散热性良好,不伤轴颈。这种轴承目前已被广泛应用于各类船舶中。

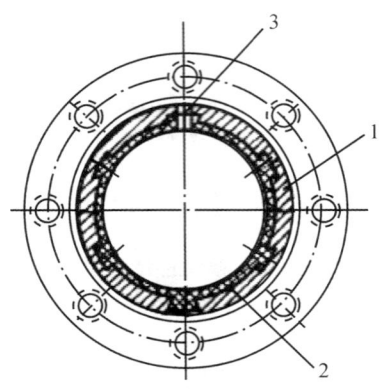

图 7-11　白合金艉轴承断面图

1—轴承衬套;2—白合金;3—进油孔及油槽

铁梨木是目前在海船上应用比较多的一种艉轴承材料。它含有丰富的树脂,具有组织紧密、抗腐蚀性较好的特点,其黏液与水能形成乳状液体,具有良好的润滑作用。如铁梨木与艉轴青铜套在水中配对摩擦,更具有良好的抗磨性。图7-12所示为铁梨木艉轴承结构图。铁梨木条沿着衬套轴向紧密地镶嵌在艉轴管衬套的内圆周上,形成桶形。为防止铁梨木条的转动和便于安装定位,一般在圆周上均布有2~3根青铜材料的止动条,厚度为铁梨木厚度的60%左右,采用埋头螺钉固定在衬套上。由于铁梨木在水中浸泡体积会增大,因此在安装时其径向间隙要比白合金轴承大,一般为轴径的3%左右,再加上1 mm。

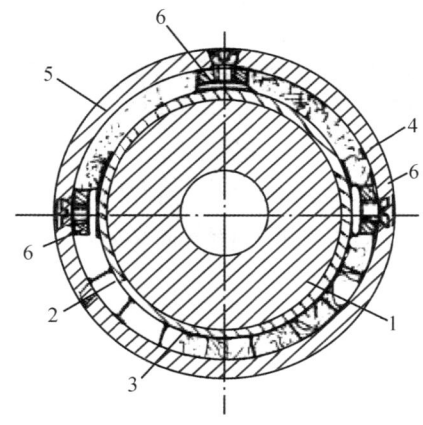

图 7-12　铁梨木艉轴承结构图

1—艉轴;2—轴套;3—主纹板条;4—纵纹板条;5—衬套;6—止动条

橡胶艉轴承的特点是能在含泥沙杂质较多的水域中正常工作。特别是挖泥船等,因橡胶具有较好的弹性,所以在泥沙较多的水域中应用,比铜和白合金艉轴承抗磨,从而使用寿命长,工作平稳,无噪声,并能吸收轴承的振动,轴在工作中能自动正位。目前被广泛应用于内河和各种工程船舶中。橡胶艉轴承基本结构有两种:一种是橡胶条轴承,条类似铁梨木板条,由小螺钉固紧在金属轴承衬套内圆周上;还有一种是整体模压结构,其基本结构形成与橡胶条结构相似,是采用氯丁橡胶或丁腈橡胶在高温下整体模压而成,内圆周上凸起部分为工作表面,而凹槽部分是用来通水和排除泥沙。橡胶条轴承只适用于小船,而整体式橡胶轴承由于更具有可靠性,因而大小船舶均适用。

4. 艉轴管密封装置

艉轴管轴承如采用开式润滑,艉轴管只需设首端密封装置;如采用闭式润滑,则需在首尾端均设密封装置,以防止滑油的漏出或海水流入艉管内。目前密封装置应用形式较多,以下仅介绍常见典型装置。

图 7-13 所示为"J"形橡胶环式首端密封装置。采用带弹簧的"J"形耐油橡胶环,环的外圈固定在外壳体上。密封环与轴接触的地方形成唇状接触环。密封环套在衬套上,并利用弹簧和轴管中的滑油压力紧压在衬套上。这种装置结构简单,密封性能较好。

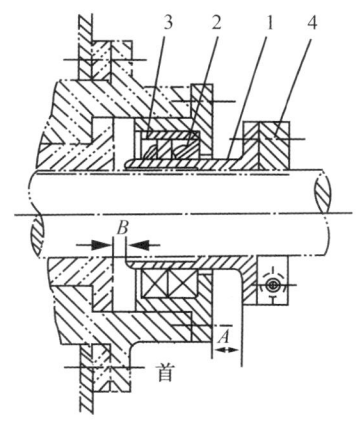

图 7-13 "J"形橡胶环式首端密封装置
1—防蚀套筒;2—"J"形橡胶环;3—壳体;4—固定环

图 7-14 所示为带导环式橡胶环密封装置图。其密封装置主要由袋形橡胶环 4、导环 6、防蚀套筒 1、壳体(橡皮座)7、压板和压盖 3 等组成。两个袋形橡胶环的外圈分别由压盖压紧在壳体上,中部则由压板压紧并固定在导环上,前橡胶环的唇部向前,以防止漏油,后橡胶环的唇部向后,用以防止舷外水渗入。在袋形橡胶环的后面还有一道小橡胶环,其唇向后,用以防止泥沙进入。这几道橡胶环均紧套在防蚀套筒上,防蚀套筒套在艉轴上,其后端与螺旋桨固定,使防蚀套筒与艉轴一起转动。导环内圈浇注白合金,与防蚀套筒外圆松动配合,两端面开有定位凹槽,与橡胶环的凸肩相配合。导环的作用是使橡胶环与防蚀套筒及艉轴保持一定的同轴度,保证艉轴做任何运动(如转动、轴向移动或下沉)都能紧紧压在防蚀套筒上,从而保证艉轴管的密封性。

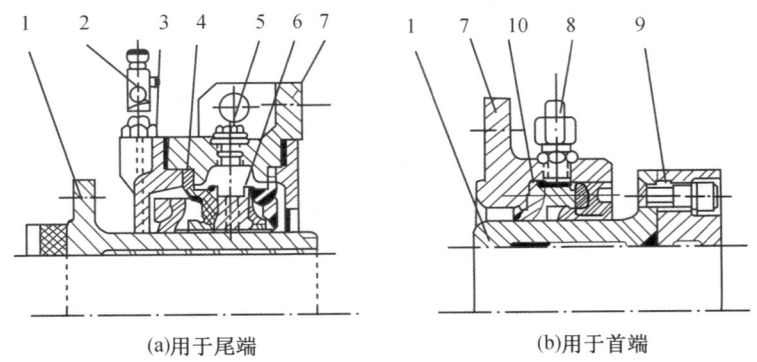

(a)用于尾端　　　　　　　　(b)用于首端

图 7-14　带导环式橡胶环密封装置图

1—防蚀套筒;2—测隙仪;3—压盖;4—袋形橡皮圈;5—螺塞;
6—导环;7—壳体(橡皮座);8—进油管;9—固定环;10—小橡皮圈

水润滑艉轴承属于开式润滑,只设首端密封装置,广泛采用传统的填料函式密封装置,图 7-15 为其结构示意图。

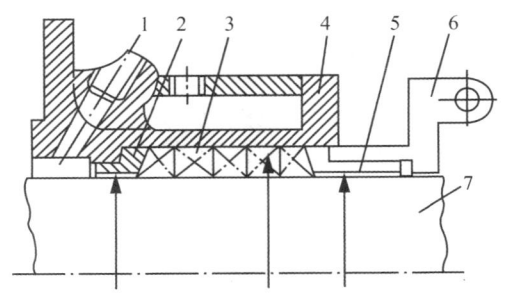

图 7-15　首端填料函式密封装置

1—进水管;2—衬环;3—填料;4—艉轴管;5—压盖衬套;6—压盖;7—艉轴

此种密封装置主要靠牛油填料 3 阻止艉轴承内的海水流入机舱,填料 3 在压盖 6 的预紧力作用下与艉轴 7 紧密接触达到阻水密封之目的。艉轴承磨损使艉轴下沉时,可径向调节填料函本体使之与艉轴承同心,保证密封效果。引入具有压力的舷外海水冷却和冲走积存在填料函内的泥沙。填料一般多采用浸油脂的棉、麻绳或尼龙绳。

填料函式密封装置具有结构简单、工作较可靠、维护管理方便等优点,但摩擦损失大、容易损伤艉轴或铜套。

三、轴系联轴器

在轴系中把两根轴连接在一起的连接件称为联轴器。联轴器的结构形式很多,在船舶轴系中常用的有整锻法兰式联轴器、可拆联轴器、夹壳形联轴器、弹性联轴器等。

1. 整锻法兰式联轴器

如图 7-16 所示为整锻法兰式联轴器图。法兰与轴整体锻造,具有结构简单,工作使用安全可靠,而且重量轻,加工制造经济,是船舶轴系中较普遍应用的联轴器。其两法兰间在找正后,一起钻孔、铰孔。采用铰制孔紧配件连接。其唯一缺点是锻造麻烦,特别是对大直径的轴段。

2. 可拆联轴器

当艉轴要求自船外尾部安装进艉轴管,或者采用滚动轴承套装至艉轴上时,则整锻法兰式联轴器不适用,而必须采用图 7-17 所示的可拆联轴器。可拆联轴器的法兰直径大于整锻法兰式,且轴端必须加定位紧固螺母,与整锻法兰式相比,不但结构复杂、尺寸较大,而且加工安装均麻烦,成本高。

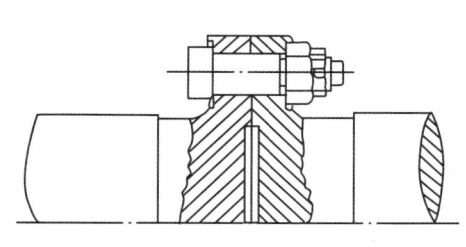

图 7-16　整锻法兰式联轴器

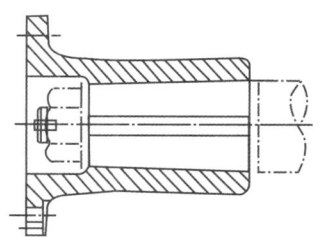

图 7-17　可拆联轴器

3. 夹壳形联轴器

图 7-18 所示为夹壳形联轴器。它是由两个钢制(锻或铸造)的半圆筒组成。分别与轴上的键及轴颈拂配好后,一起钻孔,并铰孔,采用铰制孔紧配螺栓将上下两半圆筒紧固连接在轴颈上,包住两轴端部。扭矩是通过键和两半圆筒来传递的。而螺旋桨所产生的前后两个方向上推船的轴向力,则由可分离的推力环承受,该环嵌在轴端部的槽中。这种联轴器的优点是拆卸时不必将轴转动或移动,且联轴器的横截面尺寸较小,适用于环境狭窄、人不易进入的地方。

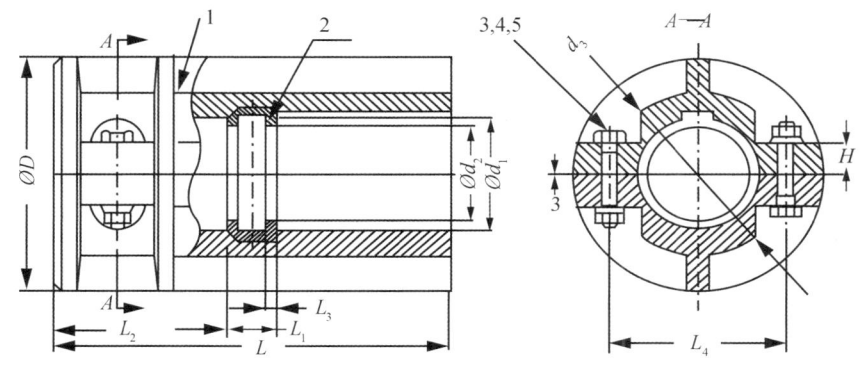

图 7-18　夹壳形联轴器

除了以上常用的联轴器之外,还有一种弹性联轴器。弹性联轴器可分为弹性圆柱销联轴器、轮胎联轴器及橡皮筒联轴器等。弹性联轴器的主要优点是具有吸收振动和缓冲能力好,对轴系安装的对中性要求较低且安装方便。

第三节　轴系检修的内容和过程

为了保证轴系可靠运行,除了需要船员在航行中对轴系进行必要的检查外,还需要按船级社要求对轴系进行各种定期检验,如常规坞内检验以及特别检验等,使轴系保持良好的技术状态。如果航行中轴系出现异常磨损、腐蚀、裂纹和断裂等故障,则需要安排各类修理工作。

以下介绍常见检验的基本内容和工艺过程。

一、航行中的检查

航行检查主要是了解轴系在运转中的技术状态。各种测量数据和运转情况,是进行修理和修理质量评估的依据。主要检查内容如下:

(1)轴系振动和噪声的检查;

(2)检测各轴承的温度;

(3)检查轴系润滑油油位和泄漏情况;

(4)检查各轴承冷却水压力和泄漏情况;

(5)检查艉轴管的密封情况;

(6)检查与轴系相关的管系及各附件的工作状况。

此外,中国船级社(CCS)等船级社鼓励船舶采用润滑油监测技术,保证船舶轴系的正常运行状态。CCS于1996年颁布了《螺旋桨轴状态监控系统指南》,并在全国不同区域指定和认证润滑油检测机构。采用螺旋桨轴状态监控的船舶,由轮机员定期(通常半年)对艉轴润滑油采样,并由指定检测机构对油样进行常规理化性能检测、光谱和铁谱分析,判断螺旋桨轴和轴承的摩擦学状态。定期油液监控可以代替轴系船坞内常规检查,适当延长轴系拆卸间隔周期。

二、轴系的常规检查过程

轴系在正常使用过程中,艉轴管的前后轴承会磨损。一般每个坞期都需要进行检查,这类情况无须维修,只是检查,检查工艺十分简单。

典型轴系的常规检查工作过程如下:

(1)当船舶进坞后,拆卸艉轴管的防绳罩,去除渔网或麻绳等杂物,检查艉轴管外油封是否损坏。

(2)旋开位于第2、第3道艉轴管后油封之间的上、下两个旋塞,泄放出润滑油,并观察检查润滑油是否进水乳化。

(3)主机盘车,使1#缸转至上止点,使用随船配置的专用测量尺,从上面旋塞孔测量艉轴的下沉量。下沉量是本次测量值和上一次(或出厂前)测量值的差值,反映艉轴的轴承磨损程度,通常是0.1 mm/年,因此每次进坞检查下沉0.3 mm左右,属于正常磨损,说明轴系运行状态良好。测量后并做记录,加注新润滑油并装好旋塞,旋塞的垫片需要更换。

常规检查项目中通常还包括螺旋桨的检查,例如对螺旋桨表面抛光,观察桨叶是否有气蚀、损伤等,在桨毂和桨叶 $0.3R$ 的范围做着色探伤,检查桨叶根部是否有疲劳裂纹。

三、轴系的特别检查过程

轴系的特别检查(简称特检)一般每 5 年进行一次(与常规检查间隔一个坞次),主要是为了检查艉轴管前后轴承、艉轴轴颈,并更换前后密封。

典型轴系的特别检查工作过程如下:

(1)在坞外测量轴系对中记录。轴系发生弯曲变形将会引起传动轴之间连接法兰处相对位置变化,发生偏移和曲折。通过测量轴法兰处偏移曲折值(具体方法在本章后面部分介绍)可以反映轴系实际中心线状态。测量在船舶进坞前进行。

将主机 1 号缸转至上止点,拆开中间轴与主机、中间轴与艉轴的联轴器法兰,测量这两对法兰的偏移曲折数据,做好记录;对这两对法兰连接的对应位置做好标记。然后分别用普通螺栓将拆开的联轴器法兰固定。

(2)进坞后前期的拆卸工作:放出管内的润滑油,拆卸艉轴防绳罩,测量艉轴下沉量并做记录,拆卸螺旋桨。

(3)拆修艉后密封组件:密封圈需要更换,当发现密封圈和油封套(白气缸套)处磨损凹痕,如果凹痕深度小于 1.5 mm 的可以光车消除。如果凹痕深度较大可以通过对油封套加垫片的方法,使油封套的磨损凹痕与唇口错位;采用喷涂的方法恢复尺寸;或换新油封套。

(4)拆下艉前密封组件,修理方法与艉后密封相似。

(5)拆下中间轴,原地吊起,将艉轴拉进机舱中间轴下安放。为了轴系修理后安装艉轴时能准确轴向定位,应测量艉轴法兰端面至艉轴管前端面或艉隔舱壁之间的距离 A,并制作测量样棒和标记,如图 7-19 所示。测量各对法兰上的偏中值以查明轴系中心线状态。

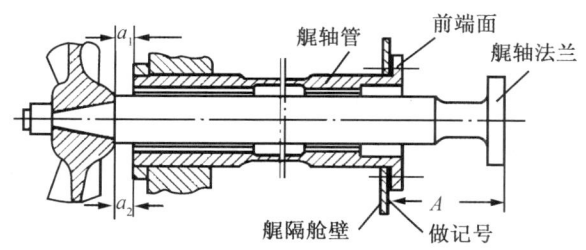

图 7-19 确定艉轴和螺旋桨的轴向位置

(6)清洁艉轴管,检查艉轴管前后轴承有无损伤,测量前后轴承内孔直径(前轴承测量前后两个截面的垂直和水平共 4 个直径;后轴承测量前中后三个截面的垂直和水平共 6 个直径)。如果发现巴氏合金有少量损伤的,可采取现场拂刮的办法,使损坏处的巴氏合金层过渡光顺,同时对损坏区域附近进行探伤检查。对于局部巴氏合金损坏也可以采用局部焊补巴氏合金的方法,采用与轴承相同的巴氏合金材料,用氢氧焰焊补,修补后手工拂刮。

(7)测量艉轴的前后轴承轴颈外径。前轴承轴颈测量前后两个截面的垂直和水平共 4 个直径;后轴承轴颈测量前中后三个截面的垂直和水平共 6 个直径。艉轴锥体做磁粉探伤检查。

（8）测量中间轴承内径。测量前后两个截面的垂直和水平共 4 个直径。检查中间轴颈，测量外径前后两个截面的垂直和水平共 4 个直径。

（9）检查后的坞内轴系装复。前后油封组件解体，更换新油封并安装。安装艉轴、中间轴及螺旋桨等。在坞内对主机和中间轴、中间轴和艉轴进行初步平轴检查（原理方法在本章后面部分介绍），并用普通螺栓固定。艉轴管加注润滑油，12 h 后检查前后油封有无泄漏。测量前后油封套径向跳动值。测量安装后的艉轴下沉量，做好记录。

（10）出坞后的测量和调整。船舶出坞 24 h 后，对主机和中间轴、中间轴和艉轴进行平轴检查，对照轴系说明书和拆前的数据进行调整，然后安装联轴器螺栓。

有些船舶，在测量艉轴下沉量符合标准后，经验船师同意，船东也有选择不拆艉轴和中间轴，仅更换油封。对于后油封，可以只拆除螺旋桨进行更换；或者不拆螺旋桨，采用就地热胶油封法，即解体前后油封组件后，将旧油封割断取出，新油封割开套到油封环内，用专用支架固定，涂以专用热胶剂加热。对于前油封，也可采用就地热胶油封法。

四、轴系艉轴轴颈及轴承损坏的拆修过程

轴系经过长时间使用后，艉轴承磨损超差，艉轴颈磨损，联轴器螺栓损伤等，但轴系的中心并没有变化，这类修理工程较特检内容更复杂。

典型艉轴承损坏的拆检过程如下：

（1）在坞外测量轴系对中记录。

（2）进坞后前期的拆卸工作。放出艉轴管的润滑油，拆螺旋桨，拆中间轴、艉轴等。

（3）清洁艉轴管，并测量艉轴管轴承内径，拆出损坏或磨损超差的艉轴承，方法如图 7-20 所示，采用 100 t 空心柱塞油泵拉，在轴承内配制内拉压板，压板呈椭圆状，可以塞进艉轴承内，压板有一定位凸肩，使其与轴承内孔定位。

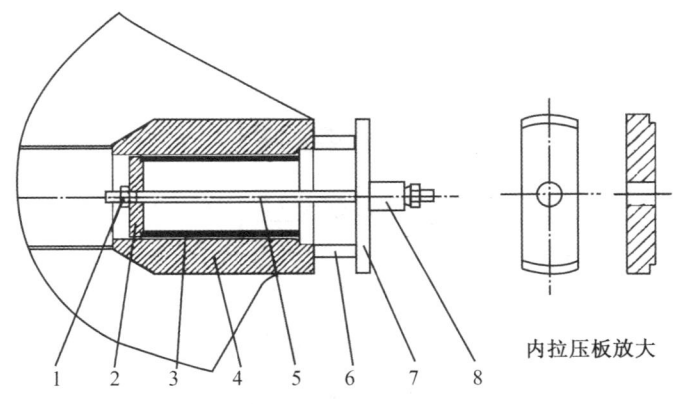

内拉压板放大

图 7-20　艉轴承拆卸方法

1—螺母；2—内拉压板；3—艉轴承；4—艉轴管；5—拉螺栓；6—垫块；

7—外压板；8—100 吨空心液压柱塞油泵（螺栓为 M80）

（4）损坏轴颈的修理。若轴承严重磨损，艉轴颈也会遭到不同程度的磨损，圆度、圆柱度和粗糙度不符合标准。此时，采取对艉轴轴颈光车的方法，根据实际情况少量加工（例如车小 1 mm），粗糙度 R_a 小于 1.6。应按照加工后的尺寸和间隙要求确定配对轴承内孔尺寸。

（5）损坏轴承的修理。如果只是巴氏合金磨损，可以重新离心浇注巴氏合金层，然后用镗床重新加工内孔（加工时内孔中心应比外圆中心抬高0.5倍的间隙）。如果轴承损坏严重，可以换新轴承，定制轴承内孔和外径一般保留5 mm以上余量，根据实际需要进行精加工。加工时内孔中心应比外圆中心抬高0.5倍的间隙，外圆根据实际测量尺寸过盈0.01~0.03 mm。

（6）艉轴管检查。艉轴管拆除轴承后，对内孔进行测量，根据测量尺寸配轴承。对于艉轴管内孔存在少量瑕疵采用人工修磨的方法修理。

（7）修理后轴承安装，仍采用液压法，安装前对艉轴管内孔和轴承外圆清洁，用压缩空气吹干净，安装时需在轴承外圆涂润滑剂，过去使用润滑油效果不佳，现在普遍用二硫化钼作为润滑剂，均匀涂在轴承外圆上。安装时记录压入压力，并换算成压入力，与设计书进行比较，如果压入力超过允许上限，应停止压入并拉出轴承，对轴承外圆抛光，再压入。

（8）轴承安装完成后，余下工作与特检的操作工艺类似。

（9）变形螺栓的修理。轴系的联轴器螺栓在使用过程中，由于轴系弯曲，铰制螺栓变形，拆卸过程中外圆拉毛等损伤，应更换铰制螺栓，并视螺栓孔情况，对螺栓孔进行镗孔修正。镗孔机为专用工具，基本是各船厂自行设计，先镗好的孔配铜销固定。镗孔采用浮动刀精镗，确保各孔尺寸一致，孔粗糙度 R_a 达到1.6以上。

（10）轴承负荷试验。对于更换了艉轴承的轴系——即轴系中心已经变动过了，在安装完成后，需要测量轴承负荷，以了解各轴承承受的负荷是否处于正常范围内。现在船舶普遍采用油泵顶升法测量，油泵顶升法可以测量中间轴承，艉轴管前轴承的负荷，但各轴承测量不能同时进行，计算得到数据在设计值的±20%内即被视为合格。

五、艉轴的检修工艺和要求

1. 船轴的磨损检修

（1）船轴的磨损

船轴工作轴颈磨损后，采用外径千分尺检测并计算其圆度、圆柱度误差；采用百分表测量轴颈和法兰的径向圆跳动量，测量值应分别符合表7-1、表7-2规定。非工作轴颈圆度公差不得大于表7-1规定值的2.5倍；工作轴颈长度大于轴颈直径时，每增大100 mm，圆柱度公差值应增加0.005 mm。

表 7-1　船轴磨损极限（mm）（CB/T 3417-92）

轴径 d	中间轴、推力轴磨损极限		艉轴磨损极限				光车修理后
	圆度	圆柱度	圆度		圆柱度		圆度、圆柱度
			油润滑	开式水润滑	油润滑	开式水润滑	
≤80	0.08	0.09	0.10	0.13	0.13	0.15	0.010
80~120	0.09	0.10	0.12	0.15	0.15	0.18	0.010
120~180	0.10	0.12	0.14	0.17	0.17	0.22	0.015
180~260	0.12	0.14	0.16	0.20	0.20	0.28	0.015

续表

轴径 d	中间轴、推力轴磨损极限		艉轴磨损极限				光车修理后
	圆度	圆柱度	圆度		圆柱度		圆度、圆柱度
			油润滑	开式水润滑	油润滑	开式水润滑	
260~360	0.14	0.16	0.18	0.23	0.23	0.36	0.020
360~500	0.16	0.19	0.20	0.27	0.27	0.45	0.020
500~700	0.18	0.23	0.23	0.32	0.32	0.55	0.025

表 7-2　船轴轴颈径向圆跳动(mm)(CB/T 3417-92)

轴长与工作轴径之比 L/d	工作轴颈及锥体部分		非工作轴颈	
	极限跳动	光车修理后	极限跳动	光车修理后
≤20	0.12	0.03	0.36	0.12
20~35	0.16	0.04	0.48	0.16
35~50	0.20	0.05	0.65	0.20
50~65	0.24	0.07	0.72	0.24
65~80	0.28	0.09	0.84	0.28
80~95	0.32	0.12	0.96	0.32

(2)船轴磨损修复

光车修复:艉轴、中间轴和推力轴的工作轴颈磨损后采用光车修理。修后的圆度、圆柱度应符合表 7-3 规定。

喷涂金属恢复尺寸:采用喷涂工艺恢复船轴原设计尺寸,但喷涂金属层厚度不超过 3 mm。

(3)小船或内河船舶的船轴可采用堆焊金属或镶钢套来恢复轴颈尺寸。

(4)换新船轴。

2.船轴裂纹检修

(1)船轴裂纹

船轴裂纹主要是艉轴的裂纹损坏。艉轴锥部大端截面变化处、键槽根部、艉轴铜套接缝处轴颈等均易产生裂纹。尤其是柴油机扭振引起铜套缺陷处艉轴表面的十字裂纹。严重时使艉轴断裂。发现铜套接缝不良时,应拆去铜套检查艉轴的腐蚀与裂纹情况。

艉轴产生裂纹的主要原因:截面变化处和键槽根部的应力集中;铜套接缝泄漏使艉轴腐蚀,在交变应力作用下产生腐蚀疲劳;艉轴的轴承间隙过大引起冲击负荷;轴系安装不正确产生轴系振动等。

(2)船轴裂纹的修理

①采用着色探伤、磁粉探伤、超声波探伤或钻孔法检查船轴表面裂纹的长度和深度;

②船轴上线性尺寸小于 $d/15$(d 为轴径,mm)的短小裂纹可采用挖修、打磨,使挖修处光滑过渡的方法修理;

③当船轴裂纹深度不大于轴径的 5%、长度不大于轴径的 10% 时,采用焊补修理。焊补工艺应经认可,焊后应保温缓冷。

3. 船轴腐蚀检修

（1）船轴的腐蚀

船轴中以艉轴的工作条件最为恶劣。油润滑艉轴,部分艉轴在海水中工作,大部分在油中工作;水润滑艉轴全部在海水中工作,艉轴受到严重的海水腐蚀。艉轴锥部腐蚀最为严重,铜套接缝不良处海水渗入腐蚀艉轴。

（2）船轴腐蚀修理

艉轴桨端锥体锈蚀呈圆弧状,且个别锈蚀长度不大于该处圆周长的1/8,深度不超过轴径的3%;较长锈蚀长度不大于该处圆周长的1/3,深度不超过轴径的2%;船轴整个圆周锈蚀深度平均值不超过轴径的1.5%时,经清理检查后可继续使用。

船轴锈蚀呈尖角状,应在仔细检查其深度和周长后将其修锉或光车,探伤检查符合上述情况时,可继续使用。

艉轴锥部车削使其尺寸变化较大时,进行堆焊修复。

4. 艉轴铜套检修

艉轴铜套上产生裂纹、严重磨损或多次光车铜套使其壁厚过分减薄、套合松动、接缝松弛、渗水等缺陷时,均应换新铜套。艉轴铜套磨损较严重时可采取以下修理方法:

（1）光车铜套,消除几何形状误差后铜套厚度应符合表7-3规定。

（2）为了延长铜套使用寿命,光车时允许在工作轴颈表面上残留磨痕,其深度一般在0.2~0.4 mm,面积不超过$0.25d^2$。

（3）铜套上局部裂纹或局部磨损严重时,可进行局部更换,接缝应符合规定。

（4）已套装在艉轴上的铜套不允许焊补修复。

表 7-3　艉轴铜套厚度(mm)(CB/T 3417—92)

新制铜套最小厚度 t	非工作轴颈部位厚度	光车修理时厚度	极限厚度
≥0.03d+7.5	≥0.75t	≥0.02d+5	0.015d+3.5

注:d 为轴径,mm。

六、艉轴承相关部件的检修工艺和要求

1.艉轴管的检修

艉轴管本体可用铸钢(ZG230-450)、铸铁(HT250、QT450-10)、20 钢管或船用钢板焊接而成。单轴系艉轴管本体及船体艉部如图 7-21 所示。将艉轴管本体装入船体艉部,在艉轴管本体首端法兰与艉隔舱壁平面间加密封垫片后用螺栓固紧;艉轴管艉端外圆螺纹用锁紧螺母紧固在艉柱毂上,螺母与艉柱毂后端面紧贴,0.05 mm 厚的塞尺插不进。艉轴管在船体上装好后,进行艉尖舱水密试验,各结合部位不允许有任何渗漏。

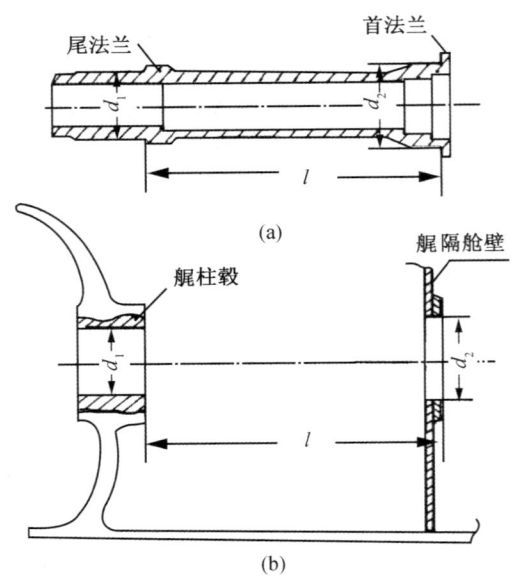

尾法兰 首法兰

(a)

艉柱毂 艉隔舱壁

(b)

图 7-21　艉轴管和船体尾部

2. 水润滑艉轴承的检修

（1）铁梨木艉轴承的检修

铁梨木艉轴承的主要损坏形式有过度磨损、裂纹、开裂。

铁梨木艉轴承过度磨损使铁梨木板条厚度大大减薄,轴承间隙增大,运转时产生冲击和振动。过大的冲击负荷又会导致铁梨木艉轴承产生裂纹或开裂。因此,船舶进坞检修时应测量艉轴承间隙和艉轴承孔的直径,确定铁梨木板条的厚度。艉轴承间隙和铁梨木板的厚度应不超过表 7-4 的规定。艉轴承的安装间隙 Δ 和极限间隙 Δ_{max} 可依下式计算:

$$\Delta = 0.003d + (0.50 \sim 0.75)\ \text{mm}$$

$$\Delta_{max} \approx 4\Delta\ \text{mm}$$

式中:d——艉轴直径,mm。

艉轴承间隙一般是在距艉后轴承艉端 100 mm 处的垂直方向测量径向间隙。中机型船舶艉轴架处艉轴承极限间隙按表 7-4 的规定值增大 20%;艉机型船舶艉轴承极限间隙取表 7-4 规定值的 75%。

当铁梨木艉轴承间隙超过极限值,而铁梨木板条厚度低于极限值时,采取以下修理方法:

①更换艉轴铜套来调整艉轴承间隙。新制铜套厚度允许加大到原设计厚度的 1.25 倍,可使艉轴承间隙减小至规定值;

②在艉轴承下瓦铁梨木板条与轴承衬套之间垫入整张铜皮,以减小艉轴承间隙。

当铁梨木艉轴承间隙和铁梨木板条厚度均超过极限值,采取以下方法修理:

①换新艉轴承;

②仔细检查后依具体情况采用局部换新的方法;

③缺少铁梨木材料时,采用上、下瓦对调的方法。

铁梨木板条产生裂纹或开裂时,应局部或全部换新。由于铁梨木干燥易裂,故在坞修时要注意保持铁梨木艉轴承的湿态。例如,抽出艉轴后,应将艉轴承孔内充水或填塞湿木屑或湿草包,也可将轴承孔内表面涂一层牛油,并将艉轴承孔两端堵死。修理时需经常向艉轴承喷水,保持湿态。

（2）层压胶木艉轴承的检修

层压胶木艉轴承磨损后艉轴承间隙和板条厚度均应符合表 7-4 的规定。安装间隙 Δ 和极限间隙 Δ_{max} 的计算公式同铁梨木艉轴承。层压胶木艉轴承产生过度磨损、松动和碎裂等损坏时,依具体情况分别采用局部或全部换新的方法修理。

表 7-4　铁梨木和层压胶木艉轴承间隙(mm)(CB/T 3420—92)

轴径 d	更换		安装	
	极限间隙	板条极限厚度	安装间隙	新制板条最小厚度
≤100	3.50	—	0.90~1.00	—
100~120	4.00	—	1.00~1.10	—
120~150	4.50	6.00	1.10~1.20	11.00
150~180	5.00	6.50	1.20~1.30	12.00
180~220	5.50	7.00	1.30~1.40	12.00
220~260	6.00	7.00	1.40~1.50	13.00
260~310	6.60	8.00	1.50~1.65	14.00
310~360	7.30	9.00	1.65~1.80	15.00
360~440	8.00	10.00	1.80~2.00	16.00
440~500	8.70	11.50	2.00~2.20	18.00
500~600	9.50	13.00	2.20~2.40	20.00
600~700	10.50	14.50	2.40~2.60	22.00

（3）橡胶艉轴承的检修

橡胶艉轴承磨损后艉轴承间隙应符合表 7-5 的规定。金属板条橡胶艉轴承的安装间隙 Δ 依下式计算:

$$\Delta = 0.002d + 0.50 \quad mm$$

式中:d——艉轴直径,mm。

整铸式橡胶艉轴承安装间隙 Δ 依下式计算:

$$\Delta = 0.002d + 0.20 \quad mm$$

式中:d——艉轴直径,mm。

表 7-5　橡胶艉轴承的间隙(mm)(CB/T 3420—92)

轴径 d	金属板条橡胶艉轴承		整铸橡胶艉轴承	
	安装间隙	极限间隙	安装间隙	极限间隙
≤100	0.60~0.70	3.50	0.45~0.50	3.50
100~120	0.65~0.75	4.00	0.50~0.55	4.00

轴径 d	金属板条橡胶艉轴承		整铸橡胶艉轴承	
	安装间隙	极限间隙	安装间隙	极限间隙
120~150	0.70~0.80	4.50	0.55~0.60	4.50
150~180	0.75~0.85	5.00	0.60~0.70	5.00
180~220	0.80~0.95	5.50	—	—
220~260	0.90~1.05	6.00	—	—
260~310	1.00~1.15	6.50	—	—
310~360	1.10~1.25	7.20	—	—
360~440	1.20~1.35	7.80	—	—
440~500	1.30~1.50	8.50	—	—
500~600	1.45~1.70	9.00	—	—
600~700	1.65~1.90	10.00	—	—

艉轴承间隙超过极限值时,不允许偏心磨削橡胶艉轴承的板条,但可锉削板条背面,使轴承间隙符合要求。备件缺少时,可将上、下橡胶板条对调,以继续使用。橡胶老化、脱壳、剥落严重时应换新。

(4)赛龙艉轴承的检修

赛龙艉轴承磨损后的艉轴承极限间隙应符合表7-8的规定。安装间隙 Δ 可依据标准中的公式计算(参见 CB/T3420—92)。超过极限间隙时应换新艉轴承。

3. 白合金艉轴承的检修

白合金艉轴承的主要损坏形式有过度磨损、擦伤、裂纹和剥落、烧熔等。

白合金艉轴承产生磨损后艉轴承间隙增大,检测后与表7-6对照,以判断其使用性。白合金艉轴承的安装间隙 Δ 和极限间隙 Δ_{max},也可依公式计算,

$$\Delta \approx 0.001d + 0.40 \quad mm$$

$$\Delta_{max} \approx 4\Delta \quad mm$$

式中:d——艉轴直径,mm。

白合金艉轴承产生过度磨损、剥落和严重咬伤时应予以修换。对于合金松脱区的最大线性尺寸小于 $d/2$(d 为艉轴直径,mm)且只是一处时,可以继续使用;轻度咬伤可原地修光使用;当艉轴承产生严重裂纹、过度磨损和烧熔时应重浇白合金。

表 7-6　轴承合金艉轴承的间隙(mm)(CB/T 3420—92)

轴径 d	更换		安装	
	极限间隙	轴承合金允许最小厚度	安装间隙	轴承合金新制最小厚度
≤100	1.80	1.60	0.40~0.50	3.20
100~120	2.00	1.60	0.45~0.55	3.20

轴径 d	更换		安装	
	极限间隙	轴承合金 允许最小厚度	安装间隙	轴承合金 新制最小厚度
120～150	2.20	1.80	0.50～0.60	3.60
150～180	2.40	1.80	0.55～0.65	3.60
180～220	2.60	2.00	0.60～0.70	4.00
220～260	2.80	2.00	0.65～0.70	4.00
260～310	3.00	2.20	0.70～0.80	4.40
310～360	3.20	2.20	0.75～0.85	4.40
360～440	3.50	2.40	0.80～0.90	4.80
440～500	3.80	2.40	0.85～0.95	4.80
500～600	4.10	2.60	0.90～1.00	5.20
600～700	4.50	2.60	1.00～1.10	5.20

七、艉轴密封装置的检修工艺和要求

1. 水润滑首端填料函式密封装置的检修

水润滑首端填料函式密封装置工作时允许有少量海水流出,其极限工作温度为 60 ℃。由于安装不良使艉轴磨损和填料磨烂,大量海水漏入机舱,应更换填料。

换新填料时的安装要点:

①每圈填料的长度应恰好两端对接。长度不足,两端出现间隙而密封不良;过长,又会出现两端搭接造成安装困难;

②各道填料的接口应相互错开;

③压盖衬套内圆面不得与艉轴接触,上、下、左、右间隙应相等;

④压盖安装后应前后移动灵活,无卡阻;

⑤填料函装妥后,压盖法兰平面与艉轴管端面间的各点距离应相等;

⑥按一定对角顺序上紧压盖螺母,使之均匀压紧填料。

2. 油润滑艉轴密封装置的检修

油润滑艉轴承的首、尾两端均装有密封装置。首、尾密封装置的损坏主要发生在防蚀衬套与橡胶环上。防蚀衬套与橡胶环相对运动产生磨损、磨痕,橡胶环老化和唇部产生裂纹、缺口、毛边等缺陷。

防蚀衬套一般选用不锈钢、钢套镀铬或青铜,加工后经过 0.2 MPa 的水压试验检验,不得有任何渗漏,其内孔与艉轴之间有一定的配合间隙。防蚀衬套磨损的磨痕采用光车予以消除,或错开磨损部位。如防蚀衬套与桨毂连接凸缘较厚可光车使之减薄或衬套向尾端位移,使磨痕部位与橡胶环位置错开。也可在桨毂与凸缘之间加厚垫片使衬套向首端轴向位移或在橡胶环座体凸缘处加厚垫片使衬套向尾端轴向位移,改变衬套与橡胶环的相对位置,以保持良好接触。

防蚀衬套光车后使外径尺寸过小时,可采用喷涂金属恢复原设计尺寸。

橡胶环一般采用丁腈橡胶或氟橡胶。橡胶环的碎裂,唇边硬化、开裂和过度磨损、橡胶老化及防蚀衬套光车后均应换新橡胶环。

八、中间轴承和推力轴承的检修工艺和要求

1.中间轴承的检修

中间轴承工作表面的主要损坏形式有过度磨损、裂纹和剥落、烧熔等。中间轴承的轴承间隙与白合金层的厚度应符合表7-7的规定。安装间隙 Δ 和极限间隙 Δ_{max},亦可按下式计算:

$$\Delta = 0.001 + 0.10 \quad mm$$

$$\Delta_{max} = 2.5\Delta \quad mm$$

式中:d——中间轴直径,mm。

表7-7中安装间隙适用于转速 $n \leqslant 150$ r/min 的中间轴承。

表 7-7 中间轴承间隙和合金层厚度(mm)(CB/T 3420—92)

轴径 d	更换		安装	
	极限间隙	轴承合金极限厚度	安装间隙	轴承合金新制最小厚度
≤100	0.40	1.20	0.15~0.19	3.00
100~120	0.45	1.40	0.18~0.22	3.00
120~150	0.50	1.60	0.20~0.24	3.00
150~180	0.55	1.80	0.22~0.26	3.00
180~220	0.60	2.00	0.24~0.27	3.50
220~260	0.65	2.20	0.27~0.34	3.50
260~310	0.75	2.40	0.32~0.40	4.00
310~360	0.85	2.60	0.38~0.46	4.00
360~440	0.95	2.80	0.42~0.54	4.50
440~500	1.10	3.00	0.50~0.62	4.50
500~600	1.30	3.00	0.55~0.70	5.00
600~700	1.50	3.00	0.65~0.80	5.00

测量轴承间隙时,对于有上瓦的中间轴承用塞尺测量首、艉端的上、下、左、右4个位置的径向间隙。轴颈应与下瓦紧贴,0.05 mm 厚的塞尺插不进,左右间隙应基本相等,不允许单边接触;对无上瓦的中间轴承只需测量下瓦处的间隙。

中间轴承工作表面的裂纹、剥落、烧熔等严重时应重浇合金,若为局部损坏,可予以修复。下瓦底部90°~120°范围内有较大范围脱壳、龟裂或合金层太薄等,均应修换;脱壳较轻,如脱壳长度小于 d/8(d——中间轴直径,mm),在无条件修补时,允许使用;面积不大的脱壳、龟裂

等缺陷可进行焊补修理。

2.推力轴承的检修

推力轴承的磨损发生在推力块工作表面上,合金层减薄使轴向间隙增大;支承轴承轴瓦磨损使轴承间隙增大。轴承间隙值应符合表 7-8 的规定。该表适用于单环式推力轴承,当采用压力润滑时安装间隙应取上限。

推力块和轴瓦上的合金层有过度磨损、裂纹、烧熔等严重缺陷时,应重浇合金。

表 7-8　推力轴承间隙(mm)(CB/T 3420—92)

轴径 d	推力轴与支承轴承的径向间隙		推力环与推力块的轴向间隙		推力块轴承合金层极限厚度
	安装间隙	极限间隙	安装间隙	极限间隙	
≤100	0.10~0.15	0.40	0.10~0.20	0.40	1.20
100~120	0.13~0.18	0.45	0.15~0.25	0.45	1.40
120~150	0.15~0.20	0.50	0.20~0.30	0.50	1.60
150~180	0.18~0.23	0.55	0.25~0.35	0.60	1.80
180~220	0.20~0.25	0.60	0.30~0.40	0.70	2.00
220~260	0.22~0.30	0.65	0.35~0.48	0.80	2.20
260~310	0.25~0.33	0.70	0.40~0.55	0.90	2.40
310~360	0.32~0.40	0.80	0.45~0.60	1.00	2.60
360~440	0.36~0.45	0.90	0.50~0.70	1.15	2.80
440~500	0.40~0.50	1.00	0.55~0.75	1.30	3.00
500~600	0.45~0.55	1.10	0.60~0.80	1.45	3.00
600~700	0.50~0.60	1.20	0.70~0.90	1.60	3.00

第四节　轴系状态的检测和调整

船舶轴系安装质量差,或者长时间运行造成轴承过度磨损,或者船体变形及海损事故等异常损伤,会造成轴系校中状态的变化,即轴系中心线发生弯曲、各传动轴之间产生不同轴的现象。轴系校中状态的检查包括轴系中心线偏差程度的检查、艉轴与中间轴及中间轴与推力轴(或减速齿轮箱输出轴、离合器轴)同轴度误差的检查。当轴系轴线出现失中现象,需要在轴系修理后重新找中。此类轴系的修理虽比较少见,但修理难度较高。

一、光学仪器法确定轴系中心线位置

轴系中心检查方法包括拉线法和光学仪器法(如照光法、望光法)等。轴系中心检查过去常用拉线法,拉线法工具简单,过去对于小吨位(1万吨以下)、水润滑轴系,完全可以满足要求。但现在船舶吨位大,轴系加长,拉线挠度误差增大,而且拉线法采用卡钳测量,其精确度难以保证。目前轴系多采用望光法,但望光法通常要安排在晚上进行(避免阳光照射造成船体变形等)。

1.准备工作

照光必须按照主机飞轮与中间轴法兰连接面的直径大小、螺栓孔中心距及螺栓孔直径做一个特制的望远镜架子(见图7-22),并按照望远镜的外径尺寸制作一根长500 mm的假轴和一个假轴套。

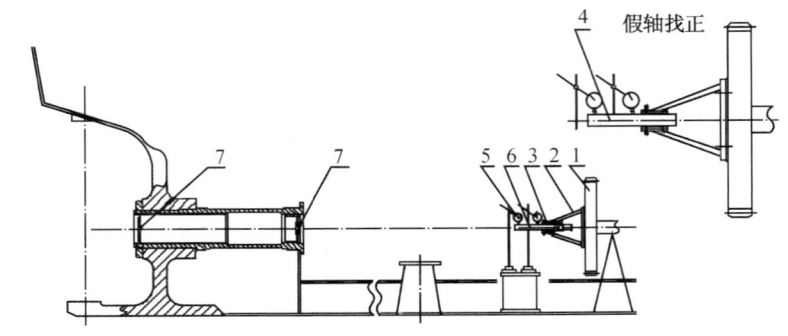

图7-22　轴系照光

1—主机飞轮;2—望远镜架子;3—假轴套;4—假轴;5—百分表;6—准直望远镜;7—光靶

按艉轴承孔的直径准备光靶及两种靶心两组(见图7-23),并准备准直望远镜一台、0.5 mm钢丝若干米、特制的划卡一个(见图7-24)、36 V手持电灯两组、磁力百分表两组。

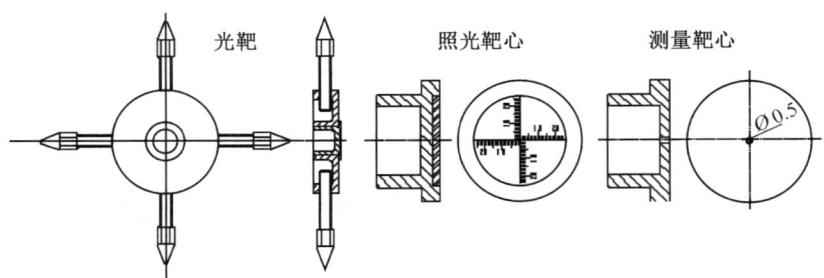

图7-23　光靶及两种靶心

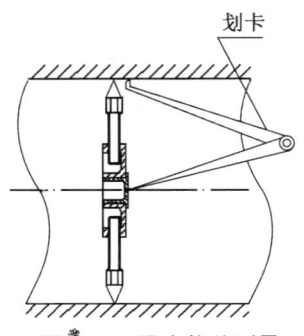

图7-24　照光偏差测量

254

2.照光及测量

将望远镜架子安装到主机飞轮上,假轴内套用架子上8组顶丝固定在中心,将假轴穿入内套孔内,在假轴的两端上方支上两组百分表(见图7-22)。用盘车机转动主机,检查假轴上的两组百分表,并用架子上顶丝调整轴套使假轴与主机曲轴同心,假轴上的两组百分表最大的跳动量不得超过0.015 mm。

将假轴从套管中抽出,换上准直望远镜,再一次盘车,用两组百分表校验一次望远镜的外径的跳动量,不得超过0.015 mm。在艉轴管的前后各安装上一组光靶,先对前端艉轴管进行照光,调整光靶顶丝,使带有刻度的靶心上的中心点,与望远镜中心点重合,此时靶心上的中心点,就是该处轴线的中心点。

将带有刻度的靶心轻轻抽出来,换上带有0.5 mm小孔的测量靶心,用划卡测量靶心中心点与艉轴管内壁上、下、左、右的距离(见图7-24),测量的4个点应互成90°。通过测量的上下差值和左右差值,就可确定前端艉轴管的轴线偏差值。

在前端艉轴管的轴线偏差测量完毕后,将前端靶心抽出,用同样的方法即可检测出后端艉轴管的轴线偏差。

3.艉轴承调整

艉轴管中心偏离轴系中心,如果是偏差≤5 mm的少量偏心,可以采取加工偏心艉轴承的方法调整。艉轴管的镗孔工作,要求镗孔各档的圆度、圆柱度、同心度要控制在要求精度(例如,小于0.03 mm)。

如果偏差过大,可以考虑艉轴管内加衬套的方法进行调整。衬套一般采用与艉轴管本体相近的材料(如低碳铸钢)制作。衬套采用冷缩安装,使用干冰作为冷冻剂。过6 h待其温度恢复到常温后,再测量衬套的实际内孔直径。最后,用油泵将前后加工定制的轴承压入衬套内。

二、轴承负荷试验

对于经过更换轴承,并经过重新校中安装后的轴系(即轴系中心已经变动过),在安装完成后,需要测量轴承负荷,以了解各轴承承受的负荷是否处于正常范围内。测量方法有弹簧测力计法和电子测力计法等,这些方法需要工厂拥有专门的测量工具。但现在船舶普遍采用油泵顶举(升)法测量。

采用油泵顶举(升)法测量时需要用到各测量轴承位置的顶举系数。在轴系设计时已经计算好各测量轴承位置的顶举系数,并记录在随船的《轴系计算书》中。

测量时要求轴系已经全部安装完成,操作方法如图7-25所示,打开轴承上盖,根据《轴系计算书》估算的负荷选择合适的液压千斤顶和百分表放置在轴承旁(安放位置严格按照《轴系计算书》的要求),对千斤顶缓慢加压,当发现百分表略动时将表归零,然后继续加压顶升,每加压1 MPa记下压力和顶升高度(顶升高度不得超过轴承间隙),顶至最大高度后缓慢松油泵,使轴下降,每减压1 MPa记下压力和下降高度。

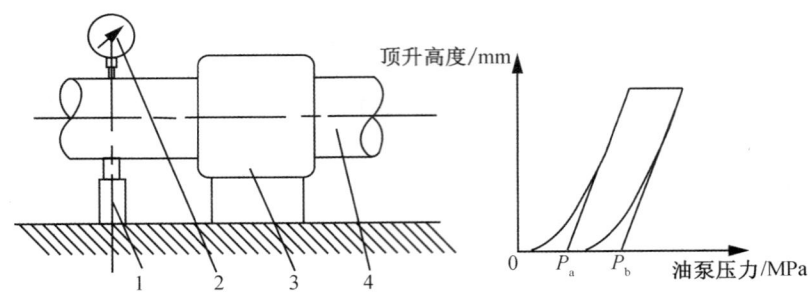

图 7-25　轴承负荷试验

1—液压千斤顶;2—百分表;3—中间轴承;4—中间轴

根据记录的数据在直角坐标系内绘制曲线图,求得 p_a、p_b 并按下列公式计算轴承负荷 $F(\mathrm{kN})$:

$$F = \frac{K_{Oj}(p_a + p_b)}{2\,000}S$$

式中:K_{Oj}——顶举系数,由设计者提供;

　　S —— 油泵的有效面积,mm^2,按油泵说明书;

　　p_a——上升段的压力,MPa,作图求得;

　　p_b——下降段的压力,MPa,作图求得。

油泵顶升法可以测量中间轴承,艉轴管前轴承的负荷,但各轴承测量不能同时进行,计算得到数据在设计值的±20%内即视为合格。

三、轴系中心线偏差的检查

轴系实际中心线与轴系理论中心线的偏差即为轴系中心线的偏差度。轴系发生弯曲变形将会引起传动轴之间连接法兰处相对位置变化,即发生偏移和曲折。相邻轴两连接法兰的轴心线不同轴但平行的现象称为偏移,偏移的数值称为偏移值,用符号 δ 表示;相邻轴两连接法兰的轴心线相交的现象称为曲折,相交角度的大小称为曲折值,用符号 φ 表示。

相邻轴两连接法兰的相对位置有图 7-26 所示的四种情况。分别为:图(a)对应 $\delta = \varphi = 0$ 的情况;图(b)对应 $\delta \neq 0$,$\varphi = 0$ 的情况;图(c)对应 $\delta = 0$,$\varphi \neq 0$ 的情况;图(d)对应 $\delta \neq 0$,$\varphi \neq 0$,此种现象是通常发生的情况。

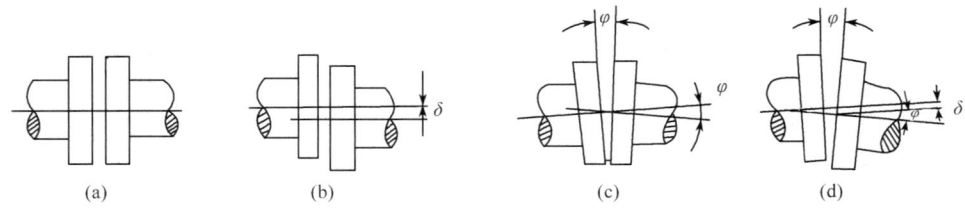

图 7-26　连接法兰的相对位置

测量偏移值 δ、曲折值 φ 的方法有直尺–塞尺法[见图 7-27(a)]和指针法[见图 7-27(b)]

两种。检查时,为了提高测量精度,减小温度、振动、船体变形的影响,要求在夜间或阴雨天气和平潮时进行检测,并且应停止一切冲击、敲打等振动作业。

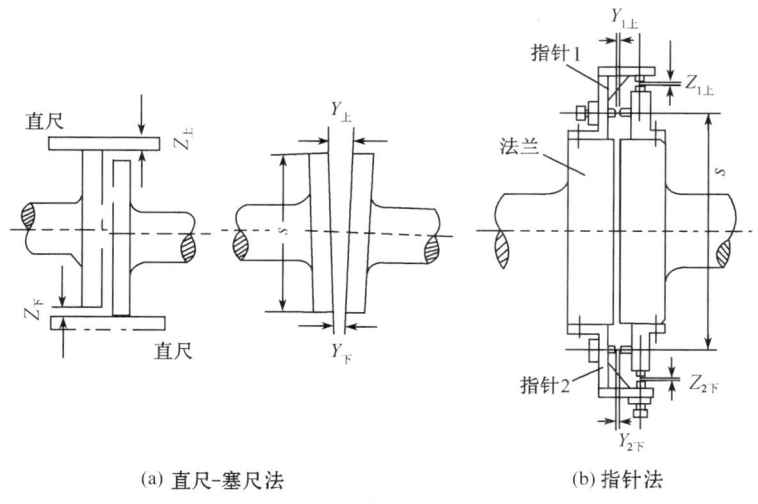

(a) 直尺-塞尺法　　　　　　　　(b) 指针法

图 7-27　偏移值和曲折值测量方法

①直尺-塞尺法是采用钢直尺和塞尺测量相邻轴连接法兰上的偏移值和曲折值。测量时,将直尺依次紧贴于法兰的外圆面的上、下、左、右 4 个位置上,用塞尺依次测量直尺与另一个法兰外圆面的间隙 $Z_上$、$Z_下$、$Z_左$、$Z_右$ 4 个数值,如图 7-27(a)所示。通过以下公式计算求出偏移值 δ。

在垂直平面内相邻轴连接法兰的偏移值 $\delta_\perp$ 为:
$$\delta_\perp = (Z_上 + Z_下)/2$$

在水平平面内相邻轴连接法兰的偏移值 $\delta_\_$ 为:
$$\delta_\_ = (Z_左 + Z_右)/2$$

用塞尺分别在相邻轴连接法兰的上、下、左、右 4 个位置测量两法兰端面之间的间隙 $Y_上$、$Y_下$、$Y_左$、$Y_右$ 4 个数值。通过以下公式计算求出曲折值 φ。

在垂直平面内相邻轴连接法兰的曲折值 $\varphi_\perp$ 为:
$$\varphi_\perp = (Y_上 - Y_下)/D \qquad (mm/m)$$

在水平平面内相邻轴连接法兰的曲折值 $\varphi_\_$ 为:
$$\varphi_\_ = (Y_左 - Y_右)/D \qquad (mm/m)$$

式中:D——法兰直径,m。

一般后法兰轴心线高于前法兰轴心线或后法兰偏向左舷时,偏移值 δ 规定为正,相反为负。相邻两法兰之间的开口向上或向左舷时,规定曲折值 φ 为正,相反为负。

在修造船中,直尺-塞尺法应用较多。此法简单、方便、灵活,但精度较低。尤其在法兰外圆面和端面腐蚀、粗糙时或两法兰直径不等时精度更低,甚至无法测量。

②指针法是将两对指针对称地安装在相邻轴两法兰的外圆上测量偏移值和曲折值,如图 7-27(b)所示。测量时将相邻两根轴同时、同方向、同角度回转,每转 90°用塞尺分别测量两对指针间的径向间隙 Z 和轴向间隙 Y。上、下两对指针分别以注脚 1 和 2 标记,可测得垂直方向的 $Z_{1上}$、$Z_{1下}$、$Z_{2上}$、$Z_{2下}$,$Y_{1上}$、$Y_{1下}$、$Y_{2上}$、$Y_{2下}$ 和水平方向的 $Z_{1左}$、$Z_{1右}$、$Z_{2左}$、$Z_{2右}$,$Y_{1左}$、$Y_{1右}$、$Y_{2左}$、

$Y_{2右}$。依下式计算出垂直平面内的偏移值 $\delta_\perp$ 和曲折值 $\varphi_\perp$：

$$\delta_\perp = [(Z_{1上}+Z_{1下}) - (Z_{2上}+Z_{2下})]/4 \qquad (\text{mm})$$

$$\varphi_\perp = [(Y_{1上}+Y_{1下}) - (Y_{2上}+Y_{2下})]/2D \qquad (\text{mm/m})$$

水平平面内的偏移值 $\delta_\_$ 和曲折值 $\varphi_\_$：

$$\delta_\_ = [(Z_{1左}+Z_{1右}) - (Z_{2左}+Z_{2右})]/4 \qquad (\text{mm})$$

$$\varphi_\_ = [(Y_{1左}+Y_{1右}) - (Y_{2左}+Y_{2右})]/2D \qquad (\text{mm/m})$$

指针法测量精度较高，当法兰外圆腐蚀或两法兰直径不等时采用指针法测量可保证精度，但操作较麻烦。

相邻轴连接法兰上的偏中值是其偏移值和曲折值的统称。检验修理船舶的轴系中心线偏差度是采用直尺-塞尺法或指针法所获得的轴系各对法兰上的偏移值和曲折值来衡量。检验步骤如下：

①设置临时支承。通常轴系的每节中间轴用一个中间轴承支承，测量偏中值需拆去法兰连接螺栓，所以应增设临时支承，以支承中间轴。临时支承的位置应以使轴自重所引起的附加偏移值 $\Delta\delta$、附加曲折值 $\Delta\varphi$ 最小为原则。图 7-28 为临时支承位置距法兰端面的距离太近或太远，均使轴自重的影响较大，即 $\Delta\delta$、$\Delta\varphi$ 均较大。所以，一般在距法兰端面 $(0.18\sim0.22)L$（L 为中间轴长度）处加设临时支承，或依设计图纸加设临时支承。

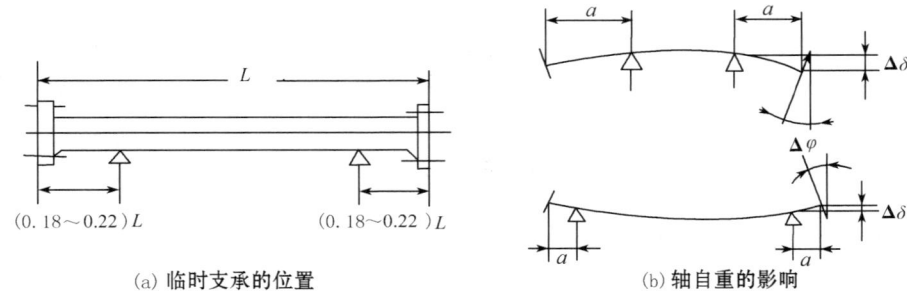

(a) 临时支承的位置　　　　　　　(b) 轴自重的影响

图 7-28　临时支承的位置及其影响

②拆去法兰连接螺栓。加设临时支承后，拆去轴系各对法兰上的连接螺栓。如两法兰用中心凸起定位，应在拆去螺栓后使两法兰脱开，中间有 $0.5\sim1.0$ mm 的间隙。若连接螺栓锈死，应设法拆除，但一定要保护螺栓孔的螺纹精度。

③测量。采用直尺-塞尺法或指针法测量每对法兰上的径向间隙 Z 和轴向间隙 Y，计算出各对法兰的偏移值和曲折值。

④与标准比较。实测法兰上的偏移值和曲折值应符合船舶轴系修理技术标准表 7-9。长轴系为挠性轴，对弯曲变形不敏感，故对偏差要求较高；短轴系为刚性轴，轴系稍有弯曲变形就会引起主机艉端轴承和艉轴的艉前轴承产生较大的附加负荷，故对偏差要求较低。

表 7-9 轴系各法兰校中安装的偏差要求 CB/T3420—92

分类	要求校中部位	偏移 δ/mm		曲折 φ/(mm/m)
长轴系	推力轴与相邻中间轴法兰	≤0.15		≤0.20
	艉轴与相邻中间轴法兰	艉轴安装间隙的25%	$\delta=C$ 时	≤0.25(上开口之值)
				≤0.50(下开口之值)
	中间轴与中间轴相邻法兰	按8.3.2规定的原则:参照艉轴与相邻中间轴法兰的要求稍许降低,各中间轴法兰的 δ、φ 值基本上是平均分配,但靠近轴系中间部分的法兰,要求可相应降低些。当 $\delta=0$ 时,φ_{max} ≤0.6 mm/m。合理分配中间轴相邻法兰的 δ、φ 值		
短轴系	推力轴后各法兰	≤0.25		≤0.25
离合器	气胀式离合器	≤0.60		≤2.00
	齿形离合器	≤0.40		≤1.00
弹性橡胶圈连接螺栓联轴器法兰		≤0.40		≤1.00
主机曲轴与推力轴(或齿轮轴)法兰		—		≤0.10

当修理船舶的轴系是按合理校中方法安装时,检查轴系中心线的偏差度应根据合理校中计算书中规定的部位设置临时支承。

四、轴系两端轴同轴度偏差的检验

主机曲轴和艉轴分别位于轴系的两端,故又将曲轴和艉轴称为端轴。检查轴系校中状态时,还应对艉轴与中间轴,中间轴与推力轴(或减速齿轮箱输出轴、离合器轴)的同轴度偏差进行检查,即对轴系的两端轴同轴度偏差进行检查。测量出两端轴轴心线的总偏移值 $\delta_{总}$ 和总曲折值 $\varphi_{总}$,以判断轴系中心线的技术状态。

轴系中心线产生同轴度偏差是由于轴系长期运转使轴承过度磨损、船体或机座变形或发生严重的海损事故等,致使两端轴发生偏离。生产中采用平轴法、平轴计算法、拉线法或光学仪器法等来检测同轴度偏差。

1. 平轴法

平轴法测量前,应在各中间轴设置临时可调支承:直线校中的轴系与合理校中的轴系应分别按前述规定的部位设置。其后应拆去连接螺栓和使法兰脱开。此时,各中间轴和轴承亦可上下、左右移位。

测量时,以艉轴(或曲轴、推力轴)的法兰为基准,自艉向首(或相反)逐个调节中间轴承和临时支承来调整中间轴的位置,使每对连接法兰上的偏移值 δ 和曲折值 φ 均为零。这样,在最前一节中间轴首端法兰与曲轴或推力轴艉端法兰(或最后一节中间轴艉端法兰与艉轴法兰)上的偏移值和曲折值,就是该轴系或两端轴的总偏移值 $\delta_{总}$ 和总曲折值 $\varphi_{总}$,如图 7-29 所示。

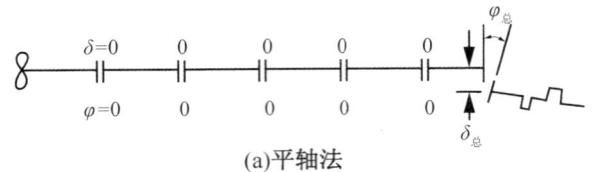

(a)平轴法

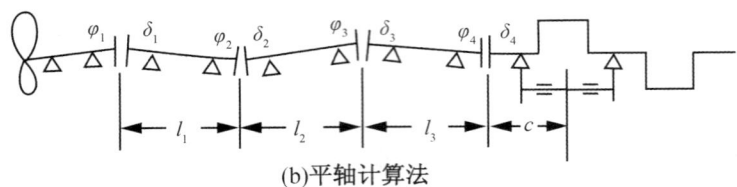

(b)平轴计算法

图 7-29 两端轴同轴度偏差的检验

　　轴系的总偏中值应符合船舶轴系修理技术标准,如表 7-10 所示。表中 $L_{计算}$ 为轴系受连接偏中的影响发生弯曲部分的长度,它随主机与轴系的连接方式不同有不同的选取方法,如图 7-30 所示。

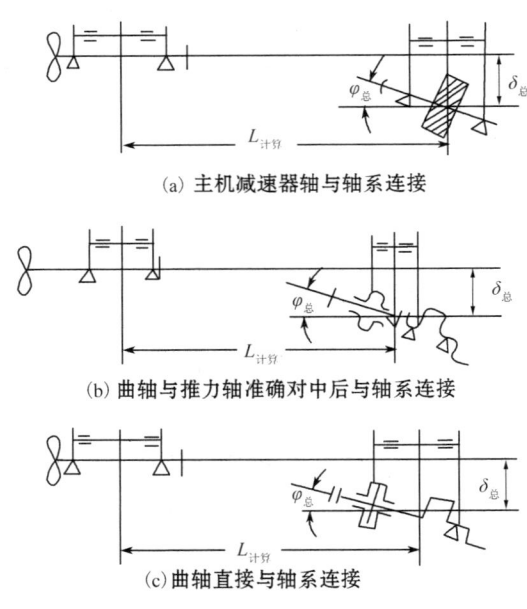

（a）主机减速器轴与轴系连接

（b）曲轴与推力轴准确对中后与轴系连接

（c）曲轴直接与轴系连接

图 7-30 主机与轴系的连接形式

　　轴系中心线允许的总偏差可按以下公式计算:

当 $\varphi_{总}=0$,$\delta_{总}=5.2\times10^{-3}L_{计算}^{2}/d$　mm

当 $\delta_{总}=0$,$\varphi_{总}=7.8\times10^{-3}L_{计算}^{2}/d$　mm

表 7-10　轴系中心线总偏差要求 CB/T3420—92

$L_{计算}$ m	总偏移($\delta_总=0$)mm						总曲折 $\varphi_总$($\delta=0$)mm/m					
	轴 的 最 小 直 径 d mm											
	100	150	200	300	400	500	100	150	200	300	400	500
5	1.25	0.85	0.65	0.42	—	—	0.42	0.28	0.21	0.14	—	—
10	5.2	3.50	2.60	1.70	1.30	—	0.78	0.51	0.39	0.26	0.20	—
15	11.7	7.80	5.80	3.90	1.90	2.30	1.17	0.78	0.58	0.39	0.29	0.22
20	20.8	13.9	10.4	6.90	5.20	4.20	1.56	1.04	0.78	0.52	0.39	0.31
30	45.8	31.2	23.4	15.6	11.7	4.90	2.34	16.6	1.17	0.78	0.58	0.47
40	83.2	55.5	41.6	27.7	20.8	16.6	3.12	2.07	1.56	1.04	0.78	0.62
50	—	86.7	65.0	43.3	32.5	26.0	—	2.59	0.59	1.30	0.97	0.78
60	—	—	93.6	62.4	46.8	37.4	—	—	2.34	1.56	1.17	0.94
70	—	—	—	84.9	63.7	51.0	—	—	—	1.82	1.36	1.09
80	—	—	—	—	83.2	66.6	—	—	—	—	1.56	1.26

　　轴系中心线允许的总偏差,根据所测轴系的计算长度 $L_{计算}$ 和最小轴径 d 从表 7-10 中查出 $\delta_总$ 和 $\varphi_总$,并以此作出 $\delta_总—\varphi_总$ 的坐标三角形,如图 7-31 所示。例如,平轴法测得某轴系的总偏中值 φ_A、δ_A,其在坐标上的交点 A 处在三角形内(阴影部分),则该轴系的同轴度偏差在要求的范围之内。若测得的总偏中值 φ_B、δ_B 在坐标上的交点 B 处在三角形之外,说明该轴系的同轴度偏差过大,超过规范要求。

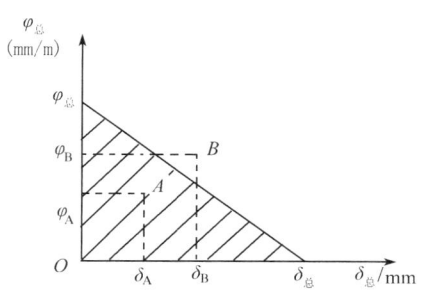

图 7-31　$\delta_总-\varphi_总$ 坐标三角形

2. 平轴计算法

　　平轴计算法是根据测量轴系上每对法兰上的偏中值 δ_i 和 φ_i,计算求得轴系的总偏中值 $\delta_总$ 和 $\varphi_总$。

　　利用直尺—塞尺法或指针法测量出轴系各对法兰在垂直方向和水平方向上的偏移值和曲折值,如图 7-30(b)所示。按照公式计算出轴系在垂直方向和水平方向上的总偏中值 $\delta_总$ 和 $\varphi_总$:

　　垂直方向的总偏移值 $\delta_总^\perp$ 和总曲折值 $\varphi_总^\perp$ 为:

$$\delta_总^\perp = \varphi_1^\perp(l_1+l_2+l_3+\cdots+l_n) + \varphi_2^\perp(l_2+l_3+\cdots+l_n) + \varphi_3^\perp(l_3+l_4+\cdots+l_n) + \cdots + \delta_1^\perp + \delta_2^\perp + \delta_3^\perp + \cdots + \delta_{n+1}^\perp$$

(mm)

$$\varphi_{总}^{\perp} = \varphi_1^{\perp} + \varphi_2^{\perp} + \varphi_3^{\perp} + \cdots + \varphi_{n+1}^{\perp} \qquad \text{mm/m}$$

水平方向的总偏移值 $\delta_{总}^{-}$ 和总曲折值 $\varphi_{总}^{-}$ 为：

$$\delta_{总}^{-} = \varphi_1^{-}(l_1 + l_2 + l_3 + \cdots + l_n) + \varphi_2^{-}(l_2 + l_3 + \cdots + l_n) + \varphi_3^{-}(l_3 + \cdots + l_n) + \cdots + \delta_1^{-} + \delta_2^{-} + \delta_3^{-} + \cdots + \delta_{n+1}^{-}$$

（mm）

$$\varphi_{总}^{-} = \varphi_1^{-} + \varphi_2^{-} + \varphi_3^{-} + \cdots + \varphi_{n+1}^{-} \qquad \text{mm/m}$$

式中：$\delta_1^{-}, \delta_2^{-}, \delta_3^{-}, \cdots, \delta_{n+1}^{-}$——轴系各法兰在水平方向的偏移值，mm；

$\delta_1^{\perp}, \delta_2^{\perp}, \delta_3^{\perp}, \cdots, \delta_{n+1}^{\perp}$——轴系各法兰在垂直方向的偏移值，mm；

$\varphi_1^{\perp}, \varphi_2^{\perp}, \varphi_3^{\perp}, \cdots, \varphi_{n+1}^{\perp}$——轴系各法兰在垂直方向的曲折值，mm/m；

$\varphi_1^{-}, \varphi_2^{-}, \varphi_3^{-}, \cdots, \varphi_{n+1}^{-}$——轴系各法兰在水平方向的曲折值，mm/m；

$l_1, l_2, l_3, \cdots, l_n$——轴系各中间轴的长度，mm；

n——轴系中间轴的数目。

平轴计算法求得的总偏中值 $\delta_{总}$ 和 $\varphi_{总}$ 亦应符合表 7-10 的要求。

3.光学仪器法

采用光学仪器法检验轴系同轴度偏差是一种较为准确的测量方法。测量前，需将全部中间轴拆下吊离原位，将光学仪器，如光学投射仪分别安装在主机曲轴（或推力轴）法兰和艉轴法兰上，分别自艏向艉和自艉向艏进行两次照光检验。

自艏向艉照光时，在曲轴艉法兰上安装投射仪，在艉轴法兰上安装光靶。首先调节投射仪的位置，使其投射光束与曲轴中心线的延长线重合后，将其在曲轴上的位置固定。然后调节艉轴上的光靶，使光靶上的十字线中心与艉轴中心重合。当投射仪投射到光靶的十字线中心与光靶十字线中心重合时，表明两端轴同轴。不重合时，两十字线中心在垂直方向上的偏差为 a，在水平方向上的偏差 a'，如图 7-32 所示。

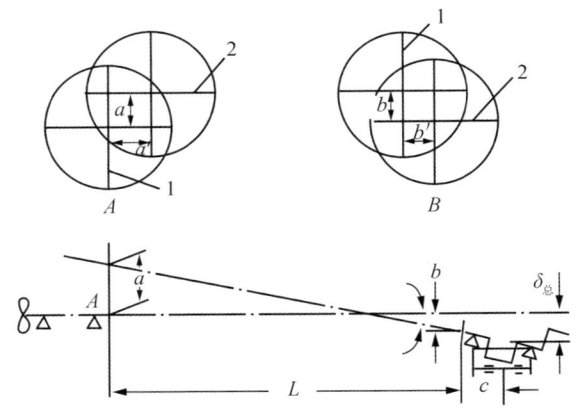

图 7-32 用光学仪器检验轴系的同轴度偏差
1—光靶十字线；2—投射仪投射十字线

自艉向艏照光时，同样测得光靶上两十字线中心在垂直和水平方向上的偏差 b 和 b'。

用光学投射仪测得的 a、a'、b、b' 均为轴系的总偏移值。与平轴法相比，a、a' 相当于自主机曲轴向艉轴进行平轴，在艉轴法兰处测得的总偏移值；而 b、b' 则相当于自艉轴向曲轴进行平轴，在曲轴艉法兰处测得的总偏移值。轴系的总曲折值可依下式计算：

垂直方向总曲折值 $\varphi_{总}^{\perp}$：

$$\varphi_{总}^{\perp} = (a+b)/L \qquad \text{mm/m}$$

水平方向总曲折值 $\varphi_{总}^{-}$：

$$\varphi_{总}^{-} = (a'+b')/L \qquad \text{mm/m}$$

轴系的总偏移值 $\delta_{总}^{\perp}$ 和 $\delta_{总}^{-}$ 可按下式计算：

$$\delta_{总}^{\perp} = b+\delta_{总}^{\perp}\times C \qquad \text{mm};$$

$$\delta_{总}^{-} = b'+\delta_{总}^{-}\times\times C \qquad \text{mm}$$

式中：L——艉轴法兰端面至曲轴艉端法兰端面的距离，m；

　　　C——见图7-13所示，m；

　　　a、b——垂直方向偏差，投射仪十字线中心在光靶十字线中心上方为正，下方为负，mm；

　　　a'、b'——水平方向偏差，投射仪十字线中心在光靶十字线中心左方为正，右方为负，mm。

用光学仪器法求出的轴系在垂直方向和水平方向上的总偏中值 $\delta_{总}$ 和 $\varphi_{总}$ 应符合表7-10的规定。此外，还有拉线法等，在此不做阐述。

第五节　轴系的安装与轴系校中

一、轴系的安装工艺简介

轴系安装工作是动力装置安装的一部分，其安装质量直接关系主机推进系统运转的可靠性和船舶航行的安全性。

船舶建造时和船舶轴系修理时均有轴系的安装工作，随着各种船舶的主机和轴系结构的不同，安装工艺也有所不同。新造船舶的轴系安装工艺的主要工作有：

（1）确定轴系理论中心线；

（2）按轴系理论中心线镗削轴系通过部位上的孔，如艉柱轴毂孔、人字架毂孔、各隔舱壁孔；

（3）安装艉轴管及艉轴承、人字架轴承、艉轴及其密封装置、各隔舱壁上的填料函等，并安装螺旋桨；

（4）中间轴校中与安装；

（5）主机定位与安装。

船舶建造中，在船台上完成那些船舶下水后不能做的工作，如艉轴管装置、艉轴和螺旋桨的安装。而主机、中间轴、推力轴等的校中定位、安装则可在船舶下水后进行。目前新造船舶主机和轴系安装顺序有以下几种：

（1）在船台上以轴系理论中心线为基准先安装艉轴管装置、艉轴及螺旋桨等，船下水后以艉轴法兰为基准安装各中间轴，最后定位与安装主机；

（2）在船台上以轴系理论中心线为基准先定位、安装主机,后安装艉轴管装置、艉轴与螺旋桨等,待船下水后再定位安装中间轴;

（3）在船台上以轴系理论中心线为基准同时定位安装主机和艉轴管、艉轴和螺旋桨,待船下水后再定位安装中间轴等;

（4）在船台上完成主机与轴系的全部工程。

修理船舶轴系安装是因轴系发生振动、轴承发热和轴线偏差等故障,尤其是校中状态不符合规范要求,根据测量值进行分析后制订修理方案,进行修理和轴系的校中安装。有以下几种情况:

（1）仅轴系中心线偏差度过大时,一般是在主机和艉轴位置不动的情况下进行中间轴的校中安装,即调整个别法兰上的过大偏中值使之在允许范围内,或者消除造成个别法兰过大偏差的因素,如轴承座垫铁或轴承磨损等。

（2）两端轴同轴度偏差较大时,若计算求得由其引起的两端轴承附加负荷在允许范围内,则在两端轴不同轴状态下校中轴系。

（3）两端轴同轴度偏差过大时,且计算求得由其引起的两端轴承附加负荷超过规范要求时,则应改变主机或艉轴或两者的位置来调整两端轴的同轴度,使偏差值在允许范围之内。然后在主机和艉轴的新的相对位置下进行轴系校中。显然,对大、中型船舶来说,不论改变哪一端设备的位置都是不小的修理工程。

根据轴系安装工作的内容及其安装顺序构成轴系的安装工艺过程。轴系的安装分为两个阶段:首先是确定每一根船轴的位置,即校中或称对中、找正;其次是在船轴及其轴承的准确位置上进行安装。不论是新造还是修理的船舶均是如此。

二、轴系校中概述

1.轴系校中的实质

船舶轴系在运转时承受着复杂的应力和负荷,其中包括:螺旋桨的扭矩和推力引起的扭应力和压应力;螺旋桨和轴系部件的重力及其引起的弯曲应力;轴系安装时的弯曲和船体弯曲变形引起的附加弯曲应力和附加负荷。此外还有主机工况变化、螺旋桨振动、个别轴承失载以及主机或船体意外事故造成的附加应力和附加负荷。除意外的、无法控制的应力与负荷外,对于轴系不可避免的应力和负荷在轴系结构设计时应予以保证,对于安装轴系时轴系的弯曲变形及其引起的附加应力与附加负荷是可以控制的。这就是在安装前要对轴系的状态进行设计、校中,在安装时把轴系安装成一定的弯曲状态,使轴系各轴段的应力和负荷在一定的范围之内。

轴系校中实质上就是准确地确定船轴及其轴承的位置。船舶轴系可靠地运转,不仅取决于轴系的结构设计、材料和制造,而且更重要的是取决于轴系的安装质量。轴系校中、安装质量不佳,会造成轴承发热、艉轴承过度磨损和烧坏、密封装置破坏和轴系振动等。因此轴系安装时应使其具有合理的状态,并使各轴段内的应力和各轴承上的负荷在合理的范围之内。所以,轴系校中就是按照一定的要求和方法把轴系安装成一定的状态,此种状态下的轴系其各轴段内的应力和所有轴承上的负荷都在允许范围之内或具有合理数值,从而使轴系能可靠地运转。

轴系校中是轴系安装工艺的关键,是提高船舶建造或修理质量的重要方面,也是国内外修造船界重视与研究的重要课题。学习和了解轴系校中知识是进行轴系的维护保养、监修、监造必备的工艺基础。

2.轴系校中分类

根据轴系校中原理和方法分为以下三种:

（1）按直线性校中原理

依此原理的校中方法有:按法兰上严格规定的偏中值校中的方法;光学仪器法。

（2）按轴承允许负荷校中原理

依此原理的校中方法有:测力计校中方法;按法兰上计算的允许偏中值校中法。

（3）按轴承上合理负荷校中原理

依此原理的校中方法有:按轴承合理位置校中法;按法兰上合理偏中值校中法。

3.轴系校中质量的影响

轴系校中质量对轴系的正常运转和船舶安全可靠地航行至关重要,特别是对轴径大、轴系短和轴承间距小的刚性较强的轴系更为重要。主要影响以下几个方面:

（1）影响轴内应力和轴承负荷

轴系校中质量高使轴系中心线状态合理、各轴段内的应力和各轴承负荷均在允许范围之内,以及轴系运转平稳,无振动、敲击和摩擦声,艉轴密封装置无泄漏和轴承工作温度正常,一般不超过 65 ℃。当轴系校中质量差时,轴系中心线状态不合理,各轴段内的应力和各轴承负荷均会超过允许范围,且各轴承负荷不均匀。

（2）影响艉后轴承磨损

艉轴尾端装有很重的螺旋桨,它使艉轴在艉轴承内呈悬臂弯曲状态,艉轴与艉轴承接触不均匀,在艉后轴承边缘局部接触,造成很大的"边缘负荷",艉后轴承局部迅速磨损。

（3）影响船舶振动

船体强迫振动的振源主要是螺旋桨和主机,它们运转时产生周期性干扰力,使船体产生稳定强迫振动。实践证明,轴系校中合理时,螺旋桨的振幅就会显著减小,船体的强迫振动也会明显降低。

（4）影响减速器齿轮正常啮合

当轴系带有减速器时,其大齿轮轴通过法兰联轴器与轴系相连接。轴系校中不良或由它引起的艉后轴承急剧磨损,均会造成大齿轮（从动齿轮）前、后轴承负荷不均。大齿轮前后轴承的负荷差会使大齿轮轴的轴线歪斜,从而与小齿轮（主动齿轮）不能正常啮合,严重影响主机功率的传递。

4.影响轴系校中质量的因素

（1）船轴的加工精度

船轴的尺寸精度、几何形状和位置精度等都直接影响轴与轴连接的正确性。因此,船轴的加工精度是保证轴系校中质量的重要前提。

（2）轴系的安装弯曲

轴系安装弯曲是指为了使轴系获得较高的校中质量,通常把轴系安装成一定的弯曲状态。然而轴系的安装弯曲会引起船轴内附加弯曲应力和轴承上的附加负荷。

（3）船体变形

在船上轴系范围内的船体变形会引起轴系的弯曲变形,这种影响是难以控制的。船体变形分为总体变形和局部变形。船体总体纵向变形的原因主要有:新造船舶航行初期船体焊接应力的重新分布、阳光或水温造成船体各部分温度不均、船从船台下水后船体支承力的变化、船体装载的变化等。船体局部变形主要是船体焊接应力的重新分布、船台龙骨墩支持力与船下水后的浮力的显著差别、船体局部受到集中载荷等引起。

(4)轴法兰下垂

轴端法兰的重量会引起轴变形。轴系校中安装时必须考虑轴端法兰自重或外载作用引起的法兰下垂,使轴端轴线弯曲变形,在轴系安装时产生图 7-33 所示的偏差,甚至偏离主机或艉轴管的位置。

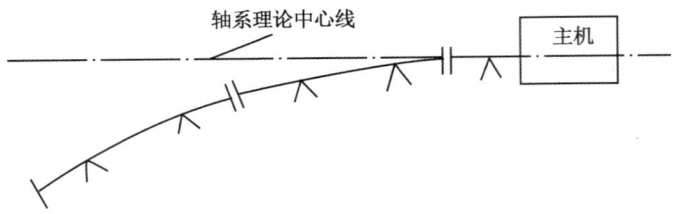

图 7-33　轴端法兰下垂的影响

(5)轴系的结构设计

船舶轴系结构设计中主要是轴承跨距的设计对轴系校中质量影响很大。确定轴承最大允许跨距 L_{max} 是按经验公式:

$$L_{max} \leq 125 \times D^{1/2} \qquad (\text{cm})$$

式中:D——船轴直径,cm

轴系在法兰偏中值相同的情况下,轴承上产生的附加负荷与轴承跨距成反比。也就是说,在轴承上允许的附加负荷相等的条件下,轴承跨距越大法兰上允许的偏中值也越大。这样,在轴系校中时放宽了轴系的安装误差,轴系运转时有较大的弯曲也不会发生事故。所以,在轴系设计时选取较大的轴承跨距不仅便于安装,而且有利于轴系校中。然而,轴承跨距亦不可过大,否则会使轴系挠度增大,振动增加。

三、轴系校中原理和方法

1.直线校中原理和方法

轴系直线校中原理是在轴系校中时尽力将船轴与主机曲轴安装成一条直线,使轴系在基本无弯曲的状态下运转。依此原理生产中的校中方法有以下几种:

(1)按法兰上严格规定的偏中值校中法

为了实现轴系成一直线状态,校中时使每对法兰上的偏中值为零值或接近零值,即偏移值 $\delta=0$、曲折值 $\varphi=0$。生产中规定 $\delta \leq 0.01$ mm,$\varphi \leq 0.15$ mm/m。测量时,采用直尺-塞尺法或指针法。通常是先装好艉轴,以艉轴法兰为基准自船艉向船首逐段调节每个中间轴承上的每节轴的位置,使每对法兰上的偏中值在规定之内。此法仅用通用量具,方法简便,易于操作,但不科学、不合理,没有考虑各轴段内的应力和各轴承上的负荷。

(2)光学仪器校中法

采用光学准直仪或投射仪校中轴系。利用光的直线传播特性,以仪器主光轴作为轴系理论中心线来校准人字架、艉轴管、中间轴承等轴系部件的位置,使这些部件孔的中心线与主光轴重合。轴系各支承部件位置确定后,用垫块和地脚螺栓固定各中间轴承,用螺栓连接各轴段。利用激光准直仪进行轴系校中可提高校中质量,校中的时间不受限制,白天也可进行。光学仪器校中部件定位精度高,效率高。多用于成批建造的中、小型船舶。

2.按轴承上允许负荷校中原理和方法

按轴承上允许负荷校中原理是根据轴系结构特点确定轴承上允许负荷范围,并在校中时通过调节中间轴承的位置使轴系各轴承上的实际负荷在允许范围之内。校中后轴系中线呈曲线状态。生产中有以下校中方法:

(1)测力计校中法

测力计校中法又称按轴承实际负荷校中法。利用测力计测量和调节各中间轴承的实际负荷使之在允许范围之内。校中后轴系具有一定的安装弯曲,轴内产生弯曲应力,但可确保各轴承负荷合理。

测量中间轴承实际负荷的方法有弹簧测力计、电子测力计等,但不能测量艉轴承实际负荷,只能通过计算得出。可采用液压千斤顶的顶举法、利用电阻应变片测量轴系弯矩和计算轴承负荷的方法等。

弹簧测力计法是长轴系的一种校中方法。校中前,艉轴和主机已分别安装好,各中间轴和轴承已初步就位,各轴段法兰已用螺栓连接。校中时,在每个中间轴承的螺栓孔中对角安装测力计与调节螺栓各1对,如图7-34所示。为了防止轴转动,在轴与轴瓦之间加软垫,测量前,先由调节螺栓承重和固定;测力时,松开各轴承螺栓,上紧各轴承测力计,记录各轴承上左、右测力计读数 $G_{左}$、$G_{右}$,并进行计算。

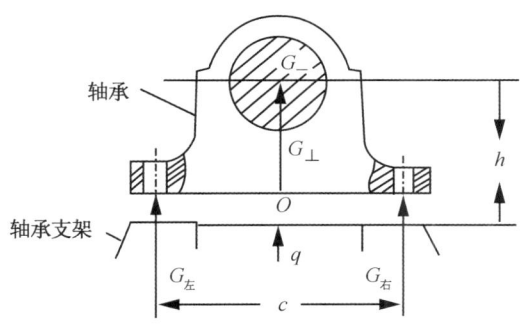

图7-34 弹簧测力计测量中间轴承实际负荷

① 计算中间轴承实际负荷

计算各中间轴承的垂直方向和水平方向的实际负荷 $G_\perp$、G_-。

$$G_\perp = G_{左} + G_{右} - q \quad (N)$$
$$G_- = (G_{右} - G_{左}) \times C/2h \quad (N)$$

式中:q——中间轴及其轴承的重力,N

中间轴承的实际负荷应在允许范围之内。如不符合,则应调节中间轴承位置后再次测量和计算,直至符合为止。

② 计算艉轴承负荷

由于结构限制不能测量艉轴承实际负荷,只能利用公式近似求出。

弹簧测力计算法在我国船厂应用较少,因其尚存一些缺点,如测力较为复杂等。液压顶举法所用设备简单、操作方便,生产中普遍应用。

（2）按法兰上计算的允许偏中值校中法

在轴系安装时,用法兰上的偏移值 δ、曲折值 φ 进行校中是操作简便、易于实施的工艺。按直线校中人为规定偏中值不科学不合理。但若用保证轴承负荷在允许范围之内的偏中值进行校中则是有科学依据的可行工艺方法。

按法兰上计算的允许偏中值校中法就是用数学计算法将轴承上允许负荷换算成相应法兰上允许的偏中值范围。轴系校中时,只要使法兰上的偏中值在允许范围之内,轴承实际负荷也就在允许范围之中了。允许偏中值的计算方法:

①相邻轴法兰偏中连接时的受力分析

轴系呈弯曲状态时,相邻轴法兰上有一定的偏中值 δ、φ,用法兰连接螺栓连接法兰并固紧后,因强制法兰同轴在法兰上产生拉力 T 和弯矩 M。如图 7-35 所示。相邻轴在拉力 T 和弯矩 M 作用下,在轴承上产生反力 R_1、R_2、R_3 和 R_4,即由于相邻轴偏中连接在轴承上产生的附加负荷,其大小和方向取决于法兰上的偏移值 δ 和曲折值 φ 的大小和方向。

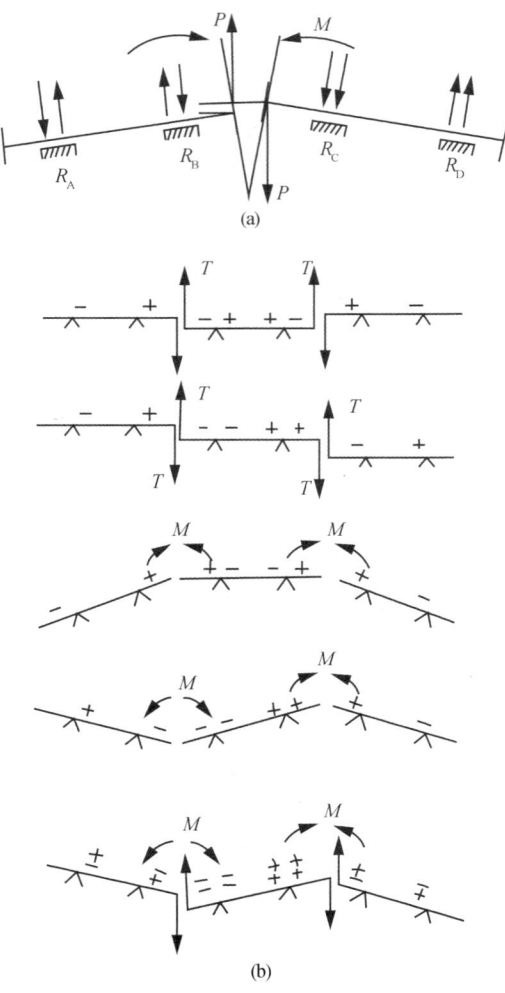

图 7-35　两轴偏中连接受力情况

②建立偏中值 δ、φ 与拉力 T、弯矩 M 的关系式

根据材料力学中的弹线性方程求得：

$$T=4EI\delta/l^3$$

$$M=0.6EI\varphi/l$$

式中：E——轴材料的弹性模量；

　　　I——轴的截面惯性矩；

　　　l——轴承间距。

③建立轴承附加负荷和偏中值 δ、φ 的关系式

按力偶平衡原理求得轴承附加负荷 $R_{附}$：

$$R_{附}=2EI/5l^3(3l\varphi+20\delta)$$

④ 建立法兰上允许偏中值 δ、φ 的计算式

轴承附加负荷 $R_{附}$ 应限制在规定的允许值内才能保证轴承实际负荷不超过规定的允许值。按有关文献推荐 $R_{附}\leqslant P/2$，P 为轴承平均设计负荷。所以,中间轴双轴承支承的长轴系允许偏中值计算式为：

$$|\varphi|+2000/3L\times|\delta|\leqslant 2/3K$$

中间轴为单轴承支承的长轴系允许偏中值计算式为：

$$|\varphi|+2000/3L\times|\delta|\leqslant 1/3K$$

式中：$L=L_{min}/3$ 为轴系中 3 个相邻轴承跨距中最小跨距的平均间距,cm,如图 7-36 所示；$K=3.74L^2/10^5(D^2$ 和 $d^2)$ 为轴系挠性系数；D、d 为中间轴的外径和内径,cm

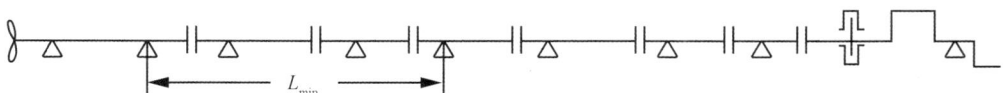

图 7-36　选取 3 个相邻轴承跨距最小值 L_{min}

K 值越大,表明轴系挠性越好,校中时偏中值 δ、φ 的允许值就越大,便于校中安装。轴系设计时减小轴径或增大轴承间距均可提高 K 值。

轴系按法兰上计算允许偏中值校中时,利用公式求出法兰上允许偏移值 δ、曲折值 φ。

设 $\delta=0$ 时,求出最大允许曲折值 φ_{max}，$\varphi=0$ 时,求出最大允许偏移值 δ_{max}。绘出 $\delta_{max}-\varphi_{max}$ 的坐标三角形。校中时,逐对调节各中间轴法兰上的偏中值 δ、φ，使之在 $\delta_{max}-\varphi_{max}$ 坐标三角形中。

上述公式不适用于中间轴与主机曲轴或减速器轴的连接法兰,因其要求较高,一般规定为：δ 为 0.05～0.1 mm、φ 为 0.10～0.15 mm/m。否则会增大曲轴臂距差或影响减速器齿轮正常啮合。

此法简便易行、合理,为船厂广泛应用,但计算方法尚不完善和不够严格。

3.按轴承上合理负荷校中原理和方法

轴系尾端悬臂安装着重且大的螺旋桨,对轴系的影响不能忽略。随着船舶吨位和主机功率的增加,船舶推进装置零部件的尺寸、重量相应加大,如螺旋桨、船轴等,致使艉轴承负荷大大增加,并严重影响轴系校中的质量。例如,图 7-37 所示为一艘 4 万吨级油船的轴系,按直线

校中安装,不计螺旋桨的影响时,轴承负荷相差悬殊:过大的艉后轴承负荷,艉前轴承则为过大的反向负荷,推力轴前、后轴承负荷也极不均匀。上述两种轴系校中原理均未计及螺旋桨的影响,充分说明其校中原理的缺陷及校中质量不高。为了改进轴系校中工作,特别是提高大型单桨艉机型船舶轴系的校中质量,国内外多采用轴系合理校中方法。

(1)轴系合理校中原理

轴系合理校中又称最佳校中。它是根据船舶轴系的实际结构,按照规定的约束条件,即规定的轴承负荷、应力和转角等的允许范围,通过校中计算确定各轴承的合理位置,把轴系安装成规定的曲线状态,使各轴承的负荷符合要求,支承截面上的弯矩和转角在允许范围内。

轴系合理校中的优点主要有轴承负荷和轴内应力等不仅符合规定而且各轴承负荷分布均匀合理;校中计算涉及螺旋桨、温度等的影响;轴系校中计算在船舶轴系设计时进行,使轴系结构设计与工艺设计紧密结合,有利于提高校中质量。

(2)轴系合理校中计算方法和内容

校中计算时,把轴系视为在多个刚性铰链支座上的连续梁。因此,采用求解平面杆系的工程力学的理论求出各支座上的反力和指定截面上的弯矩、剪力、挠度和转角等参数。

合理校中计算方法主要有三弯矩法、迁移矩阵法和有限元法,并按照最优化理论求得上述参数的最佳值,如用线性规划法进行优化计算。三弯矩法较为简单,应用广泛。合理校中计算的主要内容有:

①轴系结构要素的处理和建立轴系计算校中的物理模型;

轴系结构要素主要有轴自重、外载荷、轴系上的载荷、支反力和主机曲轴的曲柄等。为了建立轴系校中计算的物理模型,对计算中涉及的轴系结构要素的着力点进行处理。例如,将船轴的自重作为均布载荷;轴系上的载荷——螺旋桨、法兰、推力盘、飞轮、减速器大齿轮等作为施加于轴系上的集中载荷。除艉后轴承外,其他轴承上的支点位置均设在轴承长度的中点。

艉后轴承的支点位置:

铁犁木艉轴承:$S=(1/4—1/3)l$ 或 $S=(1—1.4)D$

白合金艉轴承:$S=(1/7—1/3)l$ 或 $S=(0.3—0.7)D$

式中:S——艉后轴承支点距艉后轴承后端面的距离;

l——艉后轴承长度;

D——艉轴承孔直径。

此外,对轴系的有关部分也做了一定的处理,如把不同直径的轴段作为不等截面的梁段,每个轴承都作为一个实支座,在梁截面变化处和集中载荷作用点处设一个虚支座等。图 7-37 所示为一大型艉机型船舶轴系结构和其校中计算的物理模型。

②计算直线校中时轴系各支座处的弯矩、反力、挠度及截面转角;

③计算反映轴承负荷与位移关系的负荷影响数;

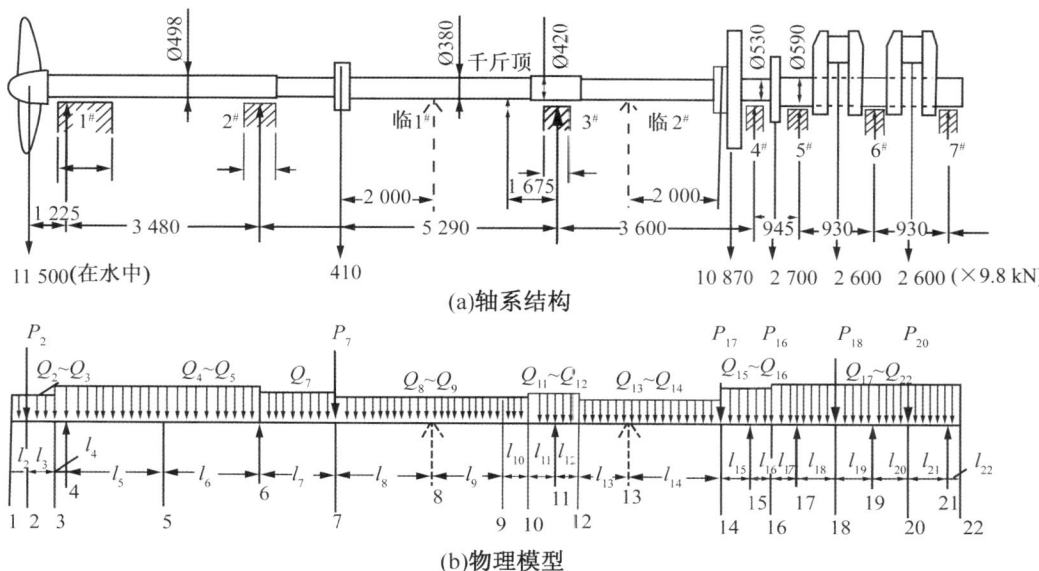

图 7-37　某大型船舶轴系结构及其校中计算物理模型

④根据给定的约束条件优化计算轴承最佳位移量;

⑤根据轴承位移和轴承负荷影响数求解出轴承实际负荷;

⑥根据轴承最佳位移量计算出各法兰上的允许偏中值 δ 和 φ;

⑦用顶举法检验轴承实际负荷。

以上大量计算利用计算机运算求得。按校中计算方法编制轴系校中计算程序,输入轴系结构数据,输出并打印计算结果。以一艘 27 000 吨级散货船轴系校中为例,如图 7-38(a)为其轴系结构,图 7-39 为其校中计算程序方框图,输入轴系结构参数计算得表 7-11、表 7-12 的结果,依此绘制出图 7-38(b)轴系校中状态。

以上三种轴系校中原理均为静态轴系校中,没有考虑船舶航行时的动态因素对轴系的影响,因而也是不完善的。在轴系合理校中时正逐步地把一些动态因素反映到校中计算中,动态因素主要包括:船舶装载、环境温度、轴承刚性、海水状况、螺旋桨水动力等。

表 7-11　法兰偏中值(mm)

偏中值 ＼ 法兰	艉轴与中间轴	中间轴与推力轴
偏移	0.184	0.137
开口	0.209	0.365

表 7-12　轴承位移值(mm)

轴承号	1	2	3	4	5	6	7
位移量	0	0	0.75	1.25	1.25	1.25	1.25

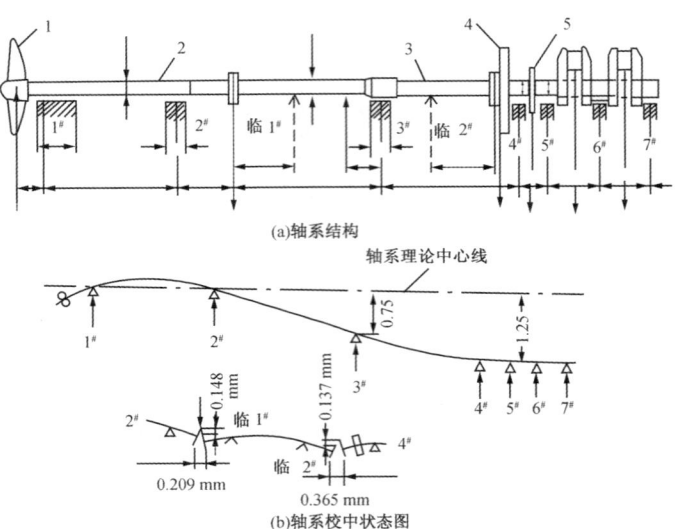

(a)轴系结构

(b)轴系校中状态图

图 7-38　27 000 吨级散货船轴系校中

1—螺旋桨;2—艉轴;3—中间轴;4—飞轮;5—推力轴承

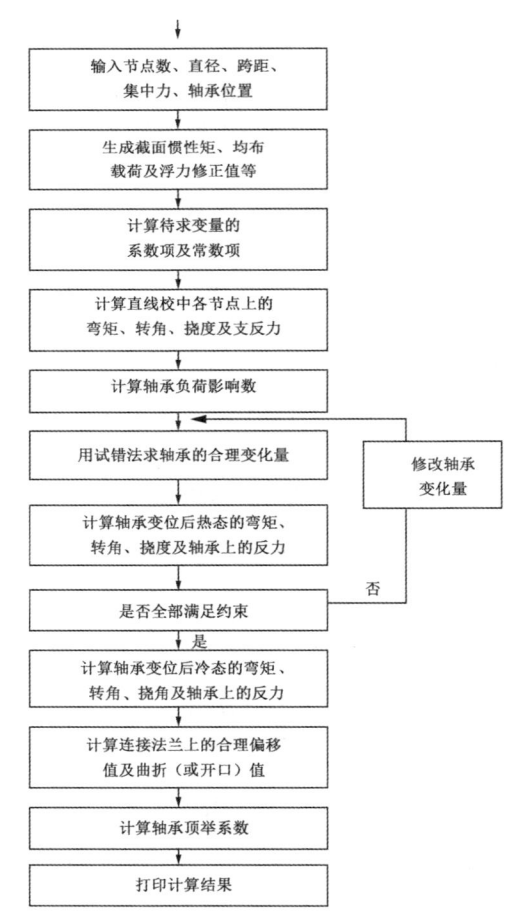

图 7-39　轴系校中计算程序方框图

第八章

船用螺旋桨的安装与检修

螺旋桨是船舶普遍采用的推进器。螺旋桨的作用是将船舶主机发出的功率转变为推动船舶运动的推力，实现船舶的航行。

第一节　船用螺旋桨的结构与工作原理

一、螺旋桨的结构

螺旋桨通常由桨叶和桨毂构成(见图 8-1)。螺旋桨与艉轴连接部分称为桨毂。为了减小水阻力，在桨毂后端加一整流罩，与桨毂形成一光顺流线形体，称为毂帽。

自船尾面向船头看到的桨叶表面称叶面(压力面)，桨叶的另一面称叶背(吸力面)。当主机正车运转时，桨叶先入水的一边称导边，另一边则称随边。桨叶与桨毂连接处称为叶根，桨叶的外端称为叶梢。

螺旋桨旋转时(设无前后运动)叶梢的圆形轨迹称为梢圆。梢圆的直径称为螺旋桨直径，以 D 表示。梢圆的面积称为螺旋桨的盘面积，以 A_0 表示：

$$A_0 = \frac{\pi D^2}{4} \tag{8-1}$$

当螺旋桨正车旋转时，由船后向前看去所见到的旋转方向为顺时针者称为右旋桨；反之，则为左旋桨。装于船尾两侧之螺旋桨，在正车旋转时其上部向船的中线方向转动者称为内旋桨；反之，则为外旋桨。

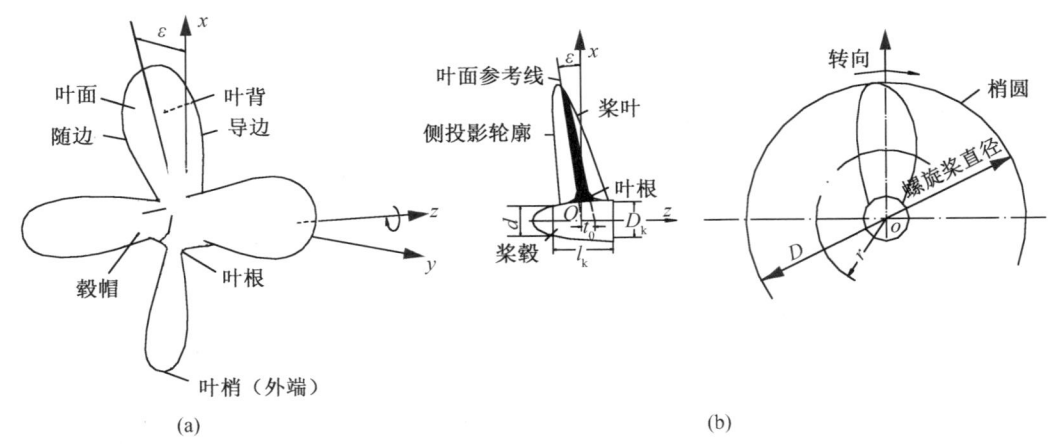

图 8-1　螺旋桨结构

为了避免应力集中,桨叶与桨毂连接处必须用过渡圆角相连。整体式定距桨是桨叶与桨毂铸成一体;组合式定距桨是桨叶和桨毂分别铸造,加工后用螺栓紧固成一体。可调螺距螺旋桨不仅桨叶与桨毂分别制造,而且组装后桨叶螺旋面可相对桨毂运动,以达到改变螺距的要求。

二、螺旋面的形成与螺距

螺旋桨桨叶叶面是螺旋面的一部分,螺旋面的形成如图 8-2 所示。以图中 ABC 线段绕轴线 OO'作等角速度旋转,同时沿 OO'轴线做等速直线运动,则 ABC 线段在空间划过的轨迹形成的曲面即为螺旋面。该线段 ABC 称为该螺旋面的母线。母线上在轴线方向上移动的距离,称为螺旋线的螺距,以 P 表示。

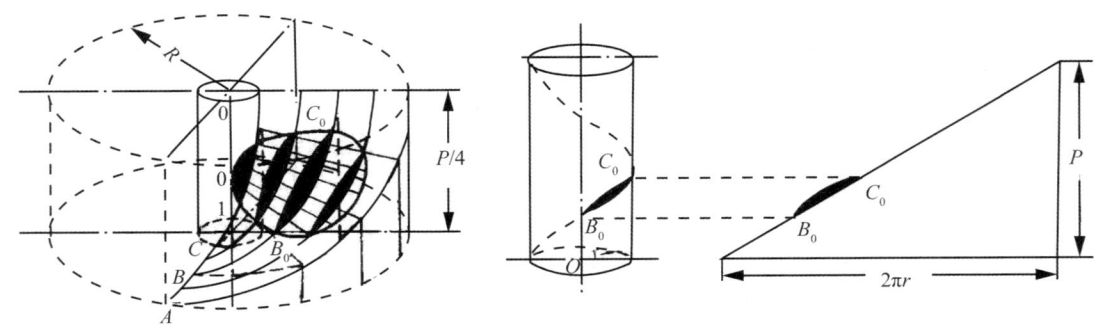

图 8-2　螺旋面的形成

如果母线上的各点等速旋转,但各点下降的速度不同,这样形成的螺旋面称为径向变螺距螺旋面。大型船舶螺旋桨的压力面大多由径向变螺距螺旋面所构成,其吸力面通常是一个复杂的螺旋面。

径向可调螺距螺旋桨的螺距,通常自叶根向叶梢逐渐增加,一般以 $0.7R$ 或 $\frac{2}{3}R$(R 为螺旋桨之半径)处的螺距表示,记作$P_{0.7R}$或$P_{\frac{2}{3}R}$;此值约等于螺旋桨的平均螺距。

螺距H与直径D之比H/D称为螺距比。将圆柱面展成平面后即得到螺距三角形。设上述圆柱面的半径为r,则展开后螺距三角形的底边长为$2\pi r$,节线与底线之间的夹角θ为半径r处的螺距角,并可据下式来确定:

$$\tan\theta = \frac{P}{2\pi r} \qquad (8\text{-}2)$$

螺旋桨某半径r处螺距角θ的大小,表示桨叶叶面在该处的倾斜程度。不同半径处的螺距角是不等的,r越小,则螺距角θ越大,反映在螺旋桨上则是越靠近旋转中心,叶面倾斜度越大。

三、桨叶的外形轮廓和几何要素

桨叶的外形轮廓可以用螺旋桨的正视图和侧视图来表示。从船后向船首看过去所看到的为螺旋桨的正视图,从船侧看过去所看到的为侧视图。图 8-3 所示为一普通螺旋桨的侧视图和正视图,图上注明了螺旋桨各部分的名称和术语。

为了正确表达正视图和侧视图之间的关系,取叶面中间的一根母线作为作图的参考线,称为桨叶参考线或叶面参考线,如图中直线OU。若螺旋桨叶面是正螺旋面,则在侧视图上参考线OU与轴线垂直。若为斜螺旋面,则参考线与轴线的垂线成某一夹角ε,称为纵斜角。参考线线段OU在轴线上的投影长度称为纵斜,用z_R表示。纵斜螺旋桨一般都是向后倾斜的,目的是增大桨叶与尾框架或船体的间隙,以减小螺旋桨诱导的船体振动,但纵斜不宜过大(一般$\varepsilon < 15°$),否则螺旋桨在操作时因离心力而增加叶根处的弯曲应力,对桨叶强度不利。

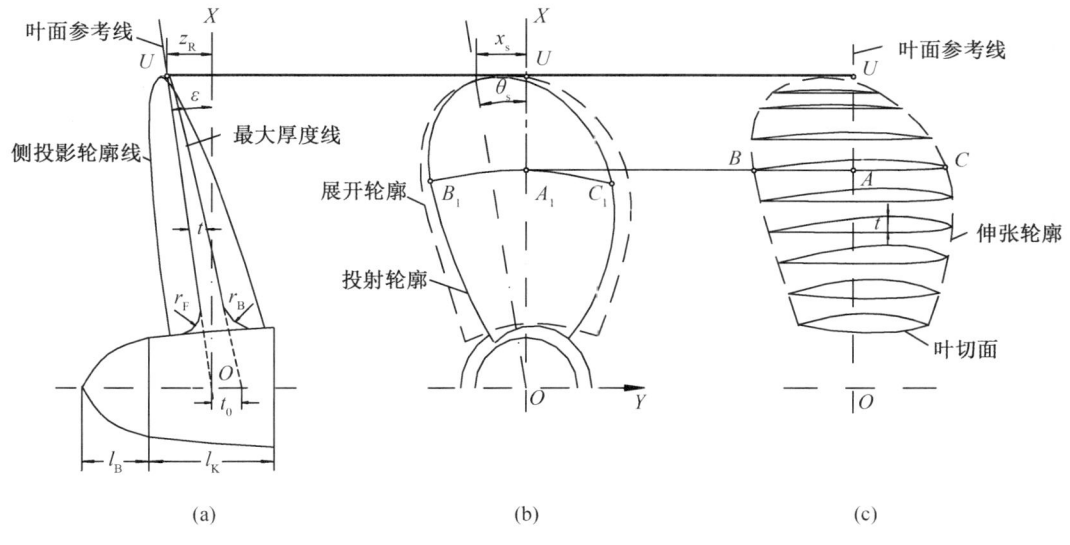

图 8-3　螺旋桨的侧视图和正视图

桨叶在垂直于桨轴的平面上的投影称为正投影,其外形轮廓称为投射轮廓。螺旋桨所有桨叶投射轮廓包含面积之总和称为螺旋桨投射面积,以 A_P 表示。投射面积 A_P 与盘面积 A_0 之比称为投射面比,即:

$$投射面比 = A_P/A_0 \tag{8-3}$$

投射轮廓对称于参考线的称为对称叶形。若其外形与参考线不相对称,则为不对称叶形。不对称桨叶的叶梢与参考线间的距离 x_s 称为侧斜,相应之角度 θ_s 为侧斜角。桨叶的侧斜方向一般与螺旋桨的转向相反,合理选择桨叶的侧斜可明显减缓螺旋桨诱导的船体振动。

桨叶在平行于包含轴线和辐射参考线的平面上的投影称为侧投影。图上除画出桨叶外形轮廓及参考线 OU 的位置外,还需作出最大厚度线。最大厚度线与参考线 OU 之间的轴向距离 t 表示该半径处叶切面的最大厚度。它仅表示不同半径处切面最大厚度沿径向的分布情况,并不表示最大厚度沿切面弦向的位置。与桨毂相连处的切面最大厚度称叶根厚度(除去两边填角料)。辐射参考线与最大厚度线的延长线在轴线上交点的距离 t_0 与直径 D 之比值 t_0/D 称为叶厚分数。工艺上往往将叶梢处的桨叶厚度做薄呈圆弧状,为了求得叶梢厚度,需将桨叶最大厚度线延长至梢径,如图 8-3(a)所示。

螺旋桨桨毂的形状一般为圆锥体,在侧投影上可以看到其各处的直径并不相等。通常所说的桨毂直径(简称毂径)是指辐射参考线与桨毂表面相交处(略去叶根处的填角料)至轴线距离的两倍,并以 d 来表示,如图 8-3(a)所示。毂径 d 与螺旋桨直径 D 的比值 d/D 称为毂径比。

将各半径处共轴圆柱面与桨叶相截的各切面展成平面后,以其弦长置于相应半径的水平线上,并光顺连接端点所得之轮廓称为伸张轮廓,如图 8-3(c)所示。螺旋桨各叶伸张轮廓所包含的面积之总和称为伸张面积,以 A_E 表示。伸张面积 A_E 与盘面积 A_0 之比称为伸张面比,即

$$伸张面比 = A_E/A_0 \tag{8-4}$$

将桨叶叶面近似展放在平面上所得的轮廓称为展开轮廓,如图 8-3(b)所示。各桨叶展开轮廓所包含面积之总和称为展开面积,以 A_D 表示。展开面积 A_D 与盘面积 A_0 之比称为展开面比,即

$$展开面比 = A_D/A_0 \tag{8-5}$$

螺旋桨桨叶的展开面积和伸张面积极为接近,故均可称为叶面积,而伸张面比和展开面比均可称为盘面比或叶面比。盘面比的大小实质上表示桨叶的宽窄程度,在相同的叶数下,盘面比越大,桨叶越宽。

第二节　船用螺旋桨的分类

一、常用螺旋桨的分类

1. 按螺旋桨的直径

螺旋桨按直径可分为大、中、小三型：

大型螺旋桨，$D>3.5$ m；

中型螺旋桨，1.5 m$\leqslant D\leqslant 3.5$ m；

小型螺旋桨，$D<1.5$ m。

2. 按桨叶面螺距的分布规律

按照桨叶面螺距的分布规律，螺旋桨主要分为下列两种：

（1）固定螺距螺旋桨

若桨叶和桨毂相对位置固定不变，铸造一个整体，称为固定螺距螺旋桨（定距桨）。定距桨为整体铸造式，通常由铜合金制成。桨叶位置和螺距一旦确定，就保持不变，无法在运行中改变螺距。这意味着，在险恶天气状况下运行时，螺旋桨性能曲线［即功率点与转速点（转/分）的组合］将随着物理定律而作改变，船员无法改变实际的螺旋桨曲线。对操纵性要求不是特别高的大多数船舶，均配备定距桨。

（2）可调螺距螺旋桨

可调螺距桨桨毂比固定螺距桨桨毂大，因为桨毂需要留出空间来安装液压驱动机构，以控制桨叶的螺距（桨叶角），其结构如图 8-4 所示。因此，可调螺距桨相比固定螺距桨更贵。另外，由于可调螺距桨轮毂相对较大，其效率稍有降低。

可调螺距桨大多用于滚装船、穿梭油船、渡船及要求高度操纵性的类似船舶。对于集装箱船、散装货船及原油油船等需要在正常海况下以一定船速长时间航行的普通船舶，安装昂贵的可调螺距桨代替固定螺距桨是不划算的。此外，可调螺距桨更加复杂，营运中发生故障的风险更高。

可调螺距桨按调距动力传递方式可分为：

Y 型调距桨——具有液压或液压机械式桨叶调距机构的调距桨。

J 型调距桨——具有机械式桨叶调距机构的调距桨。

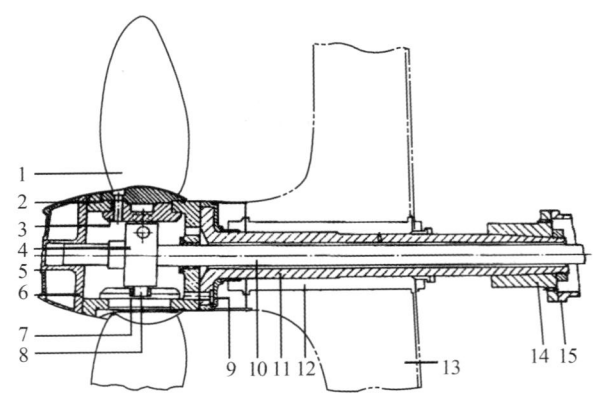

图 8-4　可调螺距螺旋桨结构示意图

1—桨叶；2—桨毂；3—桨叶托架；4—导架；5—导流帽；6—桨毂罩；7—滑套；8—导销；9—法兰罩；
10—操纵杆；11—艉轴；12—艉轴管；13—艉柱；14—可拆联轴器；15—空心联轴器

二、船用螺旋桨的特殊结构

1. 导管螺旋桨

导管螺旋桨亦称套筒螺旋桨（见图 8-5），是在螺旋桨的外围加上一个环形套筒而成。套筒的剖面为机翼型或折角线型。由于它能提高重载螺旋桨的效率，故首先在螺旋桨载荷较重的船舶上得到广泛应用（如拖船、顶推船以及拖网渔船）。最近十多年，船舶向大型化、高功率发展，导致螺旋桨的载荷加重。实践证明，此类船上采用导管螺旋桨不仅可提高推进效率，而且有利于减小振动。

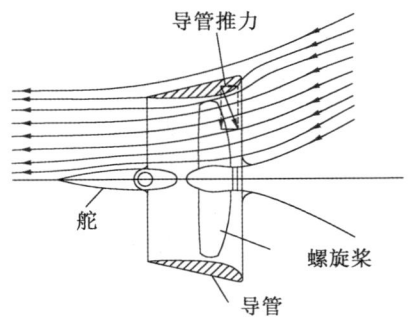

图 8-5　导管螺旋桨

2. 串列螺旋桨

两只普通螺旋桨安装在同一根艉轴上、同方向旋转称为串列螺旋桨。其优点是：

①与其他特种推进器相比，构造简单，制造加工和维修都较方便。

②在总盘面比相同的条件下，负荷较轻时（$B_p = 10 \sim 35$），串列螺旋桨和普通螺旋桨具有相当的最佳效率，但串列螺旋桨最佳直径约小 8%。中等负荷时，串列螺旋桨的效率约高 1.5%，直径约小 3%。在直径受到限制时，串列螺旋桨效率高于普通螺旋桨；若限制直径 10%，则效

率约高 3%；若限制直径 20%，则效率约高 6%。

③外界负荷变化对主机转速影响不大，主机功率发挥较好。

④由于功率和推力由两只螺旋桨分担，故能缓和因推进器引起的尾部振动。

其缺点是艉轴较长，重量较大，增加了布置及安装上的困难，造价高于普通螺旋桨。

对于多工况的船舶如拖船、油船，尤其是直径受限制的浅水内河船，采用串列螺旋桨可以收到较显著的效果。近年来，由于船舶主机功率急速增大，推进器负荷不断升高，空泡、振动问题更加突出，串列螺旋桨可望有发展前途。

3. 对转螺旋桨

对转螺旋桨或称双反转螺旋桨，是将两普通螺旋桨分别装于两同心轴上，以相反方向旋转，如图 8-6 所示。因为前后螺旋桨尾流的旋转方向相反，其总结果是减少了尾流的旋转损失。若前后桨配合适当，可使尾流中几乎没有周向诱导速度，故对转螺旋桨的效率较普通螺旋桨高。对转之前后两螺旋桨的转矩方向相反，大小约略相等，作用在运动体上的扭转力矩很小，故此种装置多年来普遍用作鱼雷之推进器，其目的为避免鱼雷在航行中转动而产生航向偏离。又因其总的叶面积增加，故在吸收同样功率时，负荷较单螺旋桨低，有利于避免空泡的产生。在一定负荷下，对转螺旋桨所需直径较普通螺旋桨小，因此对解决浅吃水船舶的推进问题具有一定的意义。但对转螺旋桨的轴系构造极为复杂，制造工艺要求高，造价和维修费用也高昂，故未能得到广泛应用。

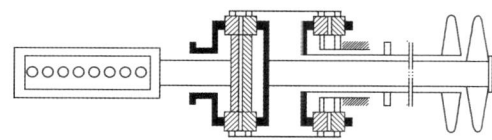

图 8-6　对转螺旋桨

4. 直翼螺旋桨（垂直翼螺旋桨）

直翼螺旋桨是在一个特制的平圆盘上安装几片叶片，这些叶片不仅能随平圆盘转动，还能通过操纵机构自身转动，如图 8-7 所示。由于叶片的作用如机翼，水流流经其表面，产生水动力，可转化为船舶推动力。这样，通过操纵机构可控制推力大小、方向。与传统的螺旋桨不同，直翼螺旋桨的旋转轴与推力方向则是互相垂直的。

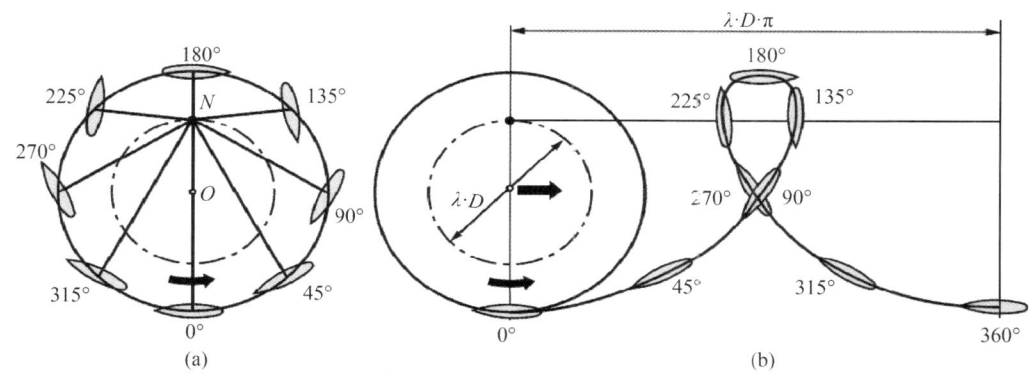

图 8-7　直翼螺旋桨

该装置可将推力做360°的无极改变,可在不改变转速的情况下任意改变推力大小和方向。前进和后退(行进)以及船舶横向(转舵)的操纵是通过对螺距的调整进行的。这种操纵方式赋予了船舶高度的机动性,可在不改变转速的情况下非常精确地控制推力大小和极为迅速地改变推力方向。直翼螺旋桨结构复杂、价格昂贵,主要用于对船舶的安全性和机动性要求很高的领域。

5. 水动力节能附加装置

为了提高螺旋桨效率及满足不同的船舶要求,除了采用各种高效或特种推进器外,还开发了各种水动力节能附加装置,这些附加装置的作用主要有:改善螺旋桨进流,使之更加均匀;减小船尾的水流分离现象;使桨前流预旋,把原来尾流中损失的旋转能转化为推力功;产生附加推力。这些装置中较为显著的有补偿导管、前置导管、桨后固定叶轮、Grim自由旋转叶轮、前置整流鳍、导流顶罩、桨毂帽整流片等。

第三节 船用螺旋桨的技术要求

一、制造精度等级

螺旋桨的精度等级分为S级、1级、2级、3级,根据不同要求,按表8-1选用。

表8-1 螺旋桨的精度等级

螺旋桨级别	制造精度等级	推荐的适用范围	螺旋桨平均螺距最大容许公差
S级	特高精度	高速舰船	±0.5%
1级	高精度	航速大于18 kn的海船及其他特殊要求船舶	±0.75%
2级	中等精度	航速8~18 kn的海船及大于18 km/h的内河船舶	±1.00%
3级	一般精度	不属于S、1、2级的船舶	±3.00%

二、螺旋桨常用材料

制造螺旋桨的金属材料主要有铜合金、铸铁和铸钢等。近年来国内外开始采用不锈钢、玻璃钢、尼龙等非金属材料制造螺旋桨。我国的内河小船也有采用钢板焊接螺旋桨。

1. 铜合金

长期以来船用螺旋桨材料多选用铜合金,其中镍铝青铜是首选材料。其原因主要是:(1)铜合金的耐腐蚀性好,基本上可满足海水中螺旋桨的使用要求;(2)铜合金的熔点低,便于熔炼和铸造,铸件不需要进行热处理,经加工便可使用;(3)这些合金材料变形小、强度高,可靠性好。

我国用于制造螺旋桨的铜合金的典型化学成分和机械性能列于表8-2和表8-3中。

表8-2　螺旋桨用铜合金的典型化学成分

合金类型	化 学 成 分（%）							
	Cu	Al	Mn	Zn	Fe	Ni	Sn	Pb
1级锰青铜（Cu1）	52~62	0.5~3.0	0.5~4.0	35~40	0.5~2.5	≤1.0	≤1.5	≤0.5
2级镍锰青铜（Cu2）	50~57	0.5~2.0	1.0~4.0	33~38	0.5~2.5	2.5~8.0	≤1.5	≤0.5
3级镍铝青铜（Cu3）	77~82	7.0~11.0	0.5~4.0	≤1.0	2.0~5.0	3.0~6.0	≤0.1	≤0.03
4级锰铝青铜（Cu4）	70~80	6.5~9.0	8.0~20.0	≤6.0	2.0~5.0	1.5~3.0	≤1.0	≤0.05

表8-3　螺旋桨用铜合金的机械性能

合金类型	规定非比例延伸强度 $R_{p0.2}/(N/mm^2)$	抗拉强度 $R_m/(N/mm^2)$	断后伸长率 $A5\%$
1级锰青铜（Cu1）	≥175	≥440	≥20
2级镍锰青铜（Cu2）	≥175	≥440	≥20
3级镍铝青铜（Cu3）	≥245	≥590	≥16
4级锰铝青铜（Cu4）	≥275	≥630	≥18

如果采用表8-2以外的铜合金,应提交有关技术资料(包括化学成分、热处理工艺、力学性能和耐海水腐蚀性能等),经船级社同意,可按公认的有关标准验收。

2. 铸铁

铸铁螺旋桨成本低,铸造容易,但其机械强度低,质脆而易断,易被海水腐蚀,故使用寿命短。由于强度低,切面厚度较大,降低螺旋桨效率,故铸铁螺旋桨仅用于小型低速船上。如球墨铸铁(QT400-10)、灰铸铁(HT200、HT250)。

3. 铸钢

铸钢螺旋桨的优点是机械强度高、抗冲击性能好,但铸造过程中变形难控制,常使螺旋桨的几何尺寸产生很大偏差,加工困难,成本高;比铸铁更容易被海水腐蚀,使用寿命短,目前多用作备件。但在破冰船上为了使螺旋桨在与冰块可能撞击时具有较高强度而被广泛使用。常用铸钢有ZG230-450。

4. 不锈钢

为了提高螺旋桨的抗腐蚀和空泡剥蚀性能,有些特殊用途的船舶用不锈钢来制造螺旋桨。不锈钢具有高强度特性,可以提高螺旋桨的推进效率,减少桨的振动,降低噪声以及比铜合金还要好的抗腐蚀疲劳强度和抗空泡剥蚀性能,因此其作为螺旋桨材料得到迅速的发展。

不锈钢作为螺旋桨材料有如下优点:

(1)由于强度高,在设计条件相同的情况下不锈钢螺旋桨的重量较轻,仅为镍铝青铜的

70%左右,从而使船艉轴承的故障大为减少。

(2)因强度高,桨叶的叶片厚度减薄,与铜合金相比,其效率提高1%~3%。

(3)可制造薄叶化和多叶化的螺旋桨,减轻了桨的振动,降低了噪声。

(4)采用焊接组合工艺可制造出大型螺旋桨。

但是不锈钢螺旋桨的制造要比铜合金的困难得多。

5. 玻璃钢

玻璃钢是以合成树脂为黏结剂,以玻璃纤维或其织物为增强材料黏合而成的一种新型结构材料。玻璃钢螺旋桨具有重量轻(为铜螺旋桨重量的1/4~1/3)、装卸方便、冲击韧性好、不为海水所腐蚀、制造简单等优点。其缺点是机械强度较低,在长期负荷下有蠕变现象,耐磨性较差,目前多用于内河螺旋桨。

6. 复合材料

金属材料有很多优良的特性,比如较高的屈服强度和可靠性,较好的机加工性能等。但金属材料对腐蚀、空泡损伤和疲劳断裂比较敏感,金属材料的声学阻尼性能较差,容易使螺旋桨产生振动而诱发噪声。而且由于金属桨的高刚度特点使得金属螺旋桨只能在设计工况下取得最大的推进效率,在非设计工况下螺旋桨的效率显著降低,这极大地限制了金属螺旋桨在多工况船舶上提升效率的空间。

复合材料具有较高的比强度和比刚度,较好的抗疲劳性能和优良的阻尼特性,且具有材料可设计性。采用复合材料首先可以大大减轻螺旋桨推进系统的重量,同时利用复合材料的弯扭耦合特性,一个设计良好的复合材料螺旋桨可以提高螺旋桨在非设计工况下的水动性能,使得螺旋桨取得最大推进效率的区间从金属桨的单点扩展到一个范围,减少燃油消耗。除此之外,设计良好的复合材料螺旋桨还可以推迟空泡的发生,减少空泡剥蚀的范围;减少螺旋桨的振动,改善疲劳特性;同时还具有制作工艺简单,批量制备与全寿命周期的花费少等优点。

三、表面粗糙度

螺旋桨表面粗糙度应符合表8-4的规定。

表 8-4　螺旋桨表面粗糙度

适用范围	螺旋桨规格	表面粗糙度 $Ra(\mu m)$			
		S 级	1 级	2 级	3 级
桨叶 0.3R 截面以外的表面	中、小型	1.6	3.2	6.3	12.5
	大型	3.2	6.3	6.3	12.5
桨叶 0.2R 截面以内的表面	中、小型	1.6	6.3	12.5	25
	大型	3.2	12.5	12.5	25
桨毂表面	大、中、小型	6.3	12.5	25	25

机加工后轴孔表面粗糙度:大、中型螺旋桨为 $Ra \leq 6.3$ μm;小型螺旋桨为 $Ra \leq 3.21$ μm。对修理后的螺旋桨叶的粗糙度,可按换新技术要求降低一级。

第四节　船用螺旋桨的拆卸与安装

螺旋桨是通过桨毂与艉轴(螺旋桨轴)连接在一起的,有如图8-8所示的以下三种连接方式:

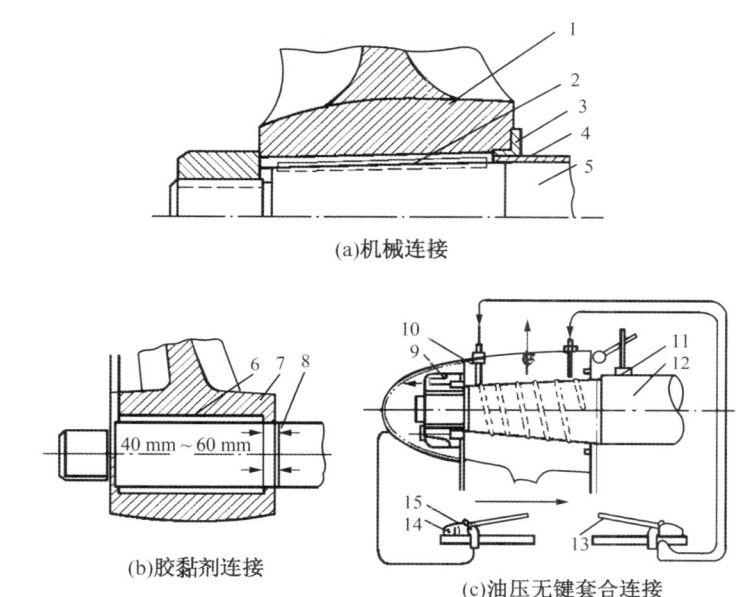

图 8-8　螺旋桨与艉轴的连接方式

1—桨毂;2—键;3—密封;4—艉轴衬套;5—艉轴;6—环氧树脂胶黏剂;7—螺旋桨;
8—艉轴;9—千斤顶;10—螺旋桨;11—百分表及表架;12—艉轴;13、14—油泵;15—压力表

1. 机械连接

机械连接采用传动键连接螺旋桨与艉轴是一种传统的连接方式。通过螺旋桨桨毂锥孔与艉轴锥体部分的紧配合及传动键来连接,并用螺帽锁紧,以便传递扭矩和承受推力作用。但是在艉轴上的键槽处容易产生应力集中,引起裂纹或斩轴事故。传统键连接如图8-8(a)所示。为了减少应力集中,键槽的结构和形状如图8-9所示。

为确保螺旋桨桨毂锥孔与艉轴锥部配合面紧密接触,要求全长均匀贴合,轴与孔应进行研配。装配后65%以上面积均匀接触,锥部大端必须接触良好,色油检查在 25 mm×25 mm 面积上接触沾点不少于2~4 个。特别在锥孔的两端,不得有间断之处,用 0.03 mm 塞尺检查,插入深度不应超过 10 mm,宽度不应超过 15 mm。目前我国小型船舶螺旋桨广泛采用此种连接方式。

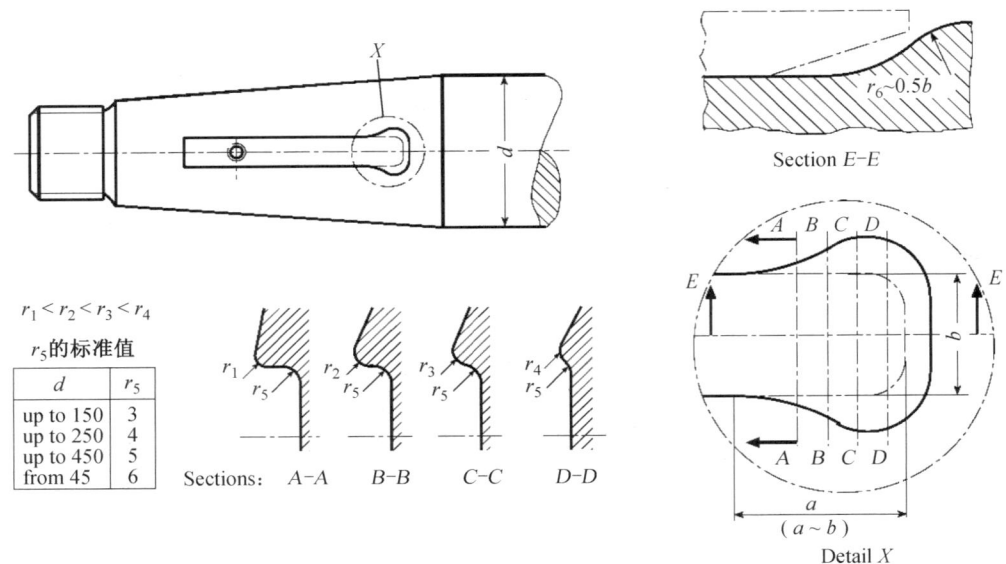

$r_1 < r_2 < r_3 < r_4$

r_5的标准值

d	r_5
up to 150	3
up to 250	4
up to 450	5
from 45	6

Sections： A-A　B-B　C-C　D-D

图 8-9　键槽的结构和形状

2. 环氧树脂胶黏剂连接

沿海及内河船舶的螺旋桨直径 $D < 4.5$ m 时，允许采用有键环氧树脂胶黏剂安装，即同时采用键连接与环氧树脂胶合连接。此时对桨毂锥体的接触要求、键和桨毂键槽的配合要求可适当降低；小型船舶的螺旋桨直径 $D < 1.5$ m 时，允许采用无键环氧树脂胶黏剂胶合安装。要求在桨毂锥孔两端长 40~60 mm 环形面积上与艉轴均匀接触，色油检查在 25 mm×25 mm 面积上接触沾点不少于 2 个。此种连接方式省去键和键槽及大量的刮研工作。现在广泛用于内河及沿海中、小型船舶，如图 8-8(b)所示。

3. 油压无键套合连接

目前国内外新造船舶的螺旋桨与艉轴均采用油压无键套合连接。它是把桨毂锥孔内表面车有螺旋槽的螺旋桨装在艉轴上，如图 8-8(c)所示。利用油泵 13 将高压油从桨毂上的油孔打进桨毂锥孔与艉轴锥体配合面之间，使桨毂和轴产生弹性变形，即锥孔胀大而桨轴收缩，二者之间的间隙增大。利用油泵 14 的高压油使千斤顶 9 产生的轴向推力把螺旋桨推至艉轴上规定位置。放掉高压油后，桨毂锥孔与艉轴的弹性变形消失形成过盈配合，从而可传递较大的扭矩。

用油压安装无键螺旋桨时，关键是螺旋桨套合到艉轴上的轴向推入量 s。保证桨在艉轴套合后正常运转所需的推入量为推入量 s_1；套合后产生的应力为螺旋桨材料屈服极限的 70% 时的轴向推入量为最大推入量 s_2。油压无键套合安装螺旋桨时，桨在艉轴上的轴向推入量 s 应在 s_1 与 s_2 之间，即满足下式：

$$s_1 \leqslant s \leqslant s_2$$

最大与最小轴向推入量 s_2、s_1 的计算公式参见《钢质海船入级规范》或《船舶轴系、螺旋桨和舵系修理技术标准》。油压无键套合连接方法是目前国内外最先进的安装工艺，省去键和键槽及大量的刮研工作，使螺旋桨与艉轴连接可靠，拆装方便。

第五节　船用螺旋桨的失效与维修

螺旋桨的缺陷主要发生在桨叶上,常见的缺陷有腐蚀、裂纹、断裂、变形等,并且有些缺陷还会引起船舶在航行中出现异常现象。

一、航行中螺旋桨常见的故障

1. 螺旋桨失去平衡

螺旋桨的材料不佳,铸造缺陷,桨叶受到严重的海水腐蚀,穴蚀和海生物的污损,或者碰到礁石、缆绳等,导致桨叶的剥蚀、变形,甚至桨叶丢失,使得螺旋桨各桨叶的质量不等,螺旋桨失去平衡。

螺旋桨失去平衡将会引起轴系和船体产生异常振动,引起艉轴承处产生敲击,甚至使得主机转速不稳等。船舶进坞时应注意检查螺旋桨各个桨叶,必要时对螺旋桨进行静平衡试验。

2. 螺旋桨鸣音

在螺旋桨产生的噪声中,有一种特殊现象,即航行中螺旋桨产生有节奏的"嗡、嗡"的声音。这种现象是由于螺旋桨回转时,在桨叶随边 $0.4R$(R 为螺旋桨半径)以外的部位产生有规律的涡流。在某几个转速下,涡流所引起的振动频率恰好与桨叶固有频率接近而产生共振,使螺旋桨发出鸣音。桨叶鸣音部位如图 8-10 所示。

消除螺旋桨鸣音的办法是通过改变随边 $0.4R$ 以外的涡流,使其引起的振动频率远离(大于或小于)桨叶固有频率,避免产生共振。具体方法是将桨叶随边 $0.4R$ 以外的 AB 部分加厚或减薄,或制成锯齿状、钻孔等抗鸣边缘。例如,将 AB 边缘减薄,则由涡流引起的振动频率将大于桨叶固有频率,避免了共振,有效地消除了鸣音。

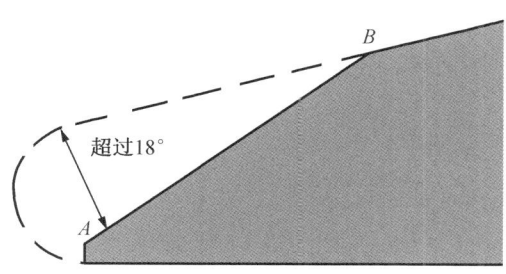

超过18°

图 8-10　防鸣音边

二、桨叶表面缺陷分布

1. 桨叶表面区域分布

根据缺陷在桨叶不同部位所造成的危害程度不同,通常将桨叶表面(压力面和吸力面)分为三个区域,如图8-11、图8-12所示。

图8-11为小侧斜螺旋桨的桨叶表面缺陷分区。图中,A区位于桨叶压力面0.4R以内范围;B区位于桨叶压力面0.4R~0.7R的范围和A区两侧边缘,吸力面0.7R以内范围;C区位于桨叶压力面和吸力面0.7R以外的部分。图8-12为大侧斜螺旋桨的桨叶分区。

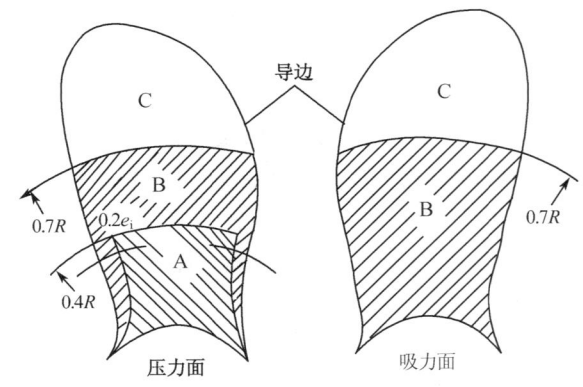

图8-11 小侧斜螺旋桨的桨叶表面缺陷分区

R—螺旋桨半径;e_i—弧长

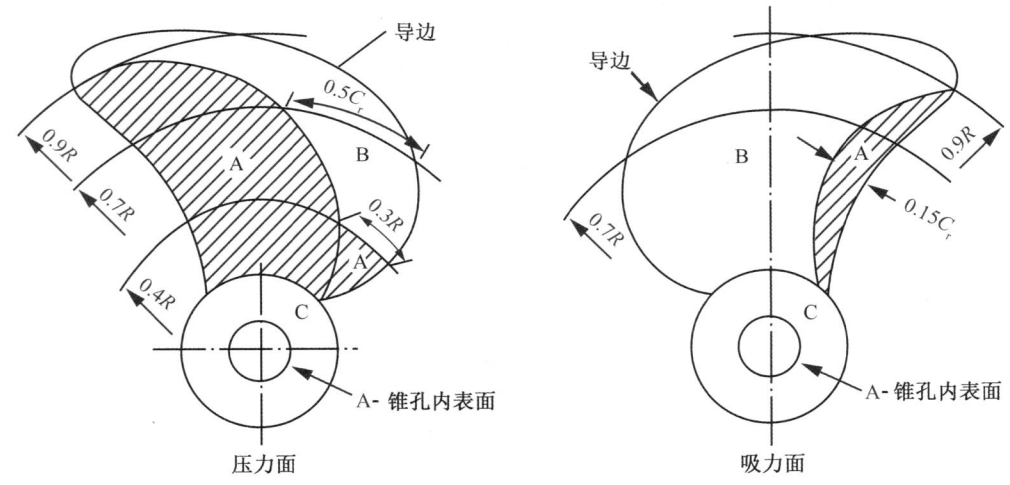

图8-12 大侧斜螺旋桨(侧斜角≥25°)的桨叶分区

2. 桨叶各区域允许的缺陷

表8-5示出了桨叶表面三个区域、桨毂表面、锥孔及键槽表面上所允许的缺陷类型、最大允许尺寸、150 mm×150 mm面积内允许存在的缺陷数量、缺陷间最小距离及缺陷密集的允许

面积。

表 8-5 桨叶各区域允许的缺陷(CB/T 3422—92)

缺陷位置	缺陷类型	最大允许尺寸 mm	50 mm×150 mm内允许的缺陷数量	缺陷排列的最小间距/mm	缺陷密集的允许面积/mm²
A 区	非线性	3.2	15	s	不大于各分区表面积的5%
B、C 区	线性	3.2	6	$4s$	
桨毂表面	非线性	3.2	20	s	
	线性	6.4	8	$4s$	
锥孔及键槽表面	非线性	6.4	15	s	
	线性	9.5	6	$4s$ 或 25（两者中取小者）	
	非线性	6.4	5	s	
	线性	9.5	3	$4s$ 或 25（两者中最小者）	

注:①线性缺陷指长度比大于 3 的缺陷。

②小于 1.6 mm 的非密布缺陷可不计入缺陷总数。

③当不存在线性缺陷时,非线性缺陷的数量可增加到两者允许存在的总和。

④s 为较大缺陷的尺寸。

三、螺旋桨的修理工艺

1. 腐蚀与磨损的检修

螺旋桨腐蚀主要是电化学腐蚀和穴蚀,磨损主要为湍急的水流和泥沙冲击桨叶表面所致。一般设计和制造质量良好的螺旋桨有一定的抗腐蚀和抗磨损能力。当桨叶上腐蚀和磨损的痕迹很深以及蚀损面积占总面积的 2/3 以上时,应将损坏部分割去换新。对于桨叶 0.5R 以外的部分,当其边缘蚀损深度不超过叶厚的 1/2、每侧宽度不超过叶宽的 1/4 时,可以进行焊补。对于微小的锯齿缺口,允许磨削光滑后继续使用。

桨叶边缘锯齿状的腐蚀缺陷深度如果不超过 10 mm,允许经过磨削光顺后继续使用,超过上述规定的应补焊修理。

桨叶表面的空泡腐蚀深度不超过 5 mm,允许将腐蚀面采用人工或机械方法将穴孔内的锈迹、污物清除,露出金属光泽,并用清洗剂清洗干净后涂抹高分子金属修补剂进行修理。

2. 焊补

A 区内的缺陷一般不允许焊补修理。若缺陷深度不超过 $t/40$（t 为局部叶厚,mm）或 4 mm,允许磨去两值中较大的缺陷。在特殊情况下必须焊补时,应采用特殊工艺措施并征得船级社同意。

B 区仅从外观考虑的小缺陷应避免焊补。若缺陷深度不超过 $t/30$ 或 3 mm,允许磨去两值中较大缺陷;需焊补时,应采用完善的工艺措施。

C 区的缺陷通常允许焊补修理,焊补工艺应符合规定。桨叶边缘的缺口如超过半径为

15 mm的圆弧时应进行修补。桨叶边缘和表面的微小缺陷允许磨去修光。

除C区边缘部位的小缺陷可就地焊补外,其他缺陷的焊补应将螺旋桨拆下进行,并尽可能使焊补部位处于平焊。焊补工艺为钨极氩气保护电弧焊(TIG焊)和熔化极氩气保护电弧焊(MIG焊),也可以采用手工电弧焊等。焊接材料应接近于母材的化学成分和机械性能。当化学成分和母材不一致时,应保证机械性能尤其是疲劳强度接近母材,并且有足够的耐腐蚀性能。焊条或焊丝要有关部门的验证。

焊前应加工出合适的坡口,清除焊补区域附近的氧化物、污物,并进行预热。预热温度应通过焊补处整个截面厚度,避免局部过热。不同材质螺旋桨的预热温度可参照表8-6。

表8-6　不同材质螺旋桨的预热温度、加热温度及退火温度

螺旋桨材料	焊补预热温度/℃	校正加热温度/℃	退火温度/℃
黄铜	150~400	500~800	350~550
青铜	50~200	700~850	450~850
铬镍不锈钢	100~250	200~450	—
铸钢	100~150	600~700	500~600
铸铁	600~700	—	650~700

不严重的穴蚀小孔及凹陷,在不便焊补时允许采用工业修补剂修补,使桨叶表面平整光顺。

一般裂纹在限定条件下允许采用钻止裂孔作为临时处理措施。裂纹严重时,如经多次大面积焊补修理后,因材料性能发生变化,再修补也难保质量时,则应采取换新办法。

焊补后金属堆高处应进行磨光,采用目测观察和着色探伤检验焊补质量。如有呈线状分布和长度或深度大于3 mm的缺陷应再次焊补修理。

焊补后,除镍铝青铜材料外,其他材料的螺旋桨均应进行消除应力退火处理。

3. 弯曲校正

桨叶的弯曲校正方法可分为锤击动载法和用千斤顶压重载等缓慢校正法。根据加热状态,又可分为冷态校正和热态校正。

(1)冷态校正

加热温度在250 ℃以下的校正为冷态校正。冷态校正适用于叶尖和桨叶边缘厚度小于30 mm处。在弯曲较小、截面厚度较薄处可以采用动载荷校正,否则采用静载荷校正。

(2)热态校正

热态校正适用于所有的情况,可用动载荷或静载荷,并且此方法修复的桨叶容易发脆,需要二次回火。热态校正加热温度如表8-7所示。桨叶校正处整个截面厚度应保持加热温度直到校正完毕。

表 8-7 热态校正加热温度(CB/ T3422—92)

螺旋桨材料	焊补预热温度/℃	校正加热温度/℃	退火温度/℃
黄铜	150~400	500~800	350~550
青铜	50~200	700~850	450~650
铬镍不锈钢	100~250	200~350	—
铸钢	100~150	600~700	500~600
铸铁	600~700	—	650~700

(3)退火处理

桨叶经校正后,除镍铝青铜外,其他材料的螺旋桨均应进行消除应力退火处理。退火温度如表 8-7 所示。

(4)校正后的检查

螺旋桨经冷态或热态校正后均应进行目测观察和着色探伤检查,并对缺陷进行修整,然后测量螺距直径,进行静平衡试验,以便保证螺旋桨的修复质量。

第六节 船用螺旋桨的检验

对于新造或经过修理的螺旋桨,根据需要进行静平衡检验、螺距测量和切边处理。

一、螺旋桨静平衡检验

引起螺旋桨静不平衡的原因主要有三个:

一是螺旋桨在制造与维修过程中,各叶片的几何形状不一,会造成叶片净重不等、叶片夹角不等、螺距不符合图纸要求等等,使得螺旋桨的重心不在其转动轴上;

二是在船舶航行中,搁浅或与坚硬物体的碰撞,或者材质本身缺陷等,叶片弯曲、卷边、变形,甚至断裂,使螺旋桨失去平衡;

三是螺旋桨工作过程中,长期受水力冲刷或被海水腐蚀,叶片间产生质量偏差,也会使螺旋桨产生不平衡。

当螺旋桨回转时,桨叶质量不平衡就会引起离心力和不平衡力矩的产生,造成螺旋桨不平衡。螺旋桨不平衡不仅会使艉轴和艉轴承磨损增加,而且还会引起轴系和船体的振动。因此,在螺旋桨的制造与修理过程中,必须进行静平衡检验,确定偏心质量的大小及方位,进行磨削、挖补,将不平衡质量控制在允许范围内。

1. 固定螺距桨的静平衡检验

（1）卧式静平衡检验法

卧式静平衡检验法，也叫平衡轴滚动检验法。试验时，把螺旋桨安装在专用平衡心轴上，再将此带桨的心轴置于试验支架上，如图 8-13 所示。静平衡装置的心轴的摩擦力矩应不大于：

$$M \leqslant G \cdot R/2 \tag{8-6}$$

式中：G——计算挂重，kg；

R——螺旋桨半径，m。

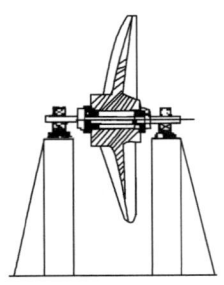

图 8-13　螺旋桨卧式静平衡检验法

为了保证测量精度，在螺旋桨的静平衡检验中，一定要按以下步骤实施：

第一步，螺旋桨在做静平衡检验之前，应先进行随遇平衡检验（俗称"粗找平衡"）。以不小于 10 r/min 的速度转动桨叶，待其自然停止，逐个在最轻的桨叶叶梢中心加重块 g_1、g_2、g_3、g_4，使每个桨叶任意旋转后，都能停在任何位置。

第二步，精找平衡。随遇平衡合格后，重块不取下，将 1 号叶转到一侧 90°位置停止后，在 1 号桨叶梢中心加一个最小以能够转动桨叶的重物 Q_1，使桨叶能慢慢转到最低点，取下 1 号桨叶重物 Q_1。再分别对 2、3、4 号桨叶用同样方法，找出能转动和停止在与 1 号桨叶相同位置的（误差 α 不得超过±5°）各桨叶的最小重物 Q_2、Q_3、Q_4。再各自加上随遇平衡时的各组重块 g 的质量之和，就是静平衡实际差值。

计算挂重应符合船级社批准图纸的要求。如图纸没有规定，则取下面两式计算所得的较小值（按国际标准 ISO 484/1—1981 的要求）：

$$[P] = C \cdot \frac{m}{R \cdot n^2} \tag{8-7}$$

或

$$[P] = k \cdot m \quad (kg) \tag{8-8}$$

式中：$[P]$ 为最大允许不平衡挂重质量，kg；m 为螺旋桨质量，kg；R 为螺旋桨半径，m；n 为螺旋桨转速，r/min；

C、k 为系数，按螺旋桨转速 n 及螺旋桨级别系数 k 而定（见表 8-8）。当 $n \geqslant 180$ r/min 时，$C = C'$；当 $n < 180$ r/min 时，$C = C'(n/180)^2$。

表 8-8　系数 C'、k 的值

级别	S 级	1 级	2 级	3 级
C'	15	25	40	75
k	0.0005	0.001	0.001	0.001

当螺旋桨直径 $D \leq 1.5$ m 时,可以简单按下列公式计算 P 值:

$$P = 0.025D^2 - 0.02 \tag{8-9}$$

式中:P——计算挂重,kg;

D——螺旋桨直径,m。

当桨叶上不平衡质量 P 超允许值 $[P]$ 时,通常对质量较大的桨叶进行修整,在该桨叶叶背距边缘不少于 1/10 叶宽处铲削桨叶金属,但铲削后桨叶截面厚度应在允许范围之内,静平衡检验符合要求。

平衡轴滚动法检验螺旋桨静平衡较为直观、简单,但是测量精度不高,操作不方便。这主要是因为:①从测量原理上说,心轴过重、轴线弯曲、轴承摩擦力矩均会降低测量精度。②从组装程序上,螺旋桨重达几十吨甚至更重,心轴约重 1 t,进行组装时,既费力、费时,又存在安全隐患。特别是随着螺旋桨的尺寸和质量的增大,就要求大直径、高强度的心轴与之相匹配。而心轴质量过大不仅会增加装拆的难度,而且会加剧其自身的弯曲变形,会进一步降低整个平衡机的检测精度。③ 从装置上讲,每使用一次便要装拆一次,由于锥形顶块、锁紧螺母、滚动轴承与心轴的配合间隙很小,当配合面上有划痕、凸起、锈迹、污物时,便会造成装拆困难。因此,这种方式只适用于小型船用螺旋桨。

（2）悬挂法立式静平衡试验

悬挂法立式静平衡机（见图 8-14）仍然保留传统卧式平衡机的锥套和心轴的定位作用,但是通过采用球面静压轴承、液压驱动承载来支撑整个被检测的螺旋桨,而不是心轴来支撑螺旋桨（心轴只起到定位、定心作用）。

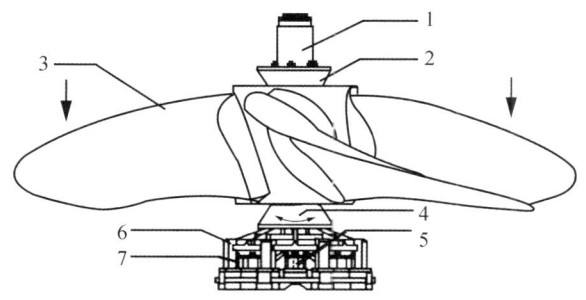

图 8-14　悬挂法立式静平衡机

1—心轴;2—锥套;3—螺旋桨;4—静压球面轴承;5—油缸;6—支撑座;7—平衡检测气缸

悬挂在支撑座上方的横梁上的螺旋桨固定在静压球面轴承上,实现了悬浮状态下的无摩擦支撑,提高了大型螺旋桨的静平衡检测精度。悬挂法立式静平衡机主要由以下四个部分组成。

悬挂系统主要由大型横梁、钢丝绳、滑轮、电机以及控制器组成,位于平衡机支撑座上方,方便了大型螺旋桨的装拆。

定心系统主要由双锥套、心轴和液压锁紧装置构成。通过双锥套使心轴与螺旋桨实现自动对中,然后在保证螺旋桨与悬浮筒有足够的同心度的情况下,采用液压锁紧装置把二者进行锁紧。

悬浮、液压系统是悬挂法立式静平衡机的最关键部分,主要由液压油、悬浮筒、油压缸和球面静压轴承组成。该系统的功能首先是向球面摆动副供油,使摆动副间形成一定压强的油膜隔离层,并具有较大的承载能力和较小的运动摩擦;其次是向支撑油缸供油,构成测量初始调心及校正的辅助支撑;最后是向锁紧及心轴对中系统供油,保证锁紧及浮动对心。

该装置能使螺旋桨通过双锥自动对中,以极高的同心度套在悬浮筒上,并通过液压锁紧装置与悬浮筒锁紧,悬浮筒和螺旋桨整体在油压的作用下,悬浮在球面静压轴承的球体上,形成摆动副,这样就可以通过悬浮筒的摆动反映螺旋桨的静不平衡状态。

控制与测量系统通过计算机、信号采集卡、平衡检测气缸以及传感器实现对静平衡信号的采集、分析和处理。

工作过程:工作时,首先由起重设备将螺旋桨吊装在支撑油缸的支撑盘上,经对中后与悬浮筒锁紧为一体,液压系统向悬浮筒供油,其次支撑油缸回落,使螺旋桨及悬浮机构处于静压悬浮状态,由于静不平衡的作用,螺旋桨会向某个方向摆动,摆动的方位角就代表了附加质量的方向,而摆动的幅度则反映了静不平衡的程度。摆动幅度和方向可通过计算机检测系统得到,由此可对螺旋桨进行打磨、校正。

2. 可调螺距桨的静平衡检验

可调螺距桨的桨毂和桨叶是分别浇铸和加工的,因此需分别对桨毂和桨叶进行静平衡检验。

桨毂在实际使用中,一般不会发生变形和净质量损失,所以,通常只需对其进行外观检查。而桨叶远离螺旋桨桨轴中心线,其不平衡对整桨的不平衡度的影响最大。因此,可以认为单个叶片静平衡,是整桨静平衡的基础,其平衡试验方法和允许的不平衡度,直接关系到整桨的静平衡。

可调螺距桨在工作时,各桨叶不仅要以桨轴为轴中心线做圆周运动,而且要以桨叶转轴为轴线做回转运动,所以各桨叶对轴中心线的总力矩由两个方面组成。因此,单片桨叶的静不平衡量的测量,实际上就是通过不同的方法测量出单片桨叶的质量 m 和重心位置(Y,Z),如图8-15所示,然后计算出力矩 $M_Y=m \cdot Y$(单个桨叶对桨轴旋转中心线的静不平衡力矩)和 $M_Z=m \cdot Z$[单个桨叶对桨叶法兰中心线(或参考线)的静不平衡力矩]的大小。

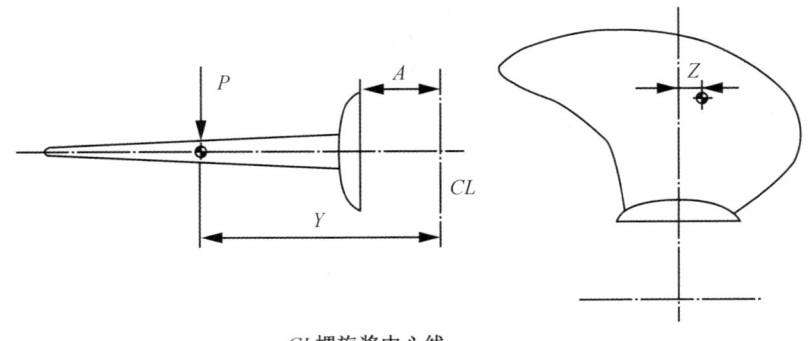

CL螺旋桨中心线

图 8-15 单片桨叶的静不平衡测量

具体的测量方法有三种,即单点支撑静平衡试验方法、二点支撑静平衡试验方法和三点支撑静平衡试验方法。

二、螺旋桨螺距的测量

凡是桨叶产生严重弯曲经校正后、桨叶断缺新做断块对接焊后、桨叶裂纹较长焊补修理后,及大面积空泡腐蚀经焊补后,该桨叶必须进行螺距检测。

测量螺旋桨螺距时,把桨平放在平整的地上,桨叶叶面朝上,随后将螺距规安装在桨毂的锥孔中,调整螺距规的中心线使其垂直于桨毂端面,最后固紧在上面,如图 8-16 所示。

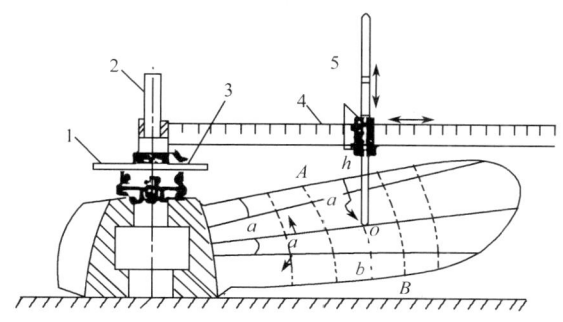

图 8-16　测量螺旋桨的螺距
1—刻度盘;2—心轴;3—指针;4—水平尺;5—量杆

(1)测量螺旋桨半径 R

将螺旋桨上的螺距规量杆水平移至桨叶的最外边缘处,并绕中心回转一周,检查量杆是否与其他桨叶相接触。量杆在桨叶最外边缘处,则该桨叶的长度即为螺旋桨的半径 R。

(2)测量局部螺距 h'

局部螺距是根据桨叶上任意半径截面上任意角度对应的部分螺距值所计算出的螺距。测量时,一般要在桨叶上 $0.3R$、$0.4R$、$0.5R$、$0.6R$、$0.7R$、$0.8R$、$0.9R$ 等截面中任选一截面,在此截面上任选三点 a、o、b,如图 8-16 所示。先将量杆 5 移至 o 点,记录下量杆高度数值 h_o,然后将水平尺绕心轴 2 转过选定角度 α,使量杆 5 与叶面上 a 点接触,记下量杆读数 h_1,则该半径截面上 o、a 两点所对应的 α 角的部分螺距值为高度差值 h_o-h_1。由此计算出局部螺距 p'。同样方法测出水平尺绕心轴 2 转过 2α 后量杆 5 与 b 点相接触,记下高度数值 h_2。求出 o、b 两点对应的 2α 角的部分螺距值 h_2-h_o。由此计算出局部螺距 p''。α 角度可从刻度盘上读出,为便于计算一般均取 α 为 360°的因数。

螺距的计算方法是根据桨叶推力面截面线型来选取的。

最常见的螺距截面为直线的桨叶(见图 8-17)螺距计算公式如下:

$$p = \frac{360}{a}(h_2 - h_1) \tag{8-10}$$

式中:α——被测两点夹角,°;

h_1、h_2——两个被测点的高度,mm。

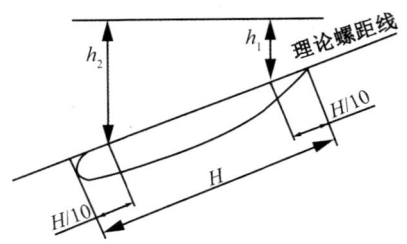

图 8-17　正常螺距截面

如果桨叶螺距截面为直线,但导边有较大的弧度(见图 8-18),桨叶图纸上有 X-Y 坐标数值表。此时截面螺距计算公式为:

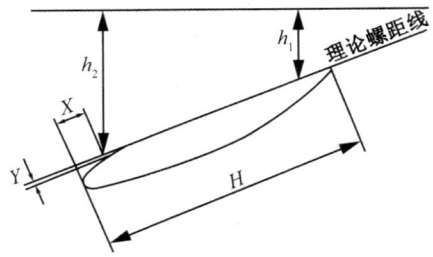

图 8-18　导边有较大弧度螺距截面

$$p = \frac{360}{a}[(h_2 - Y) - h_1] \tag{8-11}$$

如果螺距截面为凸形(见图 8-19),截面螺距按下面的公式计算:

$$p = \frac{360}{a}[(h_2 + y_2) - (h_1 + y_1)] \tag{8-12}$$

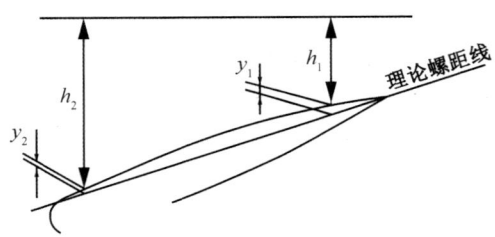

图 8-19　凸形螺距截面

如果螺距截面为凹形(见图 8-20),截面螺距按下面的公式计算:

$$p = \frac{360}{a}[(h_2 - y_2) - (h_1 - y_1)] \tag{8-13}$$

如果螺距截面为曲线型,但没有原始资料时,经验船师同意,可不必追究实际螺距值,采用第 1 条的公式代替计算。

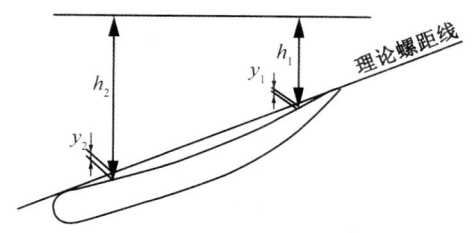

图 8-20　凹形螺距截面

（3）截面螺距 p_i

桨叶上同一半径截面上的局部螺距的算术平均值即为该半径截面的截面螺距 p_i。测得同一截面上几个测量点的局部螺距 p'、$p''\cdots$，计算其算术平均值，即得该半径截面的截面螺距 p_i：

$$p_i = (p' + p'' + \cdots)/n \qquad （mm） \tag{8-14}$$

式中：n——测得同一截面上的局部螺距数目。

（4）桨叶平均螺距 P_i

测量并计算出桨叶上各半径截面的截面距 P_i，计算其算术平均值则得到该桨叶的平均螺距 P_i。

（5）螺旋桨总平均螺距 P

测量并计算出螺旋桨各桨叶的平均螺距 P_i，计算其算术平均值，即得该螺旋桨的总平均螺距 P。

修理后的螺旋桨的半径和各种螺距的偏差应不超过表 8-9 的规定数值（以设计值的百分数表示）。偏差值为设计值与实测值之差。

表 8-9　螺旋桨的半径和各种螺距的偏差值（设计值的百分数）

螺旋桨级别 偏差	Ⅰ 级	Ⅱ 级	Ⅲ 级
螺旋桨半径 R	±0.5%	±0.75%	±1%
截面螺距 p_i	±2.5%	±3.5%	±5%
桨叶平均螺距 P_i	±1.5%	±2.5%	±4%
螺旋桨总平均螺距 P	±1%	±2%	±3%

三、螺旋桨切边处理

对于已设计的最佳效率的螺旋桨，在实际运行时可能存在机桨匹配不理想的情况，即螺旋桨"过重"或"过轻"。

螺旋桨"过重"或"重负荷"是指在船-机-桨平衡系统中某些因素的变化导致负荷变大，螺旋桨处于重载状态。此时螺旋桨的特性曲线变陡，如图 8-21 中的曲线 Ⅰ 所示。如果 a 点是正确的机桨配合工作点，螺旋桨"过重"时柴油机工作在 b 点，柴油机转速、功率下降。此时柴油机工作在大转矩、低转速工况下,其热负荷较高,对柴油机的可靠性影响很大,柴油机的功率未得到充分发挥。

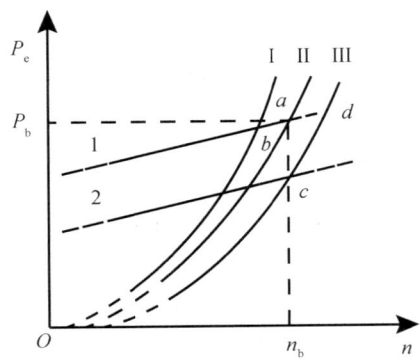

图 8-21　航行工况(船舶阻力)对机桨配合点的影响

引起重载的因素包括船舶阻力增大(重载、污底、逆风、顶流、浅水窄航道航行等)、主机能力降低、螺旋桨设计不正确、船舶改建(加长或增大吃水)或运动状态改变(系泊、起航、转弯、倒航等)。

相反,如果螺旋桨"过轻"(如顺风、顺流、压舱航行等),其特性曲线变得平坦(如图 8-21 中的曲线Ⅲ所示)。此时如果柴油机仍按原速度特性工作时,则工作点变到 d 点,柴油机的功率、转速均大于原功率和转速,会使得柴油机的机械效率下降和机械负荷过大(由运动部件惯性力增加引起)。为了使柴油机转速不致太高,则要减少循环供油量,在额定转速时其工作在 c 点。此时柴油机工作在部分负荷速度特性下,柴油机不能发出其全部功率。

对于负荷过重的螺旋桨,除了采取减速航行外,还可以根据其原因采取相应的措施,例如船体清污、主机维修、改变螺旋桨螺距等。改变螺距可以重新设计制造螺旋桨,但是既经济又可行的办法是对旧的螺旋桨进行改造,即边缘切割,改变螺旋桨的推进特性,从而使船-桨-机获得合理匹配。

根据切割部位的不同,切割螺旋桨的方法主要有以下三种:

(1)直径切割法

这种方法是沿着桨叶的叶稍部位进行切割(见图 8-22),以减少推力面积。一般直径切割量应该控制在 5% 以内,在该范围的内切割对航速的影响比较小,而对转速的影响比较敏感。但是这种方法使得螺旋桨偏离最佳直径,从而导致螺旋桨敞水效率降低。

(2)随边切割法

这种方法是沿螺旋桨的随边进行切割(见图 8-23),使桨叶剖面的实际攻角减小,减小桨的实际螺距,在同一功率下使桨的转速提高,改变主机工况,降低主机油耗。螺旋桨切割随边可以保持直径不变,使推进效率不会降低,但同时因盘面比减小,容易产生空泡。

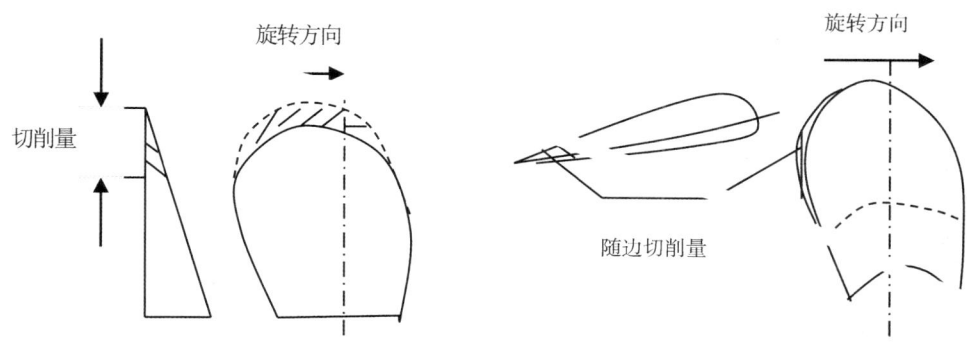

图 8-22 直径切割法　　　　　　　图 8-23 随边切割法

随边切割法通常是沿螺旋桨桨叶随边切削去一条带,切削量可以从 $0.4R \sim 0.5R$ (R 为螺旋桨半径)开始向叶梢延伸,而桨叶的根部不宜切割,以保证桨叶强度。

切割量与转速变化量间的关系如下式:

$$\left(\frac{\Delta b}{b}\right)_{0.7} = \frac{0.003\ 8 \cdot \eta_0 \cdot p_s}{\left(\frac{N}{60}\right)^4 \cdot D^5 \left[0.907 \frac{\partial K_Q}{\partial\left(\frac{A_E}{A_0}\right)}\left(\frac{A_E}{A_0}\right) - \frac{\overline{\Delta K_Q \cdot Z}}{\frac{A_E}{A_0}}\right]} \times \Delta N \tag{8-15}$$

式中: $\left(\dfrac{\Delta b}{b}\right)$ 为 $0.7R$ 处桨叶的切割量与弦长之比; $\dfrac{A_E}{A_0}$ 为原桨叶的盘面比; Z 为桨叶数; η_0 为轴系效率; P_s 为主机功率(kW); N 为螺旋桨每分钟转数。

式中的 $\dfrac{\partial K_Q}{\partial\left(\dfrac{A_E}{A_0}\right)}$ 和 $\overline{\Delta K_Q}$ 分别可按下式进行计算:

$$\frac{\partial K_Q}{\partial\left(\frac{A_E}{A_0}\right)} = \frac{0.247}{(0.1\delta)^5} \cdot \frac{\partial(B_P^2)}{\partial\left(\frac{A_E}{A_0}\right)} \tag{8-16}$$

式中: δ 、 B_P 为螺旋桨设计图谱中的计算系数。

$$100 \Delta K_Q = -\sum_{\substack{x=0 \\ y=0}}^{N} B_{xy} \eta_0 j^y \tag{8-17}$$

j 为进速系数; B_{xy} 、 x 、 y 分别为回归系数,由有关文献根据不同的桨型查得。

通常叶片边缘切割量不超过 10%。无论切割导边或随边均应在压力面对切割后的叶片进行修正。

实际应用通常都是采用直径切割与随边切割相结合的做法(见图 8-24),尤其对转速下降较多的船舶。切割后,进行螺旋桨随边修整(见图 8-25),然后进行打磨、螺距测量和静平衡检验。

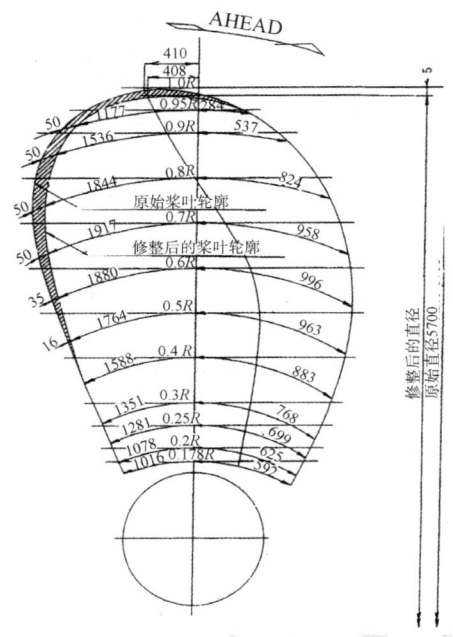

图 8-24　随边切割后的修整

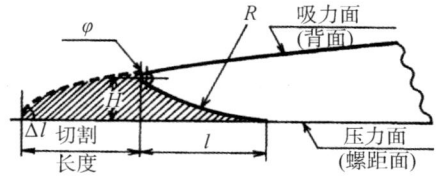

图 8-25　直径切割与随边切割相结合的切割方法

第九章

船舶主柴油机的安装与校中

　　船用小型柴油机,通常采用整机吊装工艺进行安装,大型船舶的柴油机,在起重能力及码头设施具备条件的情况下,也可采用整机吊装。目前大多数船厂由于受起重能力、运输和码头条件等方面的限制,对大型柴油主机大多采取组装吊运办法。即主机在制造厂经验船师、船东代表验收后,将主机拆成若干大部件,经油封保养后装箱发往造船厂,造船厂再按工艺阶段将部件吊到船上进行组装。

　　本章主要介绍作为船舶主机的大型低速柴油机主要零部件在船上的安装与校中,主要包括机座的定位与安装;机架、气缸体和贯穿螺栓的安装;固定仵相互位置的校中;运动件与固定件相互位置的校中等。

第一节　机座的定位与安装

主机机座的作用主要包括:

(1)机座用于安装机架、曲轴、活塞、气缸盖等部件,能承受这些部件的重量。

(2)机座上装有主轴承,用以安装曲轴。机座与机架构成了曲轴旋转的空间。

(3)机座可作油池用,收集和盛储滑油。

(4)机座能承受各运动部件所产生的惯性力。

为了满足上述用途,要求机座有足够的强度、刚度。如果机座变形,将导致上述运动件发生故障或加速磨损。

一、机座在机舱中位置的确定

1.按轴系理论中心线定位

在确定轴系理论中心线后,先安装主机,然后以主机输出轴的轴心线为基准,加工艉柱毂孔,装艉轴管、艉轴及螺旋桨等。待船舶下水后,再安装中间轴。这种工艺顺序的特点是主机各部件的安装可以最大限度地与轴系安装同步进行,缩短主机、轴系的安装周期,因此,对于大型船舶的安装极为有利。

主机机座按轴系理论中心线定位:机座首、尾位置(轴向)依照机舱布置图确定,即以机座上曲轴首(尾)法兰或机座地脚螺栓孔相对于船体某号肋位的距离来确定;高低、左右位置依轴系理论中心线确定。可采用光学仪器进行校中。

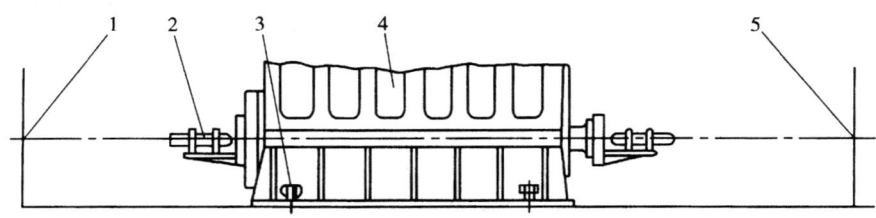

图 9-1 用两台投射仪校中主机
1—后基准点;2—投射仪;3—调节螺钉;4—主机;5—前基准点

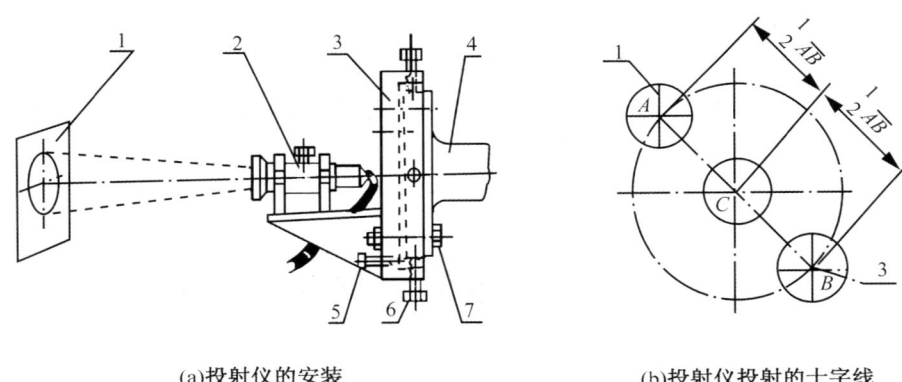

(a)投射仪的安装 (b)投射仪投射的十字线

图 9-2 校准投射仪(a)投射仪的安装;(b)投射仪投射的十字线
1—白纸;2—投射仪;3—夹具;4—曲轴法兰;5、6—调整螺钉;7—固定螺栓

双投射仪校中法:在机座曲轴首、尾法兰上分别安装投射仪,如图9-1所示,校中时:

第一步,校准投射仪位置,采用逼近法逐步使投射仪投射光束成为曲轴中心线的延长线,如图9-2。调整方法:

①用一张白纸贴于基准点所在(或规定的)平面上;将投射仪主光柱十字线中心投射到白纸上,得一点 A;

②旋转曲轴180°,在白纸上得点 B;连接 AB,平分 AB,得中点 C;

③用螺钉 5 和 6 调整投射仪位置,使投射仪投射出的主光柱十字线中心与点 C 重合;

④旋转曲轴 180°,看投射仪投射出的主光柱十字线中心与 C 点是否还重合,如不重合,再重复②、③步骤,直至重合或误差在规定范围为止。用螺钉 7 固定投射仪不动。

第二步,调节可调支承与左右调位工具使两投射仪光束十字线分别与机舱前、后隔舱壁上的基准点重合,即光束与轴系理论中心线重合,也就是曲轴中心线与轴系理论中心线重合。机座位置准确定位。

单投射仪校中法:在曲轴尾端法兰支架上安装投射仪。

第一步,校准投射仪位置。调节支架位置使投射仪光束在曲轴中心线延长线上;

第二步,在机舱后隔舱壁和艉轴管后方分别设置光靶,以光靶十字线为基准点(在轴系理论中心线上)。调节机座可调支承和左右调位工具使投射仪光束十字线分别与两个光靶十字线重合,则曲轴中心线与轴系理论中心线重合,机座位置得以准确定位。

为了保证轴系准确安装,要求所加工制造的中间轴中有一节中间轴的长度由安装实测尺寸确定。

2.根据轴系法兰定位

在船台上先安装轴系,船舶下水后,再以轴系为基准安装主机。

当轴系已经按轴系合理校中计算书中各对法兰上的偏中值安装后,通过调节机座位置使曲轴输出端法兰与第一节中间轴首法兰的偏中值符合校中计算书中确定的数值,误差在允许范围之内,机座位置准确定位。允许误差:偏移值 $|\delta|$ 不大于 0.1 mm;曲折值 $|\varphi|$ 不大于 0.1 mm/m 或开口值 s 不大于 $10^{-4}D$(D 为法兰外径,mm)。

这种方法容易使主机的输出轴回转中心与轴系回转中心同轴,可以方便地找正主机位置,同时,由于是下水后安装主机,避免了下水后船体对主机安装质量的影响。这是长期以来一直沿用的一种安装工艺,这种方法的缺点是生产周期长。

二、机座的安装

1.底座位置的确定

机座安装固定在底座(基座)上,底座一般位于船体双层底上。机座在定位前应完成底座的准备工作。

(1)底座的结构

底座的结构形式很多,随柴油机机座结构不同而不同。中、小型柴油机机座底部有凸起的油底壳,常用型钢与钢板焊制底座,将其焊装在船体双层底上以支承机座,如图 9-3(a)所示。若船体无双层底结构,则底座直接焊装在船体底部。大型柴油机机座底部为平面时不需另制底座,船体双层底为加厚钢板,机座直接定位安装其上,如图 9-3(b)所示。目前,有的大型柴油机机座底部亦有凸起的油底壳结构,为此船体建造时将底座与双层底焊成一体,以简化底座结构。

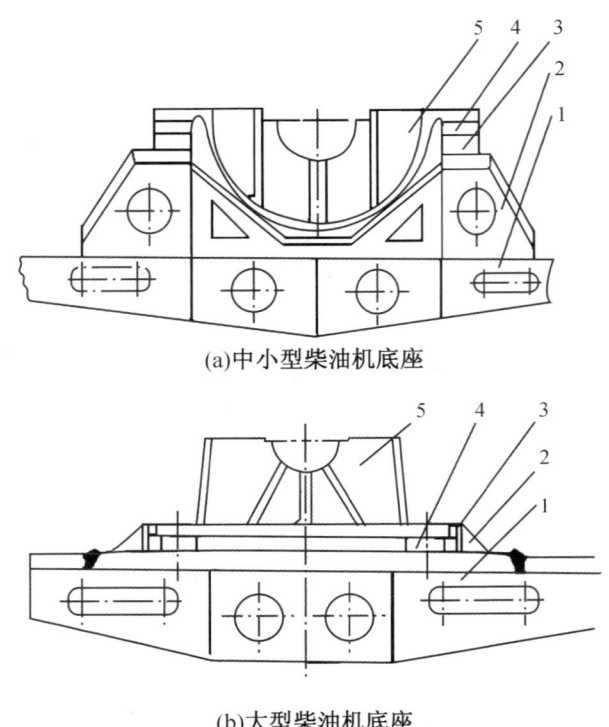

(a)中小型柴油机底座

(b)大型柴油机底座

图 9-3　底座结构形式

1—具有加强板的双层底；2—侧向定位活动垫片支座；3—侧向定位活动垫片；4—活动垫片；5—机座

（2）底座的位置

底座位置是以轴系理论中心线为基准焊装在双层底上,其首尾方向位置按底座支承面端部至机舱隔舱壁的距离而定,允许偏差为±10 mm。底座焊装后应对其位置进行检验,通过机舱前、后隔舱壁上的轴系理论中心线的基准点拉钢丝线,钢丝线在底座平面上的垂直投影线为检验底座位置的基准。在底座平面上划出底座对称中线,测量其与投影线之间的距离 Δ 即为底座位置偏差值,允许偏差±5 mm,如图 9-4 所示。

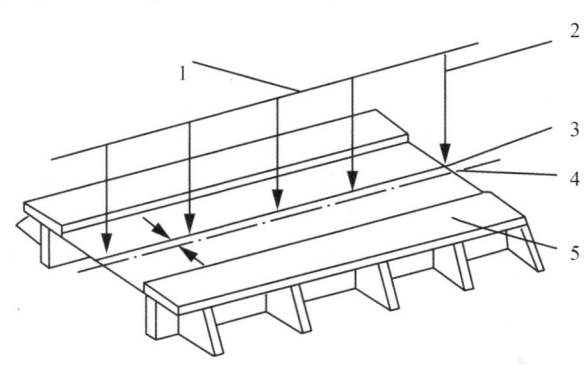

图 9-4　底座位置的检验

1—轴系理论中心线；2—铅垂线(钢丝线)；3—轴系理论中心线的投影线；4—底座对称中心线；5—底座面板

底座应具有合适的高度,以保证机座垫块厚度符合要求。底座面板(或支承平面)至轴系理论中心线之间的距离 H 与主机中心高度 h(即曲轴中心线至机座底面的距离)之差等于机座垫块厚度。底座高度过大或过小会直接影响垫块厚薄。

2.机座垫块

机座垫块分为固定垫块和活动垫块。船用主机常采用钢质或铸铁矩形垫块、环氧垫块。船用副机或辅机除上述两种垫块外,还采用弹性支承。

（1）固定垫块

无论大型机还是中、小型机,主机以采用矩形垫片为最多。矩形垫片一般都由铸铁或锻钢制造,两平面经机械加工并留有 $0.1\sim0.2$ mm 的研磨余量,垫片的厚度一般为 $16\sim75$ mm。加工成具有 $1:100$ 向外的斜度,焊装于基座面板上或双层底上,不仅减少基座面板的加工量,还可以调节基座的高度。

（2）活动垫块

一般多选用铸铁材料,最小厚度不小于 20 mm;钢质活动垫块的最小厚度不小于 12 mm。

垫块的实际厚度应在现场测量获得,虽然垫块的上下两面都是平面,但主机经校中后机座下各垫块的高度是不等高的,用内卡钳测量时精度较差,因此在加工垫块前需用专用的测量工具(内径百分表、垫块厚度测量器)来测量。

（3）环氧垫块

金属垫块在可靠性上是无可置疑的,但研磨垫块费时且劳动强度大,近年来船厂开始采用树脂垫片,以加快主机及轴系的安装速度。以环氧树脂为主要成分的环氧树脂垫块具有室温下黏度低、流动性好、浇铸后不沉淀、不分层、收缩率小、材质均匀、耐油、耐海水、不腐蚀、性能稳定和机械性能良好等特点。

树脂垫块所使用的树脂、稀释剂、固化剂也不尽相同,目前已有专门的企业为船厂提供树脂垫块的制作及安装服务。

树脂垫块的制作都是在已调整好的主机机座、轴系轴承下的空间内灌注树脂,以垫充机座或轴承下部空间。但在主机的飞轮端仍应用金属垫块,而主机自由端等部位可以用环氧树脂垫块。

环氧垫块在安装和使用中应注意以下几点:

（1）环氧垫块可承受的持续温度不超过 75 ℃;

（2）环氧垫块的厚度为 $15\sim50$ mm,较适宜厚度为 $25\sim35$ mm;

（3）环氧垫块的重量载荷(主机重量)应小于 0.7 MPa,较适宜的重量载荷为 $0.4\sim0.5$ MPa。重量载荷与螺栓预紧力之和应小于 3.5 MPa;

（4）环氧垫块面积一般应大于 130 cm^2,其边长一般应为 $10\sim60$ cm;

（5）环氧垫块所接触的表面应清洁,无油垢、锈斑和水分等;

（6）环氧垫块所接触的表面均应预先喷涂脱模剂,以便于垫块的更换。

3.机座定位的技术要求

对拆散吊装的主机,当机座吊装落位后,立即检查机座上平面的平面度和曲轴臂距差值,并调整到允许范围内。

机座定位安装必须保证机座上平面的平直,以保证机架、气缸体安装的正确。要求机座地脚螺栓均匀上紧后,机座上平面的平面度应与台架安装时平面度基本相符,或横向直线度应不大于 0.05 mm/m,纵向直线度应不大于 0.03 mm/m,机座全平面内平面度应不大于 0.10 mm。

机座定位并用地脚螺栓紧固安装后,要求曲轴臂距差满足以下近似公式,臂距差计算值 Δ:

$$\Delta = s/10\ 000 \qquad mm$$

式中:s——活塞行程,mm。

对整机吊装的主机,只须检查曲轴臂距差值。

4.机座的校中（或找正）

为实现机座定位的技术要求,需准确确定主机的位置。机座校中工艺是在底座准备就绪和在底座上安装好临时支承后进行,即按照轴系理论中心线调整好机座在机舱中的位置,保证曲轴中心线在轴系理论中心线上。

机座连同曲轴一起吊运机舱放置在可调临时支承上,并在机座首尾和左右两侧安装调位工具。通过调节机座下面的可调支承调节机座的高低位置,用首尾、左右水平调位工具调节机座的前后、左右位置。

小型柴油机多采用调节螺钉作为调位工具,如图 9-5(a)所示;大、中型柴油机的重量和尺寸均很大,多采用专用楔形调位工具,如图 9-5(b)所示。

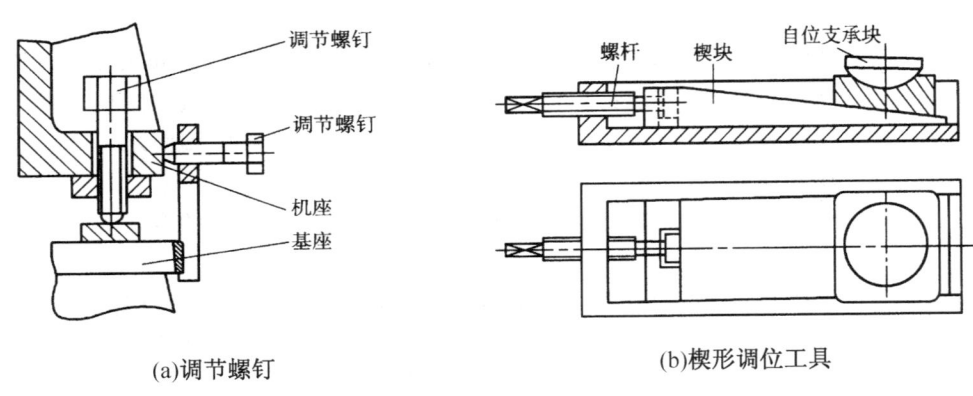

(a)调节螺钉　　　　　　　　　　(b)楔形调位工具

图 9-5　调位工具

5.机座的固定

（1）确定固定垫块和地脚螺栓孔位置

地脚螺栓孔位置的确定有两种方法:

①拉线法:以轴系理论中心线（船体中纵剖面线）为中心,在基座左右位置横向放置一根平尺,测出基座螺栓孔距中心线的位置（两边）,而后以机舱后舱壁距机座后端面为起点,按机座各螺栓孔分布尺寸划出基座上各螺孔的十字中线,如图 9-6 所示。

②样板法:用木板或铝板按机座上螺孔分布实际为样板进行制作,而后以轴系中心线及机舱后舱壁距机座后端面规定距离为基准,将样板放置在基座上划线定位（适用于成批建造）,如图 9-7 所示。

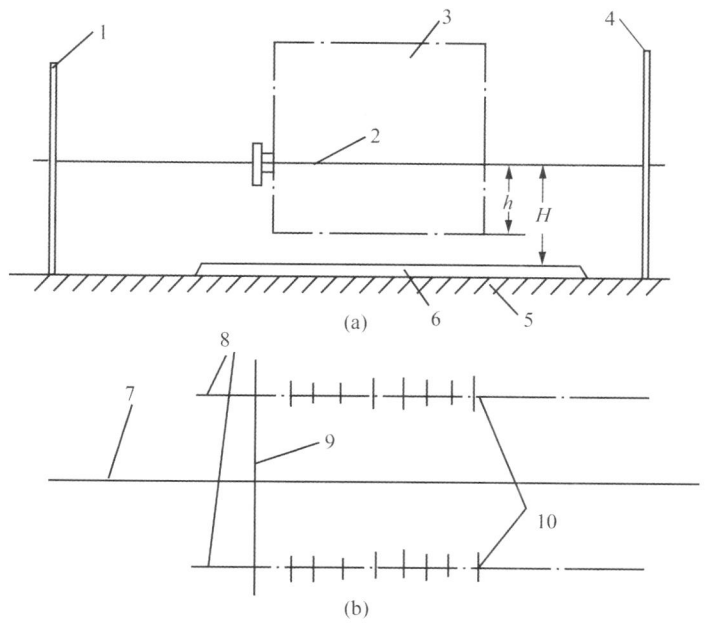

图 9-6　确定地脚螺栓孔的位置

1、4—机舱后、前舱壁；2—轴系理论中心线（钢丝线）；3—主机；5—双层底；6—底座；

7—主机纵向中心（钢丝线的投影）；8—左、右地脚螺栓孔纵向中线；9—纵向基准；10—地脚螺栓孔中心

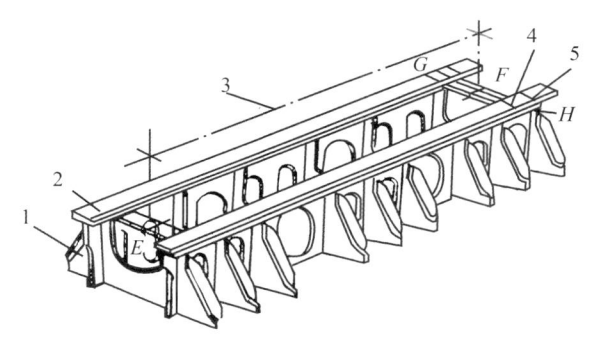

图 9-7　用样板在基座上划螺孔位置

1—基座；2—样板；3—轴系中心线；4—基座边框线；5—飞轮法兰端面线

（2）底座支承面的加工

固定垫块按照确定的位置焊装在底座面板上。底座支承面必须平整，保证与活动垫块紧密接触，以较好地承受主机的重量和作用力。为此应对底座支承面或固定垫块上平面进行加工，具体技术要求：

①底座支承面或固定垫块上平面应平整，用平尺和塞尺检测，厚 0.05 mm 的塞尺不应插进；

②底座支承面或固定垫块上平面应沿横向加工成自里向外倾斜的平面，倾斜度为 1∶100，以便于拆装；

③加工平面粗糙度 Ra 为 2.5～6.3 μm。

305

采用风砂轮和平板研磨等手工加工，亦可采用专用铣削设备加工。活动垫块应与主机机座底平面和固定垫块上平面研配，以保证它们的紧密接触。

根据具体要求在活动垫块、固定垫块及底座上钻或铰地脚螺栓孔。用液压拉伸器有顺序地固紧地脚螺栓。上紧后用小锤敲击检查上紧程度，以声音清脆为合格。

6. 整机吊装

对于质量较轻、体积较小的主机或主机与减速箱构成的主机组，一般都采用整机吊装的安装工艺。但是对于大型柴油机，如整机质量较大，体积又大，装配工作量大，人员上下立体交叉作业等，对安装质量及安全工作有很大影响。为此，先将整个柴油机以分段形式分开放置，并在各分段的各场所分别进行预装，然后把几个分段吊装合拢，装配成完整的动力装置。

若是外厂订货，考虑到交通运输的方便性，大都是拆成部件运输到船厂，再将部件分别吊运到舱内进行组装，即使是船厂自己制造的主机也要在权衡厂内运输和吊运能力，吊运上船的可能性和经济性后，才能决定是选择整体吊装还是解体安装工艺。

柴油机解体注意事项：

(1) 大型低速柴油机的生产批量较小，大件互换性差，多为单配，在解体前必须检查柴油机在制造厂试验台上总装时记录的各重要部位安装测量数据、试验合格证等有关出厂的证件，确认合格、船厂验收后方可着手进行分解工作。

(2) 解体时应先将柴油机附属设备以及仪表等拆下，并分系统挂好标签集中放置，各部件连接处必须打上明显的标记，供复装时对正定位。拆卸时，必须选用适当的工具，以免损坏零件。曲轴和凸轮轴等，必须放置好，以免变形。对部件间的接触面，拆下后应加以保护，落下时应垫上木质垫。

(3) 柴油机解体时，根据厂方吊运能力，部件应尽量保持完整，以减少复装工作量。例如，可将柴油机分成五块，分别为曲轴和机座（两块）、机架（带下平台）、缸体（两块，分前部和后部，包括空气收集器、空冷器和上平台）。

三、机座上平面的平面度检验

为了消除机座变形，保证上平面平直，应对机座上平面的平面度进行复验。机座上平面水平度及平面度的测量方法很多，常用的有拉线测量法、光学仪器法、液体连通器法和水平仪法等。

1. 拉线测量法

在机座四角安装四个拉线架，调节使之等高，用 0.30~0.50 mm 钢丝拉两条纵向平行线并挂重使其张紧，如图 9-8 所示。用内径千分尺测量机座上平面选定的各测量点至钢丝之间的距离，以检验机座上平面左右的平直度。同样，拉两条对角线，检查机座上平面有无翘曲变形，测量值应与台架测量值接近。

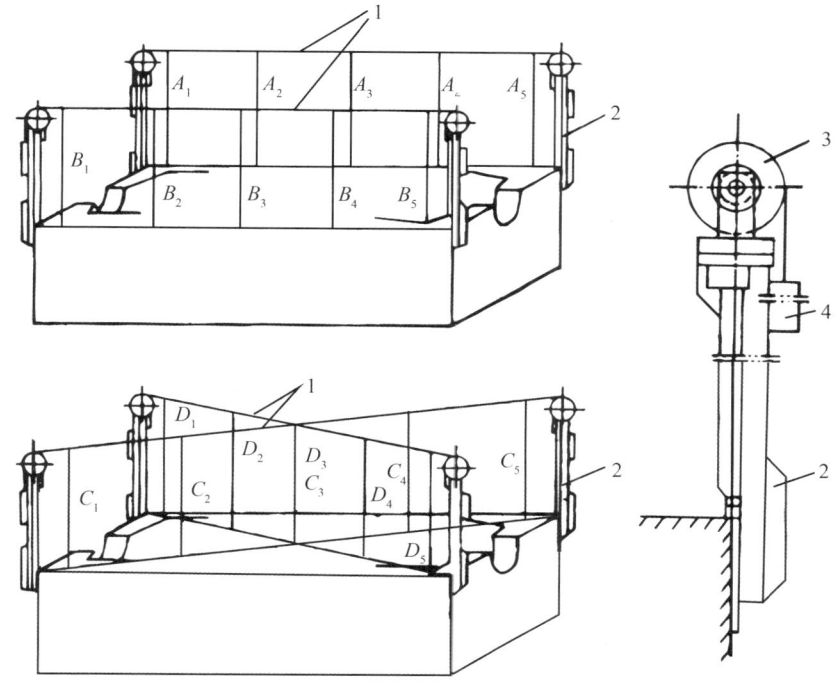

图9-8　拉线测量法示意图

1—钢丝绳；2—拉线架；3—滑轮；4—挂盘

测量时应注意以下几点：

（1）为减少温度影响，应在夜间、清晨或阴雨天测量；

（2）测量交叉钢丝线时，应在两线互不接触的情况下进行，以免影响测量精度；

（3）为消除钢丝下垂的影响应对测量值进行修正。图9-9示出钢丝线下垂及影响。依下式计算钢丝上第 i 个测量点的下垂量 Y_i：

$$Y_i = \rho \cdot X_i(L-X_i)/2T \quad （mm）$$

式中：ρ——钢丝线密度，g/m（直径0.3 mm，$\rho=0.56$ g/m；直径0.50 mm，$\rho=1.54$ g/m）；

　　　T——挂重质量，kg。

机座上平面第 i 个测量点实际变形量 Z_i 可按下式计算：

$$Z_i = H - Y_i - W_i \quad （mm）$$

式中：H——拉线架处钢丝端点至机座上平面的距离，mm；

　　　W_i——第 i 个测量点钢丝至上平面的实际距离，mm。

经修正后的机座上平面的平面度误差如不符合要求，可通过调节临时支承修正。机座上平面应完全平直，或在误差范围内略有上拱变形，但不允许下塌变形。

各点高度值的测量精度是一个十分重要的问题。以往采用普通的内径千分尺测量时，决定精度的重要因素是工人的熟练程度和操作手艺。目前已被一种特制的电接触千分尺所替代，而且在国内外已被广泛应用于柴油机的测量。图9-10所示为这种电接触千分尺的外形图和电路图。

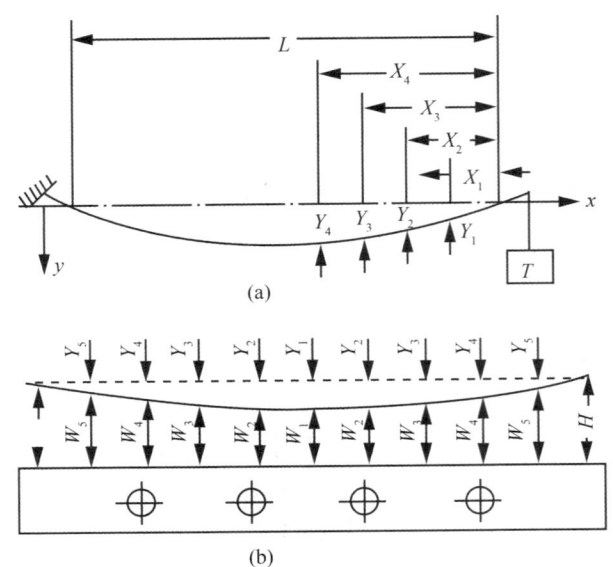

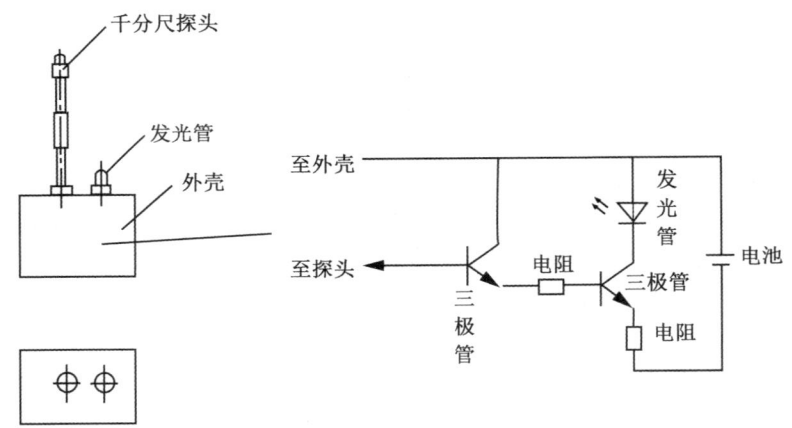

图 9-9　钢丝线下垂及其对实际平面度的影响

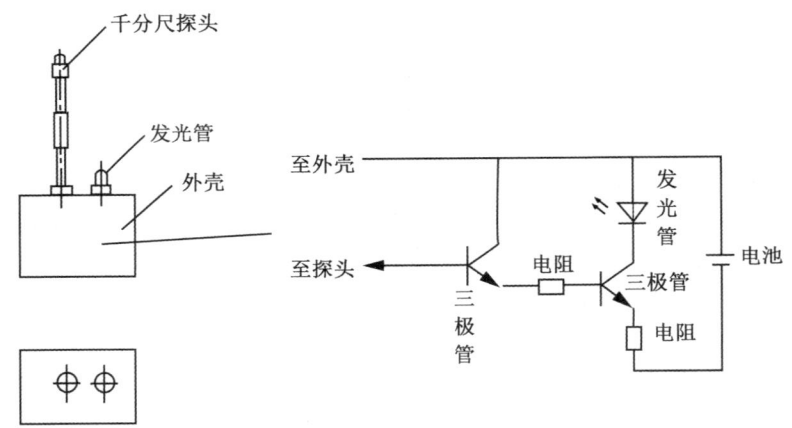

图 9-10　电接触千分尺

　　操作时应将该工具放在机座平面上,仔细调整工具的接触头,使之与钢丝接触,当它们刚接触的一刹那,电珠就会发亮,控制好各测量点的亮度,保持均匀一致,便能获得较高精度的数据,其操作误差不会超过 0.01 mm,所以这种测量方法的检查结果较为准确。

2. 光学仪器法

　　将光学直角扫描仪放置在机座外合适的位置,并分别在机座的三个角上设立三个等标高的基准光靶,而后调整仪器使它旋转扫描时(见图 9-11),仪器的十字基准中心与三个光靶上的十字中心重合(三个基准光靶的中心为机座上平面的基准面),这时仪器上的十字中心点已调整到三个基准光靶十字中心所组成的平面上,如此时望远镜的十字中心不能与光靶的中心等高,则表明该被测处与基准平面有偏差。旋转五棱镜的调节器,使望远镜上十字线中心与光靶中心等高,这时调节器上的读数便是该被测处平面的偏差值,如为正值,表示被测点一侧高于基准平面;如为负值,表示被测点一侧低于基准平面。要求测量值应与台架测量值接近。

当测量值大于偏差要求时,应将五棱镜调节器调到原值,对准光靶观察机座调整的量值变化,并通过调整该机座处的高度,直至测量偏差值小于要求为止。

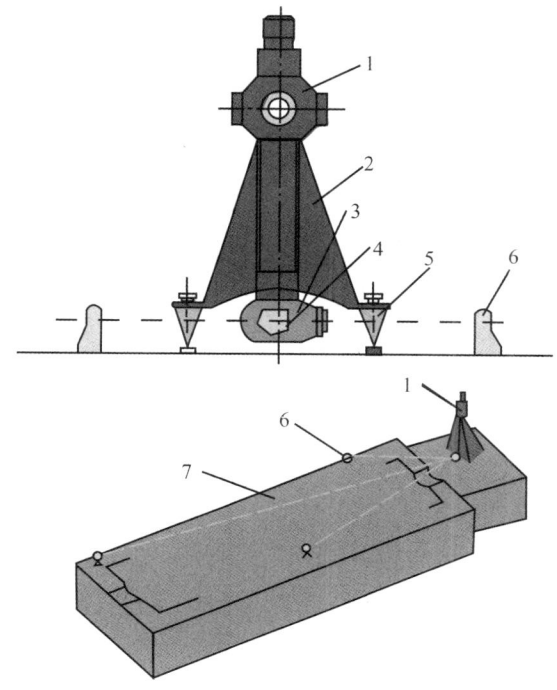

图 9-11　扫描光学直角仪及机座上平面度的检验
1—光学准直望远镜;2—三脚架;3—扫描仪;4—五棱镜;5—调节螺钉;6—光靶;7—机座

3. 液体连通器法

该方法基于连通器的原理,来测得机座上平面的任何一处至水槽内平面的高度,如图 9-12 所示。在机座平面上放置两个水槽,用连通管将两边连通。旋动测量工具上的内径千分尺,当测量工具的针尖刚接触到水平面时,即可直接得到读数,以确定机座上平面的平直度和水平状态。

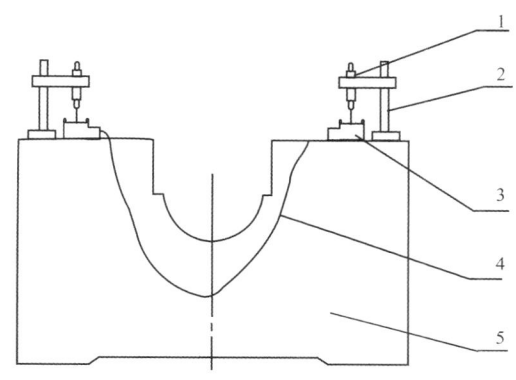

图 9-12　水准面检验法示意图
1—千分尺及测针;2—测量支架;3—水槽;4—连通管;5—机座

第二节　机架、气缸体和贯穿螺栓的安装

在现代低速柴油机的设计中，机座、机架和气缸体三者之间的连接形式，几乎均采用长的贯穿螺栓结构形式，如图9-13所示。

柴油机经台架校中安装后，固定件之间的相对位置已准确定位。一般均在机座、机架、气缸体等结合面上分别钻、铰定位销孔和安装定位销，以便固定件在船上能被迅速安装。只要把销、孔对准安装到位，便完成了固定件的组装。除此种安装方法外，目前船厂还采用台架安装时的定位方法对机架、气缸体的定位进行复验，以确保定位的准确性。

一、机架的安装

1.机架的定位

大型十字头式柴油机的机架多采用焊接结构，较小的也可采用铸铁结构，随着柴油机输出功率的提高，机架承受的作用力越来越大，因此，趋向于刚性较好的箱式结构替代原有的片式机架结构，并用长贯穿螺栓将气缸体、机架和机座紧固在一起，形成一个刚性较好的柴油机机架。

机架在机座上纵向定位是利用机座首端或尾端端面上的定位基准块，机架上对应端面与基准块紧贴，用0.05 mm塞尺插不进。

机架横向定位采用拉线法。在机架首、尾两端导板中央分别拉铅垂钢丝线，如图9-13所示。测量机座上平面上的机架左、右两侧面距钢丝线的距离，并使之相等，即 $a=b$，则机架横向准确定位。

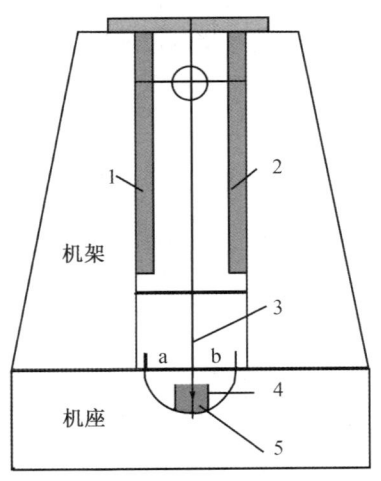

图9-13　机架在机座上横向定位

1、2—导板；3—钢丝线；4—阻尼桶；5—重锤

2.机架的安装要求

十字头式柴油机机架的安装质量主要是指正、倒车导板的安装质量。

其定位要求是:

(1)横向定位:机架的导板工作中心面与机座主轴承座孔中心线重合;

(2)纵向定位:机架的小导板工作面中心面与机座上相邻两主轴承纵向中心点连线的中点重合。

机架导板安装的主要技术要求如下:

(1)箱式机架上平面与下平面应平行,平行度偏差不超过 0.05 mm/m,全长范围内偏差为 0.1~0.2 mm。

(2)大型柴油机的机架若由若干片机架组合而成,则每片机架的高度应相等。

(3)正、倒车导板工作面应平行,平行度偏差在导板的长度方向不大于 0.05 mm/m,在宽度方向上偏差总值不大于 0.02 mm。

(4)正、倒车导板的工作面应平直,平直度偏差不大于 0.05 mm/m。

另外,机架安装时,要求机架下平面与机座上平面应紧密接触,用 0.05 mm 塞尺检查,一般应插不进;局部插入深度不大于 15 mm。可在结合面上涂抹密封胶使接触紧密。机架安装后其上平面的平面度误差不大于 0.04 mm。

二、气缸体的安装

1.气缸体的定位

柴油机气缸体定位的目的是将其中心线处于机架导板的相应空间位置上。其定位的技术要求包括:

(1)横向定位:气缸中心线与曲轴中心线垂直相交;

(2)纵向定位:气缸中心线与相邻的两主轴承纵向中心点连线的中点重合。

气缸体定位的方法很多,有拉线法、光学仪器法、工具定位法和辅助基准面法。

2. 气缸孔轴线对曲轴主轴承孔轴线的垂直度测量

(1)用专用检验工具进行测量

测量时,检验工具安装如图 9-14 所示。首先校正下滑架 5 及上滑架 8,其位置与被测的缸孔配合部分相应,用滚花螺钉 9 紧固在直尺 4 上,并记录上、下定位销钉的距离 L(mm)(上定位销钉 6 与百分表 7 测头等高)。心轴 1 装在主轴承座孔内,工具从气缸孔上部插入,V 形铁座 2 贴合在心轴 1 上,使百分表头 7 和定位螺钉 6 分别接触气缸孔内上下配合内圆并记录百分表读数 a,然后取出工具并把它旋转 180° 后再使 V 形铁座装到心轴 1 上。按上述方法再次记录读数 b,则气缸孔轴线对主轴承孔轴线的垂直度 Δ 为:

$$\Delta = \frac{1\,000\,|\,a - b\,|}{2L} \qquad (\text{mm/m})$$

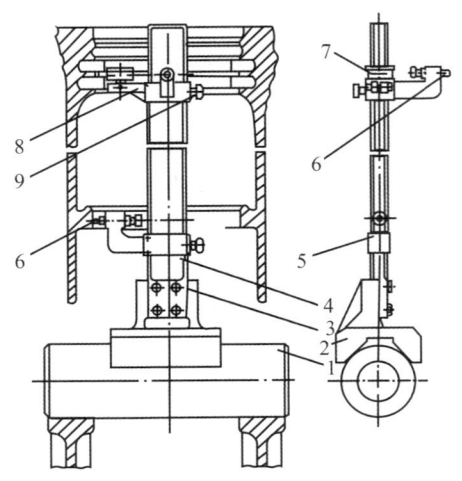

图 9-14　气缸孔轴线对主轴承孔轴线垂直度检验

1—心轴；2—V 形铁座；3—直尺紧固螺钉；4—直尺；5—下滑架；

6—定位螺钉；7—百分表；8—上滑架；9—滚花螺钉

（2）用光学仪器测量

用光学仪器测量的步骤如下：

仪器安装如图 9-15 所示，在机座首、尾端主轴承座孔中装设基准目标，使其十字线中心通过主轴孔轴线。然后在端轴承之外利用支架装好望远镜 1，并调整使其光学视线通过两基准目标十字线中心，即望远镜与主轴承座孔轴线 4 同轴。

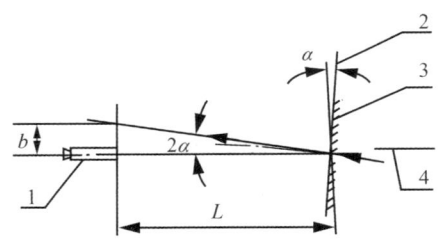

图 9-15　光学仪器检验气缸孔轴线对主轴承孔轴线垂直度

1—望远镜；2—气缸轴线；3—反射镜；4—主轴承轴线

在气缸孔内装设测量支架，该支架下端装有双面反射镜（中心有十字线图案），通过调整使支架与气缸孔轴线 2 同轴。下端反射镜 3 十字线中心处在主轴承孔轴线附近。

将望远镜调焦至无穷远处，此时通过目镜可看到两个十字分划线的像。一个是角度分划板十字线，另一个是反射镜反射回来的十字线。当反射镜与望远镜光学视线垂直时，两像重合。当反射镜倾斜，即气缸孔轴线相对主轴承座孔轴线不垂直时，两个像偏离。气缸孔轴线的垂直度 α 为：

$$\alpha = \frac{b}{2L} \times 1\,000\ （\text{mm/m}）$$

式中：b——两十字线像的偏离量，mm；

L——望远镜至反射镜的距离，mm。

（3）工具定位法

利用工艺活塞杆和十字头作为定位工具进行气缸体定位。定位前先在柴油机第一缸和最后一缸的机架导板上，吊装十字头和滑块，并使其处于活塞行程的中间位置，将其压靠在机架导板上；待吊装气缸体后，再把工艺活塞杆装妥在十字头的销孔内，这样可通过校正和调整活塞杆中心线，使其在气缸套内的前后和左右间隙值符合要求，从而确定气缸体相对于机架的定位位置。定位后配制紧配螺栓和定位销。

（4）辅助基准面法

利用气缸体及机架制造加工时的装夹定位基准面作为气缸体的定位基准。测量气缸套中心线相对于机架导板间的相对位置时，只要利用相应两个基准之间在前后和左右两个方向上相对位置调整，使其达到定位要求，定位后也得配制紧配螺栓和定位销。

三、贯穿螺栓的安装

贯穿螺栓安装后，应先将它们旋好，一般均用手工操作，使贯穿螺栓的上端露出螺母的高度基本一致，如图 9-16 中的 L 尺寸接近一致即可。以一台六缸柴油机为例，说明贯穿螺栓拧紧的技术要求：图 9-16 表示该机的贯穿螺栓布置示意，图中 L 为未拧紧前的伸出高度尺寸，L_1 为拧紧后的伸出高度尺寸，$\Delta L = L_1 - L$ 即为贯穿螺栓的伸长值。每种机型的伸长值 ΔL 均有规定，操作中必须严格按照说明书中规定数据进行拧紧，切忌任意改变 ΔL 值。

图 9-17 中给出的顺序编号，应作为拧紧贯穿螺栓时要严格遵循的程序，必须遵守，如违反操作程序，则会造成变形的恶果。当缺乏具体规定程序时，一般可按下述原则进行：左右对称且从中央向两端交替逐步拧紧，而且分两次拧紧。

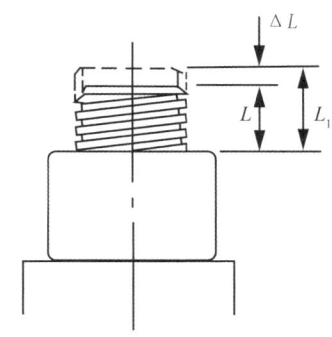

图 9-16　贯穿螺栓伸长值

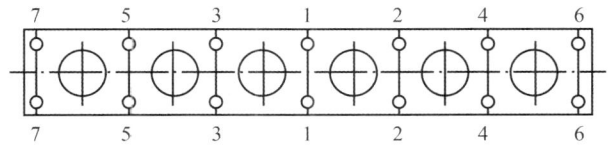

图 9-17　贯穿螺栓拧紧顺序图

必须特别指出的是，大型柴油机拧紧贯穿螺栓均使用液压拉伸器，因此，用液压拉伸器上紧时，为了使机座、机架和气缸体三者的结合达到紧密牢固，必须分两次上紧，第一次用较低的上紧压力（为规定压力的一半左右）按其顺序先上紧一次，然后再按规定压力做第二次上紧，其上紧的顺序必须遵守规定。

在上紧贯穿螺栓过程中，必须使主轴承上盖的支撑螺栓处于放松状态，最好是将支撑螺栓全部拆下，以避免上紧贯穿螺栓压缩机架而给支撑螺栓产生附加额外应力，使主轴承上盖受意外损伤。

贯穿螺栓液压上紧后,上、下螺母与其座面应紧密贴合,不应有离缝,用 0.05 mm 塞尺检查,一般不应插入,局部地方允许插入的深度不得超过 10 mm。如果有较大缝隙存在,则应做仔细检查,必要时应拆卸螺母,检查螺纹中心线与支承面的垂直度偏差,并进行修整。

修理中对贯穿螺栓的液压上紧,尤应特别注意其伸长量 ΔL 和液压压力值,如果 ΔL 值超过了原始记录值或技术文件的规定极限时,表明这根贯穿螺栓有问题,可能产生了塑性变形,甚至已经折断。如果液压压力不到规定值便有了足够的 ΔL 值,这时就应进行周密的检查,寻找原因,排除故障。

第三节 活塞运动部件的检验与校中

对活塞运动部件与固定件的相互位置进行校中是为了实现其校中的技术要求。新造柴油机在台架安装和在船上安装、柴油机大修后的安装中进行校中均是此目的。营运船舶柴油机在长期运转后,活塞、十字头、连杆等运动部件本身形状的变化、轴承的磨损、活塞安装不正确等,使得活塞中心线在气缸中产生偏移和倾斜。船上吊缸检修时进行校中测量,则是为了检查和了解活塞运动部件在气缸中的状态,以便分析和发现存在的故障。校中分为:

横向校中:使活塞运动部件在柴油机横向,即左右方向与气缸固定件有准确的相对位置;左右方向上的活塞与气缸间隙相等、导板与滑块工作面间隙符合规定。

纵向校中:使活塞运动部件在柴油机纵向(轴向,即首尾方向)上活塞与气缸间隙相等,侧导板与滑块侧面间隙符合规定。

为此,需要测量活塞与气缸之间的间隙、十字头滑块与导板的间隙以及连杆大、小端的轴向间隙。

在柴油机说明书、船舶柴油机安装标准以及我国船舶行业船用柴油机修理技术标准中对活塞运动部件的校中技术要求均有规定。

一、活塞与气缸间隙的测量

1.测量方法

在柴油机检修测量时,应自缸中吊出活塞、取下活塞环,清洁后将不带环的活塞组件装入缸中;新机则直接将不带环的活塞组件装入缸中。

测量时,首先要调整活塞杆左右前后位置,确使其中心线处于垂直状态。然后转动曲轴,使活塞的位置处于气缸中部,即曲柄销颈的位置处于左右的水平位置,用塞尺测量活塞与气缸在首、尾、左、右 4 个部位的间隙值,且沿活塞裙部的上下外圆(即 a_1、a_2、a_3、a_4、b_1、b_2、b_3、b_4)部位测量,如图 9-18 所示。活塞处于工作状态是为了使滑块在侧推力作用下紧压在正车导板上,有利于提高测量精度。

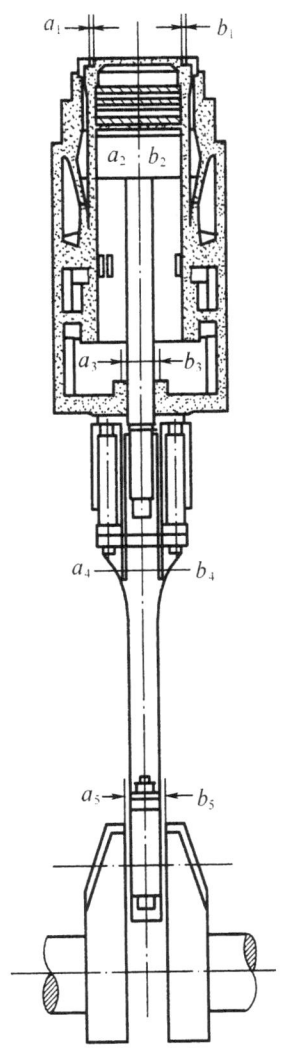

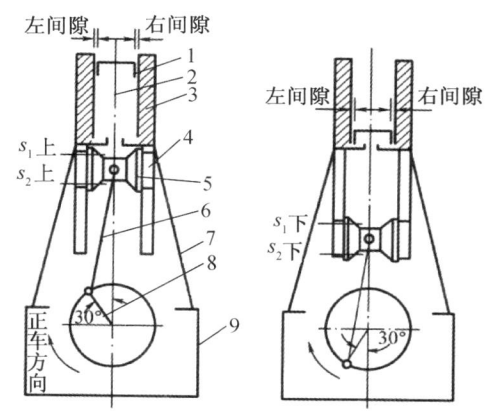

(a)十字头式柴油机活动件前后方向校中　　(b)十字头式柴油机活动件左右方向校中

图9-18　活塞与气缸间隙的测量

1—活塞;2—活塞杆;3—气缸套;4—导板;5—十字头;6—连杆;7—机架;8—曲轴;9—机座

　　上述的校中方法不适用于船上工况,因为船舶不可能呈水平状态,且经常在水中晃动,所以在船上进行活塞与气缸的校中,往往只能测量其相对位置,借以判断活塞的校中工作是否理想。在船上的校中方法是转动曲轴,使活塞移动至上止点前 15°～30° 及下止点后 15°～30°,靠连杆自重产生的侧向力迫使滑块紧压在导板工作平面;有的亦用千斤顶将滑块与导板紧密贴合。用长塞尺测量活塞裙减磨环外圆与气缸内孔之间的间隙,沿柴油机纵向和横向的 4 个部位测量。

　　每次测量活塞与气缸间隙的部位应保持不变,以便于比较和分析。

2.活塞与气缸间隙的要求

（1）十字头式柴油机,在未装活塞环的条件下,活塞位于近上、下止点位置时,滑块工作面

与导板工作面应紧密贴合,用 0.05 mm 塞尺检查插不进的情况下,活塞裙部减磨环处与气缸内孔单边最小间隙:

缸径<70 mm 时,应不小于该处总间隙的 30%;

缸径>70 mm 时,应不小于该处总间隙的 20%。

（2）筒形活塞式柴油机,在未装活塞环的条件下,活塞位于近上、下止点位置时,活塞裙部与气缸内孔单边最小间隙应不小于该处总间隙的 25%。总间隙为首尾或左右间隙之和。

（3）活塞在气缸内沿柴油机纵向允许平行偏在一边,但向另一边撬动时,偏移量应能转移过去。活塞与气缸的安装间隙和极限间隙如表 9-1 所示。

活塞与气缸间隙还可采用透光法进行定性检查。在不带环的活塞装入气缸后,在活塞下方置一强光源,自活塞顶向下观察活塞在近上、下止点位置时的漏光情况（一般间隙大于 0.20 mm 时光容易透过）。若活塞周围有一等宽光环,表明活塞与气缸间隙正常,运动部件对中良好;若光环宽度不等或中断,表明间隙不正常,对中性差。透光法仅适用于营运船舶吊缸检修,不适用于长裙活塞及中、小型柴油机的检修。

二、十字头滑块与导板间隙的测量

测量滑块与导板间隙时,同样是要求活塞分别处于上止点后 15°～30°、下止点前 15°～30° 位置,正车滑块压紧正车导板。

单导板柴油机:测量活塞位于上、下止点附近位置时,测量滑块倒车工作面与倒车导板的工作面间隙及滑块侧面与侧导板的侧面间隙,而且需测量滑块与导板的上部和下部。

双导板柴油机:测量倒车滑块工作面与倒车导板工作面之间的间隙,即左、右方向上工作面间隙;测量倒车滑块侧面与倒车侧导板之间的间隙,即首、尾方向上的侧面间隙。并使工作面间隙和侧面间隙符合说明书规定。测量时,要求在活塞分别位于上止点前 35°、下止点后 45° 时正车工作面间隙（凸轮侧）为零的状态下测量倒车工作面间隙及侧面间隙,并符合要求。

测量数据较多,为方便记录,采用图 9-19 所示的现场记录方式。

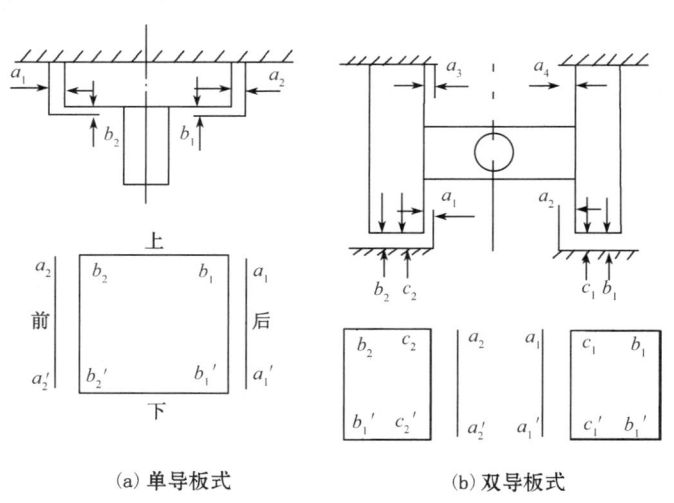

(a) 单导板式　　　　　(b) 双导板式

图 9-19　十字头滑块与导板测量记录方式

十字头式柴油机的十字头滑块与导板应均匀接触,安装间隙和极限间隙应符合说明书或规定。

三、连杆大、小端轴承轴向间隙的测量

连杆大、小端轴承轴向间隙用塞尺直接测量。在船上测量时,由于船首高于船尾,活塞在气缸中后倾,可能会出现十字头轴承尾侧的轴向间隙为零。此时,可用小撬杠把十字头向前拨动,如能顺利拨过去,说明没问题。一般小端轴向间隙为 $0.3\sim0.5$ mm;大端轴向间隙为($0.01\sim0.15$)d;d 为曲柄销直径。

四、活塞运动部件失中原因分析及调整

在柴油机制造或修理时,活塞等运动件在校中过程中,往往会出现沿柴油机纵向和横向的失中状态,有时纵向、横向失中结合在一起发生。

1.横向失中及处理方法

横向失中一般发生在十字头式柴油机上。十字头式柴油机由于安装质量不佳或运转中异常磨损造成固定件的导板工作面与气缸中心线不平行或距离不符合设计要求;运动部件的滑块工作面与活塞运动部件的中心线不平行或距离不符合设计要求;或以上两种情况同时存在。

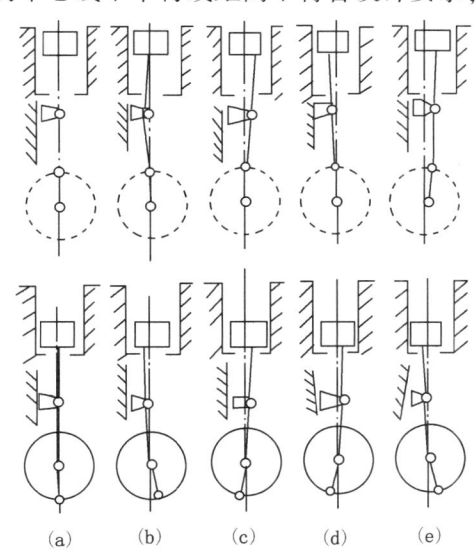

(a)　　(b)　　(c)　　(d)　　(e)

图 9-20　活塞运动部件在气缸内横向失中现象

图 9-20 是活塞运动部件在气缸内横向失中现象。其中图(a)为活塞分别位于近上、下止点时,活塞运动部件中心线与气缸中心线重合或在要求范围内平行的正常情况,即活塞与气缸在左、右方向的间隙和滑块与导板的平面间隙符合柴油机说明书或规定。

图(b)、(c)为导板工作面与气缸中心线间的距离过大或过小、滑块工作面与活塞运动部件中心线间的距离过大或过小造成在上、下止点附近时活塞在气缸中偏左或偏右的极端情况。此时,活塞与气缸左、右两侧间隙相差悬殊,甚至一侧为零。应调节导板与机架或滑块与十字头之间的垫片厚度使距离符合要求,或采用导板、滑块工作面重浇白合金等措施。例如,单侧导板结构的柴油机可调节 E、G、A 垫片,如图 9-21(a)所示;双侧导板结构的柴油机可调节正、

倒车导板 3、10 与机架 1 之间的垫片 E、F,如图 9-21(b)所示。

图(d)、(e)为活塞运动部件在气缸中发生倾斜,在上、下止点附近时活塞在气缸中分别偏向一侧。这种情况从所测量的活塞与气缸间隙分布可明显地反映出来。其原因是导板工作面与气缸中心线或滑块工作面与活塞运动部件中心线不平行。采用分段调节垫片或刮研白合金的方法消除导板或滑块的倾斜以缓解故障,到港后进厂彻底修理。

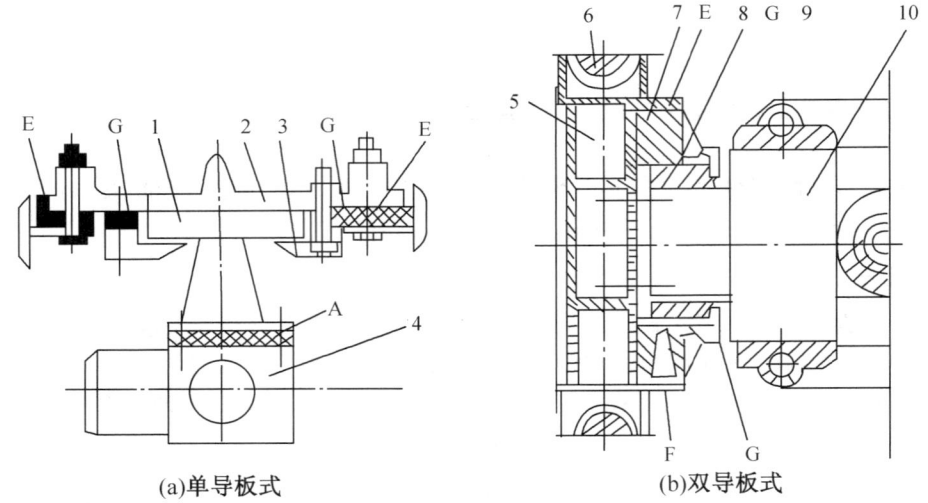

(a)单导板式　　　　　　　　　　　　(b)双导板式

图 9-21　柴油机十字头导板滑块结构

(a)1—滑块;2—正车导板;3—倒车导板;4—十字头;E、G、A—垫片
(b)1—机架;2—贯穿螺栓;3—正车导板;4、9—滑块;5、8—侧导板;6—十字头销
7—活塞杆;10—倒车导板;E、F、G—垫片

2.纵向失中及处理方法

各类柴油机均会发生活塞运动部件与气缸固定件的纵向失中,现以筒形活塞式柴油机为例分析图 9-22 中正常及各种纵向失中情况。

图(a)为正常情况。测量活塞在近上、下止点位置时的活塞与气缸首、尾间隙值相等或接近,表明活塞运动部件纵向对中良好。

图(b)中活塞与气缸的首、尾间隙不等,但活塞在近上、下止点位置时同侧间隙相等或接近,表明活塞在气缸中偏靠一侧,即活塞运动部件中心线与气缸中心线平行。造成这种情况的原因主要是连杆大端两侧轴向间隙不等或船舶纵倾。调节大端轴向间隙可消除此种失中。

图(c)中活塞在近上止点时在缸中倾斜,而在近下止点时活塞在缸中位置居中。这是由于曲柄销颈不均匀磨损产生单面锥度。消除曲柄销颈几何形状误差可使活塞在缸中有正确的相对位置。

图(d)、(e)表明活塞位于近上、下止点位置时活塞在气缸中发生向同一侧倾斜。两图中的失中现象虽然相同,但产生的原因不同:(d)为连杆大端轴承上瓦偏磨,(e)为曲柄销颈纵向不均匀磨损出现锥度。可分别采用刮瓦和修轴措施消除失中现象。

图(f)中活塞位于近上、下止点时活塞在缸中向不同方向倾斜。这是由于曲轴的曲柄销中心线与主轴颈中心线不平行造成的。通过机械加工消除曲轴的位置误差,可提高活塞运动部

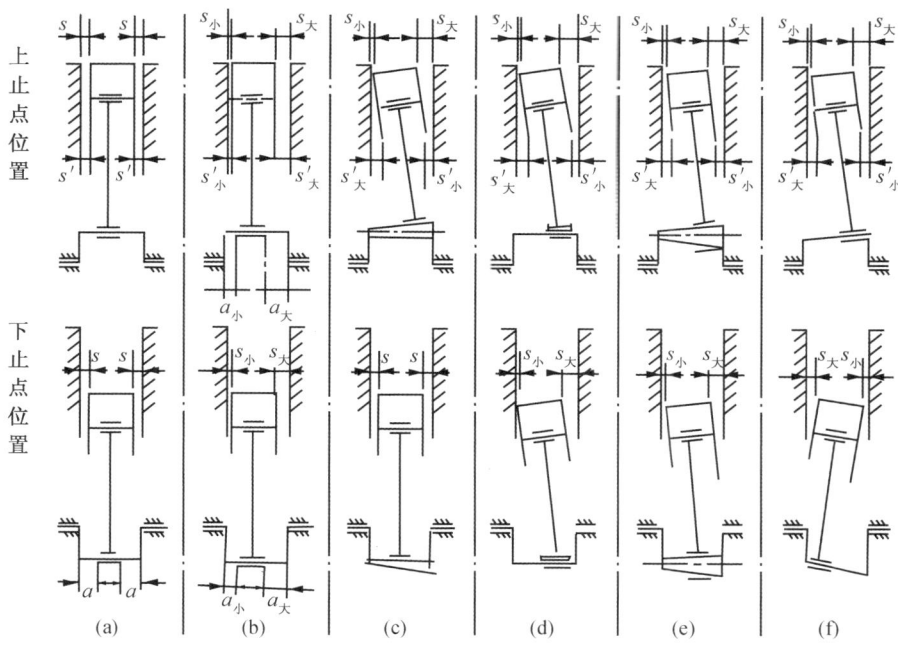

图 9-22　活塞在气缸中的各种情况

件的对中性。

十字头式柴油机前后方向校中原因分析如图 9-23 所示。

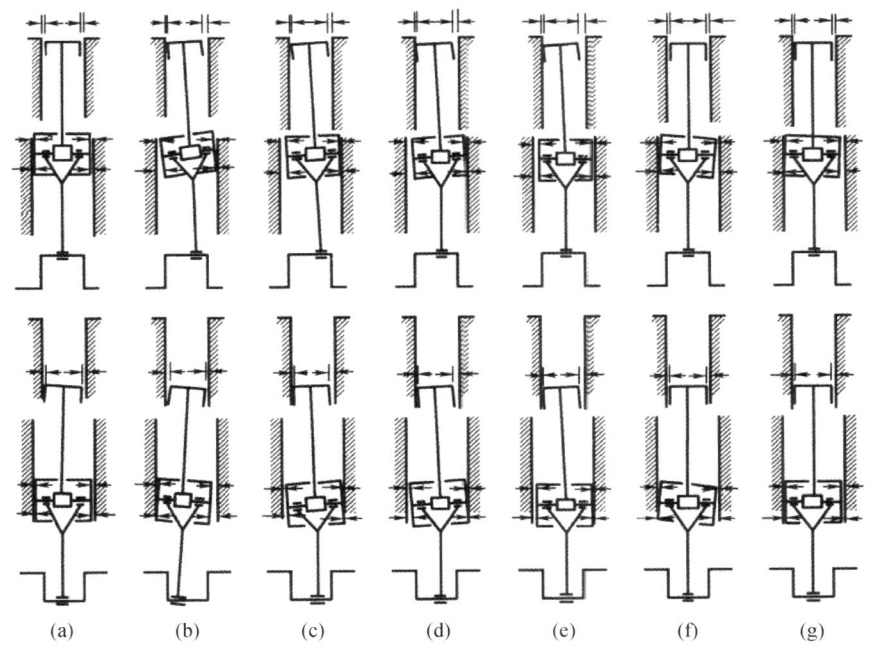

图 9-23　十字头式柴油机前后方向校中原因分析

(a)正常状态;(b)曲柄销与曲轴中心线不平行;(c)曲柄销有锥度;(d)连杆小端轴承与大端轴承不平行;(e)活塞杆支承平面歪斜;(f)十字头滑板安装歪斜;(g)侧导板弯曲

为了便于分析,上述各种失中现象是简单的,原因是单一的,而船上柴油机运转中的失中问题则是复杂的,原因是综合性的、多方面的。轮机员在船上遇到失中问题时,应依据具体情况,进行各种测量、收集实际运转的数据和资料,综合分析和判断,找出真正的失中原因,采取对症措施消除失中故障。